# 敦煌写本中的唐五代民族与社会

金滢坤　著

文物出版社

**图书在版编目（CIP）数据**

敦煌写本中的唐五代民族与社会／金滢坤著.
北京：文物出版社，2025.7. -- ISBN 978-7-5010
-8487-6

Ⅰ. K870.6

中国国家版本馆 CIP 数据核字第 2024GP4878 号

## 敦煌写本中的唐五代民族与社会

著　　者：金滢坤

责任编辑：刘永海　张君秀
封面设计：王文娴
责任印制：张　丽

出版发行：文物出版社
社　　址：北京市东城区东直门内北小街 2 号楼
邮　　编：100007
网　　址：http://www.wenwu.com
邮　　箱：wenwu1957@126.com
经　　销：新华书店
印　　刷：宝蕾元仁浩（天津）印刷有限公司
开　　本：710mm×1000mm　1/16
印　　张：21.25
版　　次：2025 年 7 月第 1 版
印　　次：2025 年 7 月第 1 次印刷
书　　号：ISBN 978-7-5010-8487-6
定　　价：110.00 元

# 序　言

时光荏苒，不经意间，离我到西北师范大学敦煌学研究所师从李并成、李正宇和刘进宝三位老师攻读敦煌学方向的硕士研究生，已几近三十个年头了，我也从意气风发的有志青年，变为已是知天命之年的中年学者了，方知学海无涯，光阴宝贵。回想 1998 年的盛夏，我从兰州乘坐火车，经过三天两夜的长途跋涉，走进美丽的厦门大学校园时，顿感精神焕发，一口气跑到白城看海。波澜壮阔的大海，似乎激发了我理想的翅膀，让我不禁想要即刻展翅高飞……尽管现实的我是个旱鸭子，只能在海边走走，但澎湃的内心从此不再平静……

回想当初我在厦门鼓浪屿见到业师韩国磐先生，就被先生之博学与亲和力深深征服，承蒙先生不弃，耐心垂训，引导我走上了研究科举的道路，在韩昇老师的教导和爱护下，得以顺利博士毕业。随后，我从厦门北渡杭州，进入浙江大学古籍研究所中国古典文献博士后流动站，跟随张涌泉先生整理《敦煌文献合集·史部》，从此走上了十年如一日的敦煌文献整理的道路。2003 年，我又北上北京，受聘于首都师范大学历史系，在这里我度过了人生最宝贵的二十年，其中的甘苦、困厄与寂寞，只有自己知道。而这期间的最大收获，就是我倡导和推动的中国童蒙文化研究，备受学界关注，聊以慰怀。2022 年，我调入北京师范大学教育学部教育与历史文化研究院，迎来了人生的新篇章，得以倾心中国童蒙文化和中国科举文化研究事业，并对自己在敦煌学领域的研究进行收尾、总结，于是萌生了对本人在敦煌学研究方面的成果进行整理、结集成册的想法。

　　本书选择本人在读硕士、博士、做博士后期间和工作之后发表的有关敦煌学研究的十八篇论文，分为四篇，共十六章，内容涉及民族、社会、历史、教育等方面，经反复思量，拟定书名"敦煌写本中的唐五代民族与社会"。虽不尽如人意，但也可以大体涵盖所选文章内容，并体现我的意图。

　　由于本书收入的不少论文是硕士期间的习作，难免对有些问题的认知存在稚嫩乃至错误之处，原本打算对相关论文进行重新修订，吸收新近学者们对相关问题的看法和见解。但鉴于笔者研究兴趣的转变和时间的不足，最终放弃了这一念头，而是以此前发表的旧文为基准，进行简单修订和校对，基本保持原貌。这不仅能直接反映本人研究敦煌学的心路历程和成长经历，也间接展现近三十年来敦煌学界研究的一些热点问题和变化，以便后来者参考。

　　本书分民族、社会、历史和教育四篇。"民族篇"围绕吐蕃统治敦煌所设官职展开，主要是在本人 1998 年完成的硕士学位毕业论文《吐蕃统治敦煌的军政建制》的基础上，将发表的《吐蕃瓜州节度使初探》《吐蕃沙州节儿及其统治新探》《吐蕃统治敦煌时期的部落使考》《吐蕃沙州都督考》《吐蕃统治敦煌的社会基层组织》《吐蕃统治敦煌的财政职官体系——兼论吐蕃对敦煌农业的经营》《吐蕃统治敦煌的户籍制度初探》七篇论文①，分为六章，其中《吐蕃统治敦煌时期的部落使考》《吐蕃沙州都督考》两篇合并为第三章"吐蕃统治敦煌时期的部落使与沙州都督考"，集中梳理吐蕃统治敦煌时期的瓜州节度使、沙州节儿、沙州部落使、沙州都督的设置时间、职掌和演变，及其相互间的隶属关系，进而探讨了吐蕃统治敦煌的财政职官体系、户籍制度以及农业经济等问题，从而对吐蕃统治敦煌的军政建制进行一个相对完整的梳理，弥补了学界早期在这方面研究的不足。此外，还收了一篇读博士期间写

---

① 《敦煌研究》2002 年第 2 期，第 20～25 页；《中国边疆史地研究》2000 年第 3 期，第 10～16 页（本篇论文笔者为第一作者，盛会莲为第二作者）；《民族研究》1999 年第 2 期，第 73～77 页；《敦煌研究》1999 年第 3 期，第 86～90 页；《中国边疆史地研究》1988 年第 4 期，第 27～34 页；《敦煌研究》1999 年第 2 期，第 84～91 页；《中国经济史研究》2003 年第 1 期，第 116～124 页。

的《吐蕃节度使考述》①，独立成章，就唐蕃冲突期间，吐蕃将其本部的军事部落联盟组织与唐代的节度使制度相结合，在唐蕃冲突地区设置五道节度大使的过程、职能及其对唐及周边部族的交往等事务进行了探讨。

"社会篇"由有关社会经济、组织、信仰等方面的四篇论文组成，分为三章。第一章"从敦煌文书看晚唐五代敦煌地区布纺织业"②，梳理了晚唐五代敦煌地区的麻纺织业、棉纺织业，认为晚唐五代敦煌地区的植麻业和麻纺织业已相当普遍，并有一定规模，但植棉业是否已在敦煌产生，尚难推断。第二章"论唐五代宋元的社条与乡约"，是将笔者此前发表的《论唐五代宋元的社条与乡约——以敦煌社条为中心》③《论唐五代宋元的社条与乡约——以吕氏乡约、龙祠乡社义约为中心》两文合并而成④，主要从"敦煌社条"、《吕氏乡约》、《龙祠乡社义约》的结构、内容、性质等角度，探讨了唐五代宋元乡村私社与乡约的关系，分析了这一时期乡村民间社邑、乡约组织的转变和社会互助组织之间的关系以及乡民、乡绅在这一过程中所扮演的角色，并论及了国家控制乡村与乡村自治等相关问题。第三章"敦煌本《大云经疏》新论——以武则天称帝为中心"⑤，主要探讨了《大云经疏》与武则天以女身称帝、武则天变更皇姓等相关问题。

"历史篇"仅设两章，分别对《唐大历元年河西节度观察使判牒集》《直谏表》进行了研究。第一章为"敦煌本《唐大历元年河西节度观察使判牒集》研究"，对 P. 2942 号敦煌文书中关于"副帅"是谁、写卷成文时间、文书定名等问题展开探讨⑥。由于 P. 2942 号文书事关吐蕃占领河西的一些重

① 《厦门大学学报（哲学社会科学版）》2001 年第 1 期，第 97～104 页。

② 金滢坤：《从敦煌文书看晚唐五代敦煌地区布纺织业》，《敦煌研究》1998 年第 2 期，第 199～208 页。

③ 刘进宝、高田时雄主编：《转型期的敦煌学》，上海古籍出版社，2007 年，第 343～351 页。

④ 《敦煌研究》2008 年第 1 期，第 69～76 页。

⑤ 《文史》2009 年第 4 期，第 31～46 页（本篇论文笔者为第一作者，刘永海为第二作者）。

⑥ 《南京师大学报（社会科学版）》2011 年第 5 期，第 73～79 页。

要史实，且内容丰富，历来是学界较为关注的一个热点，新近杨宝玉又发表一组系列文章，对此卷文献进行了深入研究①，对相关问题研究取得很大进展。第二章为"敦煌本侯昌业《直谏表》研究"②，利用敦煌本侯昌业《直谏表》，探讨《直谏表》与晚唐谏官制度的危机，解析了《直谏表》中的星象灾异与晚唐政局以及侯昌业以星象灾异作为直谏依据的意义所在。

"教育篇"共四章，选了有关敦煌蒙书研究的四篇代表性论文组成。第一章"唐五代敦煌寺学与童蒙教育"③，对敦煌地区的寺学性质、学士郎与童蒙教育、寺学与童蒙教育的内容等展开深入探讨，提出了寺学是唐五代寺院利用空闲场所专门面向儿童的世俗教育，并论证了其童蒙教育的性质，是唐五代儿童教育的一大特点。第二章"敦煌本'策府'与唐初社会"④，对中国国家图书馆藏的两件敦煌文书"策府"BD14491 号 + BD14650 号写卷的定年与定名及其所反映的唐初社会展开了深入研究，笔者认为该写卷是唐初有关进士科试策的模拟试题，可比定为"策府"，对研究唐初进士科试

① 杨宝玉：《敦煌文书 P. 2942 中重要官称所涉历史人物及相关史事考辨》，《形象史学研究》2013 年卷，人民出版社，2014 年，第 286 ~ 301 页；杨宝玉：《六十余年来法藏敦煌文书 P. 2942 研究状况述评》，《中国史研究动态》2014 年第 1 期，第 5 ~ 12 页；杨宝玉：《法藏敦煌文书 P. 2942 作者考辨》，《敦煌研究》2014 年第 1 期，第 62 ~ 67 页；杨宝玉：《敦煌文书 P. 2942 校注及"休明肃州少物"与"玉门过尚书"新解》，《隋唐辽宋金元史论丛》第四辑，上海古籍出版社，2014 年，第 103 ~ 124 页；杨宝玉：《法藏敦煌文书 P. 2942 文本解析》，《形象史学》2017 年卷一，社会科学文献出版社，2017 年，第 156 ~ 169 页；杨宝玉：《法藏敦煌文书 P. 2942 与唐代宗时期的肃州史事》，《敦煌吐鲁番研究》第一七卷，2017 年，第 75 ~ 85 页；等等。

② 金滢坤：《敦煌本侯昌业〈直谏表〉研究》，黄正建主编：《中国社会科学院敦煌学研究回顾与前瞻学术研讨会论文集》，上海古籍出版社，2012 年，第 221 ~ 248 页。

③ 金滢坤：《唐五代敦煌寺学与童蒙教育》，《童蒙文化研究》第一卷，人民出版社，2016 年，第 104 ~ 128 页。

④ 金滢坤：《敦煌本"策府"与唐初社会——国图藏敦煌本"策府"研究》，《文献》2013 年第 1 期，第 84 ~ 98 页。

策具有重要意义。第三章"唐五代敦煌蒙书编撰与孝道启蒙教育"①，探讨敦煌蒙书编撰对《孝经》的摘编与改写、敦煌童蒙文献所见歌咏体《孝经》及敦煌文献歌辞与诗歌题材中的"孝道"、传世蒙书与《孝经》的关系等问题。第四章"唐代问答体蒙书编撰考察"，主要探讨了《武王家教》问答体和"数字冠名"的文化溯源，分析了《武王家教》编撰体例的特点，并对《武王家教》与唐代蒙书问答体类型进行对比研究②，从而推动了学界对《武王家教》等家教类蒙书研究的重视。此后，本人又在此基础上发表了十余篇有关《武王家教》的论文，并于2025年在文物出版社出版了《敦煌蒙书校释与研究·武王家教卷》。

总之，本书的选编展现了笔者的研究兴趣变化和学术成长的历程，正好涵盖了民族、社会、历史与教育等议题，也充分体现了敦煌文献包罗万象的特点。上述研究也离不开国家、学校的各种支持，笔者所从事的研究曾获得2013年北京市教育委员会社科计划资助重点项目"唐五代童蒙教育研究"（SZ201310028014）、2016年国家社会科学基金重大项目"中国童蒙文化史研究（16ZDA121）"、2022年中央高校基本科研业务费专项资金资助"隋唐五代童蒙文化研究（2022NTSS04）"2024年中央高校基本科研业务费专项资助："京师书院全球发展与治理跨学科研究专项项目"等项目的支持，在此表示感谢。

2024 年 7 月 23 于执御斋识

---

① 金滢坤：《唐五代敦煌蒙书编撰与孝道启蒙教育——以〈孝经〉为中心》，《首都师范大学学报（社会科学版）》2019 年第 5 期，第 10～20 页。
② 《厦门大学学报（哲学社会科学版）》2020 年第 4 期，第 141～152 页。

# 目　录

民族篇

# 社会篇

# 历史篇

# 教育篇

民 族 篇

# 第一章
# 吐蕃瓜州节度使初探

　　唐初吐蕃在青藏高原兴起，并同唐帝国展开了疆域的争夺，双方战事主要集中在西川、河湟、河西、陇右、西域及南诏、吐谷浑等周边地区。安史之乱后，唐帝国日趋衰落，无暇西顾，吐蕃乘机进占河陇、西域之地，并在这些地区设置统治机构，此后至大中二年（848 年）的近 200 年间，唐蕃冲突不断，几近连年发生战争①。

　　敦煌就是在这种大背景下陷蕃的②。吐蕃为了对唐作战并征服其周边民族在其交战区和占领区设置了多种类型的节度使，专事征战兼领民政，在唐蕃战争中保持了胜多败少的优势，吐蕃敦煌节度使便是在这种情况下设置的，吐蕃瓜州节度使，管辖瓜、沙二州，为吐蕃统治瓜、沙地区的最高地方军政机构。

　　关于吐蕃瓜州节度使的研究，学界尚未有专文论述，但有关吐蕃节度使的研究论著已有不少成果。本文将在前贤研究的基础上探讨吐蕃瓜州节度使

---

① ［宋］司马光编著，［元］胡三省音注：《资治通鉴》卷一九五"唐太宗贞观十二年八月"条，中华书局，1956 年，第 6135～6142 页；《资治通鉴》卷二二三"唐代宗广德元年十月"条，第 7150 页；［宋］欧阳修等撰：《新唐书》卷二一六下《吐蕃下》，中华书局，1975 年，第 6099 页。《资治通鉴》卷二四九"唐宣宗大中五年正月"条云：大中二年张义潮沙州起义，收复吐蕃占瓜沙十一州，并于大中五年献表朝廷。（第 8048～8049 页）

② 吐蕃完全占领河西是在敦煌攻陷蕃之后，敦煌陷蕃之年共有六说，详见拙文《敦煌陷蕃年代研究综述》，《丝绸之路》1997 年第 1 期，第 46～47 页。

的设置情况。在论述这一问题前，首先介绍一下吐蕃诸节度使的情况。

## 一 吐蕃节度使的概述

敦煌本吐蕃文献及其他古藏文文献中我们可以发现，吐蕃在向周边地区扩张的过程中，在军事冲突地区和新占领区设置了一种军政机构——Khrom。关于 Khrom，前辈学者已经做了很多有益的研究，如乌瑞先生解释为 military government，荣新江先生译作"军镇"①，杨铭先生译作"节度使"②。乌瑞先生认为，8 世纪末以降直到吐蕃帝国崩溃，吐蕃王国在东北到西北边境上设置了 Khrom，其分布为：玛曲军镇（河曲附近）、野猫川大军镇（青海东部）、凉州大军镇（凉州）、瓜州大军镇（瓜、沙、肃等州）、萨毗大军镇（罗布泊）、小勃律大军镇等。山口瑞凤先生解释为"军团"③，王尧先生、陈践先生比定为"行军衙、将军"④。马德先生在《KHROM 词义考》一文中指出，Khrom 一词在吐蕃本土机构中没有出现过，它是吐蕃在新占领地区（边境地区）仿照唐制而设置的军政合一的统治机构及委派的统治者，即节度衙/节度使（都督府/都督）⑤，我认为这种解释是可取的。

吐蕃节度最早记载见于《册府元龟》卷九六一《外臣部》。松赞干布统一诸部时，域内"每十节度置一上相统之"⑥。《敦煌本吐蕃历史文书》中《赞普传记》曰："唐之元帅王〔孝〕杰尚书越境前来，吐蕃元帅论钦陵以战

---

① 〔匈〕乌瑞著，荣新江译：《KHROM（军镇）：公元七至九世纪吐蕃帝国的行政单位》，《西北史地》1986 年第 4 期，第 106 页。

② 杨铭：《唐代吐蕃统治鄯善的若干问题》，《新疆历史研究》1986 年第 2 期，第 24 页。

③ 〔日〕山口瑞凤：《沙州汉人による吐蕃二军团の成立とmkhar tsan 军团の位置》，《東京大學文學部文化交流研究施設研究紀要》，第 4 號，1980 年，第 13 ~ 46 页。

④ 王尧、陈践：《吐蕃兵制考略——军事部落联盟剖析》，《中国史研究》1986 年第 1 期，第 126 页。

⑤ 马德：《KHROM 词义考》，《中国藏学》1992 年第 2 期，第 98 ~ 101 页。

⑥ 〔宋〕王钦若等编纂，周勋初等校订：《册府元龟（校订本）》卷九六一《外臣部》，凤凰出版社，2006 年，第 11136 页。

谋驱唐人如驱宰牦牛，双方列阵交战，痛击唐军多人……自阿若卜以远……
道尔保等地王子与庶民均已收抚，归为编氓，并建五道节度大使。廓州等北
方与南方多小邦，亦收归治下，抚为编氓。"① 文中所言论钦陵击败王孝杰之
事，发生在万岁登封元年（696 年），《旧唐书》卷一九六下《吐蕃传》云：
"万岁登封元年，孝杰复为肃边道大总管，率副总管娄师德与吐蕃将论钦陵、
赞婆战于素罗汗山，官军败绩，孝杰坐免官。"② 可知吐蕃在万岁登封元年就
开始在新占领区设置五道节度大使③，其范围包括吐蕃域外的广州等北方与南
方诸多小邦，涉及唐、吐谷浑、南诏、嗢末、羌等周边国家与部族的领地。
《敦煌本吐蕃历史文书》中《赞普传记》云："在墀松德赞赞普之时……尚琛
野息等将领攻陷唐廷京师，拥立广武皇帝为君……国威远震，东至陇口山脉
以上各部，均入于掌握矣！设五道节度使，新置一管辖区城广宽之安抚大
使。"④ 吐蕃尚琛野息等攻破唐之京师，立唐王广武皇帝之事，发生于广德元
年（763 年）⑤，吐蕃为巩固其军事上的胜利，在其东、北和陇山以西的占领区
设置了五道节度使以实行军政统辖。法国学者戴密微先生认为此"道"为吐蕃
帝国行政和军事大区的中心之一，即汉籍中之"节度"⑥。若此，"五道节度
使"当为五"道"节度使的总称，每"道"设一节度使，为一军政中心。

　　吐蕃东境五道节度使名称变化与辖区，《资治通鉴》卷二三六唐德宗贞元
十八年（802 年）正月条有载："吐蕃遣其大相兼东鄙五道节度使论莽热将兵
十万解维州之围，西川兵据险地设伏以待之。"⑦《旧唐书》卷一九六《吐蕃

---

① 王尧、陈践：《敦煌本吐蕃历史文书》，民族出版社，1980 年，第 158 页。

② ［后晋］刘昫撰：《旧唐书》卷一九六上《吐蕃传上》，中华书局，1975 年，第 5225 页。

③ 《新唐书》卷二一六上《吐蕃传上》作"证圣元年"（中华书局，1975 年，第 6079
页）；《旧唐书》卷一九六上《吐蕃传上》作"万岁登封元年"（中华书局，1975 年，
第 5225 页）；《资治通鉴》卷二〇五"则天皇后万岁通天元年三月"条作"万岁通天
元年"（第 6504 页），今从《旧唐书·吐蕃传上》。

④ 王尧、陈践：《敦煌本吐蕃历史文书》，第 143 ~ 144 页。

⑤ 《资治通鉴》卷二二三"唐代宗广德元年十月"条，第 7153 页。

⑥ 〔法〕戴密微：《吐蕃僧净记》，甘肃人民出版社，1984 年，第 358 ~ 359 页。

⑦ 《资治通鉴》卷二三六"唐德宗贞元十八年十二月"条，第 7599 页。

传》载，贞元十八年（802年）十二月，"吐蕃连败，灵、朔之寇引众南下，于是赞普遣莽然以内大相兼东境五道节度兵马使、都统群牧大使率杂虏十万众来解维州之围"①。可见"东鄙五道节度使""东境五道节度兵马使"实为同一职官，并由内大相兼领，符合吐蕃大相兼领节度使的制度，"东鄙"即"东境"，为吐蕃对其占领区内"杂虏""汉人"的鄙称。"东境五道节度兵马使"还包括吐蕃灵、朔南下之寇。另《新唐书》卷二一六《吐蕃传》载："时皋围维州，赞普使论莽热没笼乞悉蓖兼松州五道节度兵马都统、群牧大使，引兵十万援维州。"② 此"论莽热"即吐蕃内大相，没笼乞悉蓖即其人名，此处详细记载了其官位"松州五道节度兵马都统""群牧大使"，松州五道节度即东境五道节度，"群牧大使"说明松州五道节度使下辖多个小节度使。松州为吐蕃东境五道节度的治所，松州五道节度以其治所得名。王涯在元和十五年（820年）上疏曰："故松州城，是吐蕃旧置节度之所。"③ 松州即今四川松潘县，《新唐书》卷四二《地理志》松州交川郡下都督府条云："武德元年以扶州之嘉诚、会州之交川置。以地产甘松名。"④ 松州今位于四川省的西北部，接近甘肃边境。由此推知，吐蕃东境五道节度大使以松州为中心，下辖五"道"节度使，负责吐蕃东境地区对唐、南诏、回纥、勃律的军政事务，每"道"设一节度大使，下设若干小节度使⑤。

吐蕃东境五道节度使下设吐蕃东道节度使、南道节度使及河西道（河西北道）节度使等。吐蕃王朝自广德元年（763年）始就在边境地域设置了五道节度使，即吐蕃东境五道节度使。吐蕃东境五道节度使下辖南道节度使、东道节度使、河西道节度使等五"道"节度大使（另有两道不明），而且诸

① 《册府元龟（校订本）》卷九八七《外臣部·征讨六》略同，第11424页。
② 《新唐书》卷二一六《吐蕃传》，第60~99页。
③ 《旧唐书》卷一六九《王涯传》，第4402页；《资治通鉴》卷二四六"唐武宗会昌二年十二月"条略同，第7970页。
④ 《新唐书》卷四二《地理志》，第1086页。
⑤ 〔法〕戴密微：《吐蕃僧净记》，甘肃人民出版社，1984年，第358~359页；金滢坤：《吐蕃节度使考述》，《厦门大学学报（哲学社会科学版）》2001年第1期，第98~99页。

"道"节度大使都由吐蕃大相兼领，分领吐蕃诸小节度使（青海节度使、鄯州节度使、河州节度使、青城节度使、瓜州节度使、凉州节度使等），诸"道"节度使下又设若干小节度使；小节度使下又辖节儿、都督、部落使、监军等组织。从而使吐蕃本部的军事部落联盟制与唐代的节度使制度有机地结合起来，并为吐蕃在唐蕃冲突中取得优势起了积极作用①。这是一套战斗力极强的军政机构，在对唐、回纥、勃律、南诏等周边国家与部族的战争中发挥了重要作用，并对其新占领区实行了有效统治。在这种建制下的吐蕃诸小节度使，其地位相当于唐中后期的节度使，权贵位显，在一定情况下也形成了类似唐代的藩镇势力，与中央相对抗，或互相之间战争，促使了吐蕃王朝的衰亡。虽然吐蕃王朝在不同时期和情况下所设立的诸种类型吐蕃节度的大小、权限和范围都有所不同，但是这套节度使制度在整个唐蕃战争中，为吐蕃赢得胜多败少的战绩起了重要作用。

## 二 吐蕃瓜州节度使考察

吐蕃瓜州节度使属于吐蕃河西道节度使。据白居易《代王佖答吐蕃北道节度使论赞勃藏书》云："大唐朔方灵盐丰等州节度使、检校户部尚书、宁塞郡王王佖，致书大蕃河西北道节度使论公麾下：远辱来书……况麾下以公忠之节、雄勇之才，翊佐大邦，经略北道。"②可知论赞勃藏在元和五年至八年间（810～813年）曾担任河西北道节度使，实际只"经略北道"，其管辖范围当在与大唐朔方灵、盐、丰等州邻近的地带。文中所言"河西北道节度使"透露了一条重要信息，即"河西道节度使"下设"北道节度使"。敦煌本吐蕃文书 P. T. 1129 号《库公珠致僧录禀帖》云："三界之救主导师，世间明灯，

---

① 金滢坤：《吐蕃统治敦煌时期的部落使考》，《民族研究》1999 年第 2 期，第 73～77 页；金滢坤：《吐蕃沙州都督考》，《敦煌研究》1999 年第 3 期，第 86～90 页；金滢坤、盛会莲：《吐蕃沙州节儿及其统治新探》，《中国边疆史研究》2000 年第 3 期，第 10～16 页。

② ［唐］白居易撰：《白居易集》，中华书局，1979 年，第 1186 页。

神人之希望，河西道僧录同赍驾下。"禀帖的落款为"肃州库公珠请求于沙州赵僧录司赍驾前"①。此件文书为蕃占时期文书。文中"河西道"即指吐蕃河西道节度。文中"肃州人库公珠请求于沙州赵僧录司赍驾前"，正说明肃州僧侣事务亦由沙州都僧统司管理。吐蕃河西道节度使下辖沙州、肃州等河西地区，也是吐蕃瓜州节度使的辖区。这正好说明吐蕃河西道节度使下辖瓜州节度使，并包括在灵、朔地区设置的北道节度。

吐蕃河西道节度使很可能是吐蕃在贞元二年（786年）完全占领河西后设置的，并统领包括吐蕃凉州节度使②、吐蕃瓜州节度使在内的河西军政事务。

吐蕃瓜州节度使是吐蕃占领瓜州、沙州以后设立的，隶属于吐蕃河西道节度使，为吐蕃节度使中保留史料记载最详者。从敦煌汉文文书记载瓜州节度使的相关情况来看，瓜州节度使的名称在吐蕃进攻、占领、统治时期，前后有所不同。前引文中马德先生将 Khrom 一词比定为"节度衙/节度使"，P. T. 1078、1079、1088、1089 号等卷子中记载的瓜州"Khrom/Dmag dpon"也就可以解释为瓜州节度衙/节度使/将军③，这一记载与敦煌汉文文书中的记载也是一致的，如 P. 2991 号 V《莫高窟素画功德赞文》有"瓜沙境大行军都节度衙"、P. 2449 号 V《祈愿文》有"瓜州新节度使"、S. 542 号 V《戌年六月十八日诸寺丁口车牛役部》（以下简称《役部》）有"瓜州节度"等④。

---

① 王尧、陈践编著：《敦煌吐蕃文书论文集》，四川民族出版社，1988 年，第 198 页。

② 敦煌吐蕃文书 P. T. 1089 号《吐蕃官吏呈请状》中记述了不少有关吐蕃凉州节度使的情况（杨铭《关于敦煌藏文文书〈吐蕃官吏呈请状〉的研究》，收入王宗维、周伟洲编《马长寿纪念文集》，西北大学出版社，1993 年，第 363 ~ 385 页）。乌瑞先生 P. T. 1089 号中的吐蕃文 Mkhar – tsan – khrom – chen po、Mkhar – tsan – khrom、khar – tsan – khrom、khrom khar – tsan – pa，就是"凉州军镇"，即"凉州节度使"。这件文书记述了吐蕃统治河西时期，在该区域设置的瓜州节度使、凉州节度使在 9 世纪 20 年代的一些情况（见乌瑞著、荣新江译：《KHROM（军镇）：公元 7 至 9 世纪吐蕃帝国的行政单位》，《西北史地》1986 年第 4 期，第 110 ~ 111 页）。

③ 杨铭：《关于敦煌藏文文书〈吐蕃官吏呈请状〉的研究》，王宗维、周伟洲：《马长寿纪念文集》，第 377 ~ 378 页。

④ 姜伯勤：《唐五代敦煌寺户制度》，中华书局，1987 年，第 25 ~ 34 页。

从敦煌文书记载的相关史料来看，随着吐蕃对瓜、沙地区的逐步占领及其统治的稳定，吐蕃统治瓜沙的机构名称也在不断变化。P. 3726 号《杜和尚写真赞》载"释门大蕃瓜沙境大行军衙"，从"行军"二字知，此职应为征战期间而设遣使之军事机构，该名称当属 8 世纪后期吐蕃进攻敦煌后的名称。P. 2991 号 V 记有"瓜沙境大行军都节度衙"，当为 8 世纪末期吐蕃占领敦煌后的称号。9 世纪初又出现了"大蕃瓜州节度"，如 P. 2449 号 V 记有"大蕃瓜州节度"之称号，并云"瓜州新节度使论悉列乞里悉去罗"，"瓜州节度尚论列悉乞利塞去罗"，知论悉列乞里悉去罗曾为瓜州节度使。此人即 S. 3287 号《吐蕃子年（808 年）沙州百姓氾履倩等户籍手实残卷》所育之"论悉列"。子年，戊子年（808 年），据此推之，808 年论悉列乞里悉去罗曾为瓜州节度使①。此人还见于 P. 3172 号（2）《尼患文》，其云"瓜州节度［使］上□（论）悉列乞利塞去啰""我节度［使］上论悉列乞里塞去罗""我节度［使］上□（论）悉列乞"，并云："然我节度［使］上论悉乞，佩剑驰名……北摧突骑，西破胡军，出生入死而间（艰）辛。"② 文中"突骑"应指回纥部。吐蕃与回纥积怨已久，早在 789～794 年两家便开始争夺北庭，其后双方一直交侵不休③。《旧唐书》卷一九六《吐蕃传》云：长庆二年（822 年）刘元鼎出使吐蕃王朝，返回时"路经河州，见其都元帅、尚书令尚绮心儿，云：'回纥，小国也。我以丙申年逾碛讨逐，去其城郭二日程，计到即破灭矣。'"④ 丙申年即元和十一年（816 年）。"北摧突骑"与尚乞心儿北击回纥当系一事，推知上论悉乞

① 李正宇：《〈吐蕃子年（公元 808）年沙州百姓氾履倩等户籍手实残卷〉研究》，敦煌文物研究所编：《1983 年全国敦煌学术讨论会文集（文史·遗书编上）》，甘肃人民出版社，1987 年，第 176～218 页。

② 黄征、吴伟：《敦煌愿文集》，岳麓书社，1995 年，第 681～689 页。

③ 《资治通鉴》卷二三三"唐德宗贞元五年十二月"条载："吐蕃因葛禄、白服之众以功北庭，回鹘大相颉干迦斯兵救之。"（第 7520 页）《资治通鉴》卷二三四"唐德宗贞元十年正月"条："吐蕃与回鹘争北庭，大战，死伤甚众"，并于神州大败。（第 7552 页）亦见《册府元龟（校订本）》卷九九五《外臣部·交侵》，第 11522 页。

④ 《旧唐书》卷一九六《吐蕃传》，第 5265 页；《新唐书》卷二一六《吐蕃传》作"三日"。（第 6103 页）

里悉去罗还跟随尚乞心儿北摧回纥。尚乞心儿北击回纥事还见于 P. T. 1070 号《大蕃尚书令赐大瑟瑟告身尚起律心儿圣光寺功德颂》。文中赞尚起律心儿"统六军以长征，广十道而开辟，北举搀枪，扫狼山一阵；西高太白，破九姓胡军"，此指元和十一年征回纥事，即上论悉勿乞里悉去啰"北摧突骑"①。此次北摧突骑的主帅是尚乞心儿，上论悉勿去啰也在此战役中立过大功。由此可以断定尚论悉勿乞里悉去啰在元和十一年仍为瓜州节度使。又 S. 542 号 V《役部》有"瓜州节度使"的记载，戌年，藤枝晃、土肥义和释作 806 年，竺沙雅章、池田温释作 818 年②。今从 818 年说，是年瓜州节度使是上论悉勿乞，即上论悉勿乞里悉。有关瓜州节度使的记载还有 P. 37702 号作"瓜州大节度使"、P. 4638 号 V 和 P. 4640 号 V《阴处士碑》作"大蕃瓜州节度"。可以肯定，吐蕃占领瓜沙地区以后，瓜州节度使成为该地区最高行政、军事长官，负责本地区军政事务。

P. T. 1089 号《呈状》云："瓜州（大行军衙）将军及观察使作出决定，由沙州节儿派遣之官员品位如下：节儿论唐人乞利本、唐人乞利本悉编。"此件文书的成文时间在 820 年以后不久，比照 9 世纪初瓜州吐蕃军事机构的名称，此"瓜州将军"（dmag pon）应指瓜州节度使。杨铭亦认为汉文"节度使"相当于吐蕃将军（dmag pon）③。文中提到沙州官吏的序列由"瓜州将军（节度使）及观察使作出决定，由沙州节儿派遣"，推知瓜州节度使对沙州官吏有一定的任命权。据 S. 1438 号 V《书仪》云："蒙（瓜州）留后使差新节儿到沙州。"留后使即节度使缺任时期，临时代节度使行其职者，职同节度使④，此制当为吐蕃模仿唐制而设，可知瓜州节度使可任命辖区内的

---

① 参阅〔法〕戴密微：《吐蕃僧诤记》，第 388 ~ 401 页；姜伯勤：《唐五代敦煌寺户制度》，第 100 页。

② 〔日〕池田温：《中國古代籍帳研究》，東京大學東洋文化研究所，1979 年，第 523 页。

③ 杨铭：《关于敦煌藏文文书〈吐蕃官吏呈请状〉的研究》，王宗维、周伟洲编：《马长寿纪念文集》，第 377 ~ 378 页。

④ 〔唐〕杜佑撰，王文锦等点校：《通典》卷三二《职官典十四》都督条云："（节度使）若朝觐则留后，择其人而任之。"（中华书局，1988 年，第 896 页）

官吏。

瓜州节度使不仅拥有瓜、沙地区的行政任免权，而且拥有该地区重大案件及民事纠纷的审理权。如 S. 1438 号 V《书仪》载"其贼七八，不漏天网，并对大德摩诃衍推问，具申衙帐，并报瓜州"，"胁徒之类，锢送瓜州"。此事指玉门驿户氾国忠等起义被捉后，锢送瓜州节度，进行推问①。此事亦见于伦敦印度事务部图书馆 Fr. 80 号文书，其中提到"赞普占有沙州城堡及汉人臣民""（汉人臣民）为争主权而对抗，杀死优秀的蕃人臣民"②，而镇压这次起义的机构为 Khrom，即瓜州节度使。由这两件文书推知瓜州节度使不仅有镇压唐人反抗、维护吐蕃稳定统治瓜沙地区的责任，而且还拥有对瓜沙地区重大案件的审理权。P. T. 1078 号《悉董萨部落土地纠纷诉状》、P. T. 1079 号《比丘邦静根诉状》记述了瓜州节度使审理两例民案纠纷事件的情况③。

瓜州节度使还主持瓜、沙地区的财税事务。如 S. 542 号 V《役部》所记"杂役"就反映了都僧统司与吐蕃当局瓜州节度使的密切关系。姜伯勤先生认为，都僧统司的稻田营作、回造粳米等大量力役，都应与僧统司每年向瓜州节度使送粳米、春稻等实物有关④。S. 542 号 V《役部》亦云"亥年瓜州送节（度）使粳米"，"子年送瓜州节度粳米"，"送瓜州节度粳米"，"送瓜州节（度）粳米一度"。可见，至少在五个年度中，沙州寺院每年要向瓜州节度使赠送粳米。又从"子年十二月差春稻两驮"的记载，知此项礼品似作为年礼而在年底赠送瓜州的⑤。

瓜州节度使还向沙州课征一定的赋税。P. 2162 号 V《寅年沙州左三将纳

① 史苇湘：《吐蕃王朝管辖沙州前后——敦煌遗书 S1438 背〈书仪〉残卷的研究》，《敦煌研究》1983 年创刊号，第 133～134 页；〔法〕戴密微：《吐蕃僧诤记》，第 347 页。

② By F. W. Thomas：*Tibetan Documents Concerning Chinese Turkestan. Ⅲ*：*The Nob Region*，Journal of the Royal Aiatic Society，1928，No. 3，pp. 555－595；姜伯勤：《唐敦煌"书仪"写本中所见的沙州玉关驿户起义》，《中华文史论丛》1981 年第 1 辑，第 157～170 页。

③ 王尧、陈践：《敦煌吐蕃文献选》，四川民族出版社，1983 年，第 44～46 页。

④ 姜伯勤：《唐五代敦煌寺户制度》，中华书局，1987 年，第 25～34 页。

⑤ 姜伯勤：《唐五代敦煌寺户制度》，第 28 页。

丑年突田历》载："左三将纳丑年突田历。张逸，常乐一驮半二斗，瓜州一驮半二升，百尺一驮。氾弁三驮傤，常乐一驮。索荣，常乐一驮半二斗；氾弁下青（麦）一驮半，小［麦］三驮，又小［麦］半驮，瓜州自送一驮。"① 此件文书为寅年左三将交纳丑年突田历，交纳的地点为常乐（属瓜州）、百尺、瓜州，纳突田即吐蕃时期交纳的田赋。文书记载各户交纳的数量和交纳的地点不一，说明纳突田与户口、人数、田亩有关，交纳地点是百尺（百尺村，在沙州城西北)②。常乐、瓜州，均在瓜州节度境内，此"常乐""瓜州"即指常乐仓、瓜州仓。由沙州田赋要向瓜州交纳推知，瓜州节度使当主持瓜、沙地区的赋税工作。此外，S. 542 号 V《役部》载"段周德丑年常乐过瓜州节度"，知段周德差役常乐，此项差役很可能与瓜州节度差役有关。又据 S. 542 号 V《役部》载"送西州人户往瓜州"，"送西州司户往瓜州"，可见在杂役中，遣送司户往瓜州，也是司户向瓜州承担力役的一宗。从以上情况看，瓜州节度使不仅可以向沙州征收田赋及粳米等贡物，还可征发力役和差役。

瓜州节度使还参与佛教事务。P. T. 999 号《为普赤祖德赞缮写〈无量寿经〉卷数册》云："鼠（子）年夏季六月八日，沙州二僧尼部落为王妃樊氏母子之大迦叶宫功德，为沙州地方民户做功德回向，举行祭祀法会。从宫殿志书、告牒，及给寺院长老、节度使之告牒中得知，向二千七百户民户行祭祀法会时，将大施主之资粮交与长老僧人洪辩和旺乔登记。"③ 可见在佛教祭祀法会等宗教活动中，瓜州节度使也对其进行组织、干预，以弘扬佛法，教化民心。P. 2449 号 V《祈愿文》就记载了瓜州节度使论悉歹乞里悉去罗的崇佛活动④。文书首先记述了此节度使敬请清凉宝山文殊师利、灵鹫山释迦如来等来享用其供品，"及受发露允其所愿"。之后，此节度使颂扬了自己的功德，

---

① 唐耕耦、陆宏基：《敦煌社会经济文献真迹释录》第二辑，全国图书馆文献缩微复制中心，1990 年，第 405 ~ 406 页。

② 李正宇：《敦煌历史地理导论》，新文丰出版公司，1997 年，第 60 页。

③ 王尧、陈践编著：《敦煌吐蕃文书论文集》，第 202 页。

④ 〔法〕戴密微：《吐蕃僧诤记》，第 327 页。

同时请求忏悔，"如等业无量无边……一忏以后，永断相续，尽未来际，更不敢告之。如等忏悔，无罪不除"。最后记载了施主敬请灵鹫山大师释迦、清凉山的文殊师利等来共享此节度使的今晨供品，"并受忏悔"。吐蕃赞普、谋臣及将领往往在占领区建造寺庙，为他们自己及军队所犯的杀戮等罪进行忏悔，祈求赦免①。这正反映了吐蕃王朝在热巴津赞普时期佛教盛行的实际情况。在这一形势下，瓜州节度使论悉列乞里悉去罗在敦煌地区大力崇佛，向寺庙捐献贡品、财物以求功德、怀化民心也就理所当然了。相同记载还见于 P. 3172号《尼患文》等写卷②。

　　总之，吐蕃瓜州节度使是吐蕃占领瓜沙地区后将其本部的军事部落联盟组织与唐代的节度使制度相结合，为统治瓜、沙地区而设置的一种吐蕃域外军政机构，隶属于吐蕃东道节度使，其辖区为瓜、沙二州，是吐蕃统治敦煌的最高官员，把持着瓜、沙地区的军事、政治、经济、宗教各方面的大权，是吐蕃赞普在该地区的最高代言人，在唐蕃争战中起了重要作用。

　　现将吐蕃瓜州节度使在位时间列表如下，以便参考。

| 吐蕃瓜州节度使名称 | 时间 | 参考资料 |
| --- | --- | --- |
| 尚乞心儿 | 吐蕃统治初期 | 两《唐书·吐蕃传》、P. 5579 号 |
| 瓜州留后 | 783 或 789～791 年 | S. 1438 号、Fr. 80 号 |
| 论悉列乞里悉去罗 | 808～818 年 | S. 3287 号、P. 2449 号 V |
| 论纥颊热谒支 | 吐蕃统治中后期 | P. 3770 号 V |

① 〔法〕戴密微：《吐蕃僧诤记》，第 347 页。
② 黄征、吴伟：《敦煌愿文集》，第 681～689 页。

# 第二章
# 吐蕃沙州节儿及其统治新探

7 世纪初，松赞干布统一青藏高原，建立了统一而强大的吐蕃王朝。随着王朝的兴起，吐蕃继征服象雄、羊同、孙波之后，加紧了对吐谷浑、南诏等周边民族的征服，吐蕃与唐朝的冲突由之加剧。早在唐高宗时期，吐蕃就在大非川之役中击败了唐朝大军，并占领了"安西四镇"。之后，唐蕃为争夺"安西四镇"、河西及西川地区发生了一系列战争。安史之乱后，吐蕃乘机占领了整个河西、陇右地区。

吐蕃占领河西后，设置了一套完整的职官系统（节度使—乞利本—节儿—都督—监军—部落使—判官）以统治河西瓜沙地区，吐蕃沙州节儿，正是吐蕃统治时期，在敦煌设置的最高军政长官。节儿在吐蕃对沙州进行有效统治中起了重要作用。敦煌文书中保留了大量节儿的相关资料，王尧、陈践等学者已对此作了初步的研究。笔者想在此基础上，结合其他史料，着重探讨沙州节儿的设置及其诸项职能。

## 一 沙州节儿的设置

"节儿"，藏语 rtse – rje，意为一塞之主①。戴密微认为"节儿"很可能是

---

① 王尧、陈践：《敦煌藏文写卷 P. T. 1083、1085 号研究——吐蕃占有敦煌时期的民族关系探索》，《历史研究》1984 年第 5 期，第 177 页；并参阅王尧《敦煌吐蕃官号"节儿"考》，《民族语文》1989 年第 4 期，第 23 ~ 28 页。

"使持节"或"持节"的简称，即很可能是节度使的简称①。与此有相同看法的是王尧和陈践，他们认为节儿即 rtse – rje，系吐蕃按唐制所设的边官，相当于唐官节度使，再加上藏语后缀论（dlon），成为汉藏混合称谓"节儿论"，简称"节儿"；并认为当时藏族人已习惯于将地方节度、守官译作节儿②。托马斯、藤枝晃则持不同看法，认为节儿是属于吐蕃自身的一种职官，在吐蕃统治河西后，吐蕃人又将其推行到瓜沙等地区③。

吐蕃统治敦煌时期，设有沙州节儿一职，已为不少文书证实。据 S. 1438 号 V《书仪》载："已蒙（瓜州）留后使差新节儿到沙州。"留后使为节度使缺任时期节度使职的代理者，职掌略同节度使。从"留后使差新节儿"可知节儿可由瓜州节度使任命。敦煌藏文文书 P. T. 1089 号《吐蕃官吏呈请状》的发现，为研究 8 至 9 世纪吐蕃占领河陇时期的蕃汉官吏提供了最有价值的史料。该文书也较详细地记载了沙州节儿的相关情况④。该文书记曰："持沙州节儿之令牌驿使曹顺子狗年春三月七日称：'节儿以下，唐人官员对品位意见不协，经常争执。今后，官员品位，若据瓜州（大行军衙）将军所决定行之，有无过失？''沙州节儿论以下，唐人官员品位，暂按此执行。'瓜州（大行

① 〔法〕戴密微著，耿昇译：《吐蕃僧诤记》，甘肃人民出版社，1984 年，第 355 页。

② 王尧、陈践：《吐蕃职官考信录》，《中国藏学》1989 年第 1 期，第 102～117 页；参阅王尧、陈践：《敦煌藏文写卷 P. T. 1083、1085 号研究——吐蕃占有敦煌时期的民族关系探索》，《历史研究》1984 年第 5 期，第 171～178 页；并参阅王尧：《敦煌吐蕃官号"节儿"考》，《民族语文》1989 年第 4 期，第 23～28 页。

③ 〔英〕托马斯：《新疆吐蕃文书集》第二卷，卢扎克公司，1951 年，第 320 页。（F. W. Tomas：*Tibetan Literary Texts and Documents concerning chinese Turketan*，II）；〔日〕藤枝晃：《吐蕃支配期の敦煌》，《東方學報》京都版，第 31 册，1961 年，第 199～291 页。

④ P. T. 1089 号文书最早研究见于法国著名藏学家拉露（Marcelle Lalou）：*Revendications des fonctionnaires du Grand Tibet au VII Siècle*，Journal Asiatigue，243. 1955：171～212.（《公元八世纪大蕃官吏呈请状》，《亚洲学报》1955 年，第 243 卷 2 期，第 171～212 页）；之后山口瑞鳳在《沙州漢人による吐蕃二軍団の成立とmkhar tsan 軍団の位置》（《東京大學文學部文化交流研究施設研究紀要》，第 4 號，1980 年，第 13～45 页）一文中，依据《唐蕃会盟碑》和 P. T. 1089 号文书，推订 P. T. 1089 号中的子年是 820 年，文书的时间也应在 820 年左右。

军衙）将军及观察使作出决定。由沙州节儿派遣之官员品位如下：'节儿论、唐人乞利本、唐人乞利本悉编（万户观察使）、大都督、副节儿、小都督、唐人观察使、由吐蕃人担任千户长者、千户长僚佐由唐人担任者、小节儿。'（第 43~49 行）① 此件文书的成书年代为 820 年前后②，所言瓜州将军和瓜州大行军衙很可能就是瓜州节度使和瓜州节度使衙③。由此可知，瓜州节度使衙即瓜州节度使对沙州官员之任用有定夺、审核之权力。从所引文书中之官员品位序阶亦可知，节儿位在乞利本之上，为沙州诸官之长官。

作为吐蕃王朝的最高统治者及权力机构，中央大尚论和吐蕃赞普宫廷会议可以调整、干预沙州事务，沙州节儿的任命及职权亦受其左右。据 P. T. 1089 号文书载："鼠年季春三月初四，从属庐腊悉努处获得。鼠年夏，大尚论巡边至陇州会议，复文：沙州唐人划为两个部落后，设置机构与任命官员，任吐蕃人作沙州官吏：任戎波·喻贡为节儿论、琼玻·庐玛为节儿观察使、设庐·喻贡为中节儿、末·札玛腊为小节儿。"（第 51~54 行）④ 由是知吐蕃大尚论曾巡边至陇州，召开陇州会议对沙州官吏进行调整任命，沙州节儿也在调整之内。又据 P. T. 1085 号文书载："辰年冬十一月上旬，亨迦宫用印颁发之告牒：'令下沙州节儿，据沙州二唐人部落之民庶禀称：沙州每年定期向宫廷及大行军衙交纳年贡礼品"冬梨"一次，王廷虽已拥有果园多处，但仍要增加（年贡）。'……（如今）节儿长官等经常不断欺压掠夺乃至霸占（果园）。为今后不再发生掠夺、侵占民庶果园事，恳求颁布一严厉诏令，并赐以钤印告牒，云云等情，据此，大尚论以下论恐热、论腊藏悉通均用印并摁指颁发如上。"⑤ 引文中之亨迦

① 王尧、陈践：《吐蕃职官考信录》，《中国藏学》1989 年第 1 期，第 110~111 页。

② 〔日〕山口瑞凤：《汉人及通颊人による沙州吐蕃军团编成の时期》，《东京大学文学部文化交流研究施设研究纪要》，第 5 号，1981 年，第 1~24 页。

③ 杨铭：《唐代吐蕃统治鄯善的若干问题》，《新疆历史研究》1986 年第 2 期，第 20~30 页；杨铭：《吐蕃时期河陇军政机构设置考》，《中亚学刊》1995 年第 4 辑，第 113~121 页。

④ 王尧、陈践：《吐蕃职官考信录》，《中国藏学》1989 年第 1 期，第 102~117 页。

⑤ 王尧、陈践：《敦煌藏文写卷 P. T. 1083、1085 号研究——吐蕃占有敦煌时期的民族关系探索》，《历史研究》1984 年第 5 期，第 171~178 页。

宫即吐蕃宫廷殿堂之一①，由是知吐蕃赞普的宫廷会议可直接干预沙州事务，沙州节儿不仅受瓜州节度使衙管辖，而且受中央大尚论和宫廷会议统领。

对吐蕃沙州官员的序阶，P. T. 1089 号文书记载较为清晰，文书记曰："瓜州将军（节度使）及观察使作出决定，由沙州节儿派遣之官员品位如下：'节儿论、唐人乞利本、唐人乞利本悉编（观察使）、大都督、副节儿、小都督……小节儿。'"（第 46~49 行）由此可知，经瓜州节度使调整后的沙州官吏的位序，节儿在乞利本之上。然，又据 P. T. 1089 号"姑臧军团（凉州节度衙）对官吏的序列与位阶意见不一之事，与以前所定方法和预定完成圣上差事相对照，向大尚论呈请后议论决定。[其]序列与位阶[如下]：'翼长（茹本）、万户长（乞利本）、大守备长（大料敌防御使）、节儿黄铜告身者、大营田官'"②。（第 35~37 行）由此知凉州节度衙在官吏设置排序中，凉州节儿在茹本、乞利本、大料敌防御使之下，并受有黄铜告身，职位低于乞利本。此类记载还见于汉文卷子，如 S. 6101 号《行城文》曰"又我乞利本、节儿、都督等"，亦知此处乞利本的地位稍高于节儿。比照所引文书我们可以推知，在吐蕃职官中节儿和乞利本位序相当，或上或下，盖二者的升降由形势的需要或权力实体的规模大小及级别高低而定。P. T. 1089 号文书除记载了节儿外，还记载了副节儿、中节儿、小节儿等。如该文书载瓜州节度使任命沙州官吏就有"节儿论""副节儿""小节儿"（第 47~49 行）；陇州会议任命的沙州官吏亦有"节儿论""中等节儿""小节儿"（第 53~55 行）；猴年德伦会议论定沙州官吏的序列中亦有"节儿论""副节儿""小节儿"（第 80~83 行）③。从以上文书内容来看，副节儿、中节儿职位低于节儿似为节儿之佐官，类似于唐代节度使之判官、掌书记之类的僚佐，小节儿似节儿的下级官吏。

---

① 王尧、陈践：《敦煌藏文写卷 P. T. 1083、1085 号研究——吐蕃占有敦煌时期的民族关系探索》，《历史研究》1984 年第 5 期，第 171~178 页。

② 杨铭：《关于敦煌藏文文书〈吐蕃官吏呈请状〉的研究》，王宗维、周伟洲编：《马长寿纪念文集》，第 368 页。

③ 杨铭：《关于敦煌藏文文书〈吐蕃官吏呈请状〉的研究》，王宗维、周伟洲编：《马长寿纪念文集》，第 370~371、373~374 页。

沙州节儿一般由吐蕃人担任。如 P. T. 1089 号文书载大尚论巡边，召开陇州会议，任命吐蕃人作沙州官吏，"任戎波·喻贡为节儿论、琼玻·庐玛为节儿观察使、没庐·喻贡为中等节儿、未·札玛腊为小节儿"。从记载看，节儿、节儿观察使、中节儿（副节儿）、小节儿均由吐蕃人担任，可知在沙州军政机构中吐蕃人所占的重要地位，亦知节儿又分为四个不同的等级。敦煌汉文文书亦有关于吐蕃节儿的记载。如 P. 2583 号《布施帐》云："莽没热节儿为钵单布福田，施麹陈绢一匹。"S. 1438 号 V《书仪》云："厶誓众前行，拟救节儿、蕃使，及至子城南门，其节儿等已纵火烧舍，伏剑自戕。"P. 3633 号《沙州百姓上回鹘天可汗书》云："当尔之时，见有吐蕃节儿镇守沙州。"从所引文书可见，节儿多由吐蕃人担任。此外，汉人也可担任节儿副职。如 P. 2341 号 V《燃灯文》云："蕃汉节儿、诸官寮采润提湖（醍醐）于法海。"又 S. 2146 号（11）《置伞文》云："时则有二节儿，岳牧杜公等为城隍报安之所建也。"这种蕃汉节儿和二节儿的出现正表明在吐蕃统治敦煌后期，实行了蕃汉双轨制①，由吐蕃人担任正职——节儿，其副职可由汉人担任。

## 二　沙州节儿拥有辖区内的军政大权

作为一州的最高长官，沙州节儿有任命本州官员僚属的权力。据前引 P. T. 1089 号文书载："瓜州将军（节度使）及观察使作出决定，由沙州节儿派遣之官员品位如下。"这表明沙州节儿对本州官吏有一定的提名任免权。其审批决定权归瓜州节度使衙，已如上文所示。

沙州节儿把持沙州军事大权，负责沙州的防务和治安。P. 3633 号《沙州百姓上回鹘天可汗书》载："且太保弃蕃归化，当尔之时，见有吐蕃节儿镇守沙州，太保见南蕃离乱，乘势共沙州百姓同心同意，穴白趋却节儿，即着汉家衣冠，永抛蕃丑。"可见节儿之务在镇守沙州。又 S. 1438 号 V《书仪》载：

---

① 邵文实：《沙州节儿考及其引申出来的几个问题——八至九世纪吐蕃对瓜沙地区汉人的统治》，《西北师大学报（社会科学版）》1992 年第 5 期，第 63～68 页。

"差新节儿到沙州、百姓具安，各就丰务"。S. 2146 号（11）《置伞文》载：
"唯节儿都督以虑敦煌西极，境接北胡，跃马控弦，寇盗无准，恐艾践稼穑，
百减衣食之源，九农匪登，使万人怀罄悬之念，所以牙相设讨，务在安人。"
P. 3770 号 V《祈愿文》载："伏惟我节儿、都督公平育物，整节安边。"从以
上所引文书知，沙州节儿的职责是负责沙州的防务，抵御寇盗、安民靖边。

另外，镇压汉族人民的反抗、维护吐蕃统治也是沙州节儿的职责所在。
S. 1438 号 V《书仪》载："某誓众前行，拟救节儿、蕃使，及至子城南下，
其节儿等民纵火烧舍，伏剑自裁，投身火中，化为灰烬。"此事还见于 Fr80
（7301 号）载："沙州城堡之汉人居民向我政权反抗，杀害吐蕃贵族，任职七
年的都督、节儿也死在沙州。叛乱平息后，我出任节儿，十年中未发生内部
抗争。"① 托马斯认为此件文书讲的是吐蕃人对沙州的一次夺取，接着发生的
无疑是由汉人鼓动的起义和其后政局的恢复及其十年和平时期的维持②。对照
两件文书，可知所反映的"节儿被杀""优秀蕃人臣民"被杀当属一事。姜
伯勤认为此次汉民起义大致在 783 或 789 年之后，至 791 年孟秋之前③。由该
事件知，吐蕃在敦煌的统治受到汉人的反抗，节儿有负责镇压汉人反抗的职
责，惜先节儿死于战乱，新节儿由镇压、平息叛乱者充任，其充任节儿的重
要资本当是平息叛乱的重要战功。

## 三 沙州节儿把持沙州的财政大权

S. 1438 号 V《书仪》载："节儿到上讫，所税布麦，诚合全输，属热风
损苗，犯颜申诉。尚论仁造，半放半征，凡厥边眠（氓）不任胥悦。"从此件

---

① 〔英〕托马斯：《新疆吐蕃文书集》第二卷，卢扎克公司，1951 年。（F. W. Tomas：*Tibetan Literary Texts and Documents concerning chinese Turketan*，*Ⅱ*）

② 〔英〕托马斯：《新疆吐蕃文书集》第二卷。（*F. W. Tomas*：*Tibetan Literary Texts and Documents concerning chinese Turketan*，*Ⅱ*）

③ 姜伯勤：《唐敦煌"书仪"写本中所见的沙州玉关驿户起义》，《中华文史论丛》第 1 辑，上海古籍出版社，1981 年，第 157～170 页。

文书可知，沙州地区"所税布麦，诚合全输"。但是，由于沙州遭到热风损苗，加之前节儿的横征暴敛，使沙州人民无法承受"所税布麦"，在这种情况下，节儿犯颜向吐蕃王申诉民情，幸得"尚论仁造，半放半征"。表明在赋税征收过程中，节儿不仅负责沙州地区的征收工作，而且有体察民情，及时向吐蕃王朝反映当地税收情况的职责，可见在特殊情况下，节儿还可上奏宫廷请求减免赋税，中央大尚论再酌情减免。从表面上来看，此事似是因沙州节儿十分体恤民情，敢于为民做主，其实节儿从根本上讲是代表吐蕃封建农奴主阶层利益的，他之所以敢"犯颜申诉"，只不过是借减免赋税以缓和蕃汉之间的紧迫形势，从而达到吐蕃统治者对沙州地区统治的长治久安，其根本目的还是在于为吐蕃王朝攫取更多的财富。因此，沙州节儿的重要职责之一就是为吐蕃王朝征收大量财富，对沙州人民的横征赋税，也就在所难免。

节儿还可以擅自加征。吐蕃卷子 P. T. 1085 号（9）《辰年冬十一月上旬亨迦宫用印颁之告牒》载："令下沙州节儿：据沙州二唐人部落之民庶禀称：'沙州每年定期向宫廷及大行军衙交纳贡礼的冬梨一次，王廷虽已拥有果园多处，但仍要增加（年贡）。以往，蒙圣神王臣之恩典，我等蛮貊边鄙之民户，每户修筑一座果园，且从未交纳年贡礼品及岁赋。（如今）节儿长官等经常不断欺压掠夺乃至霸占（果园）。为今后不再发生掠夺侵占民庶果园之事，恳求颁布一严厉诏令，并赐以钤印告牒。'云云等情况，据此，大尚论以下论恐热，论腊藏悉通均用印并摁指印颁发如上。"① 此文书记载了吐蕃王廷对沙州节儿擅自征收年贡礼品（冬梨）和岁赋以及欺压庶民乃至霸占果园之事，颁发了严禁此类事情发生的诏令。从文书所记"以往……且从未交纳年贡礼品及岁赋"，可知沙州节儿征收冬梨是擅自加收的，这也表明沙州节儿有相关的财税权，在具体征收赋税时往往巧立名目剥削劳动人民的劳动果实，以满足吐蕃王朝奴隶主贵族的需要。

节儿拥有财税权还可从其他材料印证。此外《吐蕃简牍综录》记载了大

---

① 王尧、陈践：《敦煌藏文写卷 P. T. 1083、1085 号研究——吐蕃占有敦煌时期的民族关系探索》，《历史研究》1984 年第 5 期，第 171～178 页。

小罗布泊（羌）节儿、鄯善节儿及于阗节儿统管财税的情况①。如第 351 号："要走几天没有把握，我与大小罗布泊的秋收监使……于秋委八月廿日秋收……大小罗布泊军曹及节儿总管来函称，请付秋收费用。"第 359 号："王，贵体安否？归节儿总管与争议田地者，不能迅速到达。"第 380 号："梅顿禀呈节儿措息、鲁措大人座前：'我等虽愿前往下方，但所派王室内差繁重频频；恕直言，此地毛驴有病，粟米、青稞粒也无，缺充饥之粮，已恳求宽限十天，为此大事，是否妥当？"387 号："致鄯善节儿总管及岸本。"其中岸本为吐蕃的一种税收官。

## 四　沙州节儿的司法权

敦煌文书中还记载了吐蕃占领敦煌时期的一些民间纠纷与诉讼，这些案件往往由沙州节儿来处理裁断。S.5816 号《杨谦让契文》载：

> 寅年八月十九日，杨谦让共李条顺相诤，遂打损。经节儿断，令杨谦让当家将息，至二十六日，条顺师兄及诸亲等，迎将当家医理。从今已后，至病可日，所要药饵当直及将息物，亦自李家自出。待至能行日，算及数计会，又万日中间，条顺不可及，有东西营苟，破用合着多少物事，一一细算打牒，共乡同老大计算收领，亦任一听。如不稳便，待至营事了日都算，共人命同计会，官有政法，人从此契，故立为验，用为后凭。

> 　　　　　　僧师兄惠常
> 　　　　　　僧孔惠素
> 　　　　　　见人薛卿子②

---

① 王尧、陈践编著：《吐蕃简牍综录》，文物出版社，1985 年，第 23~76 页。

② 唐耕耦、陆宏基：《敦煌社会经济文献真迹释录》第二辑，全国图书馆文献缩微复制中心，1990 年，第 198 页。

此件文书为沙州节儿处理一起民间斗殴的判案契文。判文详细记载了这一事件的处理办法及处罚措施，表明节儿有处理民间纠纷及诉讼的权力。

但如果事情重大，节儿裁断不公，可上送瓜州节度衙会议（瓜州节度使）审理。S. 1438 号 V《书仪》讲到沙州起义的驿户被抓后，都"锢送瓜州"，便表明瓜州节度衙对瓜沙地区的重大案件有终审权。P. T. 1078 号《悉董萨部落土地纠纷诉状》载："往昔，水渠垓华沟地方，悉董萨部落中之王安成与王贵公兄弟……（宁）毗连而居，廓庑与贵公为田地之故，言语不和……意见不一之地，献与论罗热诺布赞……后来于龙年夏，瓜州军帐会议之中（后略）。"① 此件文书亦表明瓜州军帐会议（瓜州节度使衙）有权处理沙州的民间土地纠纷等事务。又 P. T. 1079 号《比丘邦静根诉状》载沙州、肃州之僧统所属农户，要根据田地的好坏，制定承担赋税标准，随后"沙州节儿总管论野绮立"等，认为比丘邦静根的女奴之女"鲁鲁"未死，而是更姓换名，躲避赋役，在瓜州军帐会议上，与邦静根争讼。最后，沙州节儿总管败诉②。可见沙州地区的最终司法权属于瓜州节度使衙，沙州节儿的判决也可由瓜州节度使衙更改。另据《吐蕃简牍综录》第 393 号载"此案为悉编掣通所判，交付大罗布节儿总管有尚论"，由此推知大罗布节儿也有一定的司法判案权。第 350 号载"若由你审判，节儿总管先把事由、物证弄清，惹……夫妇"，知此节儿为高一级的审判，进行了对案件的初步调查审理。表明吐蕃在统治河西、西域地区时曾广泛设置节儿一职，其权限不仅包括军政大权而且涉及司法、宗教等权限。

## 五　节儿参与宗教活动

沙州节儿不仅为沙州地区的最高军政统帅，负责本地区的防务、治安及其他军政事务，而且参与佛教事务，弘扬佛法，以达到对敦煌地区的安抚与强化统治的目的。据 P. 2583 号 V《正月七日论莽热疏》载："（前缺）一匹二

① 王尧、陈践译注：《敦煌吐蕃文献选》，四川民族出版社，1983 年，第 44 页。
② 王尧、陈践译注：《敦煌吐蕃文献选》，第 46～47 页。

丈九尺，蒲桃一升，解毒药五两，已上勿（物）充转经僧解毒药二两，充正月一日夜燃灯法仕宋教授和上□□药。正月七日弟子节儿论莽热谨疏。莽没热节儿为钵单布福田，施麹陈绢一匹三丈四尺（后空）。"同件文书中还载有《申年正月十五日比丘尼兹心疏》，邵文实认为申年是贞元八年（792 年）①。表明在吐蕃占领初期，沙州节儿莽没热曾为吐蕃僧相钵单（钵阐布）施麹陈绢一匹三丈四尺，其目的在于弘化佛法，从宗教信仰上消除蕃汉民族间的隔阂。又据北图59：500 号 V 载："寺众僧慈灯等为本州节儿（纥）结乞梨依福田转金光明经一部十卷一遍。"又 S.2146 号（10）《置伞文》载："夫除灾静难者，莫善于佛顶蜜言；集福延休者，事资于行城念诵。今者春阳令月，寒色犹威；请二部落之僧尼，建白幢于五所者，其谁施之？时则有节儿、都督为合邑黎元报（保）愿功德之所建矣。伏惟节儿、都督公平育物，馨节安边，恐瘰疾流行，灾央条（殃倐）起。是以预修弘愿。"又 S.2146 号（11）《置伞文》载："今者敦煌之府，内竖白法之胜幢，［外］设佛顶于四门，使黑业之殄扫。厥今此会，其谁施之？时则有二节儿、岳牧杜公等为城隍报（保）安之所建也。"从以上材料来看，沙州节儿向寺院捐赠、转写经文、施建白幢、竖白法之胜幢等举动，意在修功德、祈求佛法、消除灾难、保境安民，其真正目的乃在弘扬佛法，教化民心，使其顺从吐蕃军政机构的统治，以达到政教合一的效果。

总之，沙州节儿是吐蕃占领河陇地区后在敦煌设置的最高军政长官，它隶辖于瓜州节度使并受其委任，拥有沙州地区的军政、财税、司法等大权，并参与沙州宗教事务。由于沙州远居吐蕃腹地之外，吐蕃王朝只能对其遥领，因此沙州节儿在许多情况下，都有相当的自主权，无论在官吏的任免、税收、军事、司法等方面莫不如此。

——《中国边疆史地研究》2000 年第 3 期

---

① 邵文实：《沙州节儿考及其引申出来的几个问题——八至九世纪吐蕃对瓜沙地区汉人的统治》，《西北师大学报（社科版）》1992 年第 5 期，第 63～68 页。

# 第三章
# 吐蕃统治敦煌时期的部落使与沙州都督考

7世纪初，正值中原出现强盛的唐帝国之时，吐蕃也于中国西南兴起，相继征服象雄、羊同、孙波之后，又加紧了对吐谷浑、南诏等民族的征服，形成了统一的强大王朝，对唐帝国构成了极大威胁，尤其在吐谷浑、南诏问题上，二者冲突尤烈。唐初吐蕃已有"雄霸西域"之心，贞观十二年（638年）一度"帅众二十余万屯松州西境"，屡次与边州唐军发生争战。唐高宗时，吐蕃在大非川大败唐军，占领安西四镇，吞并了吐谷浑部。此后，吐蕃乘"安史之乱"之机，尽取河陇。直到宣宗大中二年（848年）张议潮沙州起义，唐才复得河陇。

敦煌（沙州）也在唐蕃战争中，于贞元二年（786年）陷蕃。随后吐蕃在敦煌设置了一套完整的统治机构，进行了长达六十余年的统治。对于这段历史的研究，单凭传统史籍，无法全面了解，二十世纪初敦煌文书以及吐蕃碑刻、简牍的发现，为这一问题的研究提供了新的资料。二十世纪以来，随着国内外藏学研究和敦煌学研究的发展，涌现出诸如王忠《新唐书吐蕃传笺证》，王尧、陈践《吐蕃职官考信录》①，藤枝晃《吐蕃支配期の敦煌》等一批力作②，勾勒出吐蕃时期政治、军事制度的轮廓。这些研究多着眼于吐蕃本部中央机构的建制。笔者在吸收前人成果基础上，撰写了硕士论文《吐蕃统治敦煌的军政建制》，对吐蕃统治敦煌的军政建制进行了系统的研究。基本上理

---

① 《中国藏学》，1989年第1期，第102~117页。
② 《東方學報》京都版，第31册，1961年，第199~292页。

清了吐蕃统治敦煌的军政职官序列：瓜州节度使（留后使）—瓜州大监军—沙州节儿论—乞利本—大都督—监军使—副节儿—小都督—汉人观察使—吐蕃人部落使—汉人副部落使—汉人小节儿—岸武库令—吐蕃人沙州料敌防御都使—吐蕃人小千户长—汉人副小千户长—汉人大税务官—乞利本长书论等。

吐蕃统治敦煌的军事、行政建制的研究，不仅可以使我们了解吐蕃占领时期敦煌的有关制度及诸项措施，而且探讨吐蕃的军事、政治、经济、文化等各项制度，同时敦煌学、丝绸之路学、藏学方面研究亦有重要意义。本章是笔者先后发表的《吐蕃统治敦煌时期的部落使考》《吐蕃沙州都督考》①，将其合并而成，以便读者对吐蕃统治敦煌时期的部落使和都督等职官设置及其职掌有个更为清晰的认识。

## 一 敦煌沙州都督考

吐蕃统治敦煌的军政建制中设置的都督一职，其中沙州都督在敦煌吐蕃汉藏文献中对此记载也较多。都督，P. T. 1089 号《吐蕃官吏呈请状》作 to - dog，并有 to - dog - ched - po 大都督之名。大都督、都督、副都督、小都督似为四个等级不同的职官。该文书载：

> （戌年）瓜州将军及观察使作出决定。由沙州节儿派遣之官员品位如下：节儿论、唐人乞利本、唐人乞利本悉编、大都督、副节儿、小都督、唐人观察使。
>
> （中略）
>
> （申年）沙州官员品位已作出决定，今后依此而行：节儿论和万户长武库令、万户悉编、大都督、委任吐蕃人为千户长、副节儿、小都督②。

从两段有关沙州不同时期官吏的序列来看，沙州大都督位在节儿、万户

---

① 《民族研究》1999 年第 2 期，第 73 ~ 77 页；《敦煌研究》1999 年第 3 期，第 86 ~ 90 页。
② 参阅王尧、陈践：《吐蕃职官考信录》，《中国藏学》1989 年第 1 期，第 101 ~ 117 页。

都护之下、副节儿之上，小都督则在副节儿之下，汉人都护之上。然此文书和相关文书中均未见大都督与都督、副都督与小都督同时出现，推知大都督似即都督，副都督似即小都督，沙州似仅有正、副（大、小）二都督。

都督是沙州吐蕃统治机构中的高层官职，为沙州节儿之重要僚佐。P. T. 1089 号载："沙州都督与副千户长们之奏请〔如下〕：我等被任命为大都督及节儿之辅佐。"① 沙州都督次于节儿，居节儿之下。如 P. 2326 号 V《愿文》"节儿尚论、都督杜公"，"其有昌圣君之化副明主之心乘，则谁书之？有我皇太子殿下与良牧杜公，爰须节儿、蕃汉部落使等皆风清台阁，德映朝廷"。又 P. 3770 号 V《祈愿文》载："伏惟节儿、都督公平育物，整节安边。"由此知都督为节儿之下级职官，有"公平育物，整节安边"的职责。P. T. 1078 号《悉董萨部落土地纠纷诉状》载："由都督……所授田契，已核对，用丈量突之绳索量后，属我田地为三突（半）……多出七突半。"② 说明都督还参与吐蕃统治机构向百姓具体授田事宜，亦知吐蕃统治机构在沙州授田还要发放授田契，作为土地所有权的凭证。P. 2770 号 V《释门文范》载："伏惟我良牧安公（即安都督），明鉴时政，清肃乡人；或识望弘深，聊扬今古；或推穷审察，妙尽否藏；嘉名遍于寰中，积善盈于宇宙。"由此推知，都督还拥有一定的审案权。

沙州都督还从事佛事活动。P. 3699 号《祈愿文》云："统监军神柞潜运，当贵日新□声不朽，都督代天理物，助圣安人。"此都督在佛事活动中祈求"代天理物，助圣安人"，说明是以吐蕃沙州统治机构中的要员身份参与佛事活动，并以宣扬佛教教化为其重要事务。像这样反映沙州都督参与佛事活动的文书还有很多。如 S. 2146 号（12）《置伞文》云："夫延祥展庆，心（必）赖于胜幢；扫孽除灾，要资于儿力。故使善经闻其增寿，庆喜克获本心，魑魅畏之逃刑（形），天魔怖而求救。大哉神儿，无得（德）而称者钦！今属和风动物，蛰户将开；幡盖徘徊，缁伦肃穆者，何所谓（为）也？时则有我

① 参阅王尧、陈践：《吐蕃职官考信录》，《中国藏学》1989 年第 1 期，第 101～117 页。
② 王尧、陈践译注：《敦煌吐蕃文献选》，四川民族出版社，1983 年，第 44～46 页。

节儿尚论及都督杜公等，并乃养人如子，尤国同家；恐妖气肆恶于城中，品物屡遭于迍厄。是以三阳令月，启三福于释尊；四季初辰，竖四门之利。"又如 S. 2146 号（10）《置伞文》云："夫除灾静难者，莫善于佛顶蜜（密）言；集福延休者，事资于行城念诵。今者春阳令月，寒色犹威；请二部之僧尼，建白幢于五所者，其谁施之？时则有节儿、都督为合邑黎元报（保）愿功德之所建矣。"又 P. 2255 号（7）《行城文》云："夫让（社）灾郤难者……次用庄严都督、部落使以下诸寮寀（寀）等：惟愿荣为转（辅）德，欢愚（娱）告乡。摩诃般若，利落（乐）无边；大众乾成（虔诚），一切普诵。"又 S. 2146 号（6）《行城文》："次用庄严节儿尚论爰及都督杜公：为云为雨，济枯涸于明朝；部落使诸官，建忠贞于圣代。"S. 2146 号《布萨文》："此（次）用庄严都督杜公：惟〔愿〕福逐年长，寿逾金石。然后散沾法界，普及有情。"不难看出，都督常常代表沙州吐蕃军政机构"保愿功德""启三福于释尊"，为沙州百姓"除灾静难"，有时还要向寺院捐赠物品，甚至要捐建白幢等物以示虔诚。S. 2447 号 V《亥年十月一日之后应诸家散施人经物色目》载："杜都督施红单绢裙壹并腰带，出唱得布壹佰参拾尺，又施麦五斛。"又北图 372 号、8462 号 V《僧福渐等书行像幢蟠等支领粟布帐》云："丑年五月十五日，杜都督当家书蟠卅二□□口。"从以上两件材料得知，杜都督曾多次向寺院施舍大量物品，以示其崇佛虔诚之心。

沙州都督还控制着世俗百姓的出度权。据 P. 3774 号《丑年（821 年）十二月沙州僧龙藏牒》云："大兄度女平娘，于安都督处买度印，用驴一头，牸牛一头。"说明安都督控制着出家的度印。度印权的控制对统治者颇为重要，一来可以控制出家为僧的人口，以便更多干涉宗教事务，进而控制更多的世俗纳税人口；二来可通过控制度印，盘剥更多的民脂民膏。

敦煌文书中较多地记载了杜都督、安都督、索都督、张都督等沙州吐蕃都督的情况。而杜、安、索、张均为敦煌豪门望族，反映了吐蕃当局十分注重利用当地豪强势力来稳固自己的统治。其中杜都督为敦煌文书中记载最多的一位，此都督也是敦煌旧门世族。据 P. 3258 号《祈愿文》载："都督京兆杜公，惟愿繁祉斯乐，纤漳无遗，轩冕永昌，钟鼎传嗣。"知杜氏为京兆望族，早已在敦煌"轩冕永昌，钟鼎传嗣"。此都督京兆杜公还见于以下卷子中：P. 2770 号《释门文范》载："伏惟我良牧杜公，帝乡雄望……嘉名遍于寰中，积善盈于宇宙。"P. 2326 号 V《愿文》云："节儿尚论都督杜公。"P. 3770 号《祈愿文》云："良牧杜公。"S. 2146 号《布萨文》《行城文》《置伞文》等文书中亦提到杜都督。以上记载表明杜都督出身帝乡雄望，位居节儿尚论之下，在当时曾显赫一时。据 S. 2447 号《亥年十月一日之后应诸家散施入经物色目》载："僧伯明施三岁牸子壹头，出唱得经纸叁拾贴。杜都督施红单绢裙壹并腰带，出唱得布壹佰叁拾尺，又施麦五斛。"此件文书正面是《僧伯明阴期抄经数目凭记》，其年代是壬子年。吐蕃统治敦煌时期的壬子年只有 832 年，若亥年在此之前，应指 831 年，若是此后，应指 843 年。郑炳林以 843 年为确。从而推知杜都督曾在 843 年前后任此职①。又据 P. 3674 号 V《小僧习写》云："故沙州都督杜公，于赞普中（忠）赤，子父相绍肆拾伍年，性行宽雄喻（逾）海，其心正直似弓，弘乘佛法亦然，聪明智慧，微同一代，留名万代，传名以后。有愚民不自寸（忖）量，便生垢（妒）疾，以药杀之，故疑侵食。"由此知杜氏一门，曾出二都督，父子相继 45 年，若从 843 年算起，杜氏早在 9 世纪初已为都督。

与杜都督可相提并论者为安都督，此二人多次在敦煌文书中同时出现。P. 2770 号《释门文范》云："伏惟我良牧杜公，帝乡雄望……伏惟我良牧安公，明鉴时政。"P. 2631 号《释门文范》云："二都督唱导于尧。""庄严二都督……永为圣主之忠臣，臣辅皇化。"知此二都督即指杜、安二都督，他们当为正、副都督。安姓为粟特人，早在唐前期粟特人就已在敦煌形成聚落——从化乡，蕃占敦煌后粟特人又分散到敦煌诸部落中，并在其统治机构中形成一定势力。P. 3774 号《丑年（821 年）十二月沙州僧龙藏牒》记载了 821 年前后，安都督在敦煌吐蕃政权中的活动："又知己亲情与耕牛：安都督一头、赵再兴一头、张英玉一头、安恒处二齿牛二。"又称："（龙藏）大兄度女平娘，于安都督处买度印一，用驴一头，牸牛一头。"安氏居住于百尺村，安都督亦可

① 参阅郑炳林：《敦煌碑铭赞辑释》，甘肃教育出版社，1992 年，第 122 页。

能住于此地①。从牒文记载看：首先，安都督与龙藏家族关系密切。据丘古耶夫斯基研究亲情社是血缘关系的社，那么安都督与龙藏家族当有亲姻关系，同处一社，有事可相互帮助②。其次表明安都督当时权限还涉及僧尼的佛事活动，控制着世俗人的出家权——度印。安姓还与敦煌著族望姓张氏通婚。P. 3551 号《药师瑠璃光如来赞并序》记载了吐蕃统治时期一位张氏大都督，娶妻粟特人安氏："则有清河张，敦煌郡大都督赐紫金鱼袋并万户侯，其公则威光奕奕，皎似珠星；精彩岩岩，净如冰雪。授赐南朝，拜谢重恩；腾星进路，德奉天庭，承恩回还；闇色来寝，不皇本郡。则有都督夫人安氏，岁在初笄，花姿散艳，似春沼之开莲，素质凝晖。等秋地之堪同，念金兰义切，恩结发情深。"据 P. 3554 号 V《上河西道节度公德政及祥瑞五更转兼十二时》记载，张议潮亦曾到过吐蕃王城逻些："昔尚书曾赴逻娑，引道神人，祭水河边，龙兴紫盖，池现圣鸟，气运冲星，阵上回风，声添雷电。"逻娑即逻些，张议潮当与这位敦煌郡张大都督一起去拜谢重恩时，张大都督死于路上而张议潮返回了敦煌，故《张淮深碑》称"祖宗衔怨含恨，百年未遇高风，申屈无路"，当指此事③。我们认为这位娶妻安氏的张都督可能就是张谦逸。张谦逸与粟特人通婚联盟，对后来张议潮建立归义军政权产生了巨大影响。张氏家族亦为敦煌望族，并形成相当势力，后来族人张议潮成了河西人民驱逐吐蕃势力的领导人。据《册府元龟》卷九八〇《外臣部·通好》载："沙州陷蕃后，有张氏世为州将。"④ 说明敦煌张氏在蕃占时期，犹不失州将之列。

　　此外，敦煌文书中还记载了索都督，索氏亦为敦煌望族。P. 2625 号《敦煌名族志残卷》载："索氏，右其先商王帝甲封子丹于京索，因而氏焉……以

① 郑炳林：《唐五代敦煌粟特人与归义军政权》，《敦煌研究》1996 年第 4 期，第 81～89 页。

② 参阅〔俄〕列·伊·丘古耶夫斯基：《俄罗斯科学院东方研究所圣彼得堡分所馆藏敦煌写本中的转帖》，《敦煌学辑刊》1996 年第 1 期，第 3～4 页。

③ 荣新江：《归义军史研究——唐宋时代敦煌历史考察》，上海古籍出版社，1996 年，第400 页。

④ ［宋］王钦若等编纂，周勋初等校订：《册府元龟（校订本）》卷九八〇《外臣部·通好》，凤凰出版社，2006 年，第 11354 页。

元鼎六年从钜鹿南和迁于敦煌……莫知其长幼，咸累代官族。"S. 530 号《大唐沙州释门索法律义辩和尚修功德记碑》载："和尚俗姓索，法号义辩。其先商王甲之后，封子丹于京索间，因而氏焉……以元鼎六年自钜鹿南和徙居于流沙，子孙因家焉，遂为敦煌人也……以元和七年岁次……终于释教坊之私第……亡兄，前任沙州坊（防）城使，讳某乙……权职蕃时，升荣囊日……故弟清政，礼乐名家，温恭素质；一城领袖，六郡提纲。"得知敦煌索氏，自汉代迁徙敦煌，"咸累代官族"。在吐蕃统治敦煌时期，索氏仍不失官族，曾在吐蕃沙州军政机构中担任重要职务，"升荣囊日"。相同记载还见于 P. 2021号《大唐沙州释门索法律义辩和尚修功德记碑》。又 P. 3256 号 V《释门书仪愿文》载："伽蓝主故都督索公。"知索都督亡故应在归义军收复前。索都督还见于钟铭文，今西宁市青海省博物馆收藏的一口古钟，钟腹内有铭文："沙州都督索允，奉为法界众生及七代先亡敬造神钟一口。"李正宇先生认为此人即吐蕃统治时期的索都督，名索允①。

总之，吐蕃沙州都督在沙州军政机构中地位显赫，设正、副二职，一般由吐蕃人或汉族世家大族担任。正反映了吐蕃在统治敦煌时期，采取了蕃汉并用的双轨制，在沙州军政机构中吸收了一些当地的汉族、粟特族等世家大族以稳固其统治，达到安定民心的作用。诸都督中以杜氏父子、安氏、索氏、张氏最有名气。现将此五位都督任职时间列表如下：

**沙州都督年表**

| 都督名称 | 任职时间 | 依据卷号 |
| --- | --- | --- |
| 杜都督（父） | 9 世纪初 | P. 3674 号 V、S. 4642 号 |
| 杜都督（子） | 约 843 年后不久 | P. 3674 号 V、P. 3774 号 |
| 安都督 | 821 年 | P. 3774 号 |
| 索都督 | 821 年 | P. 3256 号 |
| 张都督 | 吐蕃统治中后期 | P. 3554 号、P. 3551 号 |

---

① 参阅李正宇：《北京图书馆藏〈敦煌金石文字存佚考略〉》，《九州学刊》1992 年第 4 卷第 4 期，第 129～130 页。

## 二　吐蕃统治敦煌时期的部落使考

吐蕃占领敦煌后，在敦煌地区设置统治机构时，将敦煌地区原有的唐朝乡里社会基层组织改变为吐蕃王朝的部落、将制。唐朝地方行政区划是道、州、县三级，县以下设乡、里。沙州在吐蕃占领前设 13 个乡，即敦煌、莫高、神沙、龙勒、平康、玉关、效谷、洪池、悬泉、兹惠、洪润、寿昌、从化。吐蕃废除了原有的 13 个乡，而代之以部落制①。P. 2259 号 V《龙勒乡部落管见在及向东人户田籍册》云："龙勒乡部落合当部落，管见在及向东人户，总二百三十九户。"此件文书即吐蕃占领初期，将乡改为部落建制的确凿记载，大致一个部落辖一个乡②。《元和郡县图志》卷四〇《陇右道》沙州条："中府。开元户六千四百六十六。乡十三。""管县二：敦煌，寿昌。"③按此数据推算开元时每乡的户数平均为 497 户，而龙勒乡部落仅有 239 户，不足开元平均每乡人户的二分之一。可能是蕃占初期，战乱导致的人口锐减及统治秩序混乱、编户不实等因素造成了蕃占初期编户减少。据敦煌文书记载，吐蕃统治敦煌时期，曾设置过僧尼、道门亲表、上、下、行人、丝棉、曷骨萨、悉董萨、中元、宁宗、撩笼、通颊等部落。另据 P. 2807 号《七月十五日夏终设斋文》载吐蕃"诸乡官又大檀越优波（婆）贰（夷）等"，可证吐蕃时期的确存在"乡官"，即部落之职官。王尧、陈践《敦煌藏文写卷 P. T. 1083、1085 号研究》中认为，部落是吐蕃当时在军事部落联盟制下的基

---

① 参阅刘进宝：《关于吐蕃统治经营河西地区的若干问题》，《中国边疆史地研究》1994 年第 1 期，第 13～21 页。

② 参见李正宇：《吐蕃论董勃藏修伽蓝功德记两残卷的发现、缀合及考证》，季羡林等主编：《敦煌吐鲁番研究》第二卷，北京大学出版社，1996 年，第 249～258 页。

③ ［唐］李吉甫撰：《元和郡县图志》卷四〇《陇右道》，中华书局，1983 年，第 1025～1026 页。

本军政组织，它是区域性与血缘性结合的组织，也是军事与行政结合的组织①。部落长官谓部落使或千户长。敦煌文书中，以 stong – sde（东岱、千户）来对译部落，以千户长（东本）对译部落使。如 S. 2736 号（2）《蕃汉对译语汇》中，第 38 组：stong – dpon 东本/bo – lag – shi 部落使；第 39 组：stong – cung 小东本/phutsen 副丞；第 40 组：khri – dpon 乞利本/i – ban – zin – dzyan 万人将。可见东岱、千户与部落相一致，东本、千户长与部落使相一致②。另一些卷子则将 kri – sde（万户）对译为部落，可能是部落有大、小之别，小部落为千户，大的部落为万户。吐蕃在敦煌设置部落，正符合吐蕃本部的"五茹""六十一东岱"的军事行政社会组织的体制。早在芒松芒赞之时，吐蕃就于 654 年区分了"桂（rgod）"和"庸（g – yung）"。"rgod"就是从事征战的上等属民"武士阶层"，"g – yung"为从事属民和奴隶事务的属民阶层③。把武士和一般的属民划分后，建立了相应的军事建制和行政建制，即文献中的"武士千户"和"庸人 mi – sde（thsan – bcu）"④。在这种军事部落联盟制下，部落准军事化，临战以部落为单位，群体出征。吐蕃简牍中常提到一些侨置部落名称，它们就是在军事行动中，氏族部落贵族率其子弟、属民和奴隶以部落名义参加，因而部落名称随战争的进展因地迁徙。如吐蕃占领西域后，曾在当地设"那雪部落"，即吐蕃本部乔迁的部落⑤。《新唐书》

---

① 参阅王尧、陈践：《敦煌藏文写卷 P. T. 1083、1085 号研究》，《历史研究》1984 年第 5 期，第 171～178 页。

② 参阅王尧、陈践：《敦煌藏文写卷 P. T. 1083、1085 号研究》，《历史研究》1984 年第 5 期，第 171～178 页。

③ 参阅熊文彬：《吐蕃本部地方行政机构和职官考——thsan – bcu、mi – sde、yul – sde、yul – gru、yul – dpon》，《中国藏学》1994 年第 2 期，第 51～58 页；参阅巴卧·祖拉陈哇著，黄颢译注：《〈贤者喜宴〉摘译（二）》，《西藏民族学院学报》1981 年第 1 期，第 1～29 页。

④ 参阅熊文彬：《吐蕃本部地方行政机构和职官考——thsan – bcu、mi – sde、yul – sde、yul – gru、yul – dpon》，《中国藏学》1994 年第 2 期，第 51～58 页。

⑤ 参阅王尧、陈践：《吐蕃兵制考略——军事部落联盟剖析》，《中国史研究》1986 年第 1 期，第 118～127 页。

卷二一六《吐蕃传》云："虏法，出师必发豪室，皆以奴从，平居散处耕牧。"①《资治通鉴》卷二五〇"唐懿宗咸通三年十二月条"载："吐蕃每发兵，其富室多以奴从，往往一家至十数人，由是吐蕃之众多。"② 这种军民合一的部落群体战，曾在唐蕃争战中起过重要作用。

吐蕃占领敦煌后，将其本部军事建制的"武士千户（stong - sde）"和行政建制的"庸人（thsan - bcu）"，推行到敦煌地区，结合唐代的乡里制度，建立了部落。其部落亦分为军事部落即武士千户，"庸人（thsan - bcu）"即民部落。此外，还有通颊部落，为准军事部落，间于二者之间③。其长官均称为部落使，亦称为部落大使，相当于唐代的乡官。

部落使也是吐蕃沙州军政机构的重要职官，位在沙州节儿、都督之下。如 S.2146 号（11）《置伞文》载："庄严节儿、都督：为霜（云）为雨，齐（济）枯旱于明朝，部落使诸官，建中（忠）贞于圣代。"S.2146 号（6）《行城文》载："次用庄严节儿尚论爱及都督杜公：为云为雨，济枯涸于明朝；部落使诸官，建忠贞于圣代"。S.2146 号（5）《行城文》云："庄严节儿都督：唯愿寿命逾远，禄桎万钟；部落使官遼（僚），门传九载。"S.2146 号（12）《置伞文》载："节儿、都督松皇（篁）比寿，福庆相资。部落使诸官等：唯愿助理平和，惟清惟直。然后四时顺，五谷登，百殃除，万祥集。"P.2255 号（7）《行城文》载："次用庄严都督、部落使以下诸寮寀（宷）等。"P.T.1089 号《吐蕃官吏呈请状》（以下简称《呈状》）记载的戌年、申年两份沙州吐蕃官员位序中，部落使（千户长）均在节儿、都督之下④。

部落使的职责略同于乡官，负责部落一级的政务。P.2631 号《释门文范》载二都督后，云"三部落使和声应；百姓云集，僚吏同携建一所伽蓝，兴百日之役，千梁偃塞，上接仙途，数仞降（隆）基，傍通李径"，此伽蓝很可能

① ［宋］欧阳修等撰：《新唐书》卷二一六《吐蕃传》，中华书局，1975 年，第 6108 页。

② ［宋］司马光编著，［元］胡三省音注：《资治通鉴》卷二五〇"唐懿宗咸通三年十二月条"，中华书局，1956 年，第 8101 页。

③ 参阅荣新江：《通颊考》，《文史》第 33 辑，中华书局，1990 年，第 119～144 页。

④ 参阅王尧、陈践：《吐蕃职官考信录》，《中国藏学》1989 年第 1 期，第 102～117 页。

为三部落使论董勃藏所建①。此三部落使主持征发百姓劳役，其职能类似于唐代的乡官。P. 2807 号《斋文》云："伏惟部落使判官诸僚，并明鉴时政，清肃乡人；或识量弘深，聊扬今古；或推穷审察，妙尽否藏。"从"清肃乡人"，可知此部落使负责"乡"，即部落一级的具体政务。

吐蕃统治敦煌所置各部落（前文已述），均应设有部落使。但目前各部落设置的先后顺序及其性质还难以确定，因此对各部落使的具体情况还较难把握，现仅就现有材料，作一些合理的讨论。据 P. 4638 号《大番故敦煌郡莫高窟阴处士公修功德记》，阴伯伦曾被"蕃朝改授，得前沙州道门亲表部落大使"②。知阴伯伦曾任"道门亲表部落大使"一职。此部落就是 8 世纪末吐蕃管辖沙州后由道士、女官及有关内亲、外亲所组成的一个部落③。又 P. 3774 号《丑年（821 年）十二月沙州僧龙藏牒》载，龙藏"为父是部落使，经东衙算赏羊卅口……付张剑奴，驴一头与部落使乞心儿"，知乞心儿曾在丑年（821 年）之前已任部落使④。又《沙州文录补·康再荣建宅》云：康再荣在吐蕃时出任纥骨萨部落使⑤。ДХ. 14621 号＋P. 3829 号："既监军论字号董勃藏，名金刚，敕补充沙州三部落兼防御兵马行营留后大监军使。"⑥ 所谓"三部落"，有两个部落是在 820 年建立的汉人军部落，即悉宁宗部落和悉董萨

---

① 参阅李正宇：《吐蕃论董勃藏修伽蓝功德记两残卷的发现、缀合及考证》，季羡林等主编：《敦煌吐鲁番研究》第二卷，第 249 ~ 258 页。

② 郑炳林：《敦煌碑铭赞辑释》，甘肃教育出版社，1992 年，第 238 ~ 254 页。

③ 姜伯勤：《沙州道门亲表部落释证》，《敦煌研究》1986 年第 3 期，第 4 ~ 10 页；李正宇先生认为"沙州道门亲表部落"是由僧道组成的部落。（李正宇：《吐蕃论董勃藏修伽蓝功德记两残卷的发现、缀合及考证》，季羡林等主编：《敦煌吐鲁番研究》第二卷，第 249 ~ 257 页。）

④ 〔日〕池田温：《丑年十二月僧龍藏牒——九世紀初敦煌の家産分割をめぐる訴訟文書の紹介——》，《山本博士還歷記念：東洋史論叢》，東京山川出版社，1967 年，第 25 ~ 38 页。

⑤ 罗福苌：《沙州文录补》，上虞罗氏 1924 年铅印本，第 29 简页。

⑥ 李正宇：《吐蕃论董勃藏修伽蓝功德记两残卷的发现、缀合及考证》，季羡林等主编：《敦煌吐鲁番研究》第二卷，第 249 ~ 257 页。

（悉东萨或思董萨）部落；另一个是 824 年后建立的汉人军部落，即纥骨萨部落①。这三个汉人军部落，归吐蕃沙州节儿管辖，同沙州敦煌县其他居民部落性质有别，故单列合称为"沙州三部落"。论董勃藏兼任三部落使，在众部落使中当以"三部落使"最为显要。此外，P.3770 号《愿文》云："番汉部落使张二悉诺等，功名攸著。"部落使分正、副二职，正职一般由吐蕃人担任，副职可由汉人担任，这正符合 P.T.1089 号相关记载，也体现了吐蕃统治沙州时期，在其统治机构中实行了蕃汉双轨制，一般重要职务或正职均由吐蕃人担任，副职往往拉拢一些敦煌地区的名门望族或粟特人担任，来稳固其统治，以达到安定人心的目的②。又 P.3481 号 V《南寺和尚舍堕文》云："则有我大檀越大蕃部落使、河西节度、太原阎公。"这位阎公不是别人，正是缢杀周鼎，以身自代而坚守沙州十年后，最终被迫与吐蕃人约定"毋徙他境"，投降吐蕃的阎朝③。又 S.542 号 V《戌年（818 年）六月十八日诸寺丁口车牛役部》云："龙供撩笼部落使。"类似这样记载吐蕃时期部落使的卷子还有很多。

部落使下属，还有一套较完整的组织机构系统。S.2146 号（12）《置伞文》云："部落使诸官等：唯愿助理平和，惟清惟直。"S.2255 号（7）《行城文》云："次用庄严都督、部落使以下诸寮菜（寀）等：惟愿荣为转（辅）德，欢愚（娱）告乡。"P.2807 号《斋文》云："部落使并诸僚吏，愿奉禄弥厚，宠□逾深，勤之智转明，干济之节益达。""诸乡官又大檀越优婆夷。"从上可知，部落使下设诸官、僚吏为其僚佐、下属。据 S.5812 号《丑年（821 年）八月女妇令狐大娘牒》云："经七八年后，致三部落了监军借张鸾堂一、南户一、厨舍一。"推知部落使之下设监军一职。P.2763 号《食物帐》

①　李正宇：《吐蕃论董勃藏修伽蓝功德记两残卷的发现、缀合及考证》，季羡林等主编：《敦煌吐鲁番研究》第二卷，第 249～257 页。

②　参阅邵文实：《沙州节儿考及其引申出来的几个问题——八至九世纪吐蕃对瓜沙地区汉人的统治》，《西北师大学报》1992 年第 5 期，第 63～68 页；郑炳林、王尚达：《吐蕃统治下的敦煌粟特人》，《中国藏学》1996 年第 4 期，第 43～53 页。

③　参阅王尧、陈践：《敦煌藏文写卷 P.T.1083、1085 号研究》，《历史研究》1984 年第 5 期，第 171～178 页。

云："十一月七日，贷吐蕃监使轶勃訇强……监部落使名悉思恭。"又 P. 2654
号《食物帐》云："十月廿三日贷牒吐蕃监使轶勃訇强……十一月七日贷监
部落使名悉思恭。"又 P. 2807 号："部落使判官等僚佐。"P. 3699 号《祈愿
文》："三部落二判官。"P. 4638 号："又弟嘉珍，大蕃瓜州节度行军并沙州三
部落仓曹及支计等使。"① 由以上几件文书知，部落使属下设有监部落使、部
落使判官、部落仓曹使、部落支计使、乡官等。据 P. T. 1089 号载戌年沙州节
儿发布的沙州职官序列与位阶表中有"吐蕃方面任命的千户长等，汉人方面
任命的副千户长""吐蕃方面任命的汉人小千户长等，汉人方面的副小千户
长"②。又据 P. T. 1089 号《呈状》知，子年把沙州汉人分成两个军部落后，
任命吐蕃沙州官吏的情况如下："任命阎本为副千户长，虽然［其位阶］与小
黄铜告身相当，但因从前已领有小黄铜告身，圣上明鉴，褒扬年功，授予大
黄铜告身。任命张多子为一部落的收税官和地方财务总管。任命索播公为普
通大收税官，因其系昔日都督门第，圣上明鉴于此，授予相当于大藏之位，
予以褒美。任命曹昌季为部落的水官。任命李布华为普通大营田官，虽已有
大藏之位，圣上明鉴，赐予相当于大藏之褒美。任命张大力为水官……［其
它］一部落之官职任命情况：康塞堂任命为副千户长。虽应授予小黄铜告身，
但察及年功，褒奖一级，授予大黄铜告身。刘憨任命为［一千户部落之］收
税官兼地方财务总管。任命安兴子为部落之营田官。任命李平为普通水官。
任命张德多为小千户长，授予小红铜告身，已持小黄铜告身，但圣上明鉴，
再赐予相应于小红铜告身之精制铜［章］和刺绣等物。任命汜达季为财务官。
任命陈纳同为财务官。任命杨六力为水官。任命王安为部落水官。任命沙安
为部落之营田官。"③

　　从此卷文书所反映的部落职官组成和告身序列可列下表：其中水官、营

①　郑炳林：《敦煌碑铭赞辑释》，甘肃教育出版社，1992 年，第 241 页。

②　杨铭：《关于敦煌藏文文书〈吐蕃官吏呈请状〉的研究》，王宗维、周伟洲编：《马长
　　寿纪念文集》，西北大学出版社，1993 年，第 374 页。

③　杨铭：《关于敦煌藏文文书〈吐蕃官吏呈请状〉的研究》，王宗维、周伟洲编：《马长
　　寿纪念文集》，第 371～372 页。

田官、营田副使等官还见于汉文文书，如 P. 3613 号《申年（804 年）正月令孤子馀牒及判词》①。

**部落使所属下级职官及其告身表**

| 职官 | 应授告身 | 褒授告身 |
|---|---|---|
| 副千户长 | 小黄铜告身 | 大黄铜告身 |
| 部落收税官和地方财务总管 | | |
| 普通大收税官 | | 大藏 |
| 部落水官 | | |
| 大营田官 | 大藏 | 大藏 |
| 水官 | | |
| 普通水官 | | |
| 小千户长 | 小红铜告身 | 小红铜精制告身 |
| 财务官 | | |

　　归义军时期，虽废除了吐蕃部落制，但由通颊、退浑等少数民族建立的部落仍存。S. 1164 号《回向发愿文》，写于张议潮时，在都督之后提到"都部落使等：惟愿福禄唯永，欢惧（娱）日新，荣名克昌，美誉霞（遐）备，城隍彩（寀宋），尽赤尽忠；部落官僚，唯清唯直"②。归义军初的都部落使应是沿袭吐蕃旧制而来的，并有其僚属，统领乡级部落使。大中五年（851年）阎英达以部落使的身份派使者入奏，即都部落使。归义军建立后，虽然取消了吐蕃部落制，但敦煌一带六蕃杂处，退浑、通颊十部落仍保存着部落建制，张淮深以后不设都部落使、部落使，以其他相应职官代之③。现将吐蕃沙州诸部落使任职年限列表如下：

---

① 唐耕耦、陆宏基编：《敦煌社会经济文献真迹释录》第二辑，全国图书馆文献缩微复制中心，1990 年，第 281～282 页。

② 黄征、吴伟编校：《敦煌愿文集》，岳麓书社，1995 年，第 368 页。

③ 参阅王继光、郑炳林：《敦煌汉文吐蕃史料综述——兼论吐蕃控制河西时期的职官与统治政策》，《中国藏学》1994 年第 3 期，第 44～54 页。

吐蕃沙州部落使任职时间简表

| 部落使名称 | 人名 | 任职时期 | 依据文献 |
|---|---|---|---|
| 大蕃部落使 | 阎朝 | 蕃占初期 | P. 3481 号 V |
| 道门亲表部落大使 | 阴伯伦 | 8 世纪末 | P. 4638 号 |
| 撩笼部落使 |  | 818 年 | 2. 542 号 V |
| 部落使 | 龙藏父 | 约 821 年 | P. 3774 号 |
| 部落使 | 乞心儿 | 约 821 年 | P. 3774 号 |
| 三部落使 | 论董勃藏 | 约 824 年 | Дx. 1462 号 + P. 3829 号 |
| 部落使 | 张二悉诺 |  | P. 3770 号 |
| 纥骨萨部落使 | 康再荣 |  | 《沙州文录补》 |

——《敦煌研究》1999 年第 2 期

# 第四章
# 吐蕃统治敦煌的社会基层组织

　　7世纪初，正值中原出现强盛的唐帝国之时，吐蕃也在中国西南兴起，形成了统一的强大王朝。随着吐蕃王朝的兴起，吐蕃继征服象雄、羊同、孙波之后，又加紧了对吐谷浑、南诏等民族的征服。吐蕃的扩张对唐帝国构成了极大威胁，尤其在吐谷浑、南诏问题上，二者冲突尤烈。唐蕃争端由来已久，唐初吐蕃已有"雄霸西域"之心①，贞观十二年（638年）一度"帅众二十余万屯松州西境"②，屡次与边州唐军发生争战。唐高宗时，吐蕃在大非川大败唐军，占领安西四镇，吞并了吐谷浑部。此后，吐蕃乘"安史之乱"之机，尽取河陇。直到宣宗大中二年（848年）张议潮沙州起义，唐才复得河陇。

　　敦煌是在唐蕃战争中于贞元二年（786年）陷蕃的③。随后吐蕃在敦煌设置了瓜州节度使、沙州节儿、乞利本、都督、监军、部落使等职官，建立了一套完整的统治机构，进行了长达60余年的统治。长期以来，这段历史鲜为人知。20世纪初敦煌文书以及吐蕃碑刻、简牍的发现，为这一问题的研究提供了新的资料。

　　研究吐蕃统治敦煌的军事、行政建制，不仅可以使我们了解蕃占时期敦

---

① ［唐］杜佑撰，王文锦等点校：《通典》卷一九〇《边防典六》，中华书局，1988年，第5172页。

② ［宋］司马光编著，［元］胡三省音注：《资治通鉴》卷一九五"唐太宗贞观十二年"条，中华书局，1956年，第6139页。

③ 沙州陷蕃年代有六说，详见拙文《敦煌陷蕃年代研究综述》，《丝绸之路》1997年第1期，第47~48页。笔者倾向于贞元二年说。

煌的有关制度及诸项措施，进而探讨吐蕃的军事、政治、经济、文化等各项
制度，而且在研究敦煌学、丝绸之路学、藏学方面亦有重要意义。20 世纪以
来，随着国内外藏学研究和敦煌学研究的发展，涌现出诸如王忠《新唐书吐
蕃传笺证》，王尧、陈践《吐蕃职官考信录》，藤枝晃《吐蕃支配期の敦煌》
等一批力作①，勾勒出了吐蕃时期政治、军事制度的轮廓。这些研究多着眼于
吐蕃本部中央机构的建制。下文将在这一基础上，探讨吐蕃统治敦煌的社会
基层组织——部落、将制，分析该社会基层组织的渊源及其与吐蕃本部的军
事联盟部落组织、唐乡里制的相互关系。

## 一 吐蕃统治时期的部落建制

吐蕃统治敦煌后，改变了原有的社会基层组织，将唐朝的乡、里制改变
为部落、将制。

7 世纪初松赞干布创建了"五大如"和"六十一桂东岱"的军政合一的
地方社会组织，把吐蕃本境划作"五大如"，"每如有八大东岱、一个小东岱
及一个近卫东岱，总分为十个东岱"，另加苏毗如"十一东岱"，共"六十一
桂东岱"，构成了吐蕃部落军事联盟②。吐蕃部落编制可分为"桂"千户和
"庸人"thsan bcu（十将），其中"桂"千户即军事建制部落，"庸人"即行
政建制部落③。在这种军事部落联盟制下，部落准军事化，临战以部落为单
位，群体出征。吐蕃简牍中常提到一些侨置部落名称，它们就是在军事行动
中，氏族部落贵族率其子弟、属民和奴隶以部落名义参加，因而部落名称随

---

① 王忠：《新唐书吐蕃传笺证》，科学出版社，1958 年；王尧、陈践：《吐蕃职官考信
录》，《中国藏学》1989 年第 1 期，第 102 ~ 117 页；〔日〕藤枝晃：《吐蕃支配期の敦
煌》，《東方學報》京都版，第 31 册，1961 年，第 199 ~ 292 页。

② 巴卧·祖拉陈哇著，黄颢译注：《〈贤者喜宴〉摘译（二）》，《西藏民族学院学报》
1981 年第 1 期，第 6 ~ 9 页。

③ 熊文彬：《吐蕃本部地方行政机构和职官考》，《中国藏学》1994 年第 2 期，第 55 页；杨
铭：《吐蕃"十将"（thsan bcu）制补证》，《中国藏学》1996 年第 2 期，第 44 ~ 49 页。

战争的进展因地迁徙。如吐蕃占领西域后，曾在当地设"那雪部落"，即吐蕃本部乔迁的部落①。《新唐书》卷二一六下《吐蕃传下》载："虏法，出师必发豪室，皆以奴从，平居散处耕牧。"②《通鉴》卷二五〇"唐懿宗咸通三年十二月条"载："吐蕃每发兵，其富室多以奴从，往往一家至十数人，由是吐蕃之众多。"③ 这种军民合一的部落群体战，曾在唐蕃争战中起过重要作用。

吐蕃占领敦煌后便将其"千户"（军部落）和"thsan bcu"（十将即民部落）的建制推行至敦煌。据《敦煌吐蕃古藏文文选》P. T. 1111 号《寺庙粮食账目清单》载："统计汉地沙州人'桂''庸'部众。"④ 知吐蕃王朝不仅在其本部将其属民分为"桂"和"庸"两大类，而且还把这种划分推行到沙州地区。这在汉文文书里亦有反映。P. 2259 号 V《龙勒乡部落管见在及向东人户田籍册》载："龙勒乡部落合当部落，管见在及向东人户，总二百三十九户。"此件文书即吐蕃占领初期，将乡改为部落建制的确凿记载，大致一个部落辖一个乡⑤。据敦煌文书记载，吐蕃统治敦煌时期，曾设置过僧尼、道门亲表、上、下、行人、丝棉、曷骨萨、悉董萨、中元、悉宁宗、撩笼、通颊等部落。另外 P. 2807 号《七月十五日夏终设斋文》记载：吐蕃"诸乡官又大檀越优波（婆）贰（夷）等"，可证吐蕃时期的确存在"乡官"，即部落之职官。唐朝地方行政区划是道、州、县三级，县以下设乡、里。沙州县在吐蕃占领前设 13 个乡，即敦煌、莫高、神沙、龙勒、平康、玉关、效谷、洪池、

① 王尧、陈践：《吐蕃兵制考略——军事部落联盟剖析》，《中国史研究》1986 年第 1 期，第 123 页。

② ［宋］欧阳修等撰：《新唐书》卷二一六下《吐蕃传下》，中华书局，1975 年，第 6108 页。

③ 《资治通鉴》卷二五〇"唐懿宗咸通三年十二月"条，第 8101 页。

④ 转引自巴卧·祖拉陈哇著，黄颢译注：《〈贤者喜宴〉摘译（二）》，《西藏民族学院学报》1981 年第 1 期，第 22 页。

⑤ 李正宇：《吐蕃论董勃藏修伽蓝功德记两残卷的发现、缀合及考证》，《敦煌吐鲁番研究》第二卷，北京大学出版社，1997 年，第 252 页。

悬泉、慈惠、洪润、寿昌、从化。吐蕃废除了原有的 13 个乡，而代之以部落制①。P. 3774 号《丑年十二月沙州僧龙藏牒》载："从分部落午年至亥年"。午年即 790 年，是年吐蕃曾分部落。S. 3287 号《吐蕃子年（808 年）沙州百姓氾履倩等户籍手实残卷》（以下简称《氾卷》）载："午年擘三部落依牌子口。""右通午年擘三部落口及已后新生口如前。""午年擘三部落已后新生口。"② 杨际平先生认为"擘三部落"四字总是与"午年"两字连用，并用以表示时间概念，"午年擘三部落"当指午年划分三部落，午年即 790 年③。P. T. 1111 载："马年秋，沙州唐人三部落（东岱）有唐人六百八十四户。"④ 此马年即午年（790 年）⑤，亦反映了午年分三部落之事。但是，吐蕃在敦煌百姓中组建部落并非一次就完成了的，午年分部落为目前所见较早的一次。

现将诸部落出现的时间作一考证：

僧尼部落　S. 2729 号（1）《辰年三月沙州僧尼部落米净□牒上算使论悉诺啰接漠勘牌子历》记载了吐蕃统治时期敦煌诸寺僧尼的情况。"辰年"，藤枝晃考订为 788 年⑥。

道门亲表部落　P. 4638 号《大番故敦煌郡莫高窟阴处士公修功德记》载阴伯伦于"赞普启关之后……改受得前沙州道门亲表部落大使"。姜伯勤先生

---

① 刘进宝：《关于吐蕃统治经营河西地区的若干问题》，《中国边疆史地研究》1994 年第 1 期，第 13 页。

② 李正宇：《〈吐蕃子年（公元 808 年）沙州百姓氾履倩等户籍手实残卷〉研究》，敦煌文物研究所编：《1983 年全国敦煌学术讨论会文集（文史·遗书编上）》，甘肃人民出版社，1987 年，第 179 页。

③ 杨际平：《吐蕃子年左二将户状与所谓"擘三部落"》，《敦煌学辑刊》1986 年第 2 期，第 21～23 页。

④ 王尧、陈践：《敦煌吐蕃文书论文集》，四川民族出版社，1988 年，第 21 页。

⑤ 王尧、陈践：《敦煌吐蕃文书论文集》，第 22 页。

⑥ 〔日〕藤枝晃：《吐蕃支配期の敦煌》，《東方學報》京都版，第 31 册，1961 年，第 199～292 页；藤枝晃：《敦煌の僧尼籍》，《東方學報》京都版，第 29 册，1959 年，第 285～338 页。

认为在 8 世纪末吐蕃管辖沙州后建立①。

行人部落　S.1864 号《维摩诘所说经》题有"沙州行人部落"，藤枝晃认为此经写于 794 年②。又 S.1475 号 V7《酉年十一月张七奴便麦契》云"行人部落百姓张七奴"。此酉年陈国灿考订为 817 年③。此外，Дх.1462 + P.3829 号、S.5842 号、P.2449 号均载有"行人部落"，但文书年代不详。

丝棉（绵）部落　P.3613 号《申年正月令狐子余牒》有"丝绵部落"，藤枝晃考订"申年"为 804 年④。又 S.3287 号《氾卷》载："女，担娘，嫁与丝棉部落。"知"丝棉部落"在子年（808 年）之前已经建立。P.3774 号《丑年十二月沙州僧龙藏牒》载："齐周去酉年看丝棉砣。""丑年"为 821年⑤，"去酉年"当为 817 年（丁酉年）。S.5812 号《丑年八月女妇令狐大娘牒》诉状，亦见"丝绵部落"字样，此文书写成于 821 年⑥。此外，S.2228号、S.5824 号、P.3491 号等亦载有"丝绵部落"，其年代不详。

下部落　S.3287 号《氾卷》载："男，住住，娶下部落王海女十三。"此卷年代为 808 年⑦。S.1475 号 V3《酉年三月曹茂晟便豆种契》记有"下部落百姓曹茂晟"。"酉年"，陈国灿考订为 817 年⑧。

上部落　S.1475 号 V4《未年十月安环清卖地契》载有"上部落"，未

①　姜伯勤：《沙州道门亲表部落释证》，《敦煌研究》1986 年第 3 期，第 5 页。
②　〔日〕藤枝晃：《吐蕃支配期の敦煌》，《東方學報》京都版，第 31 册，1961 年，第199～292 页。
③　陈国灿：《敦煌所出诸借契年代考》，《敦煌学辑刊》1984 年第 1 期，第 2 页。
④　〔日〕藤枝晃：《吐蕃支配期の敦煌》，《東方學報》京都版，第 31 册，1961 年，第199～292 页。
⑤　〔日〕池田温：《丑年十二月僧龍藏牒—九世紀初敦煌の家産分割よあじる訴訟文書の紹介—》，山川出版社，1972 年，第 34 页。
⑥　陈国灿：《唐朝吐蕃陷落沙州城时间的问题》，《敦煌学辑刊》1985 年第 1 期，第 6 页。
⑦　李正宇：《〈吐蕃子年（公元 808 年）沙州百姓氾履倩等户籍手实残卷〉研究》，敦煌文物研究所编：《1983 年全国敦煌学术讨论会文集（文史·遗书上）》，第 190 页。
⑧　黄永武主编：《敦煌宝藏》第十一册，新文丰出版公司，1986 年，第 159 页；并参考陈国灿：《敦煌所出诸借契年代考》，《敦煌学辑刊》1984 年第 1 期，第 2 页。

年，陈国灿考订为 815 年①。此外，P. 3444 号亦载有"上部落"，其年代不详。

中元部落 S. 1291 号《某年三月一日曹清奴便豆麦契》载："中元部落"，其年代不详。

撩笼部落 S. 542 号 V《役部》有"撩笼部落使"之语。"戌年"，池田温考订为 818 年（戊戌年）②。

阿骨萨部落 S. 1475 号 V16《卯年四月翟米老便麦契》等借契中有"阿骨萨部落"。P. T. 1113 号《陇州军镇会议告牒》载："龙年（辰年）春……上峰给沙州军粮粮库长官发出之盖印告牒：'已商定要在沙州建一纥骨萨东岱。'"此辰年为 824 年，知阿骨萨部落始建于 824 年③。辰年之后，最近的卯年是乙卯年（835 年），从 S. 1475 号 V16 载"阿骨萨部落"推知，此卯年即乙卯年（835 年）。而 S. 1475 号所载其他契约立契年却在 817～823 年④。P. 3423 号 V《卯年曷骨萨部落百姓武光儿便麦契》中的"李骉骉"还见于 S. 1475 号 V7，据此推知此卯年也即 835 年（乙卯年）。P. 3730 号 V《未年（839 年）四月纥骨萨部落百姓吴琼岳便粟契》的未年，唐耕耦定为 839 年⑤。此外，S. 1475 号 V12、V13、V14、V15、P. 2686 号均载有"阿（葛）骨萨部落"，其年代不详。

悉董萨部落 P. T. 1089 号《吐蕃官吏呈请状》载："鼠（子）年之夏，大尚论到边境举行陇州会议之际，将把沙州汉人分成二个军部落，分派公务

---

① 黄永武主编：《敦煌宝藏》第十一册，第 159 页；并参考陈国灿：《敦煌所出诸借契年代考》，《敦煌学辑刊》1984 年第 1 期，第 4 页。

② 〔日〕池田温：《中國古代籍帳研究》，東京大學东洋文化研究所，1979 年，第 536 页。

③ 〔日〕山口瑞鳳：《由沙州漢人による吐蕃二軍団の成立とmkhar tsan 軍団の位置》，《東京大學文學部文化交流研究施設研究紀要》，第 4 號，1980 年，第 195～232 页。

④ 陈国灿：《敦煌所出诸借契年代考》，《敦煌学辑刊》1984 年第 1 期，第 8 页。

⑤ 唐耕耦、陆宏基：《敦煌社会经济文献真迹释录》第二辑，全国图书馆文献缩微复制中心，1990 年，第 105 页。

与任命官员，并下达布告。"① 山口瑞凤认为文中子年就是 820 年，可见知沙州建二军部落在 820 年②。P. T. 1078 号《悉董萨部落土地纠纷诉状》载王氏两兄弟与窦氏毗连而居，因土地纠纷争执不下，某吐蕃官吏把有争议的田攫为己有，占用近 20 年。后来"自沙州百姓编军中分出之后"，王氏提出申诉，要求当局还其土地。吐蕃官吏占田的时间是"后一个子年"。我们知道，吐蕃自贞元二年（786 年）占领敦煌后，到 9 世纪 20 年代共有 3 个子年，即 796、808、820 年。所谓"后一个子年"即第二个子年（808 年）。第三个子年（820 年）即"沙州百姓编军分出"之年，此时，王氏兄弟被编入"悉董萨"部落。王氏成为军部落成员后，身份有所提高，于"辰年"（甲辰，824 年）夏，向当局提出还地的申诉。这个时间进程正好符合从 808 年土地被占，到 824 年提出申请归还，"近二十年"。可见"悉董萨"部落为 820 年沙州创建的二军部落之一③。S. 6839 号《卯年悉董萨部落张和和便麦契》中的卯年，当在子年（820 年）建悉董萨部落后，此契前面另有《丙戌年缘修造破用斛斗布等历》，则此卯年在丙戌年之后。蕃占时期只有一个丙戌年（806 年），而子年后离丙戌年最近的卯年为癸卯年（823 年）。此 823 年即立契年④。S. 1475 号 V15、V16《卯年四月十八日悉董萨部落百姓翟米老便麦契》中的卯年，陈国灿考订为 823 年⑤。此外，北京图书馆碱字 59 号、P. 2502 号亦记"思董萨""悉东萨"等，年代不详。

　　悉宁宗部落（snying tshom）　　印度事务部图书馆藏 Ch. 73，XV，5 号写卷记载了悉董萨部落（st－ong－sar－gyi－sde）、阿骨萨部落（rgod－sar－gyi－sde）、悉宁宗部落（snying－tshoms－gyi－sde）三部落写经生的名字及分给的

①　杨铭：《关于敦煌藏文文书〈吐蕃官吏呈请状〉的研究》，载王宗维、周伟洲编：《马长寿纪念文集》，西北大学出版社，1993 年，第 371 页。
②　〔日〕山口瑞凤：《由漢人及び通頬人による沙州吐蕃軍団編成の時期》，《東京大學文學部文化交流研究施設研究紀要》，第 5 號，1981 年，第 12 页。
③　杨铭：《吐蕃时期敦煌部落设置考》，《西北史地》1987 年第 2 期，第 35～36 页。
④　陈国灿：《敦煌所出诸借契年代考》，《敦煌学辑刊》1984 年第 1 期，第 4 页。
⑤　陈国灿：《敦煌所出诸借契年代考》，《敦煌学辑刊》1984 年第 1 期，第 4 页。

纸张数量①。三部落同时出现，则悉宁宗部落也应为军部落。该部落很可能就是子年沙州编二部落中的一个。此外，P. 4638 号、Дх. 1462 号均载有"沙州三部落"，依上文，此"三部落"即应指阿骨萨、悉董萨、悉宁宗三个部落。

通颊部落　P. T. 1113 号《陇州军镇会议告牒》载："龙年春……王和论冲木热从陇州会议向安抚论发出之盖印告牒。谓：要于沙州建一通颊纥骨萨东岱。"②此龙年即辰年，山口瑞凤考订为长庆四年（824 年）③。可见 824 年吐蕃曾在沙州设通颊军部落。吐蕃本部曾设通颊部落，其基本职能是对唐作战。随着吐蕃势力的扩张，吐蕃将通颊部落带到了凉州、沙州等地区④。该部落是一种准军事的警备部落，多用于巡逻、守备等，它与吐蕃的正规军部落是有区别的⑤。

从上述诸部落在敦煌文书中出现的情况看，吐蕃占领时期，尚乞心儿为了借助于宗教界的力量稳定社会，建立了僧尼部落、道门亲表部落，但其存在时间很短，很快就并入其他部落。随之，午年分部落创建了丝棉、行人等三部落，此后到子年（820 年）之间又创建了上部落、撩笼部落、中元部落。至子年（820 年），又建立沙州悉董萨、悉宁宗部落，及至辰年（824 年），又建葛骨萨部落，至此三军部落形成，其后应形势需要又增设一准军部落——通颊部落。至此，吐蕃基本完成在沙州设置部落组织的工作。

现据以上诸部落出现的时间列表如下：

① F. W. Thomas, *Tibetan Literary texts and documents concerning Chinese Turkestan*, Ⅱ, 2. *The Sha - cu Region*, London, 1951, pp. 39-118；〔英〕F. W. 托马斯著，刘忠、杨铭编译，董越校：《有关沙州地区的藏文文书》，《敦煌研究》1997 年第 3 期，第 148 页。

② 王尧、陈践：《敦煌吐蕃文书论文集》，第 186 页。

③ 〔日〕山口瑞凤：《由沙州汉人による吐蕃二军团の成立とmkhar tsan 军团の位置》，《东京大学文学部文化交流研究施设研究纪要》，第 4 号，1980 年，第 195 ~ 232 页。

④ 荣新江：《通颊考》，《文史》第 33 辑，中华书局，1990 年，第 119 ~ 144 页。

⑤ 杨铭：《通颊考》，《敦煌学辑刊》1987 年第 1 期，第 116 页。

**沙州诸部落出现年代表**

| 部落名称 | 出现时间 | 依据卷号 |
|---|---|---|
| 僧尼部落 | 788 年 | S. 2729 号 |
| 道门亲表部落 | 8 世纪末 | P. 4638 号 |
| 行人部落 | 794 年、817 年 | S. 1864 号、S. 1475 号 V7 |
| 丝棉部落 | 804 年、808 年、817 年、821 年 | P. 3613 号、S. 3287 号、P. 3774 号、S. 5812 号 |
| 下部落 | 808 年、817 年 | S. 3287 号、S. 1475 号 V4 |
| 上部落 | 815 年 | S. 1475 号 V4 |
| 中元部落 | | S. 1291 号 |
| 撩笼部落 | 818 年 | S. 542 号 V |
| 阿骨萨部落 | 824 年、835 年、839 年 | P. T. 1113 号、S. 1075 号 V16、P. 3730 号 V |
| 悉董萨部落 | 820 年、823 年 | P. T. 1089 号、P. T. 1078 号、S. 6839 号 |
| 悉宁宗部落 | 约 820～848 年 | Ch. 73 号 |
| 通颊部落 | 824 年 | P. T. 1113 号 |

## 二 部落、将制的内部组织

敦煌部落内部组织情况，据现有资料看，仍与吐蕃本部的部落组织相似。吐蕃本部部落军事联盟制中最基本的单位是千户，千户之下是小千户（即五百户组织），置小千户长一人。其下是百户，百户长称"勒曲堪"，另设小百户主，称"格儿"①。最后是十户组织，十户长称"勒堪"②。吐蕃占领敦煌

---

① 〔匈〕G. 乌瑞著，吴玉贵译：《公元九世纪前半叶吐蕃王朝之"千户"考释》，《国外藏学研究译文集》第二辑，西藏人民出版社，1987 年，第 49～53 页；参考杨铭：《吐蕃时期敦煌部落设置考》，《西北史地》1987 年第 2 期，第 34～40 页。

② 〔匈〕G. 乌瑞著，吴玉贵译：《公元九世纪前半叶吐蕃王朝之"千户"考释》，《国外藏学研究译文集》第二辑，第 49～53 页；参考杨铭：《吐蕃时期敦煌部落设置考》，《西北史地》1987 年第 2 期，第 34～40 页。

后，便将其带到了敦煌，并结合唐朝的乡、里制，创建了一种特殊的统治组织。

## （一）敦煌部落组织的构成

吐蕃统治时期的部落，是沙州节儿之下的基本组织机构，其地位相当于唐代的乡。一般一个部落由"十将"（thsan bcu）组成，如 S. 2228 号《亥年修城夫丁使役簿》就记载了丝绵部落有"右一"到"右十"，十个将；□部落有"左七"到"左十"将，虽□部落前"六将"已残缺，仍能证明□部落有"十将"①。印度事务部图书馆所藏 Ch. 73，XV，5 号写卷，记载了沙州各部落、将分配纸张及写经生的情况②。其中提到悉董萨部落、阿骨萨部落各有10 个"将"（thsan）；悉宁宗部落仅见 9 个"将"（thsan），估计该部落"第十将"是因故未写入文契。据此推知，沙州军部落的下一级组织是"将"，并由十"将"组成。

见于敦煌吐蕃文书的"将"及其所属部落还有下表所列者③：

| | | |
|---|---|---|
| 阿骨萨部落 | 索君子将（Sagkhun tshe thsan） | P. T. 1208 号 |
| | 王马郎将（Wang rma Snang gyi thsan） | P. T. 1208 号 |
| | 张嘉佐将（Cang ka dzovi thsan） | Ch. 80，V，1 号 |
| 不明部落 | 郭禄吉将（vgo klu gzigs kyi thsan） | P. T. 1101 号 |
| | 安金刚将（an kim kang gi thsan） | P. T. 1119 号 |
| | 孔宣子将（khong svan tsevi thsan） | Ch. 83，VI，5 号 |

部落的长官称部落使，诸部落长官称都部落使，都部落使又受制于节儿。部落使有正、副之分，也有民族之分——蕃汉部落使，体现了其蕃汉共治的

① 唐耕耦、陆宏基编：《敦煌社会经济文献真迹释录》第二辑，第 403～404 页。
② F. W. Thomas, *Tibetan Literary texts and documents concerning Chinese Turkestan*, Ⅱ, 2. *The Sha - cu Region*, London, 1951, pp. 39–118；〔英〕F. W. 托马斯著，刘忠、杨铭编译，董越校：《有关沙州地区的藏文文书》，《敦煌研究》1997 年第 3 期，第 147～148 页。
③ F. W. Thomas, *Tibetan Literary texts and documents concerning Chinese Turkestan*, Ⅱ, 2. *The Sha - cu Region*, London, 1951, pp. 39–118；〔英〕F. W. 托马斯著，刘忠、杨铭编译，董越校：《有关沙州地区的藏文文书》，《敦煌研究》1997 年第 3 期，第 141～155 页。

双轨制思想。部落使下设吐蕃监使、监部落使、部落使判官、部落使寮案、营田官、水官、税吏等。P. T. 1089 号载二沙州军部落设有千户长、副千户长、小千户长、副小千户长、部落收税官、地方财务总管、普通大税收官、部落水官、大营田官、水官、普通水官、财务官等①。由此可见部落组织的构成集军事、行政和经济三位一体，保留了吐蕃本部落的社会组织性质。

## （二）部落的下级组织将

吐蕃在沙州部落之下，设置"将"，是部落之下的一级基层组织，相当于吐蕃本部的百户。一将之长称为将头。P. 3774 号《吐蕃丑年沙州僧龙藏牒》载："齐周身充将头，当户突税差科并无，官得手力一人，家中种田躯使。"表明"将头"有权免去"突税差科"，并可得官派"手力一人"的特权。P. 2162 号 V《吐蕃寅年（822 年?）沙州左三将纳丑年突田历》记载了"左三将"29 户百姓向吐蕃官府交纳突田地税的详细情况。P. 3491 号《酉年左七将应征突田户纳麦粟数簿》虽残缺较多，但卷首清楚地记录了"左七将"所属 53 户应纳突田地税的情况，其中 5 户免交田赋②。从这两卷文书看，"将"是向在籍百姓征纳赋税差役的最基层单位，其长官"将头"负责具体征收事宜，并享有免去"突税差科"的特权。从将头的职责和将的设置情况看，将相当于唐制里，"将头"的职能也相当于里正。唐朝的里正是地方基层行政机构的公职人员，其职责为"课植农桑，催躯赋役"③。吐蕃统治时期，沙州部落亦以将为最基层单位造手实（户籍）、纳赋税，可见将头制与唐朝的里正制十分相似。

此外，据 S. 5448 号《唐故河西归义军节度押衙兼右二将头银青光禄大夫检校国子祭酒兼御史中丞上柱国浑某甲邈真赞并序》云，浑子盈身为"节度

---

① 杨铭：《关于敦煌藏文文书〈吐蕃官吏呈请状〉的研究》，王宗维、周伟洲编：《马长寿纪念文集》，西北大学出版社，1993 年，第 365～368 页。

② 唐耕耦、陆宏基编：《敦煌社会经济文献真迹释录》第二辑，第 375～376 页。

③ ［唐］李林甫等撰，陈仲夫点校：《唐六典》卷三《尚书户部》，中华书局，1992 年，第 73 页。

押衙兼百人将务"①，表明右二将将头所统不过百人上下。可见部落下面将的规模大约是百户，正合唐制"百户为里"。

总之，吐蕃不仅在本土设置了"十将"制，而且在本土以外的统治区也推行了这种地方行政建置。但本土与域外的情况是有所不同的，这首先表现在设置的数量和每一"将"所辖的范围上。在本土，每茹（ru）之下设 16 "将"（thsan），而在敦煌，每一部落之下设 10 "将"。本土"将"（thsan）的长官称作"yul dpon"，而敦煌将的长官汉文文书称作"将头"，蕃文则记作"Inga bchu rkang"，即"五十长"之意②。

## （三）十户组织

十户长，蕃文卷子称"勒堪"。P. T. 1087 号载："仙仙将由保人领至部落官吏处，即千户长与小千户长，格儿与勒堪处。"③ "勒堪"与唐朝地方的保长略同④，职责都递相督察、纠举户口等。

S. 3287 号中 7 次出现"XX 下"的记载，今简要摘录如下⑤：

> 弟履勖娶左六将费荣下，李买　为妻
>
> ……徐寺加下……
>
> ……徐寺加下……
>
> ……吴通下……
>
> ……张□下……

---

① 李正宇：《〈吐蕃子年（公元 808 年）沙州百姓氾履倩等户籍手实残卷〉研究》，敦煌文物研究所编：《1983 年全国敦煌学术讨论会文集（文史·遗书编上）》，第 198～199 页。

② 杨铭：《吐蕃时期敦煌部落设置考》，《西北史地》1987 年第 2 期，第 34～40 页；杨铭：《吐蕃"十将"（thsan bcu）制补正》，《中国藏学》1996 年第 2 期，第 48 页。

③ G. 乌瑞：《关于九世纪前半叶吐蕃王朝的千户制》，《匈牙利东方学报》卷 36（1～3），1982 年，第 545～548 页。

④ 《唐六典》卷三《尚书户部》，第 73 页。

⑤ 李正宇：《〈吐蕃子年（公元 808 年）沙州百姓氾履倩等户籍手实残卷〉研究》，敦煌文物研究所编：《1983 年全国敦煌学术讨论会文集（文史·遗书编上)》，第 196 页。

……吴通下……

……曹荣下……

吐蕃时期，敦煌"寺户曾以十人左右的规模编制为'团'，各团并设有'团头'"，团头属下各户称为"头下人户"或"头下户"①。团头也可直书其名称为"XX 下"②。如 P. 2856 号 V《景福二年纳草簿》记有："东团阎力力、吴丑奴下"；"中团，云（大云寺），曹满奴下，西团索钵单下。"这同《氾卷》中的"徐寺加下""吴通下""曹荣下"等用语的含义完全一致。北京图书馆周字 14 号《团头米平水领物券》，是第五团米平水等 10 人从第四团头康石柱等 10 人处领取粟、麦、黄麻、油等物的具领字据③。李正宇先生将《氾卷》中所谓"XX 下"比照寺户团之称，姑且拟名为"户团"，将户团之长拟名为"团头"，指出，《氾卷》中的"XX 下"系指"XX 团头属下"④。此"XX 下"也是"将"下的居民编制，以"XX 下"代表的户团组织大约也是以 10 户编组。这也正合 P. T. 1087 号"勒堪"为十户长的说法。

总之，吐蕃占领敦煌后，废除了唐王朝的乡、里、邻、保制，而代之以部落、将制，并在将下设十户组织，部落、将制是集军事、行政和经济为一体的军政建置。这种体制带有浓厚的兵、民合一的色彩。

——《中国边疆史地研究》1998 年第 4 期

---

① 姜伯勤：《论敦煌寺院的"常住百姓"》，《敦煌研究》试刊第 1 期，第 49 页；李正宇：《〈吐蕃子年（公元 808 年）沙州百姓氾履倩等户籍手实残卷〉研究》，敦煌文物研究所编：《1983 年全国敦煌学术讨论会文集（文史·遗书编上）》，第 197 页。

② 李正宇：《〈吐蕃子年（公元 808 年）沙州百姓氾履倩等户籍手实残卷〉研究》，敦煌文物研究所编：《1983 年全国敦煌学术讨论会文集（文史·遗书编上）》，第 197 页。

③ 许国霖：《敦煌石室写经题记与敦煌杂录》，商务印书馆，1937 年，第 136 简页。

④ 李正宇：《〈吐蕃子年（公元 808 年）沙州百姓氾履倩等户籍手实残卷〉研究》，敦煌文物研究所编：《1983 年全国敦煌学术讨论会文集（文史·遗书编上）》，第 198 页。

# 第五章
# 吐蕃统治敦煌的财政职官体系

## ——兼论吐蕃对敦煌农业的经营

对于吐蕃统治敦煌的军事、行政建制的研究，不仅可以使我们了解蕃占时期敦煌的有关制度及诸项措施，进而探讨吐蕃的军事、政治、经济、文化等各项制度，同时在研究敦煌学、丝绸之路学、藏学方面亦有重要意义。20世纪以来，随着国内外藏学研究和敦煌学研究的发展，涌现出诸如王忠《新唐书吐蕃传笺证》，王尧、陈践《吐蕃职官考信录》，藤枝晃《吐蕃支配期の敦煌》等一批力作①，勾勒出吐蕃时期政治、军事制度的轮廓。这些研究多着眼于吐蕃本部中央机构的建制。本人在吸收前人成果基础上，撰写了硕士论文《吐蕃统治敦煌的军政建制》②，对吐蕃统治敦煌的军政建制进行了较为系统的研究，基本上理清了吐蕃统治敦煌的主要军政职官序列：瓜州节度使（留后使）—瓜州大监军—沙州节儿论—乞利本—大都督—监军使—副节儿—小都督—汉人观察使—吐蕃人部落使—汉人副部落使—汉人小节儿—岸武库令—吐蕃人沙州料敌防御都使—吐蕃人小千户长—汉人副小千户长—汉人大税务官—乞利本长书论等。本文在此基础上对吐蕃统治敦煌的军政机构的财政体系作一系统探讨，并论及吐蕃对敦煌农业的经营。吐蕃占领敦煌后，便创建

① 王忠：《新唐书吐蕃传笺证》，科学出版社，1958 年；王尧、陈践：《吐蕃职官考信录》，《中国藏学》1989 年第 1 期，第 102～117 页；〔日〕藤枝晃：《吐蕃支配期の敦煌》，《東方學報》京都版，第 31 册，1961 年，第 199～292 页。

② 金滢坤：《吐蕃统治敦煌的军政建制》，西北师范大学硕士学位论文，1998 年。

了一套完整的地方统治机构，其中就包括了吐蕃统治敦煌的财政体系，带有明显的军政色彩，主要由沙州节儿、都督等军政要员握有沙州财政权。

## 一　吐蕃本部财政体系简析

在敦煌统治机构中财政系统的军政色彩是受吐蕃本部的财政体系影响的。吐蕃财政大权由囊论系统掌握。《贤者喜宴》称"囊论犹如贤明的主妇操持家务"[1]。囊论的职责之一就是："掌握吐蕃的经济命脉，负责税收、统计、财产监护等方面事务。"[2] 吐蕃囊论分为大、中、小三个等级，即《新唐书》卷二一六《吐蕃传》所说："又有内大相曰囊论掣逋，亦曰论莽热，副相曰囊论觅零逋，小相曰囊论充，各一人。"[3] 据《贤者喜宴》，囊论掣逋、囊论觅零逋、囊论充分别是藏语"nang－blon－chen－po""nang－blon－vbring－po""nang－blon－tha－chung"的音译，意译就是"大内相、中内相和小内相"[4]。据《敦煌本吐蕃历史文书》，吐蕃本部还设"岸本"一职，主管本部税收户籍等事务，诸如：

> 夏，于"雄那"集会议盟，任命"六大岸本"。（43 行）
>
> （子年即 717 年）大论乞力徐于甲木西噶尔地方召集多思麻冬季会议议盟。统计清查"岸本"所属之户口（册）。（68 行）
>
> 宣布岸本由八员减为四员之缩编制度。春，大论芒夏木于岛儿集会议盟，订立岸本职权，征宫廷直属户税赋。（77 行）
>
> 冬季会盟事于加尔狩猎园由大论穷桑召集之，立大岸本裁八员为四

---

[1] 巴俄·祖拉陈瓦：《贤者喜宴》，民族出版社，1986 年，第 191 页；陈楠：《吐蕃职官制度考论》，《中国藏学》1988 年第 2 期，第 89 页。

[2] 陈楠：《吐蕃职官制度考论》，《中国藏学》1988 年第 2 期，第 89 页。

[3] ［宋］欧阳修等撰：《新唐书》卷二一六上《吐蕃上》，中华书局，1975 年，第 6071 页。

[4] 巴俄·祖拉陈瓦：《贤者喜宴》，第 190、191、378 页；陈楠：《吐蕃职官制度考论》，《中国藏学》1988 年第 2 期，第 89 页。

员诏令木牍 。(78 行)①

　　吐蕃在敦煌也设置岸本一职。P. T. 1097 号《薪俸支出粮食清册》载:
"(龙)年孟春上旬,司俸禄之岸(本)由张文安……和宋锷三人,从所管库
内,将小米、青稞……支付官方酬酢及食用糌粑、油料、胡麻,由(尚论)
牙牙盖印,确定付给人员,点名填造清册。"② 该清册提到,"肃州人侯国亨
所辖之百姓侯安子与史泽象等口粮小米六魁"。由此推知,"岸本"不仅在敦
煌,而且在肃州亦曾设置过,很可能为瓜州节度使下属"岸本",掌瓜、沙、
肃等州财务。又据 P. T. 997 号《瓜州榆林寺之寺户、奴仆、牲畜、公产物品
之清册》载:"瓜州地面寺庙产业大岸本 mngan – chen 古日赍卜登与谢卜悉斯
之书办王悉诺楼与榆林寺寺内岸本 sgomngan,擘三(部落)赞拉囊长官及其
麾下之榆林寺顺缘寺户、财物、牲畜、粮食、青稞、大米、物品等登记簿本
清册。""从宫廷僧统来函中得悉:往昔,寺户、财物、粮食、用品等之登记
册以及布施、献与寺庙之粮食……交与总管岸本迷迪管理。羊年冬……所收
布施上交,依册清点,更改清册后,于沙门住持和军官、翻编观察使驾前点
交,然后交与大岸本总管……及其麾下诸人。"③ 据此知,吐蕃在瓜州地区还
设有"大岸本"(mngan – chen),专门管理经济事务,同时兼理包括寺庙财
产在内的公产。在榆林寺内又设专管一个寺庙的"岸本",主管寺内经济
事务。

## 二　沙州财政体系

　　吐蕃统治敦煌时期,在敦煌实行突田制,并推行了计口授田,建立了与
计口授田制度相应的税制和财政体系。吐蕃时期敦煌的各种赋役总称为"突
税差科"或"突课差科。"如 P. 3730 号《酉年正月奉仙等牒并荣照判辞》

---

① 王尧、陈践译注:《敦煌本吐蕃历史文书》,民族出版社,1980 年,第 101 ~ 121 页。
② 王尧、陈践译注:《敦煌吐蕃文献选》,四川民族出版社,1983 年,第 52 页。
③ 王尧、陈践编著:《敦煌吐蕃文书论文集》,四川民族出版社,1988 年,第 4 ~ 5 页。

云："牒奉仙等虽沾乐人……频受赏劳。及课差科，优矜至甚。"①《吐蕃丑年十二月沙州僧龙藏牒》云："齐周身充将头，当户突税差科并无。"可见一般人户需负担"突税差科"，其中最重要者为地子。

沙州的财政体系受瓜州节度使统辖。瓜州节度使还主持瓜、沙地区的财税事务。沙州许多物产须贡送瓜州节度使。S.542 号 V《戌年六月十八日诸寺丁口车牛役部》（以下简称《役部》）所记"杂役"，就反映了"都僧统司"与吐蕃当局瓜州节度使的密切关系②。姜伯勤先生认为，都僧统司的稻田营作、回造粳米等大量力役，都应与都僧统司每年向瓜州节度使赠送粳米有关③，如 S.542 号 V《役部》中有"亥年瓜州送节（度）使粳米"（18 行），"子年送瓜州节度粳米"（6 行），"送瓜州节度粳米"（34 行、79 行），"送瓜节（度）粳米一度"（124 行）等。以上记载说明至少在五个年度中，沙州寺院每年至少要向瓜州节度使赠粳米一次。又从"子年十二月差春稻两䭾"（60 行）的记载，知此项礼品似作为年礼，在年底赠送瓜州④。瓜州节度使还向沙州课征一定的赋税。据 P.2162 号 V《寅年沙州左三将纳丑年突田历》载："左三将纳丑年突田历。张逸，常乐一䭾半二斗，瓜州一䭾，寅□百尺下青（麦）一䭾，氾弁三䭾俵，常乐一䭾。索荣，常乐一䭾半二斗，氾弁下青（麦）一䭾半，小（麦）三䭾半，又小（麦）半䭾，瓜州自送一䭾。（后略)"⑤ 此件文书为寅年左三将交纳丑年突田历，交纳的地点为常乐（属瓜州）、百尺、瓜州，纳突田即吐蕃时期交纳的田赋。文书记载各户交纳的数量和交纳的地点不一，说明纳突是与户口、人数、田亩有关，交纳地点是百尺

---

① 唐耕耦、陆宏基编：《敦煌社会经济文献真迹释录》第四辑，全国图书馆文献缩微复制中心，1990 年，第 113 页。

② 姜伯勤：《唐五代敦煌寺户制度》，中华书局，1987 年，第 25～34 页。

③ 姜伯勤：《唐五代敦煌寺户制度》，第 96 页。

④ 姜伯勤：《唐五代敦煌寺户制度》，第 28 页。

⑤ 唐耕耦、陆宏基编：《敦煌社会经济文献真迹释录》第二辑，全国图书馆文献缩微复制中心，1990 年，第 405 页。

（即百尺村，在沙州城西北）①。常乐、瓜州，均在瓜州节度境内，此"常乐""瓜州"即指常乐仓、瓜州仓。由沙州田赋要向瓜州交纳推知，瓜州节度使当主持瓜、沙地区的赋税工作。此外 S. 542 号 V《役部》33 行载"段周德丑年常乐过瓜州节度"，知段周德差役常乐，此项差役很可能与瓜州节度差役有关。又据 S. 542 号 V《役部》载"送西州人户往瓜州"（35 行），"送西州寺户往瓜州"（57 行），可见在杂役中，遣送寺户往瓜州，也是寺户承担力役中的一宗。从以上情况看，瓜州节度使不仅可以向沙州征收田赋及粳米等贡物，还可征发力役和差役。

沙州财政体系，由节儿直接掌持。S. 1438 号 V《书仪》云："某蒙恩，勃（悖）逆之人，已闻伏法，胁从之类，锢送瓜州。百姓具安，各就生计，节儿到上讫。所税布麦，诚合全输。属热风损苗，犯颜申诉。尚论仁造，半放半征，凡厥边氓，不任胥悦。"② 可见氾国忠起义被镇压后，沙州地区"所税布麦，诚合全输"，但由于遭到热风损苗，人民无以承受，在此情况下，节儿不得不犯颜申诉民情，幸得"尚论仁造，半放半征"。这表明在赋税征收过程中，节儿负有征收之责。在特殊情况下，节儿还可上奏宫廷请求减免赋税，然后由蕃廷大尚论定夺减免事宜。此事从表面上看，似是此沙州节儿十分体恤民情敢于为民做主，其实节儿从根本上讲是代表吐蕃封建农奴主阶层的利益，他之所以敢"犯颜申诉"，只不过是借减免赋税以缓和蕃汉之间的紧张关系，从而达到吐蕃统治者对沙州地区统治的长治久安，以便为吐蕃王朝攫取更多的财富。因此，沙州节儿的重要职责之一就是为吐蕃王朝征收大量财富，对沙州人民的横征赋税也就在所难免。如 P. T. 1085 号《辰年冬十一月上旬亨迎宫用印颁之告牒》云：

> 沙州每年定期向宫廷及大行军衙交纳贡礼的"冬梨"一次，王廷虽
> 已拥有果园多处，但仍要增加（年贡）。以往，蒙圣神王臣之恩典，我等

① 李正宇：《敦煌历史地理导论》，新文丰出版公司，1997 年，第 60 页。

② 唐耕耦、陆宏基编：《敦煌社会经济文献真迹释录》第五辑，全国图书馆文献缩微复制中心，1990 年，第 319 页。

蛮貊边鄙之民户，每户修筑一座果园，且从未交纳年贡礼品及岁赋。（如今）节儿长官等经常不断欺压掠夺及至霸占（果园）。

此件文书记载了吐蕃王廷对沙州节儿擅自征收年贡礼品（冬梨）和岁赋以及欺压庶民乃至霸占果园之事所颁发的严厉禁令。从文书中"以往……且从未交纳年贡礼品及岁赋"，可知沙州节儿征收冬梨是擅自加收的，这也表明沙州节儿有相当的财赋大权，在具体征收赋税时往往巧立名目剥削劳动人民的果实，以满足吐蕃王朝统治阶级的需要。又据 Ch. 80. V. 1 载："阿骨萨部落张嘉佐将（thsan）之姜昆孜——上年粮官吉赞的代表，已计算出征去年的小麦数为一驮（Khal）半另四升（Bre），根据节儿（Rtse – rje）的命令在猪年秋交付。"[1] 可知，粮官为节儿之下税收官，节儿可直接统领并规定征收税赋的期限。

P. T. 1078 号《悉董萨部落土地纠纷诉状》载："由都督……所授田契，已核对，用丈量突之绳索量后，属我田地为三突（半）……多出七突半。"[2] 说明都督还参与吐蕃统治机构向百姓具体授田事宜，亦知吐蕃统治机构在沙州授田还要发放授田契，作为土地所有权的凭证。

据 P. 2631 号《释门文范》云："三部落使和声应，百姓云集，僚吏同携建一所伽蓝，兴百日之役，千梁偃塞，上接仙途，数仞降（隆）基，傍通李径。"知此三部落使曾有很大的财政权，可征发百姓劳役，并有很大影响。

在部落、将制下，将作为吐蕃统治敦煌的基层组织在税收体制中起着重要作用。P. 2162 号 V《寅年沙州左三将纳丑年突田历》记载左三将 29 户纳突的情况，交纳的实物有"青""小""布""蚕"，交纳地点为瓜州、常乐、百尺村等。可知"将"是敦煌民户交纳赋税、承担杂役的基本单位，将头理应为征收赋税的具体主管者。

敦煌藏文文书亦记载了沙州税务财政体系。P. T. 1089 号《呈状》记载的

---

① F. W. Thomas, *Tibetan Literary texts and documents concerning Chinese Turkestan*, Ⅱ, 2. *The Sha – cu Region*, London, 1951, pp. 39 – 118；〔英〕F. W. 托马斯著，刘忠、杨铭编译，董越校：《有关沙州地区的藏文文书》，《敦煌研究》1997 年第 3 期，第 141 页。

② 王尧、陈践译注：《敦煌吐蕃文献选》，第 45 页。

子年沙州分部落后、部落内部设置的税务官有：税务官兼地方财务总管、度支官、地方总税务官；猴年又设"唐人地区总大税务官"①。这些税务官当指部落使下的财政官员，其职应相当于汉文文书中的部落监军、判官及将头等职。

此外，沙州还设置了一些粮官，专管军民的粮食收支。P. T. 1113 号《陇州军镇会议告牒》云："龙年（辰年）春，从霞代三村之会议，上峰给沙州军粮粮库长官发出之盖印告牒。"② Ch. 77. XV. 10 号："在上年粮官吉赞的处置下，最后将帐目作了变动。" Ch. 79. XVI. 7 号："在基措（Spyi – tshogs）之上年粮官吉赞的批准下，小麦一驮半另四升由李刚孜于猪年仲春月之第十三日借取。彼时，借贷人允诺将粮食送给僧人土丹，但却交给了吉赞。收据有证人蔡尼来、琼波达来及其他人在上面盖印。其后，一份清单已送来，随后封了印记。"③ Ch. 80. V. 1 载："阿骨萨部落张嘉佐将（thsan）之姜昆孜——上年粮官吉赞的代表，已计算出征去年的小麦数为一驮（Khal）半另四升（Bre），根据节儿的命令在猪年秋交付。"粮官即粮仓长官，由节儿直接统领，吉赞曾担任此职，相当于唐代乡、县之仓典、仓曹之属，负责粮仓的收支事宜。

总之，吐蕃沙州财政体系官员当由节儿、都督、部落使、唐人地区总大税务官、地方总税务官、部落税务官兼地方财务总管、度支官、普通大收税官、部落水官、大营田官、水官、粮官、将头等职官组成。我们可按其性质，对吐蕃时期沙州财政系中的诸职进行分类探讨。

吐蕃沙州还设有勾检职官。吐蕃统治敦煌初期，曾一度实行了清查户口的措施，并派金牟使，专门负责此项事宜。P. 3774 号《丑年（821 年）十二月沙州僧龙藏牒》云："大兄初番和之日，齐周附父脚下，附作奴。后至金牟

① 王尧、陈践：《吐蕃职官考信录》，《中国藏学》1989 年第 1 期，第 114 页；杨铭：《关于敦煌藏文文书〈吐蕃官吏呈请状〉的研究》，王宗维、周伟洲编：《马长寿纪念文集》，西北大学出版社，1993 年，第 365 ~ 374 页。

② 王尧、陈践编著：《敦煌吐蕃文书论文集》，第 186 页。

③ F. W. Thomas, *Tibetan Literary texts and documents concerning Chinese Turkestan*, II, 2. *The Sha – cu Region*, London, 1951, pp. 39 – 118；〔英〕F. W. 托马斯著，刘忠、杨铭编译，董越校：《有关沙州地区的藏文文书》，《敦煌研究》1997 年第 3 期，第 142 页。

使上析出为户，便有差税身役。"文中"番和之日，"即"丙寅年"，亦即贞元二年（786 年）；"金牟使"即吐蕃清查户籍的官员①。由此知，"金牟使"将"齐周"等隐匿人口从其父户籍下检括出来，并令其承担差税身役。在清查户口的基础上，还编制了牌子历（即户籍）。S.2729 号（1）《辰年三月沙州僧尼部落米净□碟上算使论悉诺啰接漠勘牌子历》载："辰年三月五日算使论悉诺啰接漠勘牌子历。"② 陈国灿先生指出，"接漠"即"金牟"，辰年即戊辰年（贞元四年）③。此"算使论悉诺啰"还见于 P.3028 号《吐蕃占领敦煌时期官营牧羊算会历状》，状中记载了悉诺啰曾清点过某牧户羊年至狗年的羊群数目④，推知此件文书的年代为蕃占敦煌时期。从以上两件文书知，吐蕃占领敦煌初期曾设金牟使即算使，专门负责清查民户人口、隐匿人口及田产与畜产，为在沙州组建部落及编籍户口提供依据。

吐蕃算使之下还设了一些检官，负责具体检括事务。如 S.2729 号（4）《牌子历附辰年至申年注记》云："造牌子后死。辰年三月十日龙兴寺张净耢死，吐蕃赞息检。"这类检官还有杨舍人、崔董罗⑤。

吐蕃统治敦煌时期的诸多制度承袭唐制，财务系统也都多袭唐制。如 P.2763 号 V2，池田温定为《吐蕃巳年七月沙州仓曹杨恒谦等牒》，巳年订为 789 年⑥。文书结束部分为：

巳年七月　日，典赵琼璋牒

仓督　氾庭之

仓曹　杨恒谦

① 陈国灿：《唐朝吐蕃陷落沙州城的时间问题》，《敦煌学辑刊》1985 年第 1 期，第 5 ~ 6 页。

② 中国社会科学院历史研究所等合编：《英藏敦煌文献》第四卷，四川人民出版社，1991 年，第 217 页。

③ 陈国灿：《唐朝吐蕃陷落沙州城的时间问题》，《敦煌学辑刊》1985 年第 1 期，第 6 页。

④ 唐耕耦、陆宏基编：《敦煌社会经济文献真迹释录》第三辑，第 580 ~ 584 页。

⑤ 《英藏敦煌文献》第四卷，第 220 页。

⑥ 池田温：《中國古代籍帳研究》，東京大學東洋文化研究所，1979 年，第 507 页。

据此知，吐蕃曾在沙州设仓典、仓督、仓曹三职，此三职即是承唐旧制。其中仓督，《唐六典》卷三〇《地方官》载：大都督府，"仓督二人"，"从八品"；中都督府，"仓督二人"，"从八品下"；下都督府，"仓督二人"，"从八品下"；上州，"仓督二人"，"从八品下"；中州，"仓督二人"，"正九品上"；下州，"仓督一人"，"正九品下"①。知大都督府、中都督府、下都督府、上州、中州均设有仓督二人，下州有仓督一人。《新唐书》卷四九下《百官志》地方官：大、中、下都督府均有仓督二人②，但上、中、下州无仓督，应是脱漏。P. 2803 号 V《唐天宝九载（750 年）八月—九月敦煌郡仓纳谷牒十六件》③ 中记载敦煌郡（州）有仓督，兹取一件录文如下：

> 郡仓
> 肆日，纳百姓宋希盛等和籴粟壹阡柒拾陆硕，入东行从南第壹眼，空。
> 　　右纳得上件粟，其户人名，别状通上。
> 牒件状如前，谨牒。
> 　　　　　天宝九载九月四日，史索秀玉　　牒。
> 　　　　　　仓　督 张嚴。
> 　　　　　　主簿摄司仓　苏汪。
> 　　　　　司　马 吕随仙。
> 　　　　　　　长　史 姚光庭。
> 肆日谦。

据此，知州有仓督，文书和史籍的记载是一致的。吐蕃统治沙州时期的

---

① ［唐］李林甫等撰，陈仲夫点校：《唐六典》卷三〇《地方官》，中华书局，1992 年，第 742~749 页；［五代］刘昫等撰：《旧唐书》卷四四《职官志》略同，中华书局，1975 年，第 1916~1918 页。

② ［宋］欧阳修等撰：《新唐书》卷四九下《百官志》，中华书局，1975 年，第 1314~1318 页。

③ 唐耕耦、陆宏基编：《敦煌社会经济文献真迹释录》第一辑，第 447~448 页。

仓督，应是沿袭唐制而来。仓曹应即"仓曹参军"的省称。据《唐六典》卷三〇《地方官》：大都护上都护，"仓曹参军事二人，正七品下"；大都督府，"仓曹参军事二人，正七品下"；中都督府，"仓曹参军事一人，从七品上"；下都督府，"仓曹参军事一人，从七品下"，上州，"司仓参军事一人，从七品下"；中州，"司仓参军事一人，正八品下"；下州，"司曹（仓）参军事一人，从八品下"。沙州在唐代为下都督府①，应设"仓参军事一人，从七品下"。P.4638 号《阴处士碑》载："又弟嘉珍，大蕃瓜州节度行军并沙州三部落仓曹及支计等。"知仓曹一职在蕃占时期曾设置过。P.2803 号 V2 中亦载"司仓参军潘仲丘"，正合上述记载。蕃占时期沙州所设"仓曹"应是沿袭唐"仓曹参军"而来。但在 P.2763 号 V1、P.2763 号 V2、P.2763 号 V3、P.2764 号 V、P3446 号 V4、P.2654 号 V、P.2803 号 V 等文书中载"会案同，谦""准前同，谦""计同，谦""公历同，谦""公案历同，谦"等四种带有构检性质的签字、署名，该"谦"即仓曹参军杨恒谦的署名，可以判定杨恒谦应是勾检官②。但唐州仓曹参军并无勾检的职能，而上镇的仓曹参军是勾检官③。据此推知吐蕃统治沙州，实行了军政统治，沙州的仓曹参军与唐上镇仓曹参军类似，可执行勾官职能。沙州勾官中还有判官。P.2763 号 V2："右奉使牒前件给用文帐，事须勘责，差官勾覆牒举者，使判差白判官勾者，准判，牒所由者，辰年九月四日已后，至十二月卅日，应给用斛斗等勘造讫，具录申勾覆所者，谨录状上。"④"白判官"即"勾者"，负责牒状的勾覆，可能为沙州某部落之判官，也有可能是仓曹等勾官之上级。又 S.3074 号 V《吐蕃占领敦煌时期某寺白面破历》云："付朱判官，差科头纳。"⑤

---

① 《新唐书》卷四〇《地理志》，第 1045 页；《元和郡县图志》卷四〇《陇右道下》载，沙州为"中府"即中都督府（第 1025 页），今按《新唐书》。

② 参阅王永兴：《唐勾检制研究》，上海古籍出版社，1991 年，第 92 ~ 120 页。

③ 《唐六典》卷三〇《地方官》"州官条"云上镇："仓曹参军事一人，从八品下。""仓曹掌仪式仓库，饮膳医药，付事勾稽，省署抄目。"（第 755 ~ 756 页）

④ 唐耕耦、陆宏基编：《敦煌社会经济文献真迹释录》第一辑，第 487 页。

⑤ 唐耕耦、陆宏基编：《敦煌社会经济文献真迹释录》第三辑，第 169 ~ 171 页。

　　总之，吐蕃占领敦煌后，在该地区建立了一套完整的与其统治机构相适应的财政体系。该体系中，既有源自吐蕃本部的税务官"岸本""军粮官""地方总大税务官""地方总税务官"及兼管财政事务的节儿、都督、部落使等沙州军政要员，也有沿袭唐制的仓曹、判官、仓典等勾检官。

　　此外，吐蕃军政机构中还设有农田官、水官等主管农业生产。吐蕃占领敦煌后，首先面临的问题就是恢复农田水利，促进农业发展。随着计口授田、突田制的推行，使许多农民重新获得土地。P. T. 1078 号《悉董萨部落土地纠纷诉状》云："窦廓庸言……王贵公兄弟之菜地，往昔在唐廷时，地界相连，后与沙州人江甲尔之开荒地各有五突半一起记入木简，田亩册下面写明共获田地十一突。贵公兄弟所种五突半，他们实际未曾领受。领受了八突，本人并无五突半田地属实。由都督……所授田契，已核对，用丈量突之绳索量后，属我田地为三突（半）……多出七突半。王贵公之田多出三突七畦……判决，彼等不听。"① 此件文书便反映了吐蕃占领沙州后曾一度在沙州授田于民的情况。文书还提到授田的计量单位"突"，（一"突"为十亩），授田的实行由沙州都督负责，所授田亩必须以都督所授田契为凭。

　　吐蕃在注重农田、水利恢复的同时，还重视农田、水利的经营。吐蕃在敦煌设置社会基层组织——部落、将的同时，在部落内部设置农田官、水官、营田官等官员具体主管农田事宜。如 P. 3613 号《申年正月沙州百姓令狐子馀牒》载：

　　孟授索底渠地六亩。

　　右子馀上件地先被唐朝换与石英顺。其地替在南支渠，被官割种稻，即合于丝绵部落得替，望请却还本地。子馀比日已来，唯凭此地与人分佃，得少多粮用，养活生命。请乞哀怜处分。

　　牒件状如前谨牒。

　　　　　　　　　　　申年正月 日，百姓令狐子馀牒。

　　　　付水官与营田

---

① 王尧、陈践编著：《敦煌吐蕃文献选》，第 45 页。

官同检上。"润"示。

九日。

······················润······················

　　孟授渠令子馀地陆亩。右件地奉　判付水官与营田官同检上者。谨依就检其地先被唐清（朝）换与石英顺。昨寻问全令狐子本口分地，分付讫。谨录状上。

　　牒件状如前，谨牒。　　　　　　　石英顺（署名）

　　申年正月，营田副使阚□牒。

　　　　　水官令狐□。

　　准状。"润"示。

十五日。

　　由此知丝棉部落设有水官、营田官、营田副使等官员，主管民户田地变更、民间田地纠纷及河渠灌溉等。文书中"润"，应当是水官、营田官的上级主管官。

　　部落营田官还有一定的田地及荒田的分授权力。如《酉年（805 年？）十二月沙州灌进渠百姓李进评等请地牒并判》记载了李进评为请射荒地而上的牒状。此件牒状左上方有判语："付营［田］官寻问，实空闲无主，任修理佃种，弁示。"[①] 可知"营官"即营田官，主管田地的耕种及田地检括等事务。又 P. T. 1089 号《呈状》载，吐蕃部落内设地方总大农田官、水官、部落营田使、地方总水监、部落水监、水监，这些正与汉文文献中的农田官、水官、营田官、营田副使及将头等官号相对应。由此看来，吐蕃占领敦煌后，并没有在该地推行弃农置牧的做法，而是注重农业生产，在农业的经营及田地河渠管理方面都很重视。

——《敦煌研究》1999 年第 2 期

---

① 唐耕耦、陆宏基编：《敦煌社会经济文献真迹释录》第二辑，第 374 页。

# 第六章
# 吐蕃统治敦煌的户籍制度初探

"安史之乱"爆发后，吐蕃劲旅一度占了河、煌、甘、凉，直抵秦陇近畿之土地。继而在 8 世纪 80 年代，吐蕃攻占了敦煌，从而占领了整个河西地区。此后，吐蕃开始了对敦煌的统治，并在政治、军事、经济、文化各方面与唐人发生了广泛的接触，由此产生了许多新的问题。面对新的形势需要，吐蕃一方面在占领区采取了镇压唐人反抗、推行蕃化、重建新的统治机构等强硬措施；另一方面又采取了拉拢唐朝的旧官望族参加其统治机构、清查户口、造籍作册等安抚措施。起初，吐蕃持战胜余威，横加劫掠沙州子女玉帛，悉归帐下，这些吐蕃唐人没有任何政治上的保障，致使社会动荡不安。但在吐蕃完全占领敦煌之后便希望社会稳定，以期获得更多的财赋与劳役。吐蕃统治者按照自己固有的统治制度和习惯来改造新占领区，在敦煌地区设置了瓜州节度使、沙州节儿、都督、部落使、监军、判官等职官，建立了一套完整的统治沙州的机构，有效地完成了对该地区的占领、改造和稳固统治。吐蕃在统治敦煌初期，就采取了严禁吐蕃将领乘战争混乱、社会动荡之机，而侵夺沙州人口、土地的措施，其中所采取的清查户口、造籍作册等措施，有效地控制了敦煌地区，稳定了社会秩序，同时清查户口、造籍作册和计口授田、征收赋税、劳役等许多问题有着紧密联系。因此，对这一问题的探讨对于研究吐蕃统治敦煌的历史有着重要意义。本章将在前贤研究基础之上，对这一问题作进一步研究。

## 一 吐蕃统治初期清查、编造户籍的措施

吐蕃占领敦煌初期，由于战争混乱、社会动荡，一些吐蕃将领乘机掠夺人口和土地。如 S. 3287 号《吐蕃子年（808 年）沙州百姓氾履倩等户籍手实残卷》（以下简称《氾卷》）中①，在奴紧子下注云："论悉列夕将去"，奴金刚、婢落娘下注云："已上并论悉列息将去"，此"将去"实际上就是"掠夺去"的委婉语。此掠夺者"论悉列夕""论悉列息"，即"论悉列乞里悉去啰"。此人在午年分部落后（午年即庚午年，即 790 年）②，一度担任过瓜州节度使，当时敦煌就属其管辖③。而这位瓜沙地区的最高长官，凭借其权势，侵夺属民，仅从氾国珍一户就夺去了 3 个奴婢，反映了吐蕃官员侵夺人口的现象在当时已相当严重。

像论悉列夕这类侵夺人口的事例，在沙州并不是偶然的。在吐蕃占领敦煌初期，这类扰民事件引发了沙州百姓和许多官员十分不满，引起了吐蕃陇州军帐会议的重视，并下达了严禁掠夺沙州人口的禁令：

亥年春，大论于陇州会上用印发出之告牒：

二唐人部落头人通禀云：往昔，吐蕃，孙波与尚论牙牙长官衙署等，每以配婚为借口，前来抄掠汉地沙州女子。其实，乃佣之为奴。为此，故向上峰陈报，不准如此抢劫已属赞普之臣民，并请按例准许，可如通频之女子，可以不配予别部，而在部落内部寻择配偶，勿再令无耻之辈

① 李正宇：《〈吐蕃子年（公元808 年）沙州百姓氾履倩等户籍手实残卷〉研究》，敦煌文物研究所编：《1983 年全国敦煌学术讨论会文集（文史·遗书编上）》，甘肃人民出版社，1987 年，第 179 页。

② 午年即庚午年（790 年），见〔日〕池田温：《丑年十二月僧龍藏牒》，《山本博士還歷記念東洋史論叢》，東京教育大学文學部東洋史研究室，1972 年，第 25 ~ 28 页；陈国灿：《敦煌所出诸借契年代考》，《敦煌学辑刊》1984 年第 1 期，第 1 ~ 2 页。

③ P. 2449 号 V《愿文》载："我节度论悉列乞里塞乞啰"；P. 3172 号《尼患文》载："我节度上论悉列乞里塞去罗。"

持手令前来择配，并允其自择配偶。

告牒如上，用印颁发！①

此件文书反映了吐蕃统治者已认识到吐蕃官员侵夺人口的危害，严禁掳掠人口，建立严格的户籍制度势在必行。

基于以上现实的需要，吐蕃占领敦煌不久，便着手清查户口，为重新编籍造册作准备，其目的在于弄清沙州户口数，检括隐匿人口，限制侵夺人口，增加赋税差役，稳定社会秩序。

吐蕃王朝本部开始清查户口、编籍造册制度的形成，可以追溯到松赞干布去世不久。据《敦煌本吐蕃历史文书》载：

及至虎年（654 年），赞普驻于美尔盖……区分"桂"、"庸"，为大料集而始作户口清查。

及至狗年（674 年）赞普夏驻于悉立。回至交拉……点验红册（军丁名册）。

及至虎年（609 年）夏，赞普驻于泥婆罗……开始清查"后备"之名册……集会议盟，立大藏之"红册"。噶尔·设陵赞藏顿与巴曹·野赞通保二人征收腰茹之地亩赋税。是为一年。

及至兔年（691 年）……清理土地赋税并统计绝户数字……集会议盟，及依红册征集兵丁。

及至龙年（692 年）……集会议盟，立红册木牍。

及至鸡年（709 年）……于温江岛集会议盟，统计清查"茹拉"之红册木牍。

及至鼠年（712 年）……统计清查三个茹之红册。

及至蛇年（717 年）……统计清查"岸本"所属之户口（册）。

及至马年（718 年）……达布王立红册水牍。

---

① 见 P. T. 1083 号《据唐人部落禀帖批复的告牒：禁止抄掠汉户沙州女子》，王尧、陈践译注：《敦煌吐蕃文献选》，四川民族出版社，1983 年，第 51～52 页。

及至鸡年（721 年）……建立"岸"及大河上下全部大红册木牍。

及至马年（742 年）……交接后之余事进行清查、立水牍文诏。

及至猴年（714 年）……清点各地方军丁白册……二人集冬会议盟，进征兵点兵大料集，将赞普之令从红册水牍移入黄纸册上①。

从以上记载看，在松赞干布去世不久，新赞普弃芒论芒赞在654 年，区分"桂""庸"，开创了吐蕃本部清查户口的先河②。清查户口往往与征集税赋、兵丁紧密相连。有些年的大事记载中，除赞普驻地、会盟之外，仅有清查户口和征集赋税，可见吐蕃王朝对清查户口的重视程度。历年清查结果得记在木牍上，造成"红册""白册"等户籍。至天宝年间，吐蕃户籍出现了黄纸册。大事记年中有"及至猴年（744 年）……清点各地方军丁白册……将赞普之令从红册木牍移入黄纸册上"。这些清查户口、造籍作册的事务，一般由"岸本"负责，吐蕃朝廷设有"八岸本"，后来又减至"四岸"③。大事记年表明，吐蕃王朝的清查统计人口的制度早在松赞干布去世不久就开始确立。吐蕃占领敦煌后，必然要对其原有的户籍进行清查，并根据吐蕃本部原有户籍制度，结合河西地区的实际情况对敦煌进行了一次大规模的户籍清查。

---

① 王尧、陈践译注：《敦煌本吐蕃历史文书》，民族出版社，1980 年，第 101～117 页。各段引文之间有删减原文，不一一注明。

② "桂"按《贤者喜宴》的解释，"高等属民从事军务者之名称"，即武士。《白史》认为此"桂"指武士及平民。"庸"，《贤者喜宴》解释为：做属民事务人员，他们的社会地位是属民中的下层奴隶，从事属民工作。

③ 在《贤者喜宴》中，岸本又写作 rngan－dpon，职掌统计粮食及金银财物；《汉藏翻译名义大集》有 mngn－gyi－bla 一词，意为"司赏"，rngan 这个词有"奖赏"及"财产"之意，P. T. 1097 号《薪俸支出粮食清册》载："岸本"负责薪俸支出粮食状目；《薪蕃会盟碑》载："岸本楃苏户属" mngn－pon－khab－so－Vo－chog；《敦煌本吐蕃历史文书》，大事记年记有："以布赞金、玛穷任象雄部之'岸本'……'岸'之宫廷直属户籍之于木牍……宣布岸本由八员减为四员之缩编制度。大论芒夏木于岛儿集会议盟，订立岸本职权，征官廷直属户税赋。"（王尧、陈践译注：《敦煌本吐蕃历史文书》，第 101、110、114 页）

据 P.3774《丑年僧龙藏呈明与大哥析产牒》载："一、大人兄初番和之日，齐周父脚下附作奴。后金牟使上析出为户，便有差税身役，直至于今。"①"蕃和之日"，即"丙寅年"，即贞元二年（786 年）②。文中所言"金牟使"，即吐蕃户籍清查官员。可见吐蕃统治敦煌初期就开始了清查户籍的工作。《氾卷》对此亦有记载，如"午年擘三部落已后新生口""午年擘三部落依牌子口"等。文中以午年为界线，将在籍人口分为新、旧口，说明午年分部落后，曾造"牌子"，即敦煌陷蕃初期的户籍。这次造"牌子"似在午年（790 年）以前就已经开始，据 S.2729 号《辰年三月沙州僧尼部落米净眘牒上算使论悉诺啰接谟勘牌子历》载："辰年三月五日论悉诺罗接谟勘牌子历"③，陈国灿指出，"接谟"即"金牟"，辰年即戊辰年，也即贞元四年（788 年）。④ 此件文书详载了僧尼名目、僧尼总数、僧人总数、尼姑总数及其所属寺户名，具体情况见表 1。

S.2729 号还记载了僧尼人数的变动和检勘情况。如"造牌子后死。辰年……三月十日龙兴寺张净溁，死<sub>吐蕃赞息检</sub>"。此外，在巳未、午年、未年、申年均对各年度死亡者进行了勘检以示除名。由此推知，"造牌子"是在辰年三月五日之前，"造牌子"后最早勘检牌子在辰年三月十日，此后在巳年、午年、未年、申年各年度均对牌子进行了勘检。其中五年内僧尼死亡者共 23 人，新增 1 人，具体负责勘检者有 3 人：吐蕃赞息、杨舍人、崔董罗。具体情况可参考表 2。

① 唐耕耦、陆宏基编：《敦煌社会经济文献真迹释录》第二辑，全国图书馆文献缩微复制中心，1990 年，第 283 ~ 286 页。

② 陈国灿：《唐朝吐蕃陷落沙州的时间问题》，《敦煌学辑刊》1985 年第 1 期，第 1 ~ 7 页。

③ 中国社会科学院历史研究所等编：《英藏敦煌文献》第 4 卷，四川人民出版社，1991 年，第 127 页。

④ 陈国灿：《唐朝吐蕃陷落沙州的时间问题》，《敦煌学辑刊》1985 年第 1 期，第 1 ~ 7 页。

表1　S. 2729 所载诸寺僧尼情况简表

| 寺名 | | 原有人数/人 | 死亡数/人 | 勘检出死亡者的死亡时间及人数/人 | 实存人数/人 | 合计 |
|---|---|---|---|---|---|---|
| 僧寺 | 龙兴寺 | 28 | | | 23 | |
| | 大云寺 | 16 | 5 | 辰年2、巳年1、未年1、申年1巳年1、申年1、辰年1 | 13 | |
| | 莲台寺 | 10 | 3 | | 9 | |
| | 灵图寺 | 17 | 1 | 申年1 | 17 | |
| | 金光明寺 | 16 | 2 | 午年1、未年1 | 14 | 139/117人 |
| | 永真寺 | 11 | 3 | 巳年1、午年1、申年1 | 8 | |
| | 乾元寺 | 19 | 6 | 申年2、辰年2、巳年1、午年1午年2 | 13 | |
| | 开元寺 | 13 | 2 | | 11 | |
| | 报恩寺 | 9 | | | 9 | |
| 尼寺 | 灵修寺 | 67 | 4 | 午年1、申年2、未年1 | 67 | |
| | 普光寺 | 47 | 4 | 申年1、辰年1、午年1、未年1申年1、辰年1、午年1 | 43 | 171/164人 |
| | 大乘寺 | 44 | 3 | | 41 | |
| | 潘原堡 | 13 | | | 13 | |
| 共计 | | | | 314 人 | | |
| 备注 | | ①原卷在灵修寺尼张广照右侧上方注明"巳年六月南来"，疑为新增人口。 | | | | |

表2　S. 2729 号勘牌子历附辰年至申年注记所载情况简表

| 死者姓名 | 死亡时间 | 寺名 | 勘检者 |
|---|---|---|---|
| 僧张净涤 | 辰年三月十日 | 龙兴寺 | 吐蕃、赞息 |
| 石法阇梨 | 辰年三月十三日 | 龙兴寺 | 赞息 |
| 僧法莲 | 辰年四月一日 | 乾元寺 | 赞息 |
| 僧刘金云 | 辰年四廿日 | 大云寺 | 赞息 |
| 僧刘像真 | 辰年四月六日 | 乾元寺 | 赞息 |
| 僧氾惠明 | 辰六月十九日 | 龙兴寺 | 赞息 |
| 尼阎真心 | 辰年八月四日 | 大乘寺 | 赞息 |
| 尼阎普明 | 辰年八月廿日 | 普光寺 | 赞息 |
| 僧李志贞 | 巳年三月卅日 | 龙兴寺 | 赞息 |
| 僧吕惟宛 | 巳年七月十一日 | | 赞息 |
| 僧贺常觉 | 巳年七月廿一日 | 永安寺 | 崔董罗 |

续表

| 死者姓名 | 死亡时间 | 寺名 | 勘检者 |
|---|---|---|---|
| 僧王像空 | 巳年八月十四日 | 乾元寺 | 崔董罗 |
| 尼安净法 | 午年正月六日 | 灵修寺 | 杨舍人 |
| 娄惠观 | 午年七月廿三日 | 金光明 | 杨舍人 |
| 袁修净 | 未年十一月十五日 | | |
| 僧道贞 | 申年二月七日 | 莲台寺 | |

此牌子历是吐蕃设置僧尼部落后，将其人口造籍成册，包罗了诸寺僧尼的人数及其在辰、巳、午、未、申五年内的变化情况，并附有勘检记录。这次清查户口，很可能由尚乞心儿主持，由算使论悉诺罗实际执行①。同以往一样，此次清查户口的目的，旨在查清沙州人口，检括隐匿人口，增加赋税差役。此论悉诺罗还见于 P.3028 号《吐蕃占领敦煌时期官营牧羊算会历状》此件文书记载了猴年、鸡年、狗年连续三年的羊群数量清点情况，并记有"以前悉诺罗从羊年五月七日后至狗年四月二十九日点前兼马年旧欠都计"②。可见悉诺罗曾清点过羊年至狗年的羊群数目，推知此件文书的年代为吐蕃占领敦煌初期。此次金牟的对象是牧民户山定奴，清查内容，是三年间山定奴的羊群悬欠情况，反映了金牟羊群的数额是清查牧民户的重要内容③。

## 二 吐蕃统治敦煌中后期的户籍制度

"吐蕃统治敦煌时期，户籍制度适应着乡里制度变化而改变。"④ 即户籍

① 参阅邵文实：《尚乞心儿事迹考》，《敦煌学辑刊》1993 年第 2 期，第 16～23 页。

② 唐耕耦、陆宏基编：《敦煌社会经济文献真迹释录》第三辑，全国图书馆文献缩微复制中心，1990 年，第 580～584 页。

③ 参阅陈庆英：《从敦煌出土帐簿文书看吐蕃王朝的经济制度》，《藏学研究论丛》第三卷，西藏人民出版社，1991 年，第 84～85、74 页。

④ 姜伯勤：《唐五代敦煌寺户制度》，中华书局，1987 年，第 44 页；参见金滢坤：《吐蕃统治敦煌的社会基层组织》，《中国边疆史地研究》1998 年第 4 期，第 27～35 页。

制度按照"部落（千户）——将"的体制编制。如 S. 3287 号《氾卷》是一件掣三部落左二将五户百姓的户口状，明细各户主对户口变动情况的申报，相当于唐代的手实。刘铭恕拟名为《子年百姓氾履倩等户籍手实牒》，并对其录文①；池田温将其定为《吐蕃子年沙州左二将百姓氾履倩等五户状上》并进行了录文②；李正宇又将其定名为《吐蕃子年（公元 808 年）沙州百姓氾履倩等户籍手实残卷》，并对其重新录文：

（前缺）

1. □违　安□

2. 第履 <sup>勗娶左六将贯荣下李买婷</sup> 为妻 男子昂　　　男子卿

3. 男子盈女心娘 <sup>出嫁左一将徐寺伽下吴君奴</sup>　　女太娘 <sup>出嫁左一将徐寺伽</sup>

4. <sup>下张通于</sup>女恩子

5. 　　　　右通新旧口并皆依实，如后有　　　告，

6. 　　　　求受重罪。

7. 牒件，状如前，谨牒。

8. 　　　　子年五月　　日百姓　　履倩牒

9. 丙寅年十一月。

10. 左二将　　　　状上

11. 户索宪忠　　妻阴　男运运　　男顺顺女把　　把娘 <sup>出度</sup>

12. 女金娘落 <sup>出嫁与同部吴通下邓道落</sup>　　　　婢 <sup>目目</sup>

13. 午年掣三部落已后新生口　　　男性奴 <sup>出度</sup>女担娘 <sup>嫁与丝绵部落张□</sup>

14. <sup>下张清清</sup>女意娘 <sup>出度</sup>　　　　男再 <sup>出度</sup>　　远远妻 <sup>娶同部落吴通下郡石奴妹美娘</sup>

15. <sup>女扁娘</sup>男迁迁　　　　妻 <sup>娶本将程弟奴女</sup>。

16. 右通前件新旧口并皆依实，如后有人

17. 　　　告，括捡不同，求受偷人条教，请处分。

---

① 见商务书馆编：《敦煌遗书总目索引》，中华书局，1962 年，第 176 页。

② 〔日〕池田温：《中國古代籍帳研究》，第 519 页。

18. 件如前，谨状。

19. 　　　子年五月　　　　　日百姓索宪忠

20. 左二将

21. 午年掣三部落依牌子口，户　　　国<sup>死</sup>妻张念念<sup>在</sup>男住住<sup>在</sup>

21. 午年掣三部落依牌子口，户　　　国 $^{死}$ 妻张念念 $^{在}$ 男住住 $^{在}$

22. 男不采 $^{在}$ 小妇宠宠 $^{出度}$ 奴紧子 $^{论态}$ 歾 $^{夕将去}$ 奴金刚

23. 婢落娘 $^{已上并论态歾息将去}$ 婢善娘　　　婢□□

24. 女美娘嫁与同将人索定德 $^{酉年新}$ 　　　　　　男不美 $^{娶本将索十}$ $_{五女七娘}$ 男 $^{已加}$ $_{伽}$

　　　　　　　　　　男龙屯

25. 男住住 $^{娶下部落王}$ $_{海女十二}$ 　　　男君子年十　　　女小娘年 $^{十二八戌}$ 　　　女团

娘年

26. 六　女美保年一　　　男不采 $^{娶同将宋进晖女七娘}$ 女严子五

27. 休子年三　女判子年二　　妹团团 $^{出嫁与左三画严严}$ 妹性娘 $^{出度}$

28. 右通午年掣三部落口及已后新生口如前，并

29. 皆依实，亦无隐漏不通，如后有人　　　告，称

30. 有隐漏，请求依法科断。子年六月一日，百姓

31. 住住状

32. 左二将　　状上

33. 户梁庭兰 $^{死}$ 　　妻王 $^{死}$ 　　　男定国　　男憨憨 $^{死}$ 　　小妇 $^{死}$ $_{死}$

母 $^{死}$

34. 女 $^{死}$

35. 午年掣三部落已后新生口：定国妻 $^{死}$ 王男金刚

36. 妻 $^{娶同部落曹荣下索进昌女}$ 男沙子　　　男沙门

37. 女妃娘 $^{出度}$ 女女女　奴定奴　　　奴丘奴　　婢宜婢 $^{某娘}$ 婢星星

38. 　　右通前件新旧口并皆依实，如后有人

39. 　　告，括检不同，求受偷人条教，请处分。

40. 　　件如前，谨状。

41. 　　　　子年六月　　　日百姓梁定国

42. 左二将　　百姓　　　状上

43. □□定卿<sup>六十</sup>妻阿索<sup>廿</sup>母李<sup>七十五</sup>，死

44. ☐廿一岁

（下缺）①

关于《氾卷》的断代问题，藤枝晃认为《氾卷》写于 832 年②。李正宇依据《氾卷》"午年擘三部落已后新生口""午年擘三部落依牌子口"，认为分部落的午年是 790 年，推断《氾卷》所题"子年"必在 790 年之后。又据《氾卷》所载人员的婚丧嫁娶的情况，推断《氾卷》所题子年在 803 年到 810 年的 8 年之内。而 8 年内只有戊子年（808 年），此即子年。

《氾卷》所处的时代，正为吐蕃统治敦煌的中后期，因此，《氾卷》的发现为研究该时期吐蕃统治敦煌的户籍制度提供了宝贵史料。《氾卷》所记载的五户手实，完整地反映了该时期申报户籍的具体内容和相关情况。《氾卷》所载五件手实虽残缺程度，具体内容及行文措辞均有所不同，但加以综合归纳后，可从《氾卷》中概括出共同的申报条目：1. 民户现在的将籍，即民户所属的基层辖区（如左二将）。2. 户主姓名。3. 午年分部落时注册在籍人员，需注明"旧口"。4. 午年以后出生、迁入及其他原因（如娶妇、蓄收奴婢等）新增加的人口即所谓"新口"。5. 在此子年申报户口之日已经出离本户的人员以及出离的原因（如死亡、出嫁、出家、被掠等）。6. 户内诸成员同户主的关系（如父母、妻妾、子女、兄弟、姊妹）以及社会身份（如百姓、僧尼、在家修行者、奴婢等）。7. 要求如实申报，不得隐漏，户主或申报人须明确做出申报情况属实的保证。从以上《氾卷》所载条目所反映的情况，可以推知以下几点：首先，《氾卷》以"午年"为界线强调"新""旧"口、居民家中所有成员与户主关系、新增人口的来历、出离人口的去向，此四项内容是

① 前揭李正宇文：《〈吐蕃子年（公元 808 年）沙州百姓氾履倩等户籍手实残卷〉研究》，敦煌文物研究所编：《1983 年全国敦煌学术讨论会文集（文史·遗书编上）》，第 177 ~ 180 页。

② 〔日〕藤枝晃：《敦煌の僧尼籍》，《東方學報》京都版，第 29 册，1959 年，第 328 ~ 329 页。

必须注明的。这表明吐蕃当局调查着籍人口的身份、来历及去向，是为重新建立准确的户籍提供翔实可靠的第一手资料。李正宇认为《氾卷》是民户的手实，是指民户亲自验实上报的申报单①。《晋书·刘超传》："（刘超）寻出补句容令……常年赋税，主者常自四出，诘评百姓家赀。至超，但作大函，村别付之，使（民户）各自书家产，投函中，讫送还县，百姓依实投上，课税所入有逾常年。"这种"民户各自书家产"的田赋手实，可做参考。《氾卷》的发现说明除民户自书田赋手实外，还有一种民户自书家口的户籍手实。《氾卷》属于户籍手实，更加说明《氾卷》申报的情况正反映吐蕃当局为重新编籍民户，责令民户自书手实，申报吐蕃当局，以期得到如实的民户在籍情况。其次，从《氾卷》所反映的情况看，吐蕃当局并未着眼于田产，似是另有其他目的，《氾卷》强调午年前后的人口增减情况和原因；并重视着籍民户的身份和社会面目；此外，《氾卷》中有三件手实还强调了老小的年龄。由此推断，吐蕃当局此次清查户口，虽未明确言及田产和赋税劳役的情况，但正在步入封建社会的吐蕃王朝②，随着其势力在河、陇地区的扩张和同唐人的广泛接触，其社会经济结构也在相应的转变，对一个封建王朝来说，控制的编户越多，意味着可供征发和驱使的赋税、劳役也就越多，封建王权也就越巩固。因此，吐蕃当局此次清查户口，并不是单纯地编民入籍，其旨是为吐蕃统治者征发劳役、兵役，征收赋税提供准确数据。

## 三 吐蕃统治敦煌的寺户制度

在吐蕃统治敦煌时期，僧尼的编籍情况较为复杂，僧尼曾一度被编为"僧尼部落"，并造籍呈报，如 S. 2729 号《辰年三月沙州僧尼部落米净眥牒上

① 李正宇：《〈吐蕃子年（公元 808 年）沙州百姓氾履倩等户籍手实残卷〉研究》，敦煌文物研究所编：《1983 年全国敦煌学术讨论会文集（文史·遗书编上）》，第 190～193 页。

② 参阅陈庆英：《从敦煌出土帐簿文书看吐蕃王朝的经济制度》，《藏学研究论丛》第三卷，西藏人民出版社，1991 年，第 84～85、74 页。

算使论悉诺啰接谟勘牌子历》载："都计见上牌子僧尼三百一十人，内一百卅九僧，一百七十一尼。"下署"僧尼部落米净晋牒"。此件辰年牌子历中没有提及"寺户"名目。表明吐蕃统治敦煌初期并不存在寺户。

明确证明寺户不著户于官府户籍的是一件称为《本籍表》藏文文书，其编号为 Ch. 73，XV. 10（fr. 12. Vol. 69. foll. 62—63）。汉译文：

普光寺（Pho－kvang－si）寺户，吉四郎，从（Vphongs）；阿骨萨（Rgods－sar）部落，宋新，主（Dgon）。普光寺寺户，杨贵子，从。阿骨萨部落，氾昆子，主，与左中翼（Ru）孙补勒支的旗将（Dar－thsan）安则亨相衔接。

阿骨萨部落中翼孙补勒支主从四十人，一曹（Tshar）之本籍表：

阿骨萨部落安则亨，主；与右小翼张卡佐之旗将氾昆子相衔接。

阿骨萨部落，僧（Ban－de）董侗，主；阿骨萨部落张华华，从。

阿骨萨部落，僧钟忱忱，主；阿骨萨部落张琨哲，从。

阿骨萨部落张淑淑，主；阿骨萨部落张白娣，从。

阿骨萨部落段客田，主；阿骨萨部落韦空空，从。

阿骨萨部落，僧董卜蛮，主；阿骨萨部落金礼客，从。

阿骨萨部落，僧张皮皮，主；普光寺寺户曹泽泽，从。

阿骨萨部落段亨谷，主；阿骨萨部落辛节节，从。

阿骨萨部落薛空，主；阿骨萨部落薛琨琨，从，持手。

阿骨萨部落折逌勒，主；阿骨萨部落张忱忱，从，烘员。

阿骨萨部落王可勒，主；阿骨萨部落张相泽，从。

阿骨萨部落，僧张拉启，主；阿骨萨部落张相泽，从。

阿骨萨部落，僧曹逺逺，主；阿骨萨部落张娣成，从。

普光寺寺户郝朝春，主；阿骨萨部落王忱新，从。

灵图寺（Leng ho si）寺户王琨泽，从。

阿骨萨部落王勤新，主；阿骨萨部落董旺多，从。

阿骨萨部落，僧李金昂，主；阿骨萨部落薛忱因，从。

　　阿骨萨部落张泽泽，主；阿骨萨部落张更子，从。

　　阿骨萨部落，僧空泽，主；阿骨萨部落钟子成，从。

　　阿骨萨部落钟子新，主；与左中翼之中翼塔勒的旗将曹什德相衔接。

　　（背面另笔）此呈，卑侄宝仲书①。

　　此件文书是吐蕃时期的一份官府差役或兵役名籍。其中讲到以 40 人为一 Tshar，杨铭把 Tshar 考订为"曹"，是吐蕃统治机构中与将相当的另一基层组织②。从《本籍表》可知，编入"曷骨萨部落"的应役僧人达 10 人之多，说明此时未必再有"僧尼部落"的编制，僧尼户籍已编入各部落户籍之中。此外，应役的人中，还有普光寺寺户郝朝春、吉四郎、杨贵子、曹泽泽及灵图寺寺户王琨泽等 5 人。值得注意的是，寺户均不属于"曷骨萨部落"的名籍，有力地证明寺户不属于"部落一将"的官府户籍编制，即寺户亦不属于官府户籍。

　　那么寺户的户籍又是怎样的呢？对这一问题的研究，姜伯勤已在《唐五代敦煌寺户制度》一书中，运用敦煌文书中的资料，对其进行了全面细致的研究。

　　最能反映吐蕃统治敦煌时期寺户制度的是 S. 542 号 V12 – 23。《戊年沙州诸寺丁口车牛役部》（以下简称《役部》）和 S. 542 号 V6《沙州寺户放毛女娘名簿》（以下简称《女簿》）③。关于《役部》的年代，竺沙雅章④、池田温疑为 818 年⑤，《女簿》略晚于《役部》⑥。《役部》的录文有《敦煌资料》

①　〔英〕F. W. 托玛斯著，刘忠、杨铭编译，董越校：《有关沙州地区的藏文文书》，《敦煌研究》1997 年第 3 期，第 144～145 页。

②　杨铭：《曹（Tshar）——吐蕃统治敦煌及西域的一级基层兵制》，《西域研究》1995 年第 4 期，第 49～54 页。

③　中国社会科学院历史研究所等合编：《英藏敦煌文献》第二卷，四川人民出版社，1990 年，第 25～32 页。

④　竺沙雅章：《敦煌の寺户について》，《史林》，第 5 號，1961 年，第 40～73 页。

⑤　〔日〕池田温著：《中國古代籍帳研究》，第 536 页。

⑥　姜伯勤：《唐五代敦煌寺户制度》，第 64 页。

（第一辑）辑录本、竺沙雅章录本①、池田温录本②、姜伯勤录本③。

在 818 年前后，见于《役部》的 13 寺寺户丁口共 191 人，年代稍后的《女簿》中，12 寺寺户女眷共 220 人，总计 411 人。两件名籍中都未包括男性非丁口者，故寺户的总人口当大大超过于此。另据 9 世纪初年的一件僧尼数记录 S. 5677 号 $V_1$④，以相应的 12 寺作一统计，约有僧尼 382 人。则寺户丁口人数，与僧尼数总数大致相当。若一丁人口按 5 人计，则寺户人口近 1000 人，一些研究者估计，敦煌寺户及家口总人数已至 2000 人⑤。按唐乾元元年（758 年）敦煌户数为 4256 户，口数为 16250 口，如寺户人口在 1000～2000 人，则约占敦煌总人口的 6%～12%。若是如此，则寺户在敦煌已成为一支重要的社会力量，足见寺户制度的重要。

姜伯勤认为吐蕃统治敦煌时期的寺户，是隶属于吐蕃教团统治机构，教团的顶端为"都僧统司"即"都司"，高居于各寺之上。都司也即都僧统的衙门或办事机构，拥有教团内的司法权、财产权，并可以调拨寺与寺之间的寺户。《役部》《女簿》就反映了都司高居诸寺之上，调拨寺与寺之间寺户的情况。

隶属于都司的寺户，在各寺寺纲及寺卿的管理下，成为寺院地产的劳动力，其最基层的编制是"团"。"团"由"团头"及"头下人户"（碱 59 号 V6）组成。"头下人户"，即每一团头之下的"人户"。"人户"即"当寺人户"（碱 59 号 V4）。姜伯勤依据《役部》推算出一团的总数在 10 人左右⑥。

向达先生指出："敦煌发现的卷子中常见头下户、团头的名称，这就是

① 竺沙雅章：《敦煌の寺户について》，《史林》44 卷第 5 期，1961 年，第 46～51 页。

② 〔日〕池田温：《中國古代籍帳研究》，第 536～538 页。

③ 姜伯勤：《唐五代敦煌寺户制度》，第 24～25 页。

④ 〔日〕滕枝晃：《吐蕃支配期の敦煌》，《東京學報》京都版，第 31 册，1971 年，第 265～266 页。此文将该文书推定为 788～806 年。

⑤ 〔日〕布目潮渢、栗原益男：《中國の歷史》第 4 卷《隋唐帝國》，講談社，1974 年，第 200～201 页。

⑥ 姜伯勤：《唐五代敦煌寺户制度》，第 44、48～50、54 页。

《辽史·地理志》和《食货志》所说俘掠来的人口，又名投下。"契丹"头下户"编制，往往是草原上插花的头下庄园生产的基层编制①。这个与唐代相比而更属晚出的历史事实，可以反证唐代的敦煌寺户的"团头"与"头下户"的编制，正是寺院地产中进行生产活动的一种基层编制，是以都司和各寺之纲为代表的寺院地主将寺户世代束缚在寺院寺地产上的一种强制性编制形式。

总之，吐蕃统治敦煌时期，不仅建立了一整套统治机构，强化其暴力统治，而且采取了一系列的安抚措施，有效地完成了对敦煌的长期稳定的统治。其中，吐蕃在统治敦煌初期，就采取了清查户口、编籍造册的措施，并按照其本部的户籍制度结合当地实际情况，建立了适应"部落——将"的编户制度，有效地控制了敦煌的编户，进而为其征发赋税、劳役及维护社会稳定提供了有力依据。在吐蕃统治中后期，吐蕃当局不仅完善了编户制度，而且在"子年"（808 年）之后，重新造籍编户，使之更加完善。其旨在于当局控制在籍人口和流动人口，为其征发劳役及征收赋税提供准确数据。此外，吐蕃统治敦煌的寺户制度，将敦煌寺户，隶属于吐蕃教团统治机构，教团的顶端为"都僧统司"，高居于各寺之上，使吐蕃统治时期的敦煌寺院经济得到了稳固发展，从而有效地把敦煌佛教纳入其统治体系。

——《中国经济史研究》2003 年第 1 期

——人大复印报刊资料《魏晋南北朝隋唐史》2003 年第 3 期转载

---

① 向达：《中西交通教学大纲》（刻油印本北京大学历史系），第 14 页，转引自姜伯勤：《唐五代敦煌寺户制度》，第 59 页。

# 第七章
# 吐蕃节度使考述

吐蕃王朝为了对唐与周边部族作战，将其本部的军事部落联盟组织与唐代的节度使制度相结合，在唐蕃冲突地区设置了五道节度大使，专事该地区的军事、民政及对唐及周边部族的外交等事务。吐蕃五道节度大使先后改为"吐蕃东境五道节度使""吐蕃东鄙五道节度使"，下设五"道"节度使，诸"道"节度使下，又设若干小节度使。该制度为吐蕃在唐蕃冲突中取得优势起了积极作用，长期以来学界对此研究十分有限，以下将对吐蕃东境五道节度使进行考述。

## 一　吐蕃东境五道节度使

7世纪初，正值唐帝国崛起时，松赞干布亦在青藏高原建立了统一而强大的吐蕃王朝。随着统一王朝的兴起，吐蕃继征服象雄、羊同、孙波之后，又加紧了对吐谷浑、南诏等周边民族的征服，对大唐帝国亦构成了威胁。特别在禄东赞入相后，吐蕃与唐帝国在吐谷浑、南诏等周边地区不断发生冲突。贞观十二年（638年）八月，吐蕃"帅众二十余万屯松州西境"①，向唐边州大规模进袭，此后至大中二年（848年）的两百余年，唐蕃冲突不断，近乎

---

① ［宋］司马光编，［元］胡三省音注：《资治通鉴》卷一九五"唐太宗贞观十二年八月"条，中华书局，1956年，第6139页；《资治通鉴》卷二四九"唐宣宗大中五年正月条"，第8045页。

连年发生战争。吐蕃为了对唐作战和征服其周边民族，在其交战区和占领区设置了多种类型的节度使，专事征战，兼领民政，有效地在唐蕃战争中保持了胜多败少的优势。

从敦煌本吐蕃文献及其他古藏文文献中，我们可以发现，吐蕃在向周边地区扩张的过程中，在军事冲突地区和新占领区设置了一种军政机构——Khrom。关于 Khrom，前辈学者已经做了很多有益研究，如匈牙利学者乌瑞先生解释为 military government，荣新江先生译作"军镇"①，杨铭先生译作"节度使"②。乌瑞先生认为，8 世纪末以降直到吐蕃帝国崩溃，吐蕃王国在东北到西北边境上设置了几个 Khrom。其分布为：玛曲军镇（河曲附近）、野猫川大军镇（青海东部）、凉州大军镇（凉州）、瓜州大军镇（瓜、沙、肃等州）、萨毗大军镇（罗布泊）、小勃律大军镇等③。日本山口瑞凤先生解释为"军团"④；王尧先生、陈践先生解释为"行军衙、将军"⑤。马德先生在《KHROM 词义考》一文中指出，Khrom 一词在吐蕃本土机构中没有出现过，它是吐蕃在新占领地区（边境地区）仿照唐制而设置的军政合一的统治机构及委派的统治者，为节度衙/节度使（都督府/都督）⑥，我认为这种解释是可取的。

明确了 Khrom 即节度使/都督，这一含义，有助于我们研究汉文史籍中所提及的吐蕃"五道节度使""东境五道节度使""五道节度大使""南道节度使""四节度""河西北道节度使"等纷繁复杂的节度使及其内在联系。下文将在前贤研究基础之上，对吐蕃在唐蕃战争中所设立的吐蕃诸种类型节度进

① 〔匈〕乌瑞著，荣新江译：《KHROM（军镇）：公元七至九世纪吐蕃帝国的行政单位》，《西北史地》1986 年第 4 期，第 106 ~ 109 页。
② 杨铭：《唐代吐蕃统治鄯善的若干问题》，《新疆历史研究》1986 年第 2 期，第 24 页。
③ 〔匈〕乌瑞著，荣新江译：《KHROM（军镇）：公元七至九世纪吐蕃帝国的行政单位》，《西北史地》1986 年第 4 期，第 106 ~ 111 页。
④ 〔日〕山口瑞鳳：《沙州漢人による吐蕃二軍団の成立とmkhar tsan 軍団の位置》，《東京大學文學部文化交流研究施設研究紀要》，第 4 號，1980 年，第 13 ~ 47 页。
⑤ 王尧、陈践：《吐蕃兵制考略》，《中国史研究》1986 年第 1 期，第 118 ~ 127 页。
⑥ 马德：《KHROM 词义考》，《中国藏学》1992 年第 2 期，第 98 ~ 101 页。

行初步探讨，以期贤者对这一问题深入研究。

吐蕃节度最早记载见于《册府元龟》卷九六一《外臣部》，松赞干布统一诸部之时，域内"每十节度置一上相统之"①。《敦煌本吐蕃历史文书》中《赞普传记》曰："唐之元帅王（孝）杰尚书越境前来，吐蕃元帅论钦陵以战谋驱唐人如驱宰牦牛，双方列阵交战，痛击唐军多人……道尔保等地王子与庶民均已收抚，归为编氓，并建五道节度大使。廓州等北方与南方多小邦亦收归治下，抚为编氓。"②文中所言论钦陵击败王孝杰之事，发生在万岁登封元年，据《旧唐书》卷一九六上《吐蕃上》："万岁登封元年，孝杰复为肃边道大总管，率副总管娄师德与吐蕃将论钦陵、赞婆战于素罗汗山，官军败绩，孝杰坐免官。"从上件文书可知，吐蕃在万岁登封元年（696 年）就开始在新占领区设置五道节度大使③，其范围包括吐蕃域外的［唐］廓州等北方与南方诸小邦，涉及唐、吐谷浑、南诏、温末、羌等周边国家与部族。《敦煌本吐蕃历史文书》中《弃松德赞传记》载："弃松德赞赞普在位，法善政美……王臣合协，尚琛结息等攻破唐之京师，立唐王广武皇帝，广赐沃田，频颁王册……国威远播，东至陇山皆为领地，设五道节度使以治理之。"④吐蕃尚琛结息等攻破唐之京师，立唐王广武皇帝之事，发生于广德元年（763 年）⑤。吐蕃为巩固军事上的胜利，在其域内以东、以北，陇山以西的占领区，设置了五道节度使以实行军政统辖。法国学者戴密微先生认为此"道"为吐蕃帝

---

① ［宋］王钦若等编纂，周勋初等校订：《册府元龟（校订本）》卷九六一《外臣部》，凤凰出版社，2006 年，第 11136 页。

② 王尧、陈践译注：《敦煌本吐蕃历史文书》，民族出版社，1980 年，第 158 页。

③ ［宋］欧阳修等撰：《新唐书》卷二一六《吐蕃传》作"证圣元年"（中华书局，1975 年，第 6079 页）；［后晋］刘昫等撰：《旧唐书》卷一九六《吐蕃传》作"万岁登封元年"（中华书局，1975 年，第 5225 页）；［宋］司马光编著，［元］胡三省注：《资治通鉴》卷二〇五"武周则天皇帝万岁通天元年七月"条作"万岁通天元年"（中华书局，1956 年，第 6503 页），今从《旧唐书·吐蕃上》。

④ 王尧、陈践译注：《敦煌吐蕃历史文书》，第 71 页。

⑤ 《资治通鉴》卷二二三"唐代宗广德元年十月"条，第 7153 页。

国行政和军事辖区的中心之一,即汉籍中之"节度"①。若此,"五道节度使"当为五"道"节度使的总称,每"道"设一节度使,为一军政中心。

吐蕃东境五道节度使名称变化与辖区,据《资治通鉴》卷二三六载:唐德宗贞元十八年(802年)正月,"吐蕃遣其大相兼东鄙五道节度使论莽热将兵十万解维州之围,西川兵据险设伏以待之"②。《旧唐书》卷一六九《吐蕃传》载,贞元十八年十二月,"吐蕃连败,灵、朔之寇引众南下,于是赞普遣莽热以内大相兼东境五道节度兵马使、都统群牧大使率杂虏十万众,来解维州之围"③,可见"东鄙五道节度使""东境五道节度兵马使"实为同一职官,并由内大相兼领,符合吐蕃大相兼领节度使的制度,"东鄙"即"东境",为吐蕃对其占领区的"杂虏""汉人"的鄙称。"东境五道节度兵马使"还包括吐蕃灵、朔南下之寇。另据《新唐书》卷二一六《吐蕃传》载:"时皋围维州,赞普使论莽热没笼乞悉蓖兼松州五道节度兵马都统、群牧大使,引兵十万援维州。"④ 此"论莽热"即吐蕃内大相,没笼乞悉蓖即其人名,此处详细记载了其官位,"松州五道节度兵马都统""群牧大使",松州五道节度即东境五道节度,"群牧大使"说明松州五道节度使下辖多个小节度使。松州为吐蕃东境五道节度的治所,松州五道节度以其治所得名。王涯在元和十五年(820年)上疏曰:"故松州城,是吐蕃旧置节度之所。"⑤ 松州即今四川松潘县,《新唐书》卷四二《地理志》松州交川郡下都督府条云:"武德元年以扶州之嘉诚、会州之交川置。以地产甘松名。"⑥ 松州今位于四川省的西北部、接近甘肃边境。由此推知,吐蕃东境五道节度大使以松州为中心,下辖五

① 〔法〕戴密微著,耿昇译:《吐蕃僧诤记》,甘肃人民出版社,1984年,第358~359页。

② 《资治通鉴》卷二三六"唐太宗贞元十八年正月"条,第7599页。

③ 《册府元龟(校订本)》卷九八七《外臣部·征讨六》略同,第11424页。

④ 《新唐书》卷二一六《吐蕃传》,第6099页。

⑤ 《旧唐书》卷一六九《王涯传》,第4402页;《资治通鉴》卷二四六"唐武宗会昌二年十二月"条略同,第7970页。

⑥ 《新唐书》卷四二《地理志》,第1086页。

"道"节度使，负责吐蕃东境地区对唐、南诏、回纥、勃律的军政事务，每"道"设一节度大使，"道"下又设若干小节度使。

## 二　吐蕃东境五道节度使下的诸"道"建制

吐蕃东境五道节度使下，较早设置的"道"，有吐蕃东道节度使、南道节度使、河西道（河西北道）节度使等。关于吐蕃东鄙（境）五道节度使的详细设置情况，因史籍阙如，难以详考，但其大略设置情况亦可见一斑。

### （一）吐蕃东道节度使

　吐蕃东道节度使最早见于敦煌文书 P. 2555 号《为肃州刺史刘臣璧答南蕃书》，文书中记有"今上赞摩为蕃王重臣，秉东道数节"，并言"今我河西节度使吕公，天假奇才，神资武略……拥族旄四载，一变五凉"①。此吕公即吕崇贲，据《唐方镇年表》卷八河西条载吕崇贲自乾元二年（759 年）至宝应元年（762 年）为河西节度使②，刚好四载，由此可以推知，此件文书撰写于宝应元年，亦知上赞摩至迟到宝应元年已"秉东道数节"，此"上赞摩"即"尚赞摩"，为唐肃宗、代宗年间吐蕃重要将领。《新唐书》卷二一六《吐蕃传》载："尚悉结（尚结悉）自宝应后数入边，以功高请老，而赞磨代之，为东面节度使，专河、陇。"③ 此"东面节度使"应为"东道节度使"，而尚赞磨代尚结悉专河陇之事，应在宝应元年，可补《新唐书·吐蕃传》之误。尚赞摩出自吐蕃没庐氏家族，一门数世显贵，其子尚绮心儿亦为吐蕃都帅、大相。据 P. 2765 号《大蕃尚书令赐大瑟瑟告身尚起律心儿圣光寺功德颂》，尚起律心儿（即尚绮心儿，又作为乞心儿）之曾祖、祖父及其父尚赞磨之官

① 邓小楠：《为肃州刺史刘臣璧答南蕃书（伯二五五五）校释》，北京大学中国中古史研究中心编：《敦煌吐鲁番文献研究论集》，北京大学出版社，1982 年，第 597～598 页。
② 吴廷燮撰：《唐方镇年表》卷八《河西》，中华书局，2003 年，第 1224 页。
③ 《新唐书》卷二一六《吐蕃传》，第 6091 页。

职、告身曰："亡相国先门尚赞磨副尚书令、瑟瑟告身。"此"尚赞磨"，即P. 2555号文书所言"尚赞摩"。尚赞摩还见于其他史籍，曾多次参与对唐作战。代宗广德元年（763年）与尚结悉、马重英等人同入长安；永泰元年（765年）再次进逼京畿地区；大历三年（768年）率军入寇灵州、邠州，受挫于马璘①。从其活动范围来看，尚赞摩主要活动于黄河流域上游、陇右东部地区。

吐蕃东道节度使又下辖若干节度使，其中"吐蕃四节度使"尤为活跃。吐蕃四节度使最早见于大历八年（773年），《资治通鉴》卷二二四唐代宗大历八年十月条，胡三省注引用《汾阳家传》云："十月，吐蕃四节度历泾川，过阆川南，于渭河合军，公遣浑瑊等前后相接以待之。二十四日，大战于长武城，我师败绩。"②杨铭先生认为："大历十一年吐蕃攻占瓜州以前，吐蕃已于河、陇占领区设置'四节度'，攻占瓜沙之后，又于瓜州新置一节度使，为了统一在河、陇的军事行动，吐蕃将瓜州节度使划归东境节度使大使统率，故有前引'东境五节度'之称。"③此说似不妥，吐蕃"东境五道节度使"，早在广德元年就已设置，"东境五道节度使"的设置时限也不是在大历十一年吐蕃攻占瓜州以前，详见上文，此处不再赘述。《旧唐书》卷一二〇《郭子仪传》载：大历九年子仪上封论备吐蕃利害曰："朔方，国之北门，西御犬戎，北虞猃狁，五城相去三千余里。开元、天宝中，战士十万，战马三万，才敌一隅……今吐蕃充斥，势强十倍，兼河、陇之地，杂羌、浑之众，每岁来窥近郊。以朔方减十倍之军，当吐蕃加十倍之骑，欲求制胜，岂易为力！近入内地，称四节度，每将盈万，每贼兼乘数四。"④说明安史之乱后，吐蕃日渐

①　参见《旧唐书》卷一九六《吐蕃传》，第5237～5244页；《新唐书》卷二一六《吐蕃传》，第6091页；《资治通鉴》卷二二三"唐代宗永泰元年九月"条，第7176页；《资治通鉴》卷二二四"唐代宗大历三年八月"条，第7202页；《册府元龟（校订本）》卷四三四《将帅部·献捷》，第4909页。

②　《资治通鉴》卷二二四"唐代宗大历八年十月"条，第7222～7223页。

③　杨铭：《吐蕃时期河陇军政机构设置考》，《中亚学刊》1995年第4辑，第113页。

④　《旧唐书》卷一二〇《郭子仪传》，第3464页。

强盛，兼并了河陇之地及杂羌浑之地，"近入内地"；设置了"四节度"，威胁到了京畿地区。吐蕃"四节度，每将盈万"，即指吐蕃四个节度使，各统万人，这也是符合吐蕃领兵制的。《资治通鉴》卷二二五唐代宗大历十一年（776 年）正月条云："辛亥，西川节度使崔宁奏破吐蕃四节度及突厥、吐谷浑、氐羌、群蛮众二十余万，斩首万余级。"① 可见大历十一年吐蕃四节度又南下侵入西川，前文已说明。吐蕃在河陇之地于广德元年（763 年）设立了"东道节度使"。此"四节度使"当为吐蕃东道节度使下属四节度使。吐蕃四节度南下侵入西川，正说明吐蕃东境五道节度使总领吐蕃五"道"节度使，可统筹调动各道节度使及其下属节度使。

1. 故洪节度使　吐蕃四节度下辖，故洪、河州、青海、鄯州四个节度使。《旧唐书·吐蕃传》云："（大历）十一年正月，剑南节度使崔宁大破吐蕃故洪等四节度兼突厥、吐浑、氐、蛮、羌、党项等二十余万众，斩首万余级。"② 文中明确说明故洪节度为四节度之一。其余三节度因史料阙如，难以找到直接材料证明，但我们可从吐蕃东道节度使曾下辖过的节度使中，做出推论。

2. 河州节度使　在元和三年至八年（808～813 年）间，在河陇吐蕃占领区又出现了"东道节度"。据《册府元龟》卷九八〇《外臣部》载，论结都在元和七年（812 年）致唐朝凤翔节度使李推简的一封信中，自称"吐蕃东道节度论结都"③。大唐四镇北庭行军泾原等州节度使检校工部尚书兼御史大夫丹阳王朱忠亮致书论结都离，尊其为"大蕃东道节度使、论公都监军使"④，其时间为元和三年至八年间⑤。至长庆二年（822 年），刘元鼎使吐蕃回，过河

① 《资治通鉴》卷二二五"唐代宗大历十一年正月"条，第 7237 页。

② 《旧唐书》卷一九六《吐蕃传》，第 5245 页；《册府元龟（校订本）》卷九八七《外臣部》略同，第 11423 页。

③ 《册府元龟（校订本）》卷九八〇《外臣部》，第 11348 页。

④ ［唐］白居易撰，顾学颉点校：《白居易集》卷五七《代忠亮答吐蕃东道节度使论结都离等书》，中华书局，1979 年，第 1120～1221 页。

⑤ 据吴廷燮《唐方镇年表》卷一《泾原》载，朱忠亮在元和三年至八年任泾原等州节度使（第 62 页）。

州，"虏元帅尚榻藏，馆客大夏川，集东方节度诸将百余"①。戴密微据此认为尚榻藏"即蕃相尚绮心儿"，实误②。《旧唐书》卷一九六《吐蕃传》曰："十月，吐蕃节度论三摩及宰相尚塔藏、中书令尚绮心儿共领军约十五万众，围我盐州数重。"③ 表明尚塔藏、尚绮心儿乃二人，非同一人也。尚绮心儿还见于敦煌文书。P. 3395 号《宰相尚腊藏嘘律钵礼佛文》云："建斯福会者，则为东军相令公尚绮心儿。"此"东军相"即指吐蕃东道节度使的兼相。论三摩节度，当为吐蕃东道节度使。刘元鼎所经过河州即甘肃临夏，所滨大夏川乃今大夏河，时为吐蕃东方政治文化中心，吐蕃东面节度就驻驿于此，疑"东面节度"即"东道节度"。据敦煌文书 P. 3770 号《释门杂文》载，"何周（河州）节度尚乞悉加"，敦煌吐蕃文书 P. T. 1081 号记有汉文"河州"字样，推知吐蕃曾在河州设立河州节度使，很可能就是东道节度大使下辖的小节度使。

3. 鄯州节度使　《新唐书》卷二一六《吐蕃传》载："（会昌二年，即842 年）别将尚恐热为落门川讨击使……约三部得万骑，击鄯州节度使尚婢婢，略地至渭州。"④

4. 青海节度使　《资治通鉴》卷二四六唐武宗会昌二年（842 年）十二月条云："是岁，（论恐热）与青海节度使同盟举兵，自称国相。"⑤

从前文论述情况来看，鄯州节度使、青海节度使的设置都在吐蕃东道节度使的辖区，所以有可能为吐蕃东道节度使下属的四节度使之二节度使。

吐蕃东道节度使直到大中三年（849 年），唐收复河陇前夕仍有设置。是年，吐蕃宰相论恐热杀东道节度使，奉表以秦、原、安乐三州，石门、木硖

---

① 《新唐书》卷二一六《吐蕃传》，第 6103 页；《册府元龟（校订本）》卷九八一《外臣部》，第 11364 页，略同。

② 〔法〕戴密微，耿昇译：《吐蕃僧诤记》，第 361 页。

③ 《旧唐书》卷一九六《吐蕃传》，第 5262 页。

④ 《新唐书》卷二一六《吐蕃传》，第 6105 页。

⑤ 《资治通鉴》卷二四六"唐武宗会昌二年十二月"条，第 7970 页。

等七关降唐。胡三省认为此事不确①。但据《资治通鉴》卷二四八大中三年二月条云："吐蕃论恐热军于河州，尚婢婢军于河源军。"② 可知是年论恐热的确占据了河州，即东道节度使，杀前东道节度使亦很有可能。

敦煌文书中也保留了一些相关吐蕃东道节度使的情况。如 S. 2146 号《行军转经文》云："然今此会转经意者，则我东军国相论掣脯，敬为西征将士保愿功德之修建也。伏惟相公天降英灵，地资秀气、岳山作镇，谋略坐筹。每见北虎兴师，频犯北境……我国相公慢然忿起，怒发冲冠。遂择良才，主兵西讨。"文中所言"我东军国相论掣脯"即指吐蕃东道节度使都元帅尚绮心儿③。"西讨北虏"之事，即长庆二年（822 年）刘元鼎出使吐蕃回朝，路经河州时，吐蕃东道节度使都元帅尚绮心儿云其于丙申年（元和八年，即 816 年）逾碛讨逐回纥之事④。又 P. 2613 号《转经文》曰："行军将相即体，愿使诸佛护念，使无伤损之忧。"文中的东军将相、国相、行军将军，郑炳林认为其为河州节度使⑤，由于吐蕃东道节度使治所就在河州，此东军将相、国相、行军将军应指东道节度使，因此，河州节度使又称东道节度使，统领河陇地区的军政事务。由于东道节度使在吐蕃东境五道节度使中的地位尤为显要，一般河州东道节度使和东境五道节度使都由宰相兼任。这种宰相兼诸节度使，自松赞干布时期就开始了，"每十节度，署一上相统之"的先例。如论

① 《资治通鉴》卷二四八"唐宣宗大中三年二月"条，第 8038 页；《新唐书》卷二一六《吐蕃传》略同，第 6106 页。

② 《资治通鉴》卷二四八"唐宣宗大中三年二月"条，第 8037 页。

③ 邵文实：《尚乞心儿事迹考》，《敦煌学辑刊》1993 年第 2 期，第 16～23 页；《新唐书》卷二一六《吐蕃传》云：吐蕃"内大相曰：曩论掣逋，亦曰论莽热。"（第 6071 页）文书中"我东军国相论掣脯"，当吐蕃文为意译与音译，文书中"论掣脯"当指尚绮心儿。

④ 《旧唐书》卷一九六《吐蕃传》载：长庆二年（822 年）六月，"初，元鼎往来蕃中，并路经河州，见其都元帅、尚书令绮心儿云：'回纥，小国也。我以丙申年逾碛付逐，去其城郭二日程，计到即破灭矣，会我闻本国有丧而还。'"（第 5265 页）

⑤ 王继光、郑炳林：《敦煌汉文吐蕃史料综述——兼论吐蕃控制河西时期的职官与统治政策》，《中国藏学》1994 年第 3 期，第 44～54 页。

莽热曾以"内大相兼东境五道节度兵马使、都统群牧大使"。

## （二）吐蕃南道节度使

《新唐书》卷二一六《吐蕃下》载：贞元九年（793 年），韦皋"破堡壁五十余所，败其南道元帅论莽热没笼乞悉蓖"①。由此可见贞元九年前后，吐蕃已在西川设置南道节度使，负责吐蕃与西川地区的战事。此南道节度使很可能就是前文所说的"东境五道节度使"下属五"道"节度使之一。此事《旧唐书》卷一九六《吐蕃传》记述颇详，贞元九年二月，"西川韦皋献获吐蕃首虏、器械、旗帜、牛马于阙下。初，将城盐州，上命皋出师以分吐蕃之兵，皋遣大将董勔、张芬出西山及南道，破峨和城、通鹤军。吐蕃南道元帅论莽热率众来援，又破之，杀伤数千人，焚定廉故城。凡平栅堡五十余所"②，此次吐蕃南道节度在西川地区的惨败，又招致了吐蕃于贞元十年在南诏的大败，说明吐蕃南道节度使可能也负责对南诏的战事。

吐蕃南道节度使还下辖若干小节度使。据《旧唐书》卷一九六《吐蕃下》载：贞元五年（789 年）剑南节度使韦皋派兵在故嶲州台登北谷，大破"吐蕃青海、猎城二节度"③。《册府元龟》卷九八七《外臣部·征讨六》将"猎城"记作"腊城"④；同书卷九七三《外臣部·助国讨伐》将"青海"记作"青城"⑤；《元和郡县图志》卷三七剑南道上："蜀州管四县：晋原、青城、新津、唐兴。"综上引文，因战事在剑南，当以青城、腊城为确。从此二节度使活动的区域来看，青城、腊城节度使属吐蕃南道节度使统领。至贞元十六年西川地区又出现了吐蕃九节度，《资治通鉴》卷二三五唐德宗贞元十六年十月条载："吐蕃数为韦皋所败，是岁，其囊贡、腊城等九节度婴、笼官马

① 《新唐书》卷二一六《吐蕃传》，第 6098 页。

② 《旧唐书》卷一九六《吐蕃传》，第 5258 页；《旧唐书》卷一四〇《韦皋传》略同，第 3823 页。

③ 《旧唐书》卷一九六《吐蕃传》，第 5256 页。

④ 《册府元龟（校订本）》卷九八七《外臣部·征讨六》，第 11423 页。

⑤ 《册府元龟（校订本）》卷九七三《外臣部·助国讨伐》，第 11267 页。

定德帅其部落来降。"① 由此可知，吐蕃在其东南地区（西川），设置的南道节度使下辖曩贡、腊城、青城等九个节度使，以负责对唐、南诏的军政事务。

## （三）吐蕃河西道节度使

据白居易《代王伾答吐蕃北道节度使论赞勃藏书》云："大唐朔方灵盐丰等州节度使检校户部尚书宁塞郡王王伾，致书大蕃河西北道节度使论公麾下远辱来书……况麾下以公忠之节。雄勇之才，翊佐大邦，经略北道。"② 可知论赞勃藏在元和五年至八年（810~813年）间曾担任河西北道节度使③，实际只"经略北道"，其管辖范围当在与大唐朔方灵盐丰等州的邻近地带。文中所言"河西北道节度使"，透露了一条重要信息即"河西道节度使"下设"北道节度使"。据敦煌本吐蕃文书 P. T. 1129 号《库公珠致僧录禀帖》："三界之救主导师，世间明灯，神人之希望，河西道僧录司赉驾下。"禀帖的落款为"肃州库公珠请求于沙州赵僧录司赉驾前"④。此件文书为蕃占时期文书，文中"河西道"即指吐蕃河西道节度；文中"肃州人库公珠请求于沙州赵僧录司赉驾前"，正说明肃州僧侣事务亦由沙州都僧统司管理，表明吐蕃河西道节度使下辖沙州、肃州等河西地区，也是吐蕃瓜州节度使的辖区。这正好说明吐蕃河西道节度使下辖瓜州节度使，并包括在灵朔地区设置的北道节度。吐蕃河西道节度使很可能是吐蕃在贞元二年（786年）完全占领河西后设置的，并统领包括吐蕃凉州节度使、吐蕃瓜州节度使在内的河西军政事务⑤。

### 1. 吐蕃凉州节度使

敦煌吐蕃文文书 P. T. 1089 号《吐蕃官吏呈请状》中记述了不少有关吐蕃凉

---

① 《资治通鉴》卷二三五"唐德宗贞元十六年十月"条，第 7593 页。
② 《白居易集》卷五六《代王伾〈答吐蕃北道节度使论赞勃藏书〉》，第 1186 页。
③ 《唐方镇年表》卷一《朔方》亦载：王伾在元和五年至八年为朔方灵盐等州节度使。（第 144 页）
④ 王尧、陈践：《敦煌吐蕃文书论文集》，四川民族出版社，1988 年，第 198 页。
⑤ 吐蕃完全占领河西是在敦煌陷蕃之后，敦煌陷蕃之年共有六说，详见拙文《敦煌陷蕃年代研究综述》，《丝绸之路》1997 年第 1 期，第 46~47 页。

州节度使的情况①。乌瑞先生根据 P. T. 1089 号指出文书中的吐蕃文 Mkhar –
tsan – Khrom – chen po（或作 Mkhar – tsan – khrom、Khar – tsan – khrom、
Khrom mkhar – tsan – pa），就是"凉州军镇"，即"凉州节度使"②。这个凉州
节度使除下辖汉人部落外，还有吐蕃、孙波、通颊、吐谷浑几个千户（军事
部落）以及南山部落。这件文书记述了吐蕃统治河西时期，在该区域内设置
的瓜州节度使、凉州节度使在 9 世纪 20 年代的一些情况③。

### 2. 吐蕃瓜州节度使

瓜州节度使是吐蕃占领瓜州、沙州以后设立的，隶属于吐蕃河西道节度
使，为吐蕃节度使中保留史料记载最详者。从敦煌汉文文书记载瓜州节度使
的相关情况来看，瓜州节度使的名称在吐蕃进攻、占领、统治时期，前后有
所不同。P. 3626 号《杜和尚写真赞》记作"大蕃瓜沙境大行军衙"，从"行
军"二字看，此为征战而设遣使之军事机构，当为模仿唐代的行军总管制度
而设置的，该名称当属 8 世纪后期吐蕃进攻敦煌时期的名称。P. 2991 号 V 记
有"瓜沙境大行军都节度衙"，则为 8 世纪末期吐蕃占领敦煌后的称号。9 世
纪初，P. 2449 号 V 记有"大蕃瓜州节度"之称号，并云"瓜州新节度使论悉
冽乞里悉去罗"，知论悉冽乞里悉去罗，曾为瓜州节度使。此人即 S. 3287 号
《吐蕃子年（808 年）沙州百姓氾履倩等户籍手实残卷》所言之"论悉冽"④。
此人还见于 P. 3172 号《尼患文》，云"上论悉乞，佩剑驰名……北摧突骑"，
此事与尚乞心儿北击回纥当系一事，推知上论悉冽乞里悉去罗还跟随尚乞心
儿北摧回纥。蕃占时期的瓜州节度使年代不明的记载有：P. 3770 号 V2"瓜州

---

① 杨铭：《关于敦煌藏文文书〈吐蕃官吏呈请状〉的研究》，王宗维、周伟洲：《马长寿
 纪念文集》，西北大学出版社，1993 年，第 363 ~ 386 页。

② 〔匈〕乌瑞著，荣新江译：《KHROM（军镇）：公元七至九世纪吐蕃帝国的行政单
 位》，《西北史地》1986 年第 4 期，第 110 ~ 111 页。

③ 李正宇：《〈吐蕃子年（公元 808 年）沙州百姓氾履倩等户籍手实残卷〉研究》，
 《1983 年全国敦煌学术讨论会文集（文史·遗书编上）》，甘肃人民出版社，1987 年，
 第 176 ~ 218 页。

④ 李正宇：《〈吐蕃子年（公元 808 年）沙州百姓氾履倩等户籍手实残卷〉研究》，
 《1983 年全国敦煌学术讨论会文集（文史·遗书编上）》，第 176 ~ 218 页。

大节度使"、S. 542 号 V8 "瓜州殇节度"、P. 4638 号 V 和 P. 4640 号 V "大蕃瓜州节度。"

## （四）吐蕃西域某道节度使

吐蕃在西域也很可能设置过某道节度使，其名不详，但吐蕃曾在该区设置过萨毗节度使、勃律节度使①。

### 1. 萨毗节度使

乌瑞先生认为，吐蕃在整个罗布泊地区设置过一个节度使（军镇）即 "萨毗" 节度使，其吐蕃文为 Tshal – byi – khrom②。杨铭先生亦认为吐蕃在萨毗设节度使总领鄯善方面的军政事务。

### 2. 勃律节度使

关于勃律节度使，敦煌文书中 Дx. 1462 号 + P. 3829 号《大蕃古沙州行人部落兼防御兵马使及行营留后监军使论董勃藏重修伽蓝功德记》载："名悉囊西，征勃律国行军大节度使，授□□□□□牦牛皮之裘，先锋猛将。"③ 吐蕃征伐勃律国是发生在开元十年（722 年）的事，《册府元龟》卷三五八《将帅部》载："开元十年九月，吐蕃围小勃律……以地邻吐蕃，当为所困。吐蕃每谓之曰：'我非谋尔国，假尔道以攻四镇。'"④ 吐蕃攻大、小勃律之统帅，史失其名，幸赖此文书得知其为悉囊西，亦知吐蕃曾专设 "征勃律国行军大节度使"，后来很可能就成为乌瑞所言 "Bru – shai yul – gyi khrom"，即勃律国之军镇（节度使）⑤。

---

① 杨铭：《唐代吐蕃统治鄯善的若干问题》，《新疆历史研究》1986 年第 2 期，第 20～30 页。

② 〔匈〕乌瑞著，荣新江译：《KHROM（军镇）：公元七至九世纪吐蕃帝国的行政单位》，《西北史地》1986 年第 4 期，第 110～111 页。

③ 李正宇：《吐蕃论董勃藏修伽蓝功德记两残卷的发现、缀合及考证》，《敦煌吐鲁番研究》第 2 卷，1997 年，第 250 页。

④ 《册府元龟（校订本）》卷三五八《将帅部·立功十一》，第 4038 页。

⑤ 〔匈〕乌瑞著，荣新江译：《KHROM（军镇）：公元七至九世纪吐蕃帝国的行政单位》，《西北史地》1986 年第 4 期，第 111 页。

此外，吐蕃还设过"中节度"，据敦煌文书 Дx. 1462 号 + P. 3829 号文书云，论董勃藏"高皇祖论乞利髯农恭，前任中节度函馆使"。可见吐蕃曾设置过"中节度"。李正宇先生认为董勃藏的祖父曾在元和十四年（819 年），为"征朔方兵马使"其高皇祖为中节度函馆使应在大历前后①。

## 结论

综上所述，吐蕃王朝自广德元年（763 年）在其域内以东、以北、以南、以西，陇山以西的广大边境地域，就开始设置五道节度使，即吐蕃东境五道节度使，下辖五"道"节度使，而且诸"道"节度使，都由吐蕃大相兼领，南道节度使、东道节度使、河西道节度使（另有两道不明）分领吐蕃诸小节度使（青海节度使、鄯州节度使、河州节度使、青城节度使、瓜州节度使、凉州节度使等），建立了一套战斗力极强的军政机构，在对唐、回纥、勃律、南诏等周边国家与部族的战争中发挥了重要作用，并对其新占领区实行了有效的统治。在这种建制下的吐蕃诸小节度使，其地位相当于唐中后期的节度使，权贵位显，在一定情况下也形成类似唐代的"藩镇势力"，与中央相对抗，或互相之间进行战争，促进了吐蕃王朝的衰亡。虽然吐蕃王朝在不同时期内和不同情况下所设立的节度使类型和节度使大小、权限和范围都有所不同，但是无论其大小，也无论是何种类型，这套节度使制度在整个唐蕃战争中都发挥了重要作用，为吐蕃赢得胜多败少的优势起了积极作用。

——《厦门大学学报（哲学社会科学版）》2001 年第 1 期

---

① 李正宇：《吐蕃论董勃藏修伽蓝功德记两残卷的发现、缀合及考证》，《敦煌吐鲁番研究》第 2 卷，北京大学出版社，1996 年，第 255 页。

社 会 篇

# 第一章
# 从敦煌文书看晚唐五代
# 敦煌地区布纺织业

敦煌文书中有大量关于布的记述，这为我们探讨晚唐五代敦煌地区的布纺织业、这一时期经济发展状况提供了丰富的资料。

## 一 晚唐五代敦煌地区的麻纺织业

中国是丝绸之乡，谈及纺织业，人们首先想到的是丝织业，但是晚唐五代敦煌地区丝织业很薄弱，敦煌文书有零星的反映。如大谷 2836 号《长安三年（703 年）三月敦煌县录事董文彻牒》载："其桑麻累年劝种，百姓并足其供。"[①] P. 4638 号《大番故敦煌郡莫高窟阴处士公修功德记》载："畎平河之溉济、蚕赋马鸣……桑条小屈。"[②] P. 3720 号《张淮深造窟功德碑》载："居尊不弃于蚕桑" 等[③]。显然，敦煌文献中记载的敦煌存在桑蚕养殖，说明敦煌地区在唐代也存在丝纺织业。但唐代敦煌纺织业水平与内地毕竟无法相比，敦煌的丝织品主要来自内地，由政府供给河西诸军的军需费用为丝织品，或通过丝绸之路商贩从内地贩运至此[④]。由于丝织品多来自内地，运费甚巨，加

---

① 刘惠琴：《从敦煌文书中看沙州纺织业》，《敦煌学辑刊》1995 年第 2 期，第 50 页。

② 郑炳林：《敦煌碑铭赞辑释》，甘肃教育出版社，1992 年，第 239 页。

③ 郑炳林：《敦煌碑铭赞辑释》，第 268 页。

④ 刘惠琴：《从敦煌文书中看沙州纺织业》，《敦煌学辑刊》1995 年第 2 期，第 50 页。

之沿途损耗，因此价格甚高，普通百姓难以消费使用。

关于唐五代敦煌地区布品的生产及其使用情况，学界关注不多，很值得探讨。麻布的原料来源于麻，是麻秆加工后剥下来的纤维，再纺织成布。唐代敦煌种植大麻，敦煌文书称为黄麻、油麻，并大量记述了有关黄麻生产及加工的情况。如ДХ.1393号、1465号《郭令琮等土地佃种者簿》载：

> 安高下床叁亩……又油麻柒亩……康顺下肆亩半，又油麻伍亩……又油麻壹拾叁亩……遐子下油麻壹亩半

郭令琮等佃种土地种麻，表明当时敦煌地区已大量种油麻①，为该地区重要的农业作物。S.613号《西魏大统十三年（547年）瓜州效谷郡（？）计帐》有"计布一匹，计麻二斤""一段十亩麻"等，表明西魏瓜州交纳的赋税是布、麻，麻的种植也应当极为普遍②。P.3560号Ⅴ《沙州敦煌县行用水细则》记载：

> 宜秋一河，百姓麦粟等麻（麻等）地，前水浇溉，其床粟麻等地，还与伤苗同浇，循环至平河口已下，即名浇伤苗遍……浇床粟麻等苗，还从东河为始，当［行水］之时，持须捉溺，今遣床粟周匝，不得任情……每年更重报浇麻菜水……随渠取便，以浇麻菜，不弃水利，当行水，将为四遍③。

此卷文书详细记述了浇麻的时间、遍数及更报手续，说明当地政府对浇麻十分重视，可见植麻在农业生产中之重要地位。P.2005号《沙州都督府图经残卷》载册里泽云：

---

① 唐耕耦、陆宏基编：《敦煌社会经济文献真迹释录》第二辑，全国图书馆文献缩微复制中心，1990年，第458页。

② 唐耕耦、陆宏基编：《敦煌社会经济文献真迹释录》第一辑，书目文献出版社，1986年，第112～113页。

③ 唐耕耦、陆宏基编：《敦煌社会经济文献真迹释录》第一辑，第397～398页。

中有池水周回二百步，堪沤麻①。

此反映了麻在纺线织布前的加工"沤麻"，去污软韧。P. 2040 号 V《后晋时期净土寺诸色入破历算会稿》中《粟破》载：

> 粟柒斗壹升，供……罗筋匠、染布匠等用。
> 粟壹斗，喜郎染布手工用②。

反映了当时织布业中已有染布分工情况。

晚唐五代时期，敦煌植麻已相当普遍，还反映在用黄麻纳赋税，如 S. 2214 号《年代不明纳支黄麻地子历》载：

> 十月十八日黄麻叁斗，二十二日黄麻两驮，二十三日已前零河黄麻壹驮半，二十四日黄麻壹驮，二十六日纳黄麻壹驮，二十七日黄麻壹驮，二十八日纳黄麻壹驮，二十九日黄麻半驮，闰十月三日黄麻壹驮，九日黄麻两驮，十一日黄麻肆驮。官计十一驮半，二十四日黄麻贰斗，十一月十六日外支黄麻壹驮分付长史③。

从此卷文书中我们不难看出用黄麻纳赋税是税收的一项内容。Дx. 1453 号《丙寅年八月二十四日关仓见纳地子历》云：

> 丙寅年八月二十四日关仓见纳地子。史堆子纳麦一石九斗四升、麻二斗□升半（押）。姚清子纳麦两石八斗八升，麻三斗六升（押）④。

此件说明纳麻是交纳"地子"的一项内容。"地子"是地税的一种，也

---

① 唐耕耦、陆宏基编：《敦煌社会经济文献真迹释录》第一辑，第 5 页。
② 唐耕耦、陆宏基编：《敦煌社会经济文献真迹释录》第三辑，全国图书馆文献缩微复制中心，1990 年，第 416～417 页。
③ 唐耕耦、陆宏基编：《敦煌社会经济文献真迹释录》第二辑，第 422 页。
④ 唐耕耦、陆宏基编：《敦煌社会经济文献真迹释录》第二辑，第 423 页。

是归义军政权税收的一项①。以麻纳税，说明敦煌植麻已相当普遍，植麻业已在农业生产中占有重要地位。

唐代敦煌大量植麻，还反映在油梁业上。吐蕃占领时期，敦煌寺院就有"油梁"，即榨油坊，到归义军时期出现了大量的"梁户"②。以油的消费为例，这一时期僧侣队伍庞大，寺院长明灯油、照明灯油、食用油、用油作为支付的消费有增无减，反映了油梁业的发达。据 P. 3234 号 V 癸卯年（943年）净土寺的《油破》载，支出用油即达 2.64 硕③。油梁业的原料为麻籽，敦煌文书中所记的"麻""黄麻""麻子"都指麻籽。敦煌文书一些籍帐类文书就记载了晚唐五代时期敦煌地区用麻榨油的情况。如 P. 2032 号 V 载："麻两石一斗，付梁户押油用"，得"油叁斗"，其出油率为 14.2%。又 P. 3231号《平康乡官斋籍》载："押油头杜盈润、曹富安、张祐全……请麻陆硕八斗八升，变油八斗六升。"④ 其出油率为 12.4%。唐代敦煌油梁业从侧面反映了敦煌地区植麻业的情况。

唐五代时期植麻已成为敦煌农业生产的一项内容。如 P. 2032 号 V《后晋时代净土寺诸色入破历算会稿》中"黄麻入"载"黄麻壹斗，索延启利润入。黄麻肆斗，陈黑子利润入。黄麻贰斗，刘欺洎利润入"⑤，共计 38 笔"十一石八斗五升"。此外又如 S. 8443A – H 号、S. 6452 号（6）、S. 5064 号、P. 3112 号、P. 3234 号、P. 2040 号等，亦有黄麻、麻的记载。

其他史籍也有唐代敦煌地区广泛种麻的记载。《新唐书》卷四〇《地理志》"陇右道"说"厥赋：布、麻"⑥。陇右道就包括敦煌地区。《唐六典》卷三《尚书户部》载："凡天下十道，任土所出而为贡赋之差。"其中，"凉、

---

① 刘进宝：《从敦煌文书谈晚唐五代的"地子"》，《历史研究》1996 年第 3 期，第 173 页。

② 姜伯勤：《唐五代敦煌寺户制度》，中华书局，1987 年，第 246~247 页。

③ 姜伯勤：《唐五代敦煌寺户制度》，第 247 页。

④ 黄永武主编：《敦煌宝藏》第一二七册，新文丰出版公司，1981 年，第 44 页。

⑤ 唐耕耦、陆宏基编：《敦煌社会经济文献真迹释录》第三辑，第 485 页。

⑥ ［宋］欧阳修等撰：《新唐书》卷四〇《地理四》，第 1039 页。

甘、肃、瓜、沙、伊西、北庭、安西，已上河西……厥赋：布、麻"①。

植麻业为布纺织业提供了大量的原料——麻。麻产于当地，产量较大。中国古代传统是男耕女织的家庭生产模式，普通百姓在家就可以用麻纺线织布。当然麻布的价格不会太高，老百姓理应消费得起，麻布应当是民间衣着用度的主要布料。

敦煌文书把麻布称为布，品种繁多，较常见的有"星布"（P.3272号）、"布"（P.3234号）、"八综布"（P.3724号）、"七综布"（北图372：8962号V）、"土布"（S.1398号）、"细布"（S.6233号）、"生布"（P.5003号）、"熟布"（P.3234号V）、"杂布"（P.3034号）、"十综孝布"（P.2567号）等。

敦煌文书又有很多用麻布作衣着布料的记载。如P.4640号《己未年—辛酉年（899~901年）归义军衙内破用纸布历》载：

> （前缺）日，衙官石文信传处分，楼上纳细布陆匹。又衙官令狐回君传处分，楼上纳粗布两匹。（中略）已前诸处计用得粗布柒佰肆匹壹尺，细布壹佰柒拾玖匹叁尺，粗细都计用得捌佰捌拾叁匹肆尺。又诸杂破免文状计布壹拾伍匹贰丈。余残合见管库内数目，具有别状②。

据卢向前研究，此件文书为"归义军军资库己未、庚申、辛酉（889、900、901年）等年布纸破用历"③。文书对每条布破的作用均作了记录，其用途甚广，而且数额较大，粗细都计达883匹4尺。如此类似记载还见于敦煌文书的布破、破历、交割历、租佃历、入历等中。

从以上史料分析，知晚唐五代敦煌地区的植麻业和麻纺织业生产已相当

① ［唐］李林甫等撰，陈仲夫点校：《唐六典》卷三《尚书户部》，中华书局，1992年，第64~67页。
② 唐耕耦、陆宏基编：《敦煌社会经济文献真迹释录》第三辑，第253页。
③ 卢向前：《关于归义军时期一份布纸破用历的研究——试释伯四六四〇背面文书》，北京大学中国古代史研究中心编：《敦煌吐鲁番文献研究论集》第三辑，北京大学出版社，1986年，第429页。

普遍，麻已成为当地主要的农作物，麻和麻布已成为重要的税收项目之一，麻布已成为当时人们的主要衣料。

## 二　晚唐五代敦煌地区的棉纺织业

关于棉花传入中国的时间，学术界看法不一，但吐鲁番、于田考古中发现的棉布实物，为这一研究提供了有力证据。如 1959 年新疆于田屋于来克古城遗址出土的北朝蓝色蜡缬棉织品，证明在南北朝时期新疆地区已开始种植棉花，已有棉纺业①。《梁书》卷五四《高昌传》载高昌："多草木，草实如茧，茧中丝如细纩，名为白叠子，国人多取织以为布，布甚软白，交市用焉。"②《新唐书》卷四〇《地理志》云西州土贡氎布，即棉布③。1959 年在新疆巴楚脱库孜萨来遗址出土唐代织花棉织品④。以上史料说明，至少到唐代吐鲁番地区已种植棉花了。沙比提在《从考古发掘资料看新疆古代的棉花种植和纺织》指出这种用来织细氎的草木是草棉，又叫小棉，棉铃小，产量低，但生长期短，早熟，适于新疆、河西地区种植。今天新疆、河西地区仍为我国重要产棉区之一⑤。王仲荦先生在《唐代西州的緤布》中指出緤即氎，也是棉布⑥。吐鲁番文书中也记载了棉花的种植情况，如大谷 8078 号《西州泹林界播种田簿》载：种"青麦叁亩、緤肆亩、小麦伍亩"⑦，表明当时新疆植棉已是一项重要的农事⑧。吐鲁番与敦煌气候相似，敦煌交通便利，很可能种

---

① 新疆维吾尔自治区博物馆出土文物展览工作组编：《丝绸之路：汉唐织物》，文物出版社，1972 年。

② ［唐］姚思廉撰：《梁书》卷五四《高昌传》，中华书局，1973 年，第 811 页。

③ 《新唐书》卷四〇《地理四》，第 1046 页。

④ 新疆维吾尔自治区博物馆出土文物展览工作组编：《丝绸之路：汉唐织物》。

⑤ 沙比提：《从考古发掘资料看新疆古代的棉花种植和纺织》，《文物》1973 年第 10 期，第 48～51 页。

⑥ 王仲荦：《唐代西州的緤布》，《文物》1976 年第 1 期，第 86 页。

⑦ 〔日〕小田义久编：《大谷文书集成》第三卷，法藏馆，2002 年，第 229 页。

⑧ 姜伯勤：《唐五代敦煌寺户制度》，第 210 页。

植棉花。P. 2049 号 V《后唐长兴二年（931 年）正月沙州净土寺直岁愿达手下诸色入破历算会牒》载："粟贰斗，洗褋博士用。"① 姜伯勤先生认为洗褋可能与染整有关②。P. 2706 号《年代不明某寺常住什物交割点检历》载"褋线叁索子"，唐耕耦先生认为此卷文书可能为吐蕃占领时期的卷子，褋线以"索子"计，说明当时很可能已有棉纺织业③，但仍不能据此断言唐后期棉花已在敦煌大面积种植。

敦煌的棉织品可能多来自西州，这是由于西州盛产棉花，敦煌与西州交通较为便利，经济往来频繁。如 P. 3156 号（4）《庚寅年（930 年或 990 年）十月一日已后破褋数》载：

> 庚寅年十月一日已后住儿西州到来□粗褋数：官家土物安西褋一匹、粗褋一匹。瓜州家砚价粗官家骆驼价粗褋一匹。东河北头（剥）价与孔目细褋一匹、粗褋一匹。帖绫价细褋三匹、粗褋六匹。肃州去细褋六匹、粗褋十一匹。子弟粗褋一匹。音声粗褋一匹。高家粗褋一匹。宋郎粗褋一匹④。

此卷文书明确指出住儿从西州所带褋数，并且品种繁多。S. 4504 号《乙未年（875 年或 935 年）就弘子等贷生绢契》载：

> 乙未年三月七日立契，押衙就弘子于西州充使，欠少绢帛，遂于押衙阎全子面上贷生绢壹匹……其绢彼至西州回来之日，还绢利头立机细褋壹匹。官布壹匹，其绢限壹个月还⑤。

可见所还绢利头立机细褋一匹、官布一匹将由就弘子从西州带来。类似

---

①　唐耕耦、陆宏基编：《敦煌社会经济文献真迹释录》第三辑，第 379 页。

②　姜伯勤：《唐五代敦煌寺户制度》，第 283 页。

③　唐耕耦、陆宏基编：《敦煌社会经济文献真迹释录》第三辑，第 7 页。

④　唐耕耦、陆宏基编：《敦煌社会经济文献真迹释录》第三辑，第 288 页。

⑤　唐耕耦、陆宏基编：《敦煌社会经济文献真迹释录》第二辑，第 110 页。

情况还见于 P.3453 号《辛丑年（941 年）十月二十五日贾彦昌贷生绢契》载：

> 自贷后，西州回日，还利头好立机两匹，各长贰丈伍尺①。

P.3051 号《丙辰年（956 年）僧法宝贷绢契》载：

> 僧法宝往于西州充使……其绢梨（利）头，立机壹匹，到日填还②。

以上两件文书均载有西州回日还，并付利头立机缣若干匹，可见立机缣是从西州带来，并为缣中上品。以上材料说明晚唐五代敦煌与西州经济交流时，往往输出丝绢，输入棉布。由于敦煌自古是丝绸之路上的中枢之地，内地丝织品的输出和西州棉布的输入都必须经过敦煌。

晚唐五代时期，正因为大量西州棉布输入敦煌，棉布已成为敦煌百姓的常见衣料，并且品种多样。如 P.3260 号 "细氎"，P.3156 号（4）"安西缣" "粗缣"，P.3256 号 "立机缣"，P.2032 号 "粗缣"，S.4504 号 "立机细缣"，P.3432 号 "未禄缣"，P.2706 号 "白地缣"，P.2613 号 "紫缣"，P.3161 号 "绯缣"，P.2040 号 "官布" 等。关于安西缣在敦煌文书中记载还很多，如 P.3156 号、P.2992 号、S.6417 号、P.3034 号等，由此可推断安西缣是西州产的一种名优产品。另外，立机缣就是用立机织成的棉布，是一种品质较好的棉布。

值得注意的是敦煌文书中有许多官布的记载。据考，官布是晚唐五代宋初敦煌和吐鲁番地区常见的一种棉布③。文书中多次将官布归入 "缣入" "缣破" 下。如 P.3763 号 V《年代不明（10 世纪中期）净土寺诸色入破历算会稿》中 "缣入" 载："官布四匹，亦施主木替入。官布一匹、立机缣一匹，

---

① 唐耕耦、陆宏基编：《敦煌社会经济文献真迹释录》第二辑，第 120 页。

② 唐耕耦、陆宏基编：《敦煌社会经济文献真迹释录》第二辑，第 125 页。

③ 详见郑炳林、杨富学：《敦煌西域出土回鹘文文献所载 qunbu 与汉文文献所见官布研究》，《敦煌学辑刊》1997 年第 2 期，第 25 页。

阴押衙念诵入。"① P. 2040 号 V《后晋时期净土寺诸色入破历算会稿》西仓"缥破"下载"官布壹匹""官布拾伍匹""官布一匹""官布六匹"。P. 2032 号 V《后晋时代净土寺诸色入破历算会稿》西仓"缥破"下载"官布陆匹""官布一匹""官布壹匹"等。可见官布是缥，即棉布。

官布既然是棉布，那么如何看待敦煌文书中有关以官布交纳地税的记载？P. 3214 号 V《唐天复七年（907 年）高加盈出租土地充折欠债契》载高加盈：

> 今将宋渠下界地伍亩，与僧愿济贰年佃种，充为物价。其地内所著官布、地子、柴、草等，仰地主祇当，不忏种地人之事②。

P. 3324 号 V《唐天复四年（904 年）衙前押衙兵马使子弟随身等状》亦载：

> 如若一身，余却官布、地子、烽子、官柴草等大例，余者知杂役次，并总矜免。

以上两件文书表明归义军时期，敦煌地税包括官布、地子、柴草、烽子等，其中官布为最主要内容③。自吐蕃占领敦煌以后，唐王朝的货币被废除，主要实行物物交换，地税的征收形态是以实物地租为主。归义军时期敦煌经济活动也是以物物交换来实现的，地税仍是实物地租。政府征收赋税也是按当地物产征收的④。《唐六典》卷三《尚书户部》户部郎中员外郎条载："凡赋役之制有四：一曰租，二曰调，三曰役，四曰杂徭。课户每丁租粟二石；其调随乡土所产，绫绢絁各二丈，布加五分之一。"⑤《旧唐书》卷四八《食货志》载："调则随乡土所产，绫绢絁各二丈，布加五分之一。"⑥ 敦煌文书

① 唐耕耦、陆宏基编：《敦煌社会经济文献真迹释录》第三辑，第 513 页。

② 唐耕耦、陆宏基编：《敦煌社会经济文献真迹释录》第二辑，第 27 页。

③ 刘进宝：《从敦煌文书谈晚唐五代的"地子"》，《历史研究》1996 年第 3 期，第 172 页。

④ 刘进宝：《从敦煌文书谈晚唐五代的"地子"》，《历史研究》1996 年第 3 期，第 173 页。

⑤ 《唐六典》卷三《尚书户部》，第 76 页。

⑥ ［后晋］刘昫等撰：《旧唐书》卷四八《食货志上》，中华书局，1975 年，第 2088 页。

载归义军政权所征收的官布，应是棉布，而关于敦煌在这一时期植棉的情况却记载甚少，用官布交纳地税与敦煌尚未普遍种植棉花又相矛盾。

那么，地税中的官布是否交纳棉布，还须进一步讨论。P. 3236 号《壬申年（972 年或 912 年）三月十九日敦煌乡官布籍》载：

> 壬申年三月十九日敦煌乡官布籍。布头阴善友柒拾捌亩，阴保升叁拾陆亩半，阴保住壹拾玖亩，张富通贰拾柒亩，安憨儿贰拾亩，安友住叁拾捌亩半，桥贤通拾柒亩，张欺中壹拾伍亩。计，地贰项伍拾亩，共布壹匹①。

从此卷题目来看交纳的名目是官布，但具体交纳的是布，由于敦煌盛产麻，所以此卷文书所记交纳的布应该是麻布。此件文书之所以被称为“官布籍”，因为指交纳官布这一税目，可能与向归义军交纳的布税有关，因此取意“官布”。据刘进宝研究，P. 4525 号（8）与 P. 3236 号卷子在笔迹、内容、形式都很相似，并判定两件文书为同一件文书，属于曹元忠时代的卷子，即壬申年，为 972 年②。从 P. 3236 号所记征收布的标准来看，每 250 亩地纳布一匹，文载共 79 位纳布人（包括布头），分布在 19 个布头下，按每个布头名下纳布一匹，这样本件文书中共交纳 19 匹布。若是曹元忠时期一匹相当于四丈的话，这一时期平均每亩交纳的官布为 0.16 尺③。再看唐中期的纳布税率，《通典》卷六《食货典六》载开元二十五年（737 年）定令：“其调绢绝布，并随乡土所出。绢绝各二丈，布则二丈五尺。输绢绝者绵三两，输布者麻三斤。”④ 即每项地纳麻布二丈五尺，平均每亩纳布 0.25 尺，表明敦煌曹元忠时

---

① 唐耕耦、陆宏基编：《敦煌社会经济文献真迹释录》第二辑，第 452 页。
② 刘进宝：《P. 3236 号〈壬申年官布籍〉考》，《西北师大学报（社会科学版）》1996 年第 3 期，第 44 页。
③ 敦煌研究院编：《段文杰敦煌研究五十年纪念文集》，世界图书出版公司，1996 年，第 423～424 页。
④ ［唐］杜佑撰，王文锦等点校：《通典》卷六《食货典六》，中华书局，1988 年，第 107 页。

期在纳布的税率上略低于唐中期内地纳布的税率，但总的纳布数额仍相当可观，即250亩要纳官布一匹。从敦煌地区在曹元忠时期大量交纳官布与同时期棉植业和棉纺织业落后相矛盾的情况来看，归义军时期所征收的官布不应是棉布，而是麻布。

此外，据 S.1519 号（1）《辛亥年（891 年或 951 年）某寺诸色斛斗破历》载："十六日，豆两硕，买吴怀定布，纳官用。"① 此卷提到买布"纳官用"，此"官"即官府，就是归义军政权，向官府所纳之布也就称为"官布"。类似称法还见于其他卷子，如 S.5037 号《癸未年、乙酉年敦煌县李撅搔等欠柴历》载："押牙翟德秀欠官柴柒拾捌束"，可知"官柴"即向官府交纳的柴②。又如 P.3490 号《辛巳年（921 年或 981 年）某寺诸色斛斗破历》载："面柒升僧家造户籍纳官用。"③ 亦言"纳官"，可见"纳官"当作向官府纳布讲，"官布"为地税，所纳为布，即麻布。

从以上材料来看，虽然新疆地区在南北朝时期已开始植棉，但是由于受自然条件的限制，延缓了植棉的东传，直到晚唐五代敦煌地区仍未大面积植棉。尽管如此，西州的缣布已经大量涌入敦煌地区，棉布已成为敦煌百姓的常用衣料。但是在唐五代敦煌纺织业中，麻纺织业占主导地位，麻布用于百姓生活的各个方面。棉纺织业相对薄弱，棉布在人们日常生活中不是主要的。

## 三 敦煌地区布匹的使用情况

布匹最主要的用途是供人们穿戴。敦煌文书中保存了这方面的大量资料，特别是晚唐五代时期的一些入历、破历及便物契等籍帐类文书中，对此记载尤丰。布匹可从质料上分为麻布、棉布两大类。其中棉布质地柔软，为布中

---

① 唐耕耦、陆宏基编：《敦煌社会经济文献真迹释录》第三辑，第 177 页。
② 唐耕耦、陆宏基编：《敦煌社会经济文献真迹释录》第二辑，第 445 页。
③ 唐耕耦、陆宏基编：《敦煌社会经济文献真迹释录》第三辑，第 189 页。

上品，但其数量较少，价格甚高，因此民间对棉布衣物的使用尚未十分普遍，棉布的消费者多半是归义军政权的中上层官吏、地方大族及中上层僧尼。敦煌文书中记载的棉质衣物有：P. 3260 号"细氎装裤壹腰""细氎袜"，P. 3638 号"内壹个细缲里"，P. 2706 号"白地缲氍毹壹""缲氍毹贰"，S. 5899 号"缲装袄子壹"等。与此相比，麻布织物不仅品类繁多，而且数量颇丰。其中衣服类有：P. 4640 号"支与员外春衣细布壹匹""支与楼上僧弁春衣粗布壹匹"，S. 5810 号"请支给春衣布一匹"，P. 2583 号"又细布裙衫一对，黄布衫子一，又粗布裙一"，P. 4624 号"经布裙衫一对"，P. 2567 号 V"红布衫子""细布衫一领""黄布偏衫一""布衫一领""黄布衫子""细布衫一领""黑布柒条袈裟一""黑布柒条袈裟覆博头巾一对""黄布袈裟头巾覆博偏衫一对"，P. 5031 号"又黑细布袈裟壹"等；鞋类有：P. 2567 号 V"麻履一量"，P. 2583 号"袜一两"，P. 3047 号"麻鞋一量""麻履一量"等，诸如此类多不胜举。

布匹的另一重要用途是在经济活动中充当等价物。在吐蕃统治敦煌时期，唐王朝货币被废除，在经济活动中主要实行物物交换。归义军政权建立后，由于货币极缺，人们在买卖、雇工、典当、借贷活动中仍以麦、绢帛、布匹等实物计价，起了货币的价格尺度作用。下文将探讨晚唐五代敦煌地区布匹在经济活动中充当等价物时与其他物品的比价关系。

布匹与粮食的比价关系。P. 2912 号《丑年正月已后入破历稿》记载："教授送路布十五匹，准麦六十七石五斗。都头分付［慈］灯布十匹，准麦四十五石……布一匹四石二斗。"[①] 从中可知，一匹布的价格在 4.2～4.5 石麦之间。P. 6002 号（1）《辰年某寺诸色入破历算会牒残卷》云："布半匹折麦两硕。"[②] 可知一匹布的价值为四石麦。以上两例基本上符合郝春文的推断，即"据 P. T. 1261 号 V，该文书所在时代，麦与布的比价关系是 1 尺布 ≈ 1

---

① 唐耕耦、陆宏基编：《敦煌社会经济文献真迹释录》第三辑，第 55 页。
② 唐耕耦、陆宏基编：《敦煌社会经济文献真迹释录》第三辑，第 313 页。

斗麦"①。此外，也有特例，S. 6829 号 V《丙戌年（806 年）正月十一日已后缘修造破用斛斗布等历》云："计壹佰柒拾陆匹，折麦壹拾硕。"② 折合一尺布约值 0.67 斗麦，略低于吐蕃占领时期的一尺布约值一斗麦的平均水平。再看归义军时期，P. 3631 号《辛亥年（951 年?）正月二十九日善因愿通等柒人将色折债抄录》云："善因入布柒拾捌尺，准麦粟柒硕捌斗，折麦黄麻叁硕伍斗。""又愿通入布叁丈捌尺，折粟叁硕捌斗。""替故张老宿入布壹丈伍尺，折麦粟壹硕伍斗。"③ 此卷布匹折合麦粟价格为一尺布值一斗粟，与吐蕃占领时期基本一致。P. 4763 号《丁未年（947 年?）三月十二日分付邓阇梨物色名目》载："赵阇梨细缣一匹，折物陆硕。"④ 若按此时一匹缣的平均长度 25 尺计算，一尺缣约值 2.4 斗物（麦粟），可见缣的价格较麻布高出 1.4 倍。

布匹与木材比价关系。据 P. 6002 号载"布半匹折麦两石""桯壹车折麦柒石"，可知吐蕃占领时期，一车桯的价值为 1.75 匹布。在归义军时期布匹与木材的比价关系有所变化，据 P. 2049 号 V《后唐长兴三年（931 年）正月沙州净土寺直岁愿达手下诸色入破历算会牒》载："布壹匹，宋承住边买桯一车用"，其比价为一车比一匹；另据 P. 4763 号《丁未年（947 年?）三月十二日分付邓阇梨物色名目》载："桯一车，折六十尺"，若按此时一匹相当于四丈的话，其比价为一车桯值 1.5 匹布；又据 S. 4120 号《壬戌年—甲子年（962～964 年）布褐等破历》载："土布壹匹于索盈达面上买桯壹车用。"⑤ 其比价为一车桯值一匹布。从以上几个卷子来看，归义军时期，桯与布匹的比价为一车桯值一匹布，P. 4763 号卷子所记桯的价格当属特例，整个归义军时期桯的价格低于吐蕃占领时期的价格，即一车桯值 1.75 匹布。

在晚唐五代时期的敦煌，布匹在民间购物、支付劳务及其他经济活动中

---

① 郝春文：《唐后期五代宋初沙州僧尼的宗教收入（四）——为他人举行法事活动之所得》，《敦煌学辑刊》1997 年第 1 期，第 18 页。
② 唐耕耦、陆宏基编：《敦煌社会经济文献真迹释录》第三辑，第 146 页。
③ 唐耕耦、陆宏基编：《敦煌社会经济文献真迹释录》第二辑，第 227 页。
④ 唐耕耦、陆宏基编：《敦煌社会经济文献真迹释录》第三辑，第 211 页。
⑤ 唐耕耦、陆宏基编：《敦煌社会经济文献真迹释录》第三辑，第 213 页。

还具有货币的支付职能。P. 2040 号 V《后晋时期净土寺诸色入破历算会稿》就有这方面的记载：

> 布四十六尺，康押牙榆木价用。布七十四，木匠造檐手功用。布二尺，造秤帛用。布五尺缝袋用……布壹匹，与保真造苇簟子用……立机壹匹，拽梁日木匠用。粗缫拾壹匹，造檐时，木匠手功用。

从此卷来看，布匹可以用来购物、支付工匠工资，充当了货币的支付职能。同样布匹也可以支付雇佣畜力，如北图殷字 41 号《癸未年（923 年?）张修造雇父驼契》载：张修造"雇六岁父驼一头，断作官布拾匹二丈六七。""又雇五岁父驼壹（头），断作驼价官布十六匹，长柒捌到日还纳。"① 此类记载还见于 P. 3234 号 V、P. 3763 号 V、P. 2049 号 V 等。

布匹还是民间借贷活动的重要物品。如北图殷字 41 号《癸未年（923年?）四月十五日沈延庆贷布契》载：

> 癸未年四月十五日立契，平康乡百姓沈延庆，欠缺缫布，遂于张修造面上贷缫一匹，长二丈七。黑（利）头还羊皮壹章（张）。其缫限八月未还不得者，每月于乡元生利。共对到面平章，更不许先（休）悔。□□者，罚麦伍斗，充入不悔人。恐人无信，故□此契，用唯后验，书纸为凭②。

这是一件典型的归义军时期的高利贷文契，文契对还本、付息、生利都做了详细规定，并对先悔者作了惩罚性规定，必须立契为凭，并明确记载了缫为借贷物品，布匹作为高利贷的利头，即利润。如 P. 3627 号 V《壬寅年（942 年）龙钵略贷生绢契》载：

> 龙钵略……遂于押衙王万端面上贷生绢一匹，长三丈六尺，福（幅）

---

① 唐耕耦、陆宏基编：《敦煌社会经济文献真迹释录》第二辑，第 38 页。
② 唐耕耦、陆宏基编：《敦煌社会经济文献真迹释录》第二辑，第 115 页。

阔壹尺八寸。其绢利头立机牒（牒）一匹。其钵略任意博贾①。

文契写明"利头立机牒一匹"，从而文契确保了放高利贷者的利润。像这样用立机牒付绢利头的还见于其他卷子，如 S.4504 号"里（利）头立机细牒壹匹"、P.3453 号"利头好立机两匹，各长贰丈伍尺"、P.3051 号"其绢利头，立机壹匹"等等。以上诸卷均表明立机牒在借贷过程中充当了高利贷利润的实物形态。

布匹的另一重要用途是纳税。尤其是归义军时期布成为地税的重要税收项目，官布与地子、柴草为地税的最重要内容。关于以布纳地税，前文已有论述，此不再赘述。

布匹还用于宗教活动中。首先，布匹和麦粟豆一样为归义军时期敦煌寺院经济的重要收支物品。如 P.2049 号 V《后唐长兴三年（932 年）正月沙州净土寺直岁愿达手下诸色入破历算会牒》有"麦粟油苏米面黄麻麸滓豆布牒纸等总壹阡捌佰叁硕半抄""布入""牒入""布破""牒破"等收支项目。类似这样的记载还见于 P.2040 号 V、P.3234 号 V、P.3763 号 V 等。郝春文对唐后期五代宋初沙州僧尼每年宗教收入的数量作了初步的研究，他据 P.T.1261 号 V 和 P.6005 号保存的两组数字资料，指出：

> 按以上推算，约占沙州僧尼总数五分之一的上层僧人全年宗教收入可得出以下两组数字：1. 布 30 尺，麦 6.4 石 +6.4 升；2. 布 30 尺，布 900 尺 +45……中间层次的僧人是：1. 布 30 尺，麦 4 至 5 石；2. 布 30 尺，布 360 至 810 尺……普通僧人是：1. 布 30 尺，麦 1 至 4 石；2. 布 30 尺，布 90 至 270 尺②。

从其研究的结果来看，布匹在僧侣的宗教收入中占有重要的地位。其次，

---

① 唐耕耦、陆宏基编：《敦煌社会经济文献真迹释录》第二辑，第 121 页。
② 郝春文：《唐后期五代宋初沙州僧尼的宗教收入（四）——为他人举行法事活动之所得》，《敦煌学辑刊》1997 年第 1 期，第 18～19 页。

布匹是寺院建设和法事活动的主要开支项目。如 P. 3234 号 V（7）"布壹匹，与塑匠用"，P. 2040 号 V "布七十匹，木匠造檐手功用"，"立机壹匹、拽梁日木匠用，粗䌷拾壹匹，造檐时木匠手功用"等，就是记载了布匹用于支付寺院的建设费用。又如 P. 2638 号《后唐清泰三年（936 年）沙州僧司教授福集等状》载："粗䌷伍拾柒匹，三年中间诸处人事、七月十五日赏乐人、二月八日赏法师禅僧衣直、诸寺蓝若庆阳等用。"P. 2032 号 V "䌷破"载："官布一匹，二月八日与敬像人用。"P. 5973 号 "布叁匹充大众，布壹匹充大像"，P. 4046 号 "细䌷壹匹，充法事"等，记载了布匹用于支付法事活动的费用。

布匹还用于制作宗教活动的一些敬神物品。如 S. 1949 号 "细䌷僧锦面"，P. 2697 号 "布壹匹充见前僧僧"，P. 2704 号 "细䌷壹匹，充经䌷"，S. 1642 号 "黄布经布巾壹"，S. 1776 号 "黄布经壹，又黄布经壹"，P. 2613 号 "大布幡捌口""等身布幡叁拾口""青布幔王壹""壹拾玖尺布幡壹拾柒口""千佛布像壹""䌷像子壹""画布像壹"等。

布匹在丧葬活动中是吊孝和助葬用的主要物品。如 P. 2040 号 V 记载这类事情很多："布一丈二尺，索校栋母亡时，吊孝校栋郎君及小娘子等。布九尺高僧政新妇亡时，吊孝索校栋索僧政高僧正等用。布九尺，张乡官小娘子亡时，吊孝水官张郎君乡官管用。"这类文书还见于诸寺破历中，如 P. 3234 号 V、P. 3763 号 V 等卷子。此外，还见于一些社邑文书中，如 P. 2842 号 V《乙酉年正月廿九日孔来儿身故纳赠历》载 "立机二丈、白官布二丈四尺""生官布一丈七尺"。此类卷子还有 P. 4887 号 V、S. 4472 号 V、S. 5509 号、P. 4991 号等。

总之，从敦煌文书来看，在晚唐五代敦煌地区的植麻业和麻纺织业已相当普遍，并有一定规模。但植棉业是否已在敦煌产生尚难推断。然，敦煌地区布匹的使用已经遍及人们日常生活的各个方面。布匹不仅成为人们穿戴的主要衣料，而且用于买卖、借贷、支付等经济活动中，充当了等价物。

——《敦煌研究》1998 年第 2 期

# 第二章
## 论唐五代宋元的社条与乡约

关于唐五代宋元社条与乡约的问题，学界大多分段对敦煌社邑文书、宋代乡约及社邑活动进行了研究，并且取得了丰硕的研究成果。特别是关于敦煌社邑的研究，以那波利贞、竺沙雅章、宁可等先生的研究最为卓著，近年来孟宪实、余欣等先生的研究也值得重视①。随着这几年学界对乡村控制问题的深入研究，关于宋元乡约、社邑问题的研究也逐渐升温，在老一辈学者研究的基础上②，涌现了不少颇有创见的论文③。但到目前为止，尚无学者对唐五代宋元的社条与乡约进行系统的比较研

① 详见诚逊：《五十年来（1938～1990）敦煌写本社邑文书研究述评》，《中国史研究动态》1991年第8期，第11～17页。1990年以后又有很多重要成果：余欣：《唐宋敦煌妇女结社研究——以一件女人社社条文书考释为中心》，《人文学报》（东京都立大学）第325号，2002年，第177～200页。孟宪实：《试论唐宋时期敦煌民间结社的组织形态》，《敦煌研究》2002年第1期，第59～65页；郝春文：《〈唐末五代宋初敦煌社邑的几个问题〉商榷》，《中国史研究》2003年第1期，第89～102页；郝春文：《唐后期五代宋初敦煌私社的教育与教化功能》，《敦煌吐鲁番研究》第九卷，2006年，第303～316页；孟宪实：《论唐宋时期敦煌民间结社的社条》，《敦煌吐鲁番研究》第九卷，2006年，第317～338页等。

② 比较代表性的有：杨讷：《元代农村社制研究》，《历史研究》1965年第4期，第117～134页；刘真：《宋代的学规和乡约》，《宋史研究集》第一辑，台北编译馆，1958年，第367～392页；杨开道：《乡约制度的研究》，《社会学界》第5卷，1931年，第2～46页；杨开道：《中国乡约制度》，山东乡村训练服务处，1937年；等。

③ 谢长法：《乡约及其社会教化》，《史学集刊》1996年第3期，第53～58页；秦草：《蓝田"吕氏四贤"》，《西安教育学院学报》第16卷第3期，2001年，第94～96页；胡庆钧：《从蓝田乡约到呈贡乡约》，《云南社会科学》2001年第3期，第41～45页；张中秋：《乡约的诸属性及其文化原理认识》，《南京大学学报（哲学社会科学版）》2004年第5期，第51～57页；周扬波：《宋代乡约的推行状况》，《浙江大学学报（人文社会科学版）》2005年第5期，第106～111页；杨建宏：《〈吕氏乡约〉与宋代民间社会控制》，《湖南师范大学社会科学学报》2005年第5期，第126～129页等。

究。笔者先后发表《论唐五代宋元的社条与乡约（一）——以敦煌社条为中心》《论唐五代宋元的社条与乡约（二）——以吕氏乡约、龙祠乡社义约为中心》两篇论文①，选取敦煌社条、《吕氏乡约》《龙祠乡社义约》为三个时期社条、乡约的典型，主要从社条、乡约的基本结构、内容等方面，来探讨其相互联系，及其与社会历史变迁的关系。兹为了文章的完整性，将两篇文章加以合并如下。

## 一 敦煌社条与民间结社活动

关于敦煌社条的基本情况，孟宪实《论唐宋时期敦煌民间结社的社条》一文已经从敦煌社条的基本数据、称谓、结构、内容、制定、修订、作用等角度，做了详细的探讨。本文从论题的主旨出发，仅对社条的结构和基本内容进行分析探讨，并就相关问题与《乡约》《义约》进行比较研究。

敦煌社条的情况较为复杂，从使用的角度，大致可以分为实用和文样两种类型。敦煌文献中共存社条26件②，其中有两件为同一社条的不同重复抄件③，

---

① 金滢坤：《论唐五代宋元的社条与乡约（一）——以敦煌社条为中心》，刘进宝、高田时雄主编：《转型期的敦煌学》，上海古籍出版社，2007年，第343~351页。金滢坤：《论唐五代宋元的社条与乡约（二）——以吕氏乡约、龙祠乡社义约为中心》，《敦煌研究》2008年第1期，第69~76页。

② 详见宁可等辑校：《敦煌社邑文书辑校》，江苏古籍出版社，1997年；〔日〕山本达郎、土肥义和、石田勇作编纂：《Tun - Huang and Turfan Documents Concerning Social and Economic History（Ⅳ）》，东洋文库，1989年；郝春文：《〈敦煌社邑文书辑校〉补遗（一）》，《首都师范大学学报（社会科学版）》1999年第4期，第23~28页；《〈敦煌礼邑文书辑校〉补遗（二）》，《首都师范大学学报（社会科学版）》2000年第2期，第6~11页；《〈敦煌社邑文书辑校〉补遗（三）》，《首都师范大学学报（社会科学版）》2001年第4期，第27~33页；《〈敦煌社邑文书辑校〉补遗（四）》，《汉语史学报专辑》第三辑，上海教育出版社，2003年，第368~386页。

③ S. 6537号与P. 3730号V、S. 6537号V3-5与上图017号均为同一底本的不同抄件。

因此，实际上只有 24 件不同的社条①。另有两件为儿郎杂写，无太大意义，两件残缺严重，也不能提供有用价值，均不予讨论②。本文主要对剩余的 20 件社条进行分析研究③，其中 12 件为实用社条，8 件为社条样文，代表了 20 种不同的社条情况。从时间及地域来看，这些社条基本上是唐五代宋初敦煌地区的社条。

从订立先后的角度，社条大致可以分为两种类型：一是结社时所立社条，又称作祖条、大条；二是再立社条，即对原来社条的修订。敦煌社条订立后还可以进行多次修订，即所谓的再立社条、制定偏条，有些社条甚至将最初订立的社条与后来多次再立的社条粘连在一起④。如 S.2041 号《巳年至大中年间（847～860 年）儒风坊西巷社社条》，就由初立社条和后来三次再立社条粘贴而成。这 20 件社条中，有结社社条 15 件，包括 7 件实用文书、8 件文样文书；再立社条 5 件，均为实用文书。如果仅从实用的角度来看，再立社条的比例占到实用社条的 42%，说明敦煌社条的稳定性较差，虽然社条中一再强调"立条件与（已）后，山河为誓，中（终）不相违"⑤，但是遇到具体情况时，旧的社条往往不得不被及时修改。这体现了民间结社在具体问题面前的灵活性和社人的自主性。

敦煌社条通常由以下三部分构成：绪言、细则、署名，每件社条的情况不同，也就造成了三部分内容的较大差异。

社条绪言一般用来交代结社的目的和宗旨，劝诱民众结社和参与社内互助活动，以及说明结社成员的构成和人数。如 S.527 号云："遇危则相扶，难

---

① 宁可等辑校《敦煌社邑文书辑校》收入了 20 件，包括两件西州社条，实际上只有 18 件敦煌社条。后来郝春文《〈敦煌社邑文书辑校〉补遗（一）》再补录三件，郝春文《〈敦煌社邑文书辑校〉补遗（四）》补录五条（《汉语史学报专辑》第三辑，第 368～386 页），其中 Дx.10038 号"索望社案一道文样"为重复补录。

② 杂写为 S.2894 号 V3、P.3691 号 V，残缺为 Дx.10266 号、Дx.11038 号（2）。

③ 详见附录"敦煌社条类型综表"。为节省文字，下文敦煌社条的题名均以编号代替。

④ 参见郝春文：《〈敦煌社邑文书辑校〉补遗（四）》，《汉语史学报专辑》第三辑，第 368～386 页。

⑤ S.527 号《后周显德六年（959 年）正月三日女人社再立条件》。

则相救。"S.2041 号云:"结义相和,脈(赈)济急难。"S.6537 号 V(3 -
5)云:"饥荒俭世,济危救死。"P.3989 号云:"人以类聚,结交朋友,追凶
逐吉。"S.5629 号云:"今欲结此胜社,逐吉追凶,应有所勒条格,同心壹齐
禀奉。"敦煌中的多数社条都有绪言,像 P.3489 号等社条省略绪言的情况较
少。再立社条绪言可分为两类:一类对再立社条的立社目的和原因均有说明,
如 S.527 号首先交代了再立社条的具体原因是"因滋(兹)新岁初来,各发
好意",还特意强调结社的意义在于"遇危则相扶,难则相救"。另一类则仅
说明再立社条的具体原因。由于社条制定后往往密封保存,若社众遇到问题,
按规定又不能开封时,便针对新问题对祖条进行补充,或再立社条,或立偏
案①。如 S.6005 号云:"伏以社内先初合义之时,已立明条,封印讫。今缘或
有后入社者,又未入名,兼录三驮名目。若件件开先条流,实则不便。若不
抄录者,伏恐陋(漏)失,互相泥寞,遂众商量,勒此偏案。"又 P.3544 号
则云:"为城煌(隍)贼乱,破散田苗,社邑难营,不能行下。"又 P.4960
号再请三官凭约的原因是"窟头修佛堂社,请三官管理化得物品和社众事务"。
再立社条或立偏案,往往是社众集体通过商议达成一致结果,如 Дx.3128 号云:
"众座商量再立条件。"S.2041 号云:"众集再商量一一且(具)名如后",
"众集商量从今已后,社内十岁已上有凶祸大丧者准条赠"。还有一类是省略
绪言,直接进入主题,如 S.2041 号。

　　社条绪言还起到说明立社人员构成的作用,即对社人身份和地域进行说
明。唐代民间结社者存在按照阶层、性别、职业结社的情况②,敦煌社条在这
方面也有所反映,多数社条没有对入社民众的社会阶层进行限制,仅在少数
社条中有所反映,如 P.4525 号(11)云:入社者均为"高门贵子",P.3536
号 V 则云:入社者为"高门君子"。虽然这两件记载并非确指,但敦煌文书中

---

① 参见宁可等辑校《敦煌社邑文书辑校》"前言",第 9 ~ 13 页。
② 参见宁可:《述"社邑"》,《北京师范学院学报(社会科学版)》1985 年第 1 期,第
　　12 ~ 24 页,敦煌社条只有 P.3489 号、北新 882 号、S.527 号三件,为女性立的社条。

的确有"官品社"的记载①，说明这些社条所说的高门子弟并非虚指，按社会阶层结社的情况也是存在的。敦煌社条中虽然绝大多数没有社人身份方面的限制，但从敦煌文书及房山石经题记的记载来看②，唐五代社条中应该存在按阶层、职业结社的现象。

社条绪言中有时还交代结社成员的地域。如 S. 2041 号云："儒风坊西巷社村邻等，就马兴晟家众集再商量。"北新 882 号云："丙申年四月廿日，博望坊巷女人因为上窟燃灯，众坐商仪（议）。"P. 3489 号云："戊辰年正月廿四日，裈坊巷女人团座商仪（议）立条。"不过，敦煌文书中只有这三件社条对入社成员的地域进行了限制，仅占 15%，说明敦煌民众以自然和行政划分的村、坊为结社范围的地域性观念较为淡薄，民众结社往往不受村、坊的限制，往往跨越村、坊限制，自由结社③。如 Дх. 11038 号《索望社案一道》就规定以敦煌地区的索氏为结社对象，跨越村坊的概念，像此类以敦煌地区的民众为结社对象的情况还不少。P. 4960 号和 S. 3540 号均以修佛堂和修窟的民众为主，自然不会以村坊为单位。这一点还可从社条绪言中记载立社人数和参加再立社的人数反映出来。从现存 20 件社条的记载情况来看，敦煌结社少则三四人，多则二三十人，其中 S. 2041 号人数最多达 31 人，说明唐五代宋初敦煌结社仅限于一定区域内的一部分人自由结社，并不是以某一村、坊为单位的全体成年成员参加，因此社条绪言中关于社人地域的限定较少见。

敦煌社条细则，大致包括互助内容、处罚规定、事务细则、社官设置等内容，是社条的核心，即对绪言中"义济急难"的互助目的条制化，明确互助"急难"的具体措施和相关违纪处罚。S. 6537 号 V（6－7）是敦煌社条有关互助活动规定最为完整、全面的一件实用社条，孟宪实先生将其归结为：

---

① P. 2991 号 V《莫高窟素画功德赞文》。

② 唐耕耦：《房山石经题记中的唐代社邑》，《文献》1989 年第 1 辑，第 74～106 页。

③ 参见郝春文：《〈唐末五代宋初敦煌社邑的几个问题〉商榷》，《中国史研究》2003 年第 1 期，第 89～102 页。

春秋二社、建福三斋、丧葬互助、立庄造社、男女婚姻五类①。这是目前敦煌社条中唯一一件同时涉及这五类情况的社条，但其所反映的结社情况并不能代表全部。多数社条往往是以一项活动为主，兼顾其他一两项，根据民众立社的需求而定。

毋庸置疑，丧葬互助为敦煌社条的显著特点和首要目的，社条往往对"追凶逐吉"的助葬方式、荣葬规格、送葬仪式都有具体的规定②。仅从本文所选的 20 件社条来看，纯粹以丧葬互助为目的的社条有 7 件，以丧葬互助兼斋会的有 5 件，以丧葬互助、斋会及经济救助的有 3 件，涉及助葬的社条共计 13 件，占到 65%，说明敦煌社条基本上把助葬放在首位。其次，是各类斋会活动，丧葬互助兼斋会的有 5 件，丧葬互助、斋会及经济救助的有 3 件，涉及斋会的共有 8 件，占 40%。敦煌民众结社置办斋会的主要目的是在春秋二社日，祭祀土地神，保佑丰收，在建福三斋日祈福，同时伴随局席活动。这些斋会中，春秋二社有 6 次被列入社条，建福三斋 4 次、盂兰盆斋 1 次，但无单独以斋会为结社目的的社条，说明春秋二社已不是唐五代民众结社活动的首要目的，亦说明民间结社的首要目的并不是祭祀社神，祈求保佑，而是更加注重结社的互助功能。

再次，社条细则的另一个重点是经济救助，包括赈济、立庄造社、男女婚嫁、出使远行等互助。敦煌社邑活动中丧葬互助之外的经济救助行为非常有限，在社条中规定较为模糊，仅在个别社条中有所反映。如 S. 6537 号云："伏已便（须）济接，若有立庄造舍，男女婚姻，人事少多，亦乃莫绝。"S. 6537 号 V（3-5）云："若有立庄修舍，要众共成，各各一心，阙者帖助。更有荣就，男女人事，合行事不在三官之中，众社思寸（忖）。若有东西出使，远近一般，去送来迎，各自总有。"S. 2041 号云："所置义聚，备凝凶

① 孟宪实：《论唐宋时期敦煌民间结社的社条》，《敦煌吐鲁番研究》第九卷，2006 年，第 317～338 页。
② 参见宁可等：《敦煌社邑的丧葬互助》，《首都师范大学学报（社会科学版）》1995 年第 6 期，第 32～40 页。

祸，相共助诚（成），益期脤（赈）济急难。"关于经济互助方面的规定，虽然在社条中仅出现过3次，而且也只是作为一个次要规定，但这些端倪在后世乡约中逐渐突出，成为宋元乡约、义约中的重要内容。

此外，还有一些社条是某社为从事某件具体活动而专门订立的，主要是修窟、燃灯等单纯的敬佛活动，敦煌文书中共有3件此类实用社条。此类敬佛社条虽然不多，但敦煌社邑转帖中有很多敬佛转帖，可以证实敦煌还存在不少以单纯敬佛活动为主的社邑，其社会互助方面的功能较弱。

如果从实用和文样两类社条结社活动的主要目的来看，本文所选的20件社条大致可分为如下几种情况。

| 类型 | 助葬 | 修窟及燃灯 | 助葬兼斋会 | 助葬、斋会及经济救助 |
|------|------|-----------|-----------|---------------------|
| 实用 | P. 3989 号、P. 3489 号、S. 6005 号、S. 8160 号 | P. 4960 号、P. 4960 号、北新 882 号 | P. 3544 号、S. 527 号 | S. 2041 号 |
| 文样 | S. 5520 号、Дх. 11038 号、P. 3536 号 V | | P. 4525 号（11）、S. 6537 号 V（7－8）、S. 5629 号 | S. 6537 号、S. 6537 号 V（3－5） |

除去两件目的不明确外①，在实用文书中，单纯以丧葬互助为目的的占40%，修窟及燃灯占30%，丧葬互助兼斋会占20%，丧葬互助、斋会及经济救助相结合的仅占10%。虽然，这个统计并不能详尽代表敦煌社条的真实情况，但可以大致反映敦煌结社活动的主要内容。据郝春文先生《〈唐末五代宋初敦煌社邑的几个问题〉商榷》统计，敦煌实用转帖文书中，丧葬活动最高占实用性转帖的39.3%、春秋局席占22.6%、佛事活动（建福三斋、社斋、拽佛等）占20.2%②，而荣亲（婚嫁）、暖脚等互助活动最低，仅各占

---

① Дх. 1413 号、Дх. 3128 号因残缺不明确。

② 郝春文：《〈唐末五代宋初敦煌社邑的几个问题〉商榷》，《中国史研究》2003 年 1 期，第 101 页。

1.2%，亦可证明敦煌社条所反映的结社主要活动的大致内容。相比之下，敦煌社条文样所反映的丧葬互助较低，斋会和经济救助的情况较多。社条文样中，丧葬互助占 38%，无修窟及燃灯类、助葬兼斋会占 38%，助葬、斋会及经济救助占 25%，也可以证明敦煌社条中对丧葬互助的规定最多。敦煌文献中保存的非实用性转帖中，春秋局席占 62.8%、佛事活动（建福三斋、社斋、拽佛等）占 11.5%、丧葬活动占 12.8%①，未见荣亲（婚嫁）、暖脚互助活动，说明社条样文规定与非实用性转帖记载的民间结社活动多存在一定的差距。

社条中的处罚规定，是赋予社条和社官权威性的关键，也是维护社邑活动正常进行的契约保障。本文所选的 20 件社条中，14 件有处罚规定，3 件不明②，3 件无处罚规定。3 件无处罚规定的社条，均有特殊原因，其中北新 882 号、S.6005 号为再立社条和增补偏案，相关处罚条例相信在原来的社条中已经有了，没必要再重复，故再立社条时就不一定重定处罚条例。只有 S.3540 号为修窟凭，没有处罚性条款，当属特例，可能因为敬佛本身就是自愿行为，若有人不愿按照社条修窟，自然是对佛不恭，故没有必要订立处罚条款。

由于敦煌文书中的社条属于不同类型的私社，因此各社社条的差异性较大，其相关的惩罚性规定也就各异。现将 14 件社条有关惩罚性的规定进行整理和分析，大致可以分为以下几种情况。一类，是对社人唐突三官者给予重罚，来维护三官的权威。敦煌民间私社一般设社长、社官、录事三人，合称三官，主持日常社务，三官在私社中具有较高的权威。三官的权限由社条确立，其权威通过社条处罚条例来维护和行使。如 S.5629 号云："上件人立条端直，行乃众金，三官权知勾当。"又 P.4960 号云："自请三官已后，其社众并于三人所出条式，专情而行，不得违背，或有不禀社礼，□□上下者，当

① 郝春文：《〈唐末五代宋初敦煌社邑的几个问题〉商榷》，《中国史研究》2003 年 1 期，第 102 页。

② 其中 1 件社条未写完，2 件有残缺，故无法判断其原件有无处罚规定。

便三人商量罚目，罚脓腻一筵，不得违越者。"可见社条订立后，具体由三官来执行，这自然凸显了三官的权威，而且社人若对三官行为不满，三官有权给予处罚。如 S.5520 号云："若不顺从上越者，罚解斋一筵。"Дx.11038 号（1）云："如有不律之辞，罚浓酾（醲腻）一筵。"社人唐突三官的处罚较其他处罚为重。如 P.3489 号云："小人不听上人，罚羯羊壹口，酒壹瓮。"这里的上人，应该指社官，并非一般意义上的长者，从同类社条唐突三官的惩罚数量即可看出。如 S.5629 号云："若有不听无量，衡底（诋）三官，罚羊壹口，酒壹瓮，合社破用。"在经济处罚之外，三官还可施决杖。如 S.5629 号规定："自后若社人不听三官条式者，痛丈（杖）十七。"S.6537 号云："立条已后，一取三官裁之，不许众社紊乱条，凶挣上下，有此之辈，决丈（杖）十七，醲酾壹筵。"

二类，是对饮酒醉乱、不守严条者往往由三官处罚，一般是罚醲腻一席，重者还要决杖，累犯不改者则要被逐出社内。如 S.6537 号 V（3-5）规定："取录事观察，不得昏乱事（是）非。稍有倚醉智（凶）粗，来晨直须重罚……饮酒醉乱，智（凶）悖粗豪，不守严条，非理作闹，大者罚醲酾一席，少者决丈（杖）十三。忽有拗拣无端，便任逐出社内。"P.3989 号云："如有醉乱拔拳，充（冲）突三官及众社，临事重有决罚。"S.6537 号 V（7-8）云："社内不谏（拣）大少，无格席上喧拳，不听上下，众社各决丈（杖）卅棒，更罚浓（醲）酾一筵众社破用。其身宾（摈）出社外，更无容始（免）者。"P.4525 号（11）云："或若团座之日，若有小辈啾唧，不听大小者，仍罚醴酾一筵，众社破除，的无容免。"P.3489 号云："或有大人颠言到（倒）仪，罚醴酾筵。"S.5520 号云："若无礼□，临事看过愆轻重，罚醲酾一延（筵）。"

三类，是对社人怠慢后到，及拖欠和违时交纳助葬、斋会等社内活动时规定的交纳物品者，给予一定经济处罚，有时还会处以决杖。如 S.2041 号云："巳年二月十二日为定，不许改张，罚酒壹瓮，决（杖）十下，殡（摈）出……一、所置赠孝家，助粟壹斗，饼贰拾翻，须白净壹尺捌寸，如分寸不等，罚麦壹汉斗，人各贰拾翻。一、所有科税，期集所敛物，不依期限齐纳者，罚油壹胜，用贮社。一、或孝家营葬，临事主人须投状，众共助诚（成），各助布壹匹，不纳者，罚油壹胜……一、所有急难，各助柴壹束，如不纳，罚油壹胜。"又如 S.6537 号 V（7－8）云："凡有七月十五日，造于兰盘兼及春秋二局，各纳油麺，仰录事于时出帖纳物。若主人不于时限日出者，一切罚麦三斗，更无容免者。"P.3544 号云："其斋正月、五月、九月，其社二月、八月，其斋社违月，罚麦壹硕，决杖卅，行香不到，罚麦一斗。一、社内三大（驮）者，有死亡，赠肆尺祭盘一，布贰丈，借色布两匹半。其赠物及欠少一色，罚酒半瓮。"又 P.3489 号云："自荣生死者，纳面壹斗，须得齐同，不得怠慢，或若怠慢者，捉二人后到，罚壹角；全不来者，罚半瓮。"

四类，是对社官和社人转帖违时，也要给予处罚。如 Дx.11038 号（1）云："若耳闻帖行，便须本身应接，不得停滞，如有停帖者，重罚一席。"又 P.3544 号云："其社官、录（事）行下文帖，其物违时，罚酒一角。"又 S.2041 号云："所遭事一遍了者，便须承月直，须行文帖，晓告诸家。或文帖至，见当家十岁已上夫妻子弟等，并承文帖，如不收，罚油壹胜。"

五类，是对退社者的处罚。如 Дx.11038 号（2）号云："有放顽不乐追社，如言出社去者，责罚共粗豪之人，一般更无别格。"社邑对退社的处罚，社条中仅见此条，其他敦煌社邑文书①，也有类似对退社社人处罚的相关情况。

六类，是擅自开检社案者，给予严惩，甚至赶出其社。如 Дx.11038 号（2 号）云："（前缺）妄生拗拔（捩），开条俭（检）案，人各痛决七棒，末名趁出其社，的无容免。"其实，敦煌民间结社订立的祖条和大条不可以随便开条看检，遇到重大分歧时才可以看检，于是遇到不能解决的问题或分歧时，往往采用再立社条、订立偏案的形式来解决，因此社人擅自看检社条恐怕也要受到严惩。

敦煌民间结社实际上是以契约的形式，由社人共同签署社条，使其具备法律效力，因此社条署名就尤为重要，它是社人是否认可社条最为重要的凭

---

① S.5698 号《癸酉年（853 年?）三月十九日社司准社户罗神奴请除名状》。

据，社人一旦署名后，就必须遵照执行，如 P. 3989 号云："立此条后，于乡城恪（格）令，便虽（须）追逐行下。恐众不知，故立此条，用为凭记。"又 S. 6537 号 V（7－8）云："社有严条，官有政格。立此条流，如水如鱼，不得道东说西。后更不于愿者，山何（河）为誓，日月证知，三世莫见佛面，用为后验。"又 Дх. 1413 号云："世代不停，劫石不坏，用留后凭。"有些社条在署名后还加上誓言，如 S. 527 号云："右通前件条流，一一丁宁（叮咛），如水如鱼，不得道说事（是）非，更不于（如）愿者，山河为誓，日月证知。恐人无信，故勒此条。用后记耳。"

总之，由于唐五代宋初敦煌结社的自由及多样性，各社往往根据结社者的实际需要的不同，制定各种社条。也由于敦煌社条的制定多由社众商议而成，出自社会的底层民众，文化程度不高，抱负不高，往往着眼于具体的救助事项，在儒家教化民众、移风易俗方面尚缺乏关注[1]，缺乏社会责任和使命感，而后来的《吕氏乡约》和《龙祠乡社义约》在这方面则有长足的发展。虽然，敦煌诸社的社条差异较大，但对后世乡约的产生提供了基本的框架和社会基础。

## 二 宋元乡约、义约与唐五代敦煌社条的关系

以下主要探讨敦煌社条与《吕氏乡约》和《龙祠乡社义约》的相互关系，从而概述唐宋元民间社条、乡约的演变过程及民间私社和乡社的相关发展情况。

### （一）宋代乡约的产生及其影响

宋代民间私社仍然十分活跃，与唐五代敦煌私社比较，宋代民间私社的

---

[1] 郝春文《唐后期五代宋初敦煌私社的教育与教化功能》（《敦煌吐鲁番研究》第九卷，第 303～316 页）一文认为，私社教育功能主要体现在儒家文化的教育和佛教的教育与教化两个方面。但从本人掌握的情况来看，敦煌私社儒家教化方面较后世的《乡约》和《义约》是非常有限。

规模增大，出现了乡社①。唐末五代宋初社会动荡，内外兵乱不休，国家权力衰落，无法控制地方，导致了地方盗贼横行。广大乡村为了抵抗外敌和盗贼的侵扰，不得不依靠自己的力量，于是社邑组织便成为他们抵御内贼外患的组织形式。显然，以前在乡村、坊市中小规模的私社，已经不适应时代的需要，于是出现了以某个乡或数个乡为地域的乡社，而且拥有自己的武装，担负防盗和抵御外族入侵的责任。早在五代契丹南下骚扰时，北方沿河民众便"自备兵械，各随其乡，团结为社，以自保卫"②。北宋初，乡社规模有进一步扩大的趋势，如著名的"弓箭社"③，就是抗击辽金的重要力量，足见其势力之大。随着政局的稳定，北宋开始限制乡社武装，将其纳入官府控制体系之中④。熙宁三年（1070 年），王安石变法，在全国推行保甲法，其目的之一就是削弱乡社武装，加强国家对乡村的控制，达到"保甲之法成，则寇乱息而威势强"的目标⑤。当保甲法推行之际，吕大钧在熙宁九年（1076 年）十二月抛出了《吕氏乡约》（以下简称《乡约》），因此，有学者认为《乡约》产生的直接原因是对王安石保甲法的不满⑥。其实，吕大钧作《乡约》的真正目的并不在此，而是将自己的儒家思想付诸实践，也是宋代士大夫"先天下之忧而忧，后天下之乐而乐"精神的体现，想以此来弥补在这一转变过程中，国家权力在乡村缺失的空白，试图为国分忧，号召乡绅自觉组织和治理乡村，实现太平盛世的政治抱负。

既然《乡约》是在政府限制乡社组织的情况下，由民间乡绅制定的、力

① ［元］脱脱等撰：《宋史》卷一九二《兵志六·乡兵三·保甲条》，中华书局，1985年，第 4767 页。

② ［宋］司马光编著，［元］胡三省音注：《资治通鉴》卷二八四"后晋齐王开运元年四月"条，中华书局，1956 年，第 9270 页。

③ 《宋史》卷一九〇《兵志四·乡兵一·河北等路弓箭社条》，第 4705 页。

④ 李华瑞：《王安石变法研究史》，人民出版社，2004 年，第 461～462 页。

⑤ ［北宋］王安石撰，刘成国点校：《王安石文集》卷四一《上五事札子》，中华书局，2021 年，第 689 页。

⑥ 杨建宏：《〈吕氏乡约〉与宋代民间社会控制》，《湖南师范大学社会科学学报》2005年第 5 期，第 126 页。

图控制和组织乡村的民约，它在思想主旨、活动内容及组织形式上与唐宋时期的民间社条就有着极为密切的联系。以下笔者力图将敦煌社条和《乡约》进行比较研究，以期分析其内在的相关联系。

二者最大的差异，应该是编撰的目的不同，这一点从编撰者的身份就可以看出。敦煌社条一般由社人共同商议而定，往往由当地的一些乡土文人、低级官吏以及有文化的僧尼担当执笔起草的角色。虽然，社条很少有具体编撰者留下姓名①，但其代表的是民间底层的社会心声，反映的是民间结社活动中最为迫切的需要。而《乡约》的作者则是与峨眉"三苏"相提并论的蓝田"四吕"之一的吕大钧，出生于官宦之家，弟兄六人，五人登科，且本人进士及第，与大忠、大防、大临一起被尊称为"吕氏四贤"。因此，吕大钧可谓官宦、文化、科举世家，为蓝田缙绅之冠。吕大钧曾师从宋明理学"关学"的宗师张载，后因吕大钧与吕大忠、吕大临继承其说，故有"三吕"之称，"三吕"后来虽都师从二程，但仍坚守张载之"关学"②。吕大钧继承了张载注重"学贵致用"和"躬行礼教"的传统③，"守其师说而践履之"，"虽皆本于载，而能自信力行"④。《乡约》正是吕氏对崇重儒家思想的具体实践，试图以礼教来制定乡规民约，分为德业相劝、过失相规、礼俗相交、患难相恤四个部分，作为立业、修身、交友、齐家的行为规范，处理乡党邻里关系的准则。

整个《乡约》的核心内容以儒业为修行、仕进、处世之首，以儒家修、齐、治、平的思想，来教化、整齐乡里，顺应君主专制统治的需要，而不是民间真实的需求。实际上，《乡约》的产生和推行都是自上而下的，是作者从统治阶层的需要和自己的政治理想出发，企图以儒家礼教为核心来教化民众，

---

① 仅见 S. 6537 号的社条末尾有"正月廿五日净土寺僧僧惠信耳"一句，疑该社条由僧惠信执笔。

② 参见秦草：《蓝田"吕氏四贤"》，《西安教育学院学报》2001 年第 3 期，第 94 页。

③ ［清］黄宗羲著，沈芝盈点校：《明儒学案·发凡》，中华书局，2008 年，第 14~15 页。

④ 《宋史》卷三四〇《吕大防传》，第 10847 页。

移风易俗，创造和谐社会，达到儒家思想主导的大同社会的目的。《乡约》目的在于通过团结、组织乡绅，控制乡村社会，重在教化、治理乡村民众，并不在于经济互助。相反，敦煌社条则是贫困民众，为了患难相恤、斋会、敬佛等真实的需要才自发相与结社。除了一些身份较高的人结为官品社外，普通社人承受社会动荡的能力都很脆弱，他们需要通过结社得到一个在精神上能得到安慰和物质上进行一定互助的社邑组织来增强生存能力。而且，社条一般由全体结社成员共同商议，推举有文化的人草拟而成，根据不同结社的具体需要，做出不同的规定，因此社条说教式内容很少，有时甚至省略了立社绪言中有关立社目的等空泛的内容。

在体例方面，吕大钧《乡约》并不是纯粹拿儒家礼教思想来说教，而是吸收民间社条的成分，但与社条体例差异较大。《乡约》分两部分，一是德业相劝、过失相规、礼俗相交、患难相恤四项互助内容；二是罚式、聚会、主事三项乡约事务内容。在体例上，《乡约》明显不同于社条的是没有绪言，后来朱熹《增损吕氏乡约》最大的变化，就是为其增补了绪言①，不过也只是对《乡约》内容门类进行了总结，并不是对建立乡约组织的意义进行阐述。

《乡约》的互助内容，与社条基本相似的只有患难相恤一项，德业相劝、过失相规、礼俗相交三项均为吕大钧新创。吕氏所谓的德业相劝，就是以儒家修、齐、治、平思想为德，以从事儒家学业为业，这显然是受科举考试和选官制度的取士标准的影响。过失相规，实际上是用儒家礼教来匡正乡民，使其在德业、修行、交友、礼俗等方面不失儒家礼教，并以礼教作为行为准则。礼俗相交，也是将儒家礼制与乡民日常活动结合，使乡民在日常的婚丧、交友等活动中有礼可循。此三项内容实际上是吕氏将儒家思想有关处理德行、功名、交友的主张，移植到乡村教化中，却忽视了儒家思想是一种社会上层文化，其主要针对士大夫而言的，为教化士大夫修行、爱民、辅佐君主的最

---

① ［宋］朱熹撰：《晦庵先生朱文公文集》卷七四《杂著·增损吕氏乡约》，［宋］朱熹撰，朱杰人、严佐之、刘永翔主编：《朱子全书》第二四册，上海古籍出版社、安徽教育出版社，2002年，第3594页。

高标准。显然，用这种缙绅阶层的道德礼仪来教化、约束、改造乡民，自然超出了乡民的心理需求。乡民需要的是患难相恤，而不是繁文缛节。作为社会底层的劳动者，他们没有时间、财力，也没必要参加这样不切合实际的乡约，乡民更愿意参加社邑等民间的社会互助性组织，所以说《乡约》脱离了乡村的社会基础。因此，在后来《乡约》的推行过程中，遇到了很大的压力，虽然吕大钧和其追随者阳枋、宋寿卿、陈希舜、罗东父、胡泳等对《乡约》进行了宣教、推广活动①，但收效甚微。这些推行《乡约》的实践者，基本上都是朱熹一脉的理学传人。宋代理学家不仅注重创建理学体系，也积极投身于以理学重新整合社会秩序的实践运动中，如创建社仓、书院、社会救助组织等，而乡约也是其中之一。尽管如此，《乡约》在教化民众、移风易俗，及对后世乡约、社邑组织的发展方面均起到了积极的作用。张载就称赞大钧说："秦俗之化，和叔有力。"② 元代潘迪《龙祠乡社义约序》云："余每爱《蓝田吕氏乡约》，诚后世转移风俗之机也。虽未必一一悉合先王之礼，而劝善惩恶之方，备载于籍。"③ 明代冯从吾认为《乡约》的推行，使"关中风俗为之一变"④。

吕大钧大致从熙宁九年（1076年）到元丰五年（1082年）去世之前，推行乡约的时间，至多五六年，而且收效甚微。其原因主要是《乡约》不仅仅是偏离现实的社会理想，在其宣教的实践中便显现出来，而且遇到了一些具体问题。这在吕大钧与亲友的四封信中有所反映。一方面，乡约作为一项公共事业，却脱离现实，"强人所不能"⑤，所以推行起来自然不顺。在乡绅还不足以全面控制乡村的情况下，又缺乏国家强制性政令手段，"非上所令而辄

---

① 参见周扬波：《宋代乡约的推行状况》，《浙江大学学报（人文社会科学版）》2005年第5期，第106～111页。

② ［明］冯从吾撰：《关学编附续编》卷一《和叔吕先生》，中华书局，1987年，第10页。

③ 焦进文、杨富学校注：《元代西夏遗民文献〈述善集〉校注》，甘肃民族出版社，2001年，第16页。

④ ［明］冯从吾撰：《关学编附续编》卷一《和叔吕先生》，第10页。

⑤ ［宋］吕大临等撰，陈俊民辑校：《蓝田吕氏遗著辑校》，中华书局，1993年，第570页。

行之"①，使得《乡约》在推行的过程中处于比较尴尬的地位，既受到乡民的抵制，又受到缙绅阶层的指责。另一方面，《乡约》的规定"绳之稍急"，约束和惩罚措施偏于严格，在推行的过程中，又不得不顺应民愿，随之"改更从宽"，采取了"来者亦不拒，去者亦不追"的原则②，这样就使得乡约推行起来更加困难。总之，乡民最为关心的是互助问题，而《乡约》将儒家的礼仪教化放在了首位，脱离了社会基础，实际上是将缙绅阶层的德行、修养问题套用在乡村的社会组织中，乡民自然不愿受其所累。

互助内容中的"患难相恤"，是《乡约》吸收社条内容最多的部分。吕大钧在回答仲兄担心其推行《乡约》会受"党事之祸"时，曾解释"患难相恤"原本是法令所许的，"同村社自合救捕"③，足见此条与社条关系之紧密。此条包括水火、盗贼、疾病、死丧、孤弱、诬枉、贫乏七项内容，其中救助事项远远超出了社条所涉及的范围，大体可分为以下四种情况。一是死丧，属于继承社条旧规的内容。敦煌社条中，丧葬互助为社邑活动的最主要内容，也是民间结社活动中最为重要的内容。关于死丧互助的细则，《乡约》则列在"礼俗相交"内。二是贫乏，相对敦煌社条而言，此项救助功能规定得更加明确，直接纳入了《乡约》细则，并对其救助方式在"礼俗相交"内亦有对应的规定。此项救助功能虽然在敦煌社条绪言中已经出现，但也仅以"济苦救贫""济危救死"作为立社宗旨中的空泛之词，在社条细则中没有明确规定。三是盗贼、疾病，虽然没有明确写入社条，但在敦煌私社的转帖、纳赠历等文书中已经出现。如 P. 3379 号《后周显德五年（958 年）二月社录事都头阴保山等团保牒》云：

> 令狐粉堆<sup>左手中指节</sup>、令狐憨奴<sup>左手中指节</sup>、令狐苟儿<sup>左手中指节</sup>
>
> （3～15 行略）
>
> 右通前件三人团保，或有当盗窃，不敢覆藏，后有败露，三人同招

---

① ［宋］吕大临等撰，陈俊民辑校：《蓝田吕氏遗著辑校》，第 569 页。
② ［宋］吕大临等撰，陈俊民辑校：《蓝田吕氏遗著辑校》，第 568 页。
③ ［宋］吕大临等撰，陈俊民辑校：《蓝田吕氏遗著辑校》，第 568 页。

惩犯。谨录状上。

　　牒件状如前，谨牒。

　　　　　　　　　　显德五年二月 日社录事都头阴保山等牒①。

　　本件文书中按三个社人为一团保，目的是防范"盗窃"。此件牒由社录事都头阴保山书写，文书纸张尾部有骑缝及"瓜沙等州观察使新印"的钤印，说明此社邑已被归义军政府利用来防止盗贼，成为官府的社会基层统治工具。又如 S. 1475 号 V《申年五月廿三日社司暖脚转帖（吐蕃时期）》云："五月廿三日，与武光晖起病暖脚，人各粟贰斗，并明日辰时于赵庭琳家纳。"可见吐蕃时期敦煌地区就存在社内疾病救助的措施。其实，宋初在实行保甲法之前，私社疾病救助的情况也很普遍②。四是水火、孤弱、诬枉，为社条中所未出现的事项，《乡约》将其纳入互助内容，丰富了社会救助事项，使此类互助事项更加具体化，便于操作。此外，《乡约》还对各种救助事项根据程度不同进行了相应的明确规定，便于监督患难相恤的执行情况，以便彰善惩恶。总的来讲，乡约有关"患难相恤"的规定，比社条相关的互助事项更为全面，更为具体，对增强乡村社会生活的稳定有积极意义，这一转变也与唐宋社会救助的重大转变有紧密联系③。

　　《乡约》事务部分，主要有罚式、聚会、主事三项。在罚式方面，《乡约》主要针对"过失相规"中不遵守犯义、犯约、不修之过者给予一定数额的经济处罚，未对违反"德业相劝""礼俗相交""患难相恤"的行为进行相关惩罚规定，说明《乡约》在这三个方面主要依靠乡绅、乡民的道德约束及个人自觉。处罚的原则是对轻过从免，再犯不免，对"累犯重罚而不悛者，特聚众议，若决不可容，则皆绝之"。相比较而言，敦煌社条在"患难相恤"

① 宁可等辑校：《敦煌社邑文书辑校》，第 743～744 页。
② [南宋] 真德秀撰：《西山文集》卷四〇《浦城谕保甲文》云："古者于乡田同井之义甚重，出相友入，守望相助，疾病相扶持；今之里社，亦古之遗意。"（曾枣庄、刘琳主编：《全宋文》第三一三册，上海辞书出版社、安徽教育出版社，2006 年，第 25 页）
③ 参见张文：《宋朝社会救济研究》，西南师范大学出版社，2001 年，第 363～378 页。

方面的处罚规定最多。

《乡约》之"聚会"与社条聚会有较大不同，敦煌社条中的聚会往往只规定春秋二社和建福三斋，有些社条甚至不涉及聚会的内容。但在民间私社的活动中，聚会大概分为两类：一类是在春秋二社举行祭祀及局席等活动，敦煌文书中大量的春秋局席转帖正好说明了这一点；一类是每月轮流局席活动①。《乡约》中聚会费用的规定，与社条规定也很类似。敦煌私社的聚会费用基本上采取"税聚"形式，即由参加社人共同分担，社人"逐次流行"②，即轮流负责置办酒席。值得一提的是《乡约》聚会的主旨是"书其善恶，行其赏罚"。敦煌社条往往以处罚为主，缺乏表彰，乡约分别记录善恶，更彰显了善恶，加强了对民风的教化。

关于"主事"，《乡约》规定设"约正一人，或二人，众推正直不阿者为之，专主平决赏罚当否。直月一人，同约中不以高下，依长少轮次为之，一月一更，主约中杂事"。显然，乡约的设置直接参照了私社的组织模式，但有所不同，乡约在某种程度上扩大了约正的权力，取代了私社中社长、社官、录事的相互牵制，而设月直逐月轮流替代。这正好反映了《乡约》设计之初，就以乡村上层绅士来控制乡村基层为目的，并有意加强约正的权威，使其"专主平决"，也意味着约人没有共同商议乡村事务的权力。《乡约》中设置的月直执掌，类似私社的录事，专掌杂事，但月直与私社常设性的录事不同，而是每月轮流接替，使得月直权限很有限，实际上与私社中的"月直"更为接近③。虽然乡约中的月直与私社中的月直名目相同，但职

---

① 详见郝春文：《敦煌遗书中的"春秋座局席"考》，《北京师范学院学报（社会科学版）》1989 年第 4 期，第 31～36 页。

② 见 S. 5629 号。

③ 私社月直只轮流负责斋饭，不是社官。见 S. 2041 号云："所遭事一遍了者，便须承月直，须行文帖，晓告诸家。"北图周 62 号《某年闰四月三日五月设斋转帖》云："社司转帖　五月，斋头李俊，右前件人次当今月行斋，准条合有助麦一斗。请至限五日已前送纳。如违准条科罚。其帖速递送本司。闰四月三日孔奕帖。"月直，另见 S. 5823 号、S. 5788 号。

责却存在差距。

《乡约》与社条性质的最大不同就是没有相关春秋二社斋祭的规定，这也是乡约组织与社邑组织的最大区别，乡约是以儒家伦理道德规范来作为纲领，从代表君主专制的皇权利益出发，由乡绅自觉地、由上而下地制定治理乡村的相关规定，来规范、教化乡村民众，从而为乡绅实现控制乡村服务。而社条则是以祭春秋二社为中心，以民间互助为辅，也是民众自由、自愿参加的社邑组织需要，由社众共同商议制定的相关规定。

## （二）元代的义约与乡社组织

最近发现的元代《龙祠乡社义约》（以下简称《义约》）①，为我们探讨宋代出现乡约以后，乡约如何与民间私社结合，以及乡约和民间私社各自的发展状况，提供了宝贵的资料。但是《义约》被公布后，一直没有引起学界的足够重视，本文重点从结构、内容等角度比较《义约》与敦煌社条、《乡约》的差异，来看元代乡社组织在乡村互助、自治中的作用以及乡社与国家政权之间的相互关系。

《义约》从题名上看似乎是"乡约"，但其内容更近乎敦煌社条，这是由其性质决定的。据《义约》绪言记载，因开州濮阳县鄄城乡张家保十八郎寨有古庙"龙王之殿"②，殿中塑有神像龙王，每遇天旱，寨中耆老人等，"诣庙行香祷祝，祈降甘雨，其应累著灵验。因此敬神为会，故名曰'龙王社'"③。在该乡社设立后，斋祭日渐"习于奢靡，不究立社之义，但盛酒馔以相矜"，于是在至正元年（1341 年）七月，龙王社老人百夫长唐兀忠显和

---

① 自 20 世纪 80 年代，唐兀忠显、唐兀崇喜《龙祠乡社义约》被发现，为《述善集》的一部分，焦进文、杨富学对其进行过校注。收入焦进文、杨富学校注：《元代西夏遗民文献〈述善集〉校注》，第 23～25 页。

② 见唐兀崇喜《报效军储》、唐兀忠显和唐兀崇喜《龙祠乡社义约》，收入焦进文、杨富学校注《元代西夏遗民文献〈述善集〉校注》，第 118、23～25 页。

③ 焦进文、杨富学校注：《元代西夏遗民文献〈述善集〉校注》，第 23～25 页。

千夫长高公等商议，共同订立此《义约》①，《义约》结尾的"今将各人姓名，籍录于左"一句，说明《义约》是经过社人同意，并且署名后方可生效。《义约》的内容也是紧密围绕龙王社的社祭、互助、社学等目的及乡社事务制定的，与《乡约》的内容存在较大差异。当然，《义约》也吸收了很多《乡约》的合理成分。张以宁《〈述善集〉叙》云："夫其龙祠乡社有约，蓝田吕氏之范也。"② 潘迪《龙祠乡社义约序》中也说："余观其条目详约备，颇增于吕氏，而其大致多与吕同……昔吕氏之学出于程子，今崇喜之学，实得之成均。"③ 曾坚《龙祠乡社义约赞》云："视吕蓝田，增其条。"④ 诸氏的说法并不尽是溢美之词，在《义约》具体的条文中就可以直接找到不少与《乡约》的联系。

《义约》的出现是与元朝大力利用汉族民间传统的村社组织来巩固其统治分不开的，早在蒙古国消灭南宋政府的过程中，为了恢复农业生产和稳定社会秩序，便于至元七年（1270 年）在全国实行了村社制度，而且推行得非常广泛⑤。《义约》的发现是元朝实行村社制度的具体例证，也是元朝大力推行村社的结果。《义约》的倡议者是本寨的龙王社老人百夫长唐兀忠显和千夫长高公等，均为蒙古侍卫的中低级武官，编撰者为百夫长唐兀忠显和其子国子上舍生崇喜⑥，这些人可视作当地乡绅，与《乡约》的情况较为接近，显然《义约》是地方乡绅响应中央政策的结果。正如时人所云："此约本缘乡社设，异时当与国朝通。"⑦ 说明该乡社的设立是顺应国家的政策。又如潘迪《龙祠

---

① 焦进文、杨富学校注：《元代西夏遗民文献〈述善集〉校注》，第 23～25 页。

② 焦进文、杨富学校注：《元代西夏遗民文献〈述善集〉校注》，第 4 页。

③ 焦进文、杨富学校注：《元代西夏遗民文献〈述善集〉校注》，第 16～17 页。

④ 焦进文、杨富学校注：《元代西夏遗民文献〈述善集〉校注》，第 62 页。

⑤ 参见杨讷：《元代农村社制研究》，《历史研究》1965 年第 4 期，第 117～134 页。

⑥ 《义约》云崇喜为千夫长，实际上，至正四年其父忠显卒时，其尚为国子上舍生，因此，至正元年立《义约》之时，崇喜当为国子上舍生。详见潘迪《大元赠敦武校尉军民万户府百夫长唐兀公（忠显）碑铭并序》，收入焦进文、杨富学校注：《元代西夏遗民文献〈述善集〉校注》，第 137～143 页。

⑦ 空空道人撰：《诗一首》，收入焦进文、杨富学校注：《元代西夏遗民文献〈述善集〉校注》，第 39 页。

乡社义约序》云："（此约）使自乡而邑，自邑而郡，自郡而天下，则风俗之丕变，安知不自是乡而权舆哉？"① 这正好反映了《义约》的作者期望通过教化、治理乡社，而影响到县，进而影响到郡，以达到天下治的目的，显然与《乡约》所设定的目的有异曲同工之妙。

若从结构来看，《义约》与敦煌社条尤为相似，而与《乡约》差距甚大。《义约》结构明显，大致可以分为绪言、条制和署名三个部分，与敦煌社条的结构相一致。本文从这三个方面对《义约》与敦煌社条、《乡约》进行分析。

《义约》绪言层次分明，大致分为三段。首先，交代了龙王乡社的由来和订立《义约》的时间及首倡者。其次，交代了立社的目的及制定义约的原因："所设之意，本以重神明，祈雨泽，美风俗，厚人伦，救灾恤难，厚本抑末，周济贫乏，忧悯茕独。"这与敦煌社条绪言部分的"结义相和，脤（赈）济急难，用防凶变""遇危则相扶，难则相救""凡论邑义，济苦救贫"等语，有很多共同之处。制定《义约》的原因是龙王乡社设立，"逮后因袭之弊，尚于奢侈，不究立社之义，乡约之礼。但以看馔相侈，宴饮为尚，甚有悖于礼"。也说明了《义约》在"立社之义"的基础上，又吸收了"乡约之礼"。

最后，概述了《义约》的条目和社官的设置与选举情况。《义约》的条制大致分为两类："死丧、患难、救济之礼，德业、过失、劝惩之道。"很明显《义约》受《乡约》的影响也很大，在很大程度上以《乡约》中德业相劝、过失相规、礼俗相交、患难相恤等四项内容为参考，进行了一定的变通，使其世俗化，更加适应社人互助活动的需要。《义约》将《乡约》中以德业等"道"为先，变成以患难等"礼"为重，正好说明了《乡约》过分强调德业等道义问题，忽视了患难相恤等互助问题，脱离了乡民的现实需要，反而增加了乡民的礼制约束和入约的经济负担，以致《乡约》很难推行，最终还是由社邑占据乡村社会生活的主导地位。通过两百多年的历史考验，《乡约》虽然暂时退出了历史舞台，但《乡约》中很多合理的成分则被乡社组织所吸收。《义约》中社官跟敦煌社官名称略异，有社举和社司，一般"推举年高有德、才

---

① 焦进文、杨富学校注：《元代西夏遗民文献〈述善集〉校注》，第17页。

良行修者"充任。社举就是社长，潘迪在谈到龙王乡社创办乡校时称，有社长张仲义、柳仲亨等出资，即可证明社举即社长①。其职责是"掌管社人，斟酌古礼，合乎时宜，可行之事，当禁之失，悉载社籍，使各人遵守而行"②。

《义约》的条制共十四条，从内容上可大致分为斋祭，互助，德业、过失、劝惩类，设司事务四类。下面按此四类探讨《义约》的内容。

一类，是斋祭，为第一、二、四、十一条。斋祭最初是社邑活动中最重要的内容，随着社会文化的变迁，社邑活动逐渐增添了互助、自卫、教育等新的内容，斋祭在社邑中的地位也逐步减弱，特别是祭祀祈农的目的日渐减弱③，而演变成民间的节日性、事务性聚会。故元代俗谚谓："一年三度醉，两社一重阳。""犹见百姓重社之意，然古制之泯久矣。"④ 又如时人赞美《义约》云："三时叙情会，孝弟（悌）无衍违。"⑤ 此"三时"，就是指"两社一重阳"。《义约》关于社人聚会的规定更加完善：每年设社，"除夏季忙月不会，余月皆会。七月为首，三月住罢。上轮下次，周而复始"。聚会的内容是"酬酢饮宴，言谈经史，讲究农务"，并不是以祭社为主，祭社只有在"倘值天旱"的情况下，"社内众人俱要上庙行香祈祷，违众者罚钞五钱"。《义约》对农忙、聚会的时间都做了详细规定，对聚会的标准也做了明确的规定，每月该设者即"月直"，必须在朔望之间举行斋会，违者就要受到处罚，但遇到不虞之事可以从免。显然，《义约》与敦煌社条相比较，规定得更加完善，这便于社司在执法的时候有条可依，"月直"在置办斋会时也有标准可循，约束了社人在承担社司事务中推卸责任的情况。

---

① 焦进文、杨富学校注：《元代西夏遗民文献〈述善集〉校注》，第 104 页。

② 焦进文、杨富学校注：《元代西夏遗民文献〈述善集〉校注》，第 16 页。

③ ［唐］魏徵等撰：《隋书》卷七《礼仪志二》载："百姓则二十五家为一社，其旧社及人稀者，不限其家。春秋祠，水旱祷祈，祠具随其丰约。"（中华书局，1973 年，第 141 页）［宋］王溥撰：《唐会要》卷一〇上《后土》云：咸亨五年五月己未诏："春秋二社，本以祈农。"（中华书局，1960 年，第 222 页）

④ ［元］方回续撰：《续古今考》卷一一《令民除秦社稷立汉社稷二年春二月》，《景印文渊阁四库全书》第 853 册，第 274 页。

⑤ 焦进文、杨富学校注：《元代西夏遗民文献〈述善集〉校注》，第 58 页。

二类，是互助性条制，包括了丧葬、婚姻、生产互助三类，共七条，为第三、五、六、八、一四条。丧葬互助是民间结社活动中最早的互助形式，《义约》将其放在互助的首位，反映了丧葬互助在元代乡社中的重要地位。《义约》中有关丧葬救助的基本情况与敦煌社邑文书的相关规定大致相似。关于丧葬互助有两条，为第三、五条，互助的程序是："该设者与（遇）有丧之家，即报社司知会，发书转送，误者罚钞一两。"互助标准是："其丧助之礼，各赠钞二两五钱，连二纸五十张，一名四口为率，止籍本家尊长，随社人亲诣丧所，挽曳棺枢，以送其葬。非天命而死者不与。其送纳赠钱，斋饭止从本家，勿较其限量、多少、美恶。违者罚钞十两。"关于助丧的物品、礼仪、等级都有明确的标准，反映了元代乡社在丧葬救助方面已经相当的完善，有很强的可操作性。婚姻互助在敦煌社条中虽已出现，但还不是很普遍，《乡约》将其放在"礼俗相交"条目中，且有较明确的规定："凡遗物婚嫁，及庆贺用币、帛、羊、酒、蜡烛、雉、兔、果实之类，计所直多少，多不过三千，少至一二百。"①《义约》第六条则云："婚姻相助之礼，时颇存行，故不复书。"说明元代民间乡社婚姻相助之礼，已经相当普遍，因此，具体的互助物品的数量不再作具体的限制，随民意自定。关于生产性互助条制，《义约》第八条规定："其社内之家，使牛一犋，内有倒死，出社人自备饮食，各与助耕地一晌。其锄田人，社随忙月、灾害，自备饮食，各与耘田一日。其助耕耘者不行，依法在意罚钞一两五钱。"生产互助在敦煌社条中仅有一条关于立庄造社的记载，严格意义上讲不属于直接的生产互助。不过，唐代政府曾推行马社、牛社，通过让乡民以结社方式，集体凑钱养马、牛，一定程度上减轻了乡民的负担，有生产互助的意味②，但未能推广。《乡约》未涉及这方面的内容，《义约》则是明确将生产互助写入乡社社条。《义约》中有关村社开

① ［宋］吕大临等撰，陈俊民辑校：《蓝田吕氏遗著辑校》，第 565 页。
② ［后晋］刘昫等撰：《旧唐书》卷一六《穆宗本纪》，中华书局，1975 年，第 475 页；［宋］欧阳修等撰：《新唐书》卷一九七《循吏传·韦丹传附子宙传》，中华书局，1975 年，第 5615 页。

展农业生产互助的规定，是受元代政府将村社作为政府劝课农业生产的基层组织的政策影响①。关于元代村社生产互助的情况，此前仅见于相关史籍的记载，尚未见实物证实，《义约》的发现不仅证实了元代村社制度在农业生产中的重要作用，也为研究该问题提供了新的资料。至元七年（1270 年）颁的农桑之制规定："县邑所属村疃，凡五十家立一社，择高年晓农事者一人为之长。增至百家者，别设长一员。不及五十家者，与近村合为一社。地远人稀，不能相合，各自为社者听。其合为社者，仍择数村之中，立社长官司长以教督农民为事。凡种田者，立牌橛于田侧，书某社某人于其上，社长以时点视劝诫。不率教者，籍其姓名，以授提点官责之。其有不敬父兄及凶恶者，亦然。仍大书其所犯于门，俟其改过自新乃毁，如终岁不改，罚其代充本社夫役。社中有疾病凶丧之家不能耕种者，众为合力助之。一社之中灾病多者，两社助之。"② 可见至元七年元朝政府已经颁布了非常细致的有关村社生产互助的制度，而且"立社长官司长以教督农民为事"，使村社成为国家督劝乡村社产的基层工具。显然，《义约》关于生产救助的内容，基本上是对至元七年颁布的有关村社生产互助内容的吸收和变通，当然元代村社督教农业生产之制，也应该继承了金朝的村社旧制③。此外，《义约》第十四条规定："除社簿内所载罚赏、劝戒事外，若有水火、盗贼，一切不虞之家，从管社人所举，各量己力而济助之。"可见社内任何一家若遇到不虞之灾，全体社人必须量力济助。这也是元朝在处理乡村事务时往往实行"乡社亦连坐"的政策④，在某种程度上反而促使乡社内部更加团结互助的反映。

　　三类，是德业、过失、劝惩，为第七、九、十、十五条。此类条制受

---

① 详见杨讷：《元代农村社制研究》，《历史研究》1965 年第 4 期，第 117 页。

② ［明］宋濂等撰：《元史》卷九三《食货志一·农桑条》，中华书局，1976 年，第 2355 页。

③ ［元］脱脱等撰：《金史》卷四六《食货志一·户口》记载泰和六年（1206 年）实行了保伍法："京府州县郭下则置坊正，村社则随户众寡为乡置里正，以按比户口，催督赋役，劝课农桑。村社三百户以上则设主首四人……以佐里正禁察非违。"（中华书局，1975 年，第 1031 页）

④ 《元史》卷一四六《耶律楚材传》，第 3459 页。

《乡约》影响最深，是对其德业相劝、过失相规、礼俗相交精神的吸收和变通，并结合乡村具体的需要，使儒家礼制中教条化的东西变成乡村容易推行、切实需要的东西。如第七条中提到创办社学、孔庙和书院，其实就是乡约中德业相劝的付诸实行，使儒家修、齐、治、平的思想通过创办社学、孔庙和书院等具体行为，付诸实践，来教化社人子弟，使其"能兴利除害，能居官举职"，也是《乡约》中"读书治田，营家济物"思想在乡社中的具体推行①。《义约》中有关社学的确切记载丰富了我们对社学性质和内容的认识②。虽然敦煌社邑文书中已出现"社学"二字，但没有具体内容的记载，因此还不能就此确定唐五代就出现了社学③，也就无法在社条中有所反映。据《义约》云："学校之设，见有讲室。礼请师儒，教诲各家子弟。矧又购材命工，大建夫子庙堂，以为书院。自有交会，亦不复书。"从"见有讲室"来看，显然在《义约》之前很可能就有社学存在，这对我们研究民间社邑组织与乡村教育具有重要意义。《义约》只是在此基础上，进一步"礼请师儒，教诲各家子弟"，建孔庙、立书院，而且至正十三年（1353 年）庙学正式建成，并设立了学田④。后来庙学又进一步扩展，至正十八年被赐号"崇义书院"⑤，成为书院。其实，《义约》的此项规定，也并非空穴来风，而是受至元八年（1271 年）元朝颁行的相关规定及其风气的影响，其规定云："夫大司农之立，则一乡一社皆有学矣。"⑥ 此后，元代的乡社创办社学得到了一定的

---

① ［宋］吕大临等撰，陈俊民辑校：《蓝田吕氏遗著辑校》，第 563 页。

② 目前学界往往以明洪武八年（1375 年）设社学作为社学之设的起始年。详见王凯旋：《论明代社学与学校教育》，《广西师范学院学报（哲学社会科学版）》2005 年第 4 期，第 137 页。

③ P. 2904 号《论语集解第二》末题："未年（815 年）三月廿五日社学写记了。"

④ 参见潘迪：《有元澶渊官人寨创建庙学记》，收入焦进文、杨富学校注：《元代西夏遗民文献〈述善集〉校注》，第 109～111 页。

⑤ 焦进文、杨富学校注：《元代西夏遗民文献〈述善集〉校注》，第 119～120 页。

⑥ ［元］苏天爵编：《元文类》卷四一《学校》，《景印文渊阁四库全书》第 1367 册，第 509 页。

推广①，崇义书院便是一个很好的例证。在过失和劝惩方面，第九条规定：
"社内人等，不得托散诸物，及与人鸠告酒帖黍课，亦不得接散牌场，搬唱词
话、傀儡、杂技等物戏，伤败彝伦，妨误农业，齐敛钱物，烦扰社内。违者
罚钞十两。"其实，这与《乡约》"过失相规"之"不修之过"中的"游戏怠
惰、用度不节"两条的内容很相似，只不过乡社成员绝大多数是村野民夫，
不需要所谓的"犯仪之过"和"犯约之过"的约束，对他们来讲儒家的繁文
缛节形同虚设，而相对低俗一点的"不修之过"却比较容易实现，有利于约
束社人勤俭节约，防止游戏误农，这样既可以节省不急之需，又有助于劝农
生产。第十条规定："各家头匹，务要牢固收拾牧养，毋得恣意撒放，作践田
禾，暴殄天物。违者每一匹罚钞一两。"实际上也是对《乡约》中"不修之
过"的"动作无仪"条的变通，作为乡野村夫，令其讲究言谈举止、衣冠整
洁，好比缘木求鱼，倒是将劝诱村民管好自家牲畜、防止牲畜践踏他人田禾
等诸如此类的有关乡纪民风之事写入社条，对约束社人自律、防止社人发生
过失引起矛盾有着积极的意义，也更加平实，符合乡村社民的需要。又第十
五条规定："如有无事饮酒，失误农业，好乐赌博，交非其人，不孝不悌，非
礼过为，则聚众而惩戒，三犯而行罚，罚而不悛，削去其籍。若有善事，亦
聚众而奖之。"显然，此条吸收了乡约过失相规中犯仪之过中的凶博斗讼、行
止逾违、行不恭逊及不修之过的"交非其人"条，在对其处罚的方式上也吸
收了乡约中"罚式"的原则，对初犯和再犯者分别采取规劝和重罚的态度，
即对"累犯重罚而不悛者，特聚众议，若决不可容，则皆绝之"②。

---

① ［明］李维祯纂修：《山西通志》卷二〇四《艺文·元》载郝希文《彻里公德政碑记》
云："我监邑名彻尔特穆尔，字士方，钦察氏景州东光人也……又敦请师儒每社立庠
一所，选民间俊秀子弟以充生徒。"（《景印文渊阁四库全书》549 册，第 626 页）
［元］唐元撰：《筠轩集》卷一三《本路劝农文》云："今天下郡县有学，乡社有学，
门塾有学，皆立教法，使人趋善，而避恶也。"（《景印文渊阁四库全书》1213 册，
第 589 页）《元史》卷一八五《吕思诚传》云："擢泰定元年（1324 年）进士第……改
景州蓚县尹。差民户为三等，均其徭役。刻孔子象，令社学祀事。"（第 4247 页）
② ［宋］吕大临等撰，陈俊民辑校：《蓝田吕氏遗著辑校》，第 566～567 页。

四类，是设司事务类，主要针对社官权限的限制和监督，为第一二、一三条。《义约》中出现了一个重要变化是对社官事务的监督和惩罚，这在以往社条和乡约中均未曾出现。据第一、二条规定："夫社举、社司所举之事，务在公当。若管社人当罚而不罚，与不当罚而妄罚者，罚钞二两。合举不举及举不当，亦罚钞二两。当罚者不受罚，除名。社内俱与绝交，违者罚绢一匹。"这体现了乡社由社人自办，一定程度上体现了社人的民主性和平等性。《义约》还对乡社的收支事务进行了规定，据第十三条云："社内所罚钞两，社举、社司附历对众交付管社人收贮，营运修盖庙宇，补塑神像。余者周给社内，毋得非礼花破，人己使用。"可见社内所罚收入，一般用于修缮庙宇、孔庙、神像外，其余用于社内救助活动。社人收贮，应该是设立义仓。其实，元朝至元六年（1269 年）就在乡社设立义仓。其法："社置一仓，以社长主之，丰年每亲丁纳粟五斗，驱丁二斗，无粟听纳杂色，歉年就给社民。"①《义约》中的此项规定正是元代有关村社义仓设置政策的反映。

《义约》最后为社人署名，其末尾一句云："今将各人姓名，籍录于左。"说明《义约》原件是有社人署名的，这一点也是证明《义约》就是社条的一个重要证据，也是不同于《乡约》的一个较大差别。但是由于《义约》后来收入《述善集》时，其末尾的署名脱离了原件也就失去了意义，便被抄录者省略。《乡约》仅仅是吕大钧自创的试图治理和控制乡村的蓝图，有待乡民的认同，也就不存在署名的情况。而敦煌社条和《义约》都是民间结社的实用文书，相当于契约，具有法律效力。因此，社人必须署名，表示认可该社条，以便在其实行的过程中有凭可据。这样既可以保护社人的基本权益，社人也必须承担结社活动中的义务，若是触犯社条还得承受社官的惩罚。同时也说明元代乡社不是严格地按照自然行政村来要求全体村民参加，也应该有一定的选择自由度。

总之，《义约》在吸收了唐宋民间社条的合理成分和宋代《乡约》以儒家礼教治理乡村的思想之外，很大程度上还受到元朝政府的控制。这不仅表

---

① 《元史》卷九六《食货志四·常平义仓条》，第 2467 页。

现在《义约》中的很多互助内容都是在贯彻政府有关村社政策，而且《义约》即社条是由地方低级官吏积极参与、制定的。不仅如此，元代村社社长往往由有一定财力和名望的人充当，从而使社长变成了政府劝课农桑、征税、整顿风纪的工具，从而实现了政府利用乡社加强地方统治的目的。

元代以后，随着政府对村社控制的削弱，明清士大夫逐渐推崇乡约，并吸收了社邑组织的积极因素，重新制定了一些乡约，为乡约组织注入了新的活力，如王阳明的《赣南乡约》、黄佐的《泰泉乡礼》，都是大力倡导乡约的代表，从而鼓励乡绅积极参加推行乡约，教化风气，推动乡村自治，从而达到巩固中央政权的目的①。

——刘进宝主编：《转型期的敦煌学》，上海古籍出版社，2007 年

——《敦煌研究》2008 年第 1 期

---

① 详见秦富平：《明清乡约研究述评》，《山西大学学报（哲学社会科学版）》2006 年第 3 期，第 24 ~ 27 页。

# 第三章
## 敦煌本《大云经疏》新论
### ——以武则天称帝为中心

　　近年来关于武则天的研究，是唐史研究的一个热点问题①，但关于武则天称帝与祥瑞关系的探讨，由于受历史唯物主义的影响，国内对这方面的研究明显不足。仅有牛来颖《唐代祥瑞与王朝政治》、介永强《武则天与祥瑞》、李俊《初唐时期的祥瑞与雅颂文学》等文②，从不同角度探讨了祥瑞和唐代政治、文学的问题，但所使用的资料和论证内容都很有限。随着20世纪初，敦煌本《大云经疏》的发现，通过对《大云经疏》的研究，为我们更加深入探讨武则天称帝与祥的关系提供了新的重要资料。

　　此前，学界一般认为《大云经疏》就是武则天命薛怀义等对《大云经》的注疏，为她称帝进行舆论宣传③。由于后代统治者对其实行了禁断，所以并未流

---

① 详细情况见王双怀：《本世纪以来的武则天研究》，《中国史研究动态》1997年第3期，第2~9页；胡戟等主编：《二十世纪唐研究》，中国社会科学出版社，2002年，第35~42页。

② 牛来颖：《唐代祥瑞与王朝政治》，收入郑学檬、冷敏述主编：《唐文化研究论文集》，上海人民出版社，1994年，第535~545页；介永强：《武则天与祥瑞》，收入赵文润、李玉明主编：《武则天研究论文集》，山西古籍出版社，1981年，第160~167页；李俊：《初唐时期的祥瑞与雅颂文学》，《中国青年政治学院学报》2005年第5期，第112~117页。

③ ［宋］欧阳修等撰：《新唐书》卷七六《则天武皇后传》载："拜薛怀义辅国大将军，封鄂国公，令与群浮屠作《大云经》，言神皇受命事。"（中华书局，1975年，第3481页）［后晋］刘昫等撰：《旧唐书》卷六《则天皇后本纪》载：载初元年（转下页注）

传于世。直至 20 世纪初敦煌文书的发现，人们才得以重新了解其中的奥妙。自《大云经疏》被发现以来①，矢吹庆辉、狩野直喜、王国维、陈寅恪、汤用彤、萧福登等很多著名学者都对它进行了研究②，主要集中在《大云经疏》的性质、撰疏人及写作年代等问题的研究，但对该疏涉及的祥瑞和图谶对武则天称帝所起作用的探讨还很有限。虽然，陈寅恪先生的《武曌与佛教》一文中也对这一问题作了简要的概括："其经典教义可供女主符命附会之利用，要为一主因。"③ 但其他学者对这一问题的认识也无出其右，多是对其观点的进一步发挥。近年，林世田先

---

（接上页注③）"秋七月，杀豫章王宣，迁其父舒王元名于和州。有沙门十人伪撰《大云经》，表上之，盛言神皇受命之事。制颁于天下，令诸州各置大云寺，总度僧千人。"（中华书局，1975 年，第 121 页）同书卷一三三《武承嗣传附薛怀义传》载："怀义与法明等造《大云经》，陈符命，言则天是弥勒下生，作阎浮提主，唐氏合微。故则天革命称周，怀义与法明等九人并封县公，赐物有差，皆赐紫袈裟、银龟袋。"（第 4742 页）《大云经》，《大藏经》今存两种译本，一为北凉昙无谶译《大方等无想经》，一为姚秦竺佛念译《大云无想经》。

① 在敦煌文书中共发现两个抄本《大云经疏》，分别为 S.2658 号和 S.6502 号，见黄永武主编《敦煌宝藏》第 22 册（第 45～54 页）、第 47 册（第 498～506 页），新文丰出版公司，1982 年。两个抄本内容大致相同，残缺程度有别，S.6502 号保存相对完整，本文主要依据 S.6502 号，参考 S.2658 号。

② 〔日〕矢吹慶輝：《三階教の研究》，岩波书店，1927 年，第 686～747 页。王国维：《唐写本大云经跋》为狩野直喜博士所录《大云经疏》定性、定名，同时认为法明等重译《大云经》，并将其与《大云经疏》同颁于天下（《观堂林集》第 4 册，中华书局，1959 年，第 1016～1018 页）。陈寅恪《武曌与佛教》认为以女身称王是大乘佛教中所有，武则天时代没有重译《大云经》，颁行天下的当是薛怀义等拿旧本参以新疏的《大云经疏》（《金明馆丛稿二编》，上海古籍出版社，1980 年，第 137～155 页）。アントニーノ・フォルテ：《〈大雲經疏〉なめぐつて》对《大云经疏》的性质和名称进行讨论，同时又对其写作年代和著者进行了探究（《講座敦煌ろ・敦煌と中國仏教》，大東出版社，1984 年，第 173～203 页）。汤用彤《隋唐佛教史稿》认为，武氏称帝之前《大云经》已有不止一种译本，并且其中均有女主之文，于是薛怀义等把《大云经》改造了一番，将其上表。他还进一步认为英国伦敦博物馆所藏 S.6502 号文书就是《东域录》中所载《大云经神皇授记义疏》（中华书局，1982 年，第 198～199 页）。萧登福：《敦煌俗文学论丛》，台湾商务印书馆，1988 年，第 86～131 页；萧登福：《谶纬与道教》，文津出版社，2000 年，第 552～553 页。

③ 陈寅恪：《武曌与佛教》，《金明馆丛稿二编》，上海古籍出版社，1980 年，第 150 页。

生对《大云经疏》的研究颇为深入，连续发表了多篇相关论文①。林先生运用结构分析的方法，打破了现存经疏文本结构的限制，成功地复原了《大云经疏》的初稿，又将其重新归类整合，并把疏中所涉及的祥瑞、图谶剥离了出来。他在很大程度上发展了陈先生的观点。此外，萧登福《敦煌写卷〈太宗入冥记〉撰写年代及其影响》也论及了武则天倚重《大云经疏》为其革命作舆论宣传问题②，颇为重要。本文在前人研究的基础上，以《大云经疏》所涉及的图谶、祥瑞为切入点，对该疏在武氏称帝过程中所发挥的具体作用作进一步的探讨。

武则天选择《大云经》作为自己称帝舆论宣传工具的原因，陈先生在《武曌与佛教》一文中已有论断，此处不再赘述。从林先生所复原的《大云经疏》初稿情况来看，其初稿的疏是对《大云经》经义的解释，尚缺乏祥瑞和图谶，内容空洞，缺乏神秘性、通俗性和说服力。这样的初稿对急于称帝的武则天来说，起不到广为流传、鼓动人心的作用，更不用说为其宣扬"应天命"而称帝的天意。因此，武则天授意薛怀义等对《大云经》进行注疏的目的是进一步发挥《大云经》中净光天女的事迹等，并补充大量的祥瑞和图谶，来证明武则天是弥勒佛的化身，点化女身当王、武姓立国的问题，使其称帝更加神秘化，从而充斥"应天命"的色彩。于是，武则天对其倍加称赞："《大云》阐奥，明王国之祯符……爰开革命之阶，方启惟新之运。"③ 显然，武则天还有一个明显的用意，就是用《大云经疏》中大量的图谶祥瑞来"泄

① 林世田：《〈大云经疏〉初步研究》，《文献》2002年第4期，第47~59页；《〈大云经疏〉结构分析》，郑炳林、花平宁主编：《麦积山石窟艺术论文集》下册，兰州大学出版社，2004年，第175~196页；《武则天称帝与图谶祥瑞——以 S. 6502〈大云经疏〉为中心》，《敦煌学辑刊》2002年第2期，第64~72页；《敦煌所出〈普贤菩萨说证明经〉及〈大云经疏〉考略——附〈普贤菩萨说证明经〉校录》，收入《文津学志》第一辑，中国国家图书馆，2003年，第165~190页。林先生的这几篇文章对《大云经疏》进行多角度的分析，从结构、著者、写作年代及其写作意图等方面进行了较为深入的研究。
② 收入萧登福：《敦煌俗文学论丛》，第86~129页。
③ ［清］董诰等编：《全唐文》卷九五武曌《释教在道法上制》，中华书局，1983年，第981页。

露""应天命"的天机。正如敦煌写本 S. 6502 号《大云经疏》云:

> 然此《大云经》一部,有卅七犍度。言犍度者,乃是梵音,此云法
> 聚也。故今叙而释之云尔。大云者,广覆十方,周遍一切,布慈荫于有
> 识,洒慧泽于无边。既布大云,必澍甘雨。窃惟云者,即是武姓。此明
> 如来说《大云经》,本属神皇母临万国,子育兆人,犹如大云以一□□泽
> 及中外,无远不沾,故曰大云者也①。

显然该疏的主旨明确表明:"窃惟云者,即是武姓"和"本属神皇母临万
国,子育兆人",十分露骨地以如来佛的名义让武姓"神皇"称帝、"母临万
国"。该疏名为佛教经疏,实则是武则天对《大云经》中有利于其称帝的内容
进行了政治发挥,以便进行政治说教,从而用佛理来证明其以皇后身份称帝
是"应天命"的,不可抗拒的。在当时武则天掌控朝政之后,作为女性、皇
后身份,要想称帝所面临的两个最大问题:女身问题和姓氏问题。《大云经
疏》的编撰,主要目的就在于解决这两个方面的问题,其编撰者利用大量的
祥瑞、图谶对《大云经》进一步解释,为女身称帝、变更国姓,找寻"应天
命"的依据。

## 一 《大云经疏》与武则天以女身称帝的相关问题

女身称帝,在唐代以前尚未有先例,因此,武则天称帝必然要面临"牝
鸡之晨,惟家之索"的挑战②。佛教经典《大云经》中宣扬的"女王受记"
可以转圣王的思想,无疑为武则天称帝找到了理论出口。正如陈寅恪先生所
说:"末流至于大乘急进派之经典,其中乃有以女身受记为转轮圣王成佛之教
义……武曌颁行天下以为受命符谶之大云经,即属于此大乘急进派之经典。

---

① 黄永武主编:《敦煌宝藏》第 47 册,第 498 页下。
② [汉]孔氏传,[唐]孔颖达疏:《尚书正义》卷一一《周书·牧誓》,《十三经注疏》,
中华书局,1980 年,第 183 页。

其原本实出自天竺，非中国所伪造也。"① 但是，不管《大云经》中所说的净光天女也好，弥勒佛也好，均出自佛经，源自天竺，非我中华之有，纯属舶来品，尚不适应唐代政治斗争的需要。另一方面，单纯通过正统的佛经进行说教，未免牵强，其传播也很受限制，也很难融入中土政治文化中。因此，用图谶、祥瑞等传统文化因素来改造《大云经》，使其本土化，实现通俗化、大众化和神秘化，从而融入中国文化，把武则天称帝所需的女身可以当国、武姓将要当王的"天机"大为传播、光大，以便在理论上支持其以女身称帝、改易国姓、国号。

中国古代以男权主导的皇帝制度，其社会意识形态是建立在天命论基础之上的，皇帝是代天行事，以"天子"自居。因此，在其框架下，祥瑞或图谶往往昭示"天意"，天意是不可抗拒的，任何人都不能违背。《大云经疏》的使命就是要把印度佛教的"经义"转化为中国的"天命"。一旦转化成功，性别问题也就迎刃而解，那些原来不利的因素也会随之发生根本性的转变，称帝之路遂畅通无阻。武则天正是清楚地认识到这一点，才命人在《大云经疏》中大量地使用祥瑞、图谶，用中国的"天命"来附会天竺佛教经义，借天竺佛教经典来宣扬中国的"天命"。下文主要对《大云经疏》中宣传"天命"的神秘谶语进行分类分析，以观察《大云经疏》如何利用谶语和祥瑞来扫除女身称帝、改易国姓障碍，及武则天熟练运用祥瑞和谶语的手段。从《大云经疏》谶语的性质来看，大致可以分为扫除女身称帝、改易国姓两类谶语和祥瑞。

《大云经疏》中以解决女身称帝为主的谶语共有五个②。

第一，证明因缘谶。谶曰："尊者白弥勒世尊出世时，疗除诸秽恶，若有逋慢者，我遣天童子，手把金杖，刑害此人。水东值明主，得见明法

① 陈寅恪：《武曌与佛教》，《金明馆丛稿二编》，上海古籍出版社，1980年，第147～148页。
② 以下五个谶语分别参见《敦煌宝藏》第47册，第500页上、第499页下、第501页上、第502页上、第501页下。

王，尊者愿弥勒，为我造化城，上有白银柱，下有万世铭。天女着天衣，柱上悬金铃，召我诸法子，一时入化城。谨按弥勒者，即神皇应也。"这是一个佛教谶语，用佛教暗语，说明弥勒佛"现受女身"，"乃是方便之身，非实女身"，来暗示武则天就是弥勒佛的化身，并以"化庭"（暗指明堂）、白银柱（暗指天枢）、万世铭（暗指广武铭）三件事作为佐证。最后一语点破"弥勒"，"神皇应也"，武则天就是弥勒佛化身的"天女"。

第二，无名歌谶。歌曰："非旧非新……交七为身……傍山之下，到（倒）出圣人。"从内容来看，它前面是一句暗语，后面是一个字谜。《大云经疏》解作："非旧非新，非旧者，言神皇非旧君临也。非新者，明神皇先已母育，又非新也。"① 很明显，这些都暗指武则天的政治经历："非旧"者，言武则天将以"皇后"身份君临李唐天下，预示着她要改朝换代，将要变易国姓李姓为武姓，改唐为周，建立一个新的王朝；而且当时武则天已为皇后，母仪天下，同高宗并称"二圣"，共决国事②，故言"非新"。经疏对这一谜

---

① S. 6502 号，《敦煌宝藏》第 47 册，第 500 页下。

② 《资治通鉴》卷二〇一"唐高宗麟德元年十月"条载："（诛杀上官仪后）自是上每视事，则后垂帘于后，政无大小，皆与闻之。天下大权，悉归中宫，黜陟、杀生，决于其口，天子拱手而已，中外谓之二圣。"（中华书局，1956 年，第 6343 页）《旧唐书》卷五《高宗本纪下》载："自诛上官仪后，上每视朝，天后垂帘于御座后，政事大小皆预闻之，内外称为'二圣'。"（第 100 页）同书卷六《则天皇后本纪》载："永徽六年，废王皇后而立武宸妃为皇后。高宗称天皇，武后亦称天后……帝自显庆已后，多苦风疾，百司表奏，皆委天后详决。自此内辅国政数十年，威势与帝无异，当时称为'二圣'。"（第 115 页）《新唐书》卷四《则天皇后本纪》载："上元元年，高宗号天皇，皇后亦号天后，天下之人谓之'二圣'。"（第 81 页）同书卷七六《则天武皇后传》载："及仪见诛，则政归房帷，天子拱手矣。群臣朝、四方奏章，皆曰'二圣'。"（第 3475～3476 页）谨按上述史料，武则天在诛杀上官仪，即 644 年后，开始垂帘听政，权势迅速膨胀，至永徽六年（655 年）废王皇后，地位正式得到巩固。显庆以后，高宗病重，武则天开始大权独揽，至上元元年（674 年）她与高宗一人称"天皇"，一人称"天后"，并称"二圣"。此时距法明等于载初元年（689 年）上《大云经疏》相隔大约尚有 15 年。

语进一步解释："交七为身者，谓女字也。傍山之下，到（倒）出圣人者，傍山谓'婦'边'帚'子（字）。上傍安，'山'字也。到（倒）出谓'帚'字之下到（倒）作'出'字。"最终指出谜底"即'婦'字也"，并进一步强调："此乃重显神皇圣德也。"显然，此谶中使用多重证据证明皇后武则天以"婦"身称帝，乃是顺应天意。

第三，孔子谶。谶云："天生圣人草中者。"经疏云："非男之称，此乃隐言，预记神皇临驭天下。""草"对应"非男"，《周易集解》卷四《上经否》云："巽为草木，阳爻为木，阴爻为草。"① 又《周易正义》卷二《需》云："巽是阴，柔性，又和顺。"② 故草属阴，阴为女性，女和男相对，非男为女，故"草"为"非男"。从字形上来看，"草"上部"艸"与"非"字形相似，下部"早"与"男"字形相似，故"草"字上下部分开即为"非男"，所以经疏又云："此乃隐言。""天生圣人草中"便成了"天生圣人"为女子，点明这位顺天命而生的圣人是女性，从而得出"预记神皇临驭天下"的结论。

第四，龙吐图谶。谶云："戊子母圣帝，千年基明唐，一合天地心，安令李更长。"经疏解释的意向更加明确："窃惟明堂制度，千载寂寥，神皇于垂拱之年，肇兴阳馆。戊子之岁，崇构毕功。"这里暗指武则天于垂拱四年（688 年，按天干地支纪年法为戊子岁）"二月，庚午，毁乾元殿，于其地作明堂"③，十二月"辛亥，明堂成"之事④，不足一年的时间建成工程浩大的明堂，来显示此千载伟业的完成得到了天助，暗示武则天是按天意行事。"言母圣帝者，谨按：'察道者，帝。'此显圣母明于正道，君临之义也。'一合天地心'，一者……侯王得一以为天下正，此明神皇以至道化人，合于天地之心也。'安令李更长'，李者，皇家姓也，言神皇安宗社，使国祚

---

① ［唐］李鼎祚：《周易集解》卷四《上经否》，中华书局，1984 年，第 5 页。
② ［魏］王弼、［晋］韩康伯注，［唐］孔颖达疏：《周易正义》卷二《需》，《十三经注疏》，第 26 页下。
③ 《资治通鉴》卷二〇四"唐则天顺圣后垂拱四年二月"条，第 6447 页。
④ 《资治通鉴》卷二〇四"唐则天顺圣后垂拱四年二月"条，第 6454 页。

长远之义也。斯乃幽显合符古今悬应，此即明神皇圣寿无疆，宝历长远也。"显然经疏有意以"戊子母圣帝"来证明垂拱四年（688 年）武后加尊号"圣母神皇"之事乃是天意，暗示武后取代李唐将是"以至道化人，合于天地之心也"。

第五，天授圣图。谶曰："圣母临人，永昌帝业。永者，长也。昌者，盛也。"此"圣图"之事，实际上是武承嗣所伪造。为此，武则天曾举行了一次隆重的"拜洛受图"仪式。关于这一图谶的情况，前人已有深入的研究，兹不赘述①。

在利用和制造有利的祥瑞的同时，武则天还积极打破对其不利的传统观念，将一些人们熟知的灾异类图谶祥瑞化，赋予对其登帝有利的新的神秘性和神圣性，来保证她称帝的应天命和合法性。最显著的例子，就是将人们通常认为不祥的地震和鸡祸，转换成其登帝的瑞兆，充分地显示了武则天的政治才华和谋略。

第一，地震的"祥瑞化"。地震在古人眼里是阴盛阳衰的表现，是一种凶兆。一般史籍都将其放在灾异类，而且往往以地震来警示皇权所出现的危机，甚至认为地震是女人干政的不祥之兆。因此，"阴盛而反常则地震，故其占为臣强，为后妃专恣"的观念为世人熟知②。武后的聪明之处，不是刻意地回避地震，即女人干政的既成事实，反而借助地震来强化自己称帝是天地感应的结果，是天地的预示。因此，武后在称帝之前，大力搜索全国地震的报告，显然地震已经被祥瑞化，为其所用。本文利用两《唐书》和相关史籍，参考今人相关唐前期地震次数研究成果，制成唐前期地震次数统计表。

---

① 参见赵文润、王双环：《武则天评传》，三秦出版社，2001 年，第 189～196 页。
② 《新唐书》卷三五《五行志二》，第 906 页。

表一 唐前期地震次数统计表

| 资料来源 | 高祖 | 太宗 | 高宗 | 武后 | 中宗 | 睿宗 | 玄宗 |
|---|---|---|---|---|---|---|---|
| 两《唐书》[①] | 2[②] | 4[③] | 9[④] | 6[⑤] | 2[⑥] | 1[⑦] | 5[⑧] |

① 《旧唐书》卷一至一○《诸帝本纪》,第1～238页;《旧唐书》卷三七《五行志》,第1345～1382页;《新唐书》卷一至五《诸帝本纪》,第1～154页;《新唐书》卷三五《五行志二》,第897～925页。

② 关于"武德二年(619年)九月乙未"京师地震的记载,《旧唐书》卷一《高祖本纪》(第9页)和《新唐书》卷一《高祖本纪》(第10页)的记载相同,《新唐书》卷三五《五行志》误作十月乙未日(第906页);武德七年(624年)七月也有檇州地震的记载,见《旧唐书》卷一《高祖本纪》(第15页)、《新唐书》卷一《高祖本纪》(第17页);是年共计为2次地震。

③ 太宗朝地震:贞观十二年(638年)正月乙未丛州地震、正月癸卯松州地震,贞观二十年(646年)九月灵州地震(《旧唐书》卷三《太宗本纪》,第49页,《新唐书》卷二《太宗本纪》,第34、37、45页);贞观七年(633年)十月乙丑京师地震(《新唐书》卷三五《五行志》,第906页);总计为4次。

④ 高宗朝地震:贞观二十三年(649年)八月河东地震、十一月晋州地震,永徽元年(650年)四月晋州地震、六月晋州地震,永徽二年(651年)十月晋州地震、十一月忻州(定襄)地震,咸亨二年(671年)九月东都地震,仪凤二年(677年)正月京师地震,永淳元年(682年)十月京师地震(《旧唐书》卷四～五《高宗本纪》,第67～69、96、102、110页;《新唐书》卷三《高宗本纪》,第52～53、69、74、78页);总计9次。

⑤ 武则天统治时期的地震:垂拱三年(687年)七月京师地震,垂拱四年(688年)七月京师地震,垂拱四年八月神都地震,延载元年(694年)四月常州地震,大足元年(701年)七月乙亥扬、楚、常、润、苏五州同时地震,长安二年(702年)八月剑南六州地震(《新唐书》卷四《则天皇后本纪》,第86～87、94、102页),共计6次。值得注意的是,《旧唐书》没有记载上述地震情况,大概是刘昫等在编撰《旧唐书》时,认为武则天当权时期有关地震的记载纯粹是武则天借地震之名为其女身称帝制造舆论,与史实不符,故不予记载;而在《新唐书》编修时,理学已经兴起,欧阳修等似乎有意用正统的观念以地震来警示女主干政不祥之兆,故将武则天伪造的地震也收入其中。

⑥ 中宗朝地震:景龙二年(708年)七月台州地震(《旧唐书》卷七《中宗本纪》,第146页)、景龙四年(710年)五月丁丑剡县地震(《新唐书》卷三五《五行志二》,第907页),共计2次。

⑦ 睿宗朝地震:景云三年(712年)正月并、汾、绛三州同时地震(《旧唐书》卷七《睿宗本纪》,第158页;《新唐书》卷五《睿宗本纪》,第119页)。

⑧ 玄宗朝地震:《旧唐书》只记载开元二十二年(734年)二月秦州地震和开元二十六年三月京师地震;《新唐书》在此之外,还记载了开元十七年四月蓝田地震、开元二十四年十月京师地震和开元二十四年十一月东都地震的三次地震,共计5次。(《旧唐书》卷8～9《玄宗本纪》,第193、200、208页;《新唐书》卷五《玄宗本纪》,第138、140页)

续表一

| 资料来源 | 高祖 | 太宗 | 高宗 | 武后 | 中宗 | 睿宗 | 玄宗 |
|---|---|---|---|---|---|---|---|
| 唐代地震灾害时空分布初探① | 2 | 6 | 13 | 5 | 1 | 2 | 5 |
| 中国历代天灾人祸表② | 1 | 2 | 0 | 0 | 0 | 0 | 1 |
| 中国地震资料年表③ | 1 | 11 | 2 | 7 | 1 | 1 | 4 |
| 中国古代自然灾异相关性年表总汇④ | 1 | 0 | 2 | 1 | 0 | 1 | 1 |

表二　高宗、武后朝地震分布地区与次数统计表

| 资料源 | 晋州 | 长安 | 洛阳 | 其他 |
|---|---|---|---|---|
| 两《唐书》 | 5 | 2 | 3 | 5 |
| 唐代地震灾害时空分布初探 | 5 | 2 | 4 | 7 |
| 中国历代天灾人祸表 | 0 | 0 | 0 | 0 |
| 中国地震资料年表 | 0 | 3 | 2 | 4 |
| 中国古代自然灾异相关性年表总汇 | 2 | 1 | 0 | 0 |

从表一的统计资料来看，在唐前期，两《唐书》中地震次数最多的记载是高宗朝，唐前期总共地震 29 次，而高宗朝地震记录就有 9 次，占总数的31%；其次是武周朝共 6 次，占总数的21%。在唐前期的 139 年中，高宗和武后共在位 55 年，不足总年数的40%，却占了唐前期全部地震记录的54%；更为可疑的是武则天称帝的前两年（687、688 年），连续有 3 次地震记录，占唐前期总数的11%，约是唐前期平均地震率（约每年 0.2 次）的 14 倍。显然，记载高宗、武后朝地震次数存在很大的水分。

依据《唐代地震灾害时空分布初探》《中国历代天灾人祸表》《中国地震资料年表》《中国古代自然灾异相关性年表总汇》四种统计资料，虽各有侧

---

① 参见童圣江：《唐代地震灾害时空分布初探》，《中国历史地理论丛》2002 年第 4 期，第 55～64 页。

② 参见陈高佣等编：《中国历代天灾人祸表》，上海书店，1986 年，第 455～549 页。

③ 参见中国科学院地震工作委员会历史组编辑：《中国地震资料年表》，科学出版社，1956 年，第 21、86～187、363、447、578、683、818、940、1173 页。

④ 参见宋正海等著：《中国古代自然灾异相关性年表总汇》，安徽教育出版社，2002 年，第 20、45、93、278 页。

重，统计资料存在一定的差距，但亦很能说明问题。从表二显示两《唐书》记载高宗、武后朝地震的地区分布情况来看，有很明显的政治暗示意味，地震发生最多的是晋州，共 5 次；其次是洛阳，共 3 次；最后是长安，共 2 次。仔细考其发生的时间，很能说明问题。发生在晋州的 5 次地震时间分别为贞观二十三年（649 年）八月、贞观二十三年十一月、永徽元年（650 年）夏四月、永徽元年六月和永徽二年（651 年）冬十月，这些时间均在太宗和高宗交替之际，恐怕除了真实发生的自然地震记载之外，不排除"编造"的"人为"地震，还有点有意预示皇权的统治不稳的意味。长安发生的两次地震，在高宗仪凤二年（677 年）十月和永淳元年（682 年）正月，恰好处于武则天称"天后"（674 年）与高宗病逝（683 年 12 月）前后，显然这两次地震的记载跟武后权势增长有直接关系，令人不得不怀疑武则天是否有意用"地震"来作为自己当权的瑞兆。更为可疑的就是洛阳的 3 次地震，发生的时间分别为垂拱三年（687 年）七月、垂拱四年七月和垂拱四年八月，恰恰就在武周革命前的一年多一点的时间内。这些数字和时间并不是巧合，而是武则天刻意制造的结果。这一点，在《大云经疏》引用的"证明因缘谶"中说得很清楚："谨按《易》云：帝出于震，震在东。此明神皇出震周临，又王在神都，即是水东也。"显然，武则天明确地将地震作为其称帝、定都、更改国名的祥瑞，是天地与人事的感应。这几个地区在唐朝具有非同一般的政治意义，十分敏感，武则天正是利用晋州和两京地区的地震，来预示李唐皇室的不稳固，以及女皇将于洛阳兴起的预兆。如《新唐书》卷三五《五行志二》云：高宗"初即位而地屡震，天下将由帝而动摇象也"[1]。随着武则天的专权，及其势力的继续膨胀，地震原本警示灾异的功能被武则天所利用，成为她以女身当国的祥瑞。显然，天下州郡奏报地震的目的，纯粹是为了迎合武后，特别是武后准备称帝之前，各地奏报数量骤增。《大云经疏》中记载得很明确，就将"新丰庆山"直接视作武后称帝的祥瑞。关于新丰庆山之事，的

---

[1]　《新唐书》卷三五《五行志二》，第 907 页。此条记载也说明，《新唐书》所采用的地震材料未必可信，很可能就是武后的伪造之作。

确发生在垂拱二年（686 年）九月己巳①。《旧唐书》记载得非常详细："则天时，新丰县东南露台乡，因大风雨雹震，有山踊出，高二百尺，有池周三顷，池中有龙凤之形、禾麦之异。则天以为休征，名为庆山。"②《新唐书》亦云："新丰有山因震突出，太后以为美祥，赦其县，更名庆山。"③ 从"有山踊出""因震突出""大风雨雹震"等描述来看，"庆山"就是单纯地震导致的造山现象。但武则天对这次自然灾异的一些特殊现象，曲意发挥，视为己瑞，大肆宣扬，以示天意。不过，当时也不乏"冥顽不化"者，对"庆山"的美化，提出了不同声音。江陵人俞文俊上书云："天气不和而寒暑并，人气不和而疣赘生，地气不和而堆阜出。今陛下以女主处阳位，反易刚柔，故地气塞隔而山变为灾。陛下谓之庆山，臣以为非庆也。臣愚以为宜侧身修德以答天谴；不然，殃祸至矣！"④ 显然，俞文俊"知义而不识时务"，公然撕破了"皇帝的新衣"。对此，则天皇后大怒，将他"流于岭外"，随后又密令将其杀死。武后当机立断，杀鸡儆猴的效果，加之她向来残酷地打击异己，很快百官纷纷上表附和与武后有关的祥瑞。如张说的《为留守作贺崛山表》《为留守奏羊乳獐表》《为留守奏嘉禾表》等⑤，从而出现诸多"祥和气氛"的奏表。受武则天导演的"新丰庆山"祥瑞的影响，各地类似"庆山"祥瑞的奏报也屡屡出现，于是便有了崔融的《为泾州李使君贺庆山表》和张说的《为留守奏庆山醴泉表》⑥。万年县令郑国忠也上状云："言县界内霸陵乡新出庆山南之醴泉。"⑦ 武则天导演的"新丰庆山"祥瑞事件，不仅扫除了传统观念对地震警示妇人干政的障碍，而且通过此事检验了百官的政治立场和民心，

① 《资治通鉴》卷二〇三"唐则天顺圣皇后垂拱二年九月己巳"条，第 6442 页。

② 《旧唐书》卷三七《五行志》，第 1350 页。

③ 《新唐书》卷七六《则天武皇后传》，第 3479 页；［唐］刘肃撰：《大唐新语》卷一三《记异》略同，中华书局，1984 年，第 193 页。

④ 《资治通鉴》卷二〇三"唐则天顺圣皇后垂拱二年九月"条，第 6442 页。

⑤ 《全唐文》卷二二二，第 2242~2244 页。

⑥ 《全唐文》卷二一八崔融《为泾州李使君贺庆山表》，第 2200 页；《全唐文》卷二二二张说《为留守奏庆山醴泉表》，第 2241 页。

⑦ 《全唐文》卷二二二郑国忠《为留守奏瑞禾杏表》，第 2242 页。

巧妙地剪除了异己，成功地扫除阻挠称帝的政治势力。

第二，雌鸡化雄。这一现象，用现代的眼光看，其实就是由于鸡体内分泌的性激素失调而引起的性别转变现象，这是一种自然现象①。但鸡祸和地震一样，中国古人往往将其视作妇人干政的预兆。然而武则天充分利用鸡祸中雌鸡变为雄鸡的现象来显示自己女身称帝的天意，一改传统的鸡祸概念。据《新唐书》卷三四《五行志一》载："垂拱三年七月，冀州雌鸡化为雄……永昌元年正月，明州雌鸡化为雄。八月，松州雌鸡化为雄。"② 值得一提的是整个唐代有确切记载的三次雌鸡化雄的事均发生在距离载初元年（689 年）九月武则天称帝的两年之内，近者仅一个月。这就不得不令人怀疑，小小的"雌鸡化雄"的自然现象，州县纷纷奏报，搞得举国皆知，天下昭然，其目的就是武则天为称帝进行舆论宣传，制造女身称帝的神秘气氛。其实，唐人张鷟就道出了其中的奥妙："文明以后，天下诸州进雌鸡，变为雄者多。或半已化，半未化。乃则天正位之兆。"③ 显然，天下纷纷进奏雌鸡化雄，已经将其视作武后"正位之兆"。

以上主要探讨了武则天通过《大云经疏》如何利用祥瑞和谶语来解决以女身称帝问题，并巧妙地转换地震和鸡祸为祥瑞的策略进行了深入分析。下面主要分析《大云经疏》如何利用祥瑞和图谶来解决武则天称帝，变更皇姓和更改国都、国号的相关事宜。

## 二　《大云经疏》与武则天变更皇姓的相关问题

薛怀义等编撰《大云经疏》的一个重要任务就是利用祥瑞、谶语解决变

---

① 参见施佩瑛、尹慧道《鸡的性别控制》（《安徽大学学报（自然科学版）》1979 年第 1 期，第 41~43 页），文章用实验的方法，说明了鸡体内雌性激素和雄性激素比例的变化，能够引起鸡性别的转变。

② 《新唐书》卷三四《五行志一》，第 880 页；《新唐书》卷四《则天皇后本纪》略同，第 115 页。

③ ［唐］张鷟撰，赵守俨点校：《朝野佥载》卷四，中华书局，1979 年，第 99 页。

更国姓，由"武"姓替代国姓的问题。其实，《大云经疏》开宗名义云："大云者，广覆十方，周遍一切，布慈荫于有识，洒慧泽于无边……窃惟云者，即是武姓。"① 直接道明了《大云经疏》编撰的目的就是宣扬"武"姓之女"应天命"称帝的天机。下文从分析《大云经疏》征引的十一个图谶来看，大致可以分为"止戈为武"字谜谶和与"武"字相关的动物谶两类。

《大云经疏》征引图谶中有七个内容都是有关"止戈为武"的字谜谶：

1. 瑞石：止一女，万方吉……一人圣万八千……女主千千……我女一人千千年。

2. 中岳马先生谶：牵三来，就水台，更徽号，二九共和明，止戈合天道，圣妇佐明夫，率土怀恩造。

3. 《推背图》曰：大蓄八月，圣明运翔。止戈昌女主，立正起唐唐。佞人去朝龙来防，化清四海，整齐八方。

4. 宜同师记：自赞无贝止竖长戈，打文却武，从寅上来，乘坤入帝阁。月色明天路，与圣同明乐。京师城里道超超（迢迢），洛阳城中光烁烁。光明遍洛川，龙飞直上天。显圣临朝开万国，端坐乘王受千年。四面猖狂无一物，唯有此武独昌延。

5. 紫微夫人玉策天成纬曰：太上还玉京，界乱妖魔行。地上成血泥，众生无愿生。会待承唐年，中国息刀兵。李子五六后，止戈升太平。本是太虚真，济难须交争。一起青童子，倏欻陵三清。尔能勤正法，朱宫度尔形。宣法在尔身，天下自安宁。

6. 西岳道士于仙掌得仙人石记云：六合将万国，咸集止戈天，升中镇和气，得受万亿年。

7. 嵩岳道士寇谦之铭：吾算后卜筮，王天下者，木子受太平，善为大圣主，忠孝治国，大王难言，乃为歌曰：龟言吉，筮言从。火德王，王在止戈龙。万岁无为化，三王治圣宫。李复李，代代不移宗。欲知长

---

① 《敦煌宝藏》第47册，第498页下。

命所，中顶显真容。得吾斯文者，当得圣君封。歌不尽意，又为颂曰：天道无亲，唯德是真。德合忠孝，乃王圣人。善为文化，字育实勤，武兴圣教，国之大珍。欲知始终，王在天中。三阳之处，可建仙宫。圣君当王，福祚永隆。长生万岁，无为道冲①。

关于"止戈为武"的由来，学界已经有很多研究，一般认为楚庄王最早说过"止戈为武"的话②，许慎的《说文解字》释"武"为："武，楚庄王曰：夫武，定功戢兵，故止戈为武。"③说明"止戈为武"的解释早已被唐人熟知，因此，"止戈"的字谜谶，就等同"武"字，"止戈合天道"，就是"武"姓代李姓合天道。第一个谶语曰："止一女，万方吉。"《大云经疏》释作："止者，止戈也；一女者，神皇也。"此谶语有一石二鸟之效，既说明了神皇的性别，又说明了"神皇"的姓氏"止戈也"。中岳马先生谶中有"就水台"一语，"水台者，高宗讳也"，水解作"氵"，配以"台"字，乃高宗之名"治"。"更徽号"，显然是附会高宗即帝位，改年号为永徽之事。"二九共和明"，"九"在中国古代是帝王的代名词，"二九"即"二圣"，"共和明"再次点明二圣共同治理天下。但这个谶语的重点在"止戈合天道"，强调只有武则天称帝才合天意。与此类似，推背图中有"止戈昌女主"，宜同师记的"自赞无贝止竖长，戈打文却武从寅"，紫微夫人玉策天成纬的"止戈升太平"，西岳道士于仙掌得仙人石上亦曰："咸集止戈天。"嵩岳道士寇谦之铭亦云："王在止戈龙。"这些谶纬铭文的出处都十分神秘，不是来自瑞石、仙人石等仙界，就来自中岳、西岳、嵩岳等宗教和传说中的圣地。神秘的出处加上字谜的隐秘性，使得本来很平常的"止戈为武"变得神秘，意在突显天意。这种

---

① S. 6502 号，《敦煌宝藏》第 47 册，第 501 页下、503 页下、503 页上、504 页上、504 页下、505 页下、505 页上。参见林世田：《武则天称帝与图谶祥瑞——以 S. 6502〈大云经疏〉为中心》，《敦煌学辑刊》2002 年第 2 期，第 67 页；雷闻：《道教徒马元贞与武周革命》，《中国史研究》2004 年第 1 期，第 73～80 页。

② 参阅向学春：《"止戈为武"之我见》，《重庆三峡学院学报》2003 年第 5 期，第 45～46 页。

③ ［东汉］许慎撰：《说文解字》，中华书局，1963 年，第 266 页下。

神秘的隐语，为"武"姓当国，赋予了天人合一的色彩，便成了天意的象征。

《大云经疏》中意会"武"字的动物谶。这种动物谶基本上采用形近字、同音字和谐音字来，意会"武"字。如以下四种：

> 1. 七字谶："东海跃六传书鱼，西山飞一能言鸟，鱼鸟相依同一家，鼓鳞奋翼膺而号。"

> 2. 五字谶甲："戴冠鹦鹉子，真成不得欺……二九一百八十年，天下太平高枕眠。"

> 3. 五字谶乙："陇头一丛李，枝叶欲雕疏，风吹几欲倒，赖逢鹦鹉扶。"

> 4. 元嵩谶："两角麒麟儿，世民皆不识，长大威仪成，献者得官职。贤忠今在朝，竖子去君侧，能善作分别，永隆安社稷。"①

前三个谶语均以鹦鹉作为对象，鹦鹉在古代是一种吉祥物，谐"英武"音，代表英名神武；鹦鹉又名"能言鸟"，会学人说话，因此古人也认为鹦鹉具有灵性，是一种神鸟。《大云经疏》充分利用了鹦鹉既是一种传统的祥瑞，又是一种神鸟的光环，将鹦鹉之"鹉"与武则天的"武"字联系在一起，无疑给武则天的"应天命"增加了神秘感。如《大云经疏》曰："鹦鹉应圣氏也"，"鹦鹉者，属神皇之姓也"。其疏以鹦鹉意会"武则天"的祥瑞，就连武则天本人也有几分笃信，武则天称帝后在纠结立皇储以何姓之时，"谓仁杰曰：'朕梦大鹦鹉两翅皆折，何也？'对曰：'武者，陛下之姓，两翼，二子也。陛下起二子，则两翼振矣。'太后由是无立承嗣、三思之意。"② 由此可见，鹦鹉谶也就自然成为武则天称帝的最为重要依据之一。

最值得探讨的是《广武铭》中的动物谶与"武"姓的关系。谶云："离（狸）猫为你守四方……三六年少唱唐唐……次第还歌《武媚娘》。"《大云经

---

① S.6502 号，《敦煌宝藏》第 47 册，第 498~506 页；参见林世田：《武则天称帝与图谶祥瑞——以 S.6502〈大云经疏〉为中心》，《敦煌学辑刊》2002 年第 2 期，第 67 页。

② 《资治通鉴》卷二〇六"唐则天顺圣皇后圣历元年二月"条，第 6526 页。

疏》对此这样解释：“易曰：离者，明也，位在南方，又是中女，属神皇南面而临天下，又是文明之应也。”“中女”一词，并非一般意义上的中年妇女①。那究竟该如何解释才对呢？查《易经》云：“乾，天也，故称乎父。坤，地也，故称乎母。震一索而得男，故谓之长男。巽一索而得女，故谓之长女。坎再索而得男，故谓之中男。离再索而得女，故谓之中女。艮三索而得男，故谓之少男。兑三索而得女，故谓之少女。”② 此处“中女”和“长男”“长女”“中男”“少男”“少女”并列出现，前有“父”和“母”，此处，“中女”之“中”应是兄弟姐妹之间的排行第二③。中国古代“中”字表示行第的用法很常见，多冠于“男”或“女”之前，称“中男”“中女”。因此，《大云经疏》中“又是中女”一语，应该理解为武则天是武士彟第二女的行第。据《旧唐书》卷一八三《武承嗣传》载：“初，士彟……又娶杨氏，生三女：长适越王府功曹贺兰越石，次则天，次适郭氏。”④《新唐书》卷二〇六《武士彟传》载：“士彟……又娶杨氏，生三女。元女妻贺兰氏，早寡。季女妻郭氏，不显。士彟卒后……后立，封杨代国夫人，进为荣国，后姊韩国夫人。”⑤《新唐书》卷七六《则天武皇后传》载：“始，士彟……又娶杨氏，生三女：伯嫁贺兰越石，蚤寡，封韩国夫人；仲即后；季嫁郭孝慎，前死。”⑥《资治通鉴》载：“初，武士彟……又娶杨氏，生三女，长适越王府法曹贺兰越石，次皇后，次适郭孝慎。”⑦ 显然，武则天在杨氏所生三女中排行

① 林世田在《武则天称帝与图谶祥瑞——以 S.6502〈大云经疏〉为中心》一文中，曾就此问题指出此时的武则天已是“年过六旬的十足‘老妪’了”（《敦煌学辑刊》2002 年第 2 期，第 683 页）。对中年妇女这一说法也曾提出疑问，但并没有将其具体考证。

② ［魏］王弼注，［唐］孔颖达疏：《周易正义》卷九《说卦》，《十三经注疏》，中华书局，1980 年，第 94 页。

③ 此说得到赵和平先生的指点，特此感谢。

④ 《旧唐书》卷一八三《武承嗣传》，第 4727 页。

⑤ 《新唐书》卷二〇六《武士彟传》，第 5836 页。

⑥ 《新唐书》卷七六《则天武皇后传》，第 3476 页。

⑦ 《资治通鉴》卷二〇一“唐高宗乾封元年八月”条，第 6349 页。

第二，应无异议。因此，《大云经疏》所云"中女"之"中"，就是指武则天。

"离猫"一词，可谓一语双关，"离"字除了上述特指"中女""文明"年号之外，还与"狸"字谐音，"狸猫"又隐含"武"字的避讳。《大云经疏》又云："猫者，武之象，武属皇氏。"猫为何是武之象？除了猫与虎貌似，传说有兄弟之相外，还与唐代以"武"字避"虎"字讳有关。唐朝避为李虎之讳，取音近，以"武"避"虎"字。如《太平御览》摘引《穆天子传》："天子射鸟，有兽在葭中，七萃之士高奔戎擒之以献。天子命畜之东虞，曰虎牢。"又并注曰："唐讳虎，故改武，其后又名成皋。"① 可见唐代将虎牢改作武牢。唐人陆广微在地理文献《吴地记》中也有相似记载："虎丘山，避唐太祖讳改为武丘，又名海涌山。"② 因此，疏中故意用猫有"虎之象"，来突出"武之象"，用避讳文化来附会武后称帝的"天意"。可见薛怀义巧妙地用"狸猫"来暗示"武氏第二女"，就是武后（参见示意图一）。

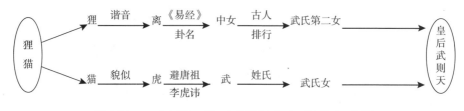

示意图一　《大云经疏》中狸猫与武则天的联系示意图

此外，《广武铭》云："非豹非狼。"《大云经疏》释作："武也。"这个也暗含了一个谶语，所谓的"武"，为"虎"的避讳字，因此，实际上也是以"狸猫"暗示"武"。唐宋时期，世人往往将豹、豺、狼、虎、狸猫并列在一起，归入凶猛的动物类。如唐释道世撰《法苑珠林》卷八五《业因篇卷七十八之余》云："为人好于美食，恐害众生无有善者，前身从豺狼、狸猫中来。"③

① ［宋］李昉等编：《太平御览》卷一五八《州郡部·西京河南府·河南道上》，中华书局，1960 年，第 770 页。

② ［唐］陆广微撰：《吴地记》，收入［清］永瑢：《文渊阁四库全书》第 587 册，上海古籍出版社，1987 年，第 60 页。

③ ［唐］释道世撰：《法苑珠林》卷八五《业因篇卷七十八之余》，收入《文渊阁四库全书》第 1050 册，第 382 页上。

《夷坚志》中也有狸猫化乳虎的故事①，充分证实"非豹非狼"实际上指的就是"狸猫"，"狸猫"又可以化作虎，"武"又可以避"虎"讳。

　　既然猫和鹦鹉都被武则天视为己瑞，若是猫与鹦鹉能平安相处，自然更是神奇，"应天命"的说教更是事半功倍。于是，武则天在称帝后的长寿元年（692年）五月上演了一场政治秀，"太后习猫，使与鹦鹉共处，出示百官。传观未遍，猫饥，搏鹦鹉食之，太后甚惭"②。虽然武则天费尽心机企图让猫和鹦鹉和平相处，借此来证明自己称帝的正当性和神圣性，然顽猫本性难移，没给武则天面子，当着群臣的面搏杀了鹦鹉。武则天虽然弄巧成拙，但其用意足以说明《广武铭》中的狸猫和鹦鹉的相关谶语都是经过精心设计的，而且颇得武则天之心意。

　　《广武铭》谶在用"狸猫"指明武则天将要改易天命之后，还用"次第还歌《武媚娘》"的民间音乐，来进一步强调武媚娘就是武则天。这显然是薛怀义等人汲取了现实中与武则天相关联的一些素材，来衬托谶语的神秘性和先验性。其实，《武媚娘歌》在武则天之前就已经存在，除了名称相同之外，本身没有任何关联。《旧唐书》载："隋开皇末，为太子洗马。皇太子勇尝以岁首宴宫臣，左庶子唐令则自请奏琵琶，又歌《武媚娘》之曲。"③《资治通鉴》云："勇尝宴宫臣，唐令则自弹琵琶，歌《妩媚娘》。"④ 由此可推断《武媚娘歌》的出现应该不晚于隋朝开皇末。该曲在武则天时期也是相当流行，《教坊记》中有曲名"《武媚娘》"⑤。《朝野金载》载："永徽后，天下唱《武媚娘歌》，后立武氏为皇后。大帝崩，则天临朝，改号大周。"⑥《新唐书》

---

①　［宋］洪迈撰：《夷坚志·支景》卷一《阳台虎精》，中华书局，1981年，第880～881页。

②　《资治通鉴》卷二〇五"唐则天后长寿元年五月"条，第6484页。

③　《旧唐书》卷六二《李纲传》，第2373页。

④　《资治通鉴》卷一七九"唐高祖开皇二十年十月"条，第5583页。

⑤　［唐］崔令钦撰：《教坊记》，上海古籍出版社编：《唐五代笔记小说大观》上册，上海古籍出版社，2000年，第125页。

⑥　［唐］张鷟撰，赵守俨点校：《朝野金载》卷一，中华书局，1979年，第12页。

卷三五《五行志二》曰："永徽后，民歌《武媚娘曲》。"① 韦后当政时，迦叶志忠为了劝韦后受命，进《桑条歌表》云："天后未受命时，天下歌《武媚娘》。"② 正因为《武媚娘歌》与武则天之后宫赐号"武媚"相同，等同武则天的标签，在当时武则天急需找到某种与其有密切联系的事来渲染其受天命的形势下，《武媚娘歌》便顺理成章地成为武则天称帝的一种瑞兆了。于是，《大云经疏》将本来平常的《武媚娘歌》赋予了天命的色彩，解释作："此明三圣之后，即神皇临御天下也。"明确告谕天下，继唐高祖、唐太宗、唐高宗这"三圣"之后，武媚娘当君临天下，此人就是武后。

"元嵩谶"中提到的"两角麒麟儿"，《大云经疏》云："惟神皇外氏，杨也，羊有两角，故曰两角麒麟儿。"显然，由于武则天为杨氏所生，所以《大云经疏》以"羊"与"杨"谐音，来用隐语指代武则天。

在《大云经疏》的最后，对武则天将"驭四天下"而产生的祥瑞，作了一个综合的概述：

> 神皇化迹，阎浮未知有何祥瑞。答曰：窃惟圣德超前，神兽冠。昔義农未获之瑞，屡呈垂拱之年，轩昊不记之祥，频应载初之日，加复日抱戴、月重光、庆云浮、佳气满、日月如合璧、五星若连珠、德星常守宫披，此天应也。武德纪号，垂拱标年，此则年号之应也……山称武当，则山名之应也。至若武功、武陟、武水、武昌、武仙、武力、武康、武强，则州郡之应也。河出图、洛出书、醴泉涌、神池见，水之应也……嘉禾秀、芝草生、异木同心、连理呈瑞，草木之应也。又文明年内，怀州于黄河中忽有五色云起，云上有人自称玄女。云：天使送九转神丹，进皇太后。当时，有萧延休等同见。又宝图每出，必降祯符，抱戴庆云，不可胜记，新丰庆山之瑞，显崇峻于昌基，岚州□□□□□也，表灵长于景□□③

---

① 《新唐书》卷三五《五行志二》，第918页。
② 《全唐文》卷二七六迦叶志忠《进桑条歌表》，第2805页。
③ 《敦煌宝藏》第47册，第506页。

这段材料中称有关武后称帝的祥瑞数量"不可胜计",抛开祥瑞的真假不论,单就上奏中央的祥瑞数量来说,此言不虚。如敦煌文书 P. 2005 号《沙州都督府图经残卷》中就找到佐证①,该卷记载了从后凉吕光麟佳(文书底卷作"麟庆")元年至武周天授二年(389～691 年)300 余年间敦煌出现的祥瑞清单,共计 20 种,而武则天当政时期的祥瑞就占 9 种,其中垂拱四年(688 年)有甘露和野谷生于野两种;天授二年有五色鸟、日扬光、庆云、蒲昌海五色、白狼 5 种之多。除此之外还有一首《歌谣》,这首歌谣也是盛称武氏称帝②。在地处边陲的弹丸之地的敦煌,竟有如此表现,那么天下诸州上奏中央之祥瑞真可谓"不可胜计"。按照《唐六典》的分类标准,《大云经疏》所载祥瑞大多为大瑞③,并将含"武"字的年号、山名、地名的平常之事,视作武后应天地之祥瑞的证据,无疑都是为烘托"武"姓当国服务,更显示了武则天称帝顺乎天意、合乎民心的不可抗拒性。从《大云经疏》所记和相关史料记载情况来看,武则天利用大量的祥瑞和谶语为其称帝作了广泛的舆论宣传,不仅散布了"应天命"、革唐命的意图,而且通过这些看似荒诞之事,直接检验了当朝百官和民间百姓对其称帝的政治态度,高举"应天命"的旗帜,积极准备登基,同时扫除异己。如《资治通鉴》载:"襄州人胡庆以丹漆书龟腹曰:'天子万万年。'谐阙献之。昭德以刀刮尽,奏请付法。太后曰:'此心亦无恶。'命释之。"④ 按唐律:"诸诈为瑞应者,徒二年。"⑤ 对如此曲意伪造祥瑞的行为,按律应当惩罚,然而武后不但不罚,反而以一句"此心亦无恶",轻描淡写,便加以释放。其纵容之心,溢于言表,而有冥顽不化斗胆揭穿武后的心思者,必将触怒龙颜,惹火烧身。

---

① 参见上海古籍出版社、法国国家图书馆合编:《法藏敦煌西域文献》第 1 册,上海古籍出版社,1995 年,第 43～64 页。
② 参见唐耕耦、陆宏基编:《敦煌社会经济文献真迹释录》第 1 辑,书目文献出版社,1986 年,第 17～23 页。
③ 参见《唐六典》卷四《尚书礼部》,中华书局,1992 年,第 114～115 页。
④ 《资治通鉴》卷二○五"唐则天后长寿元年五月"条,第 6484 页。
⑤ 刘俊文笺解:《唐律疏议笺解》卷二五《诈伪》,中华书局,1996 年,第 1741 页。

## 三　结论

综上所述，《大云经疏》是武则天纠集薛怀义等御用僧徒，利用佛道相关经义和谶语，来阐明自己称帝是"应天命"的说教宝典。它解决了武则天称帝的两个重要问题，即武则天的性别和姓氏问题。本文重点对武则天如何通过《大云经疏》，巧妙地利用祥瑞和谶语的逻辑进行了深入的分析，认为武则天不仅善于利用和制造有利自己的祥瑞和谶语，来证明称帝是"应天命"的天意，而且善于积极打破对其不利的旧的传统观念进行舆论引导，将一些人们熟知的灾异类图谶祥瑞化，赋予对其登帝更为有利的神秘性和神圣性，来保证她称帝的合法性。最显著的例子，就是将人们通常认为不祥的地震和鸡祸，转换成其登帝的瑞兆，充分地显示了武则天的政治才华和谋略。显然，《大云经疏》不仅是武后称帝说教宝典，还是检验百官和民意的工具。武则天正是通过《大云经疏》的舆论宣传和充分的政治准备，有力地镇压了抵制其称帝的势力，制造自己"应天命"的神秘气息，终于在《大云经疏》推出两个月后，正式称帝，并得以顺利控制朝政。本文还对《大云经疏》中的一些具体的祥瑞和谶语进行了新的解释，如"离猫"之"离"字除了特指"中女"即武则天之外，还与"狸"字谐音，"狸猫"又隐含"武"字的避"虎"，因此有"猫者，武之象，武属皇氏"的说法。

——《文史》2009 年第 4 辑

历 史 篇

# 第一章
# 敦煌本《唐大历元年
# 河西节度观察使判牒集》研究

敦煌文书 P. 2942 号为研究唐中后期吐蕃攻占河西[1]、安西和北庭地区的历史及西北少数民族的关系都提供了极为宝贵的史料。王重民[2]、那波利贞[3]、池田温[4]、安家瑶[5]、史苇湘[6]、马德[7]、陈守忠等先生对 P. 2942 号卷子作过录文和研究[8]，对此卷的定名、作者、成文年代、历史人物、事件等问题多有论及。然各家在诸多问题上尚存分歧，现结合前贤的看法，对此件文书的几个相关问题予以再探。

---

① 参见上海古籍出版社、法国国家图书馆合编：《法藏敦煌西域文献》第二〇册，上海古籍出版社，2002 年，第 180~185 页。

② 参见王重民：《敦煌遗书总目索引》，商务印书馆，1962 年，第 276 页。

③ 〔日〕那波利贞：《唐天寶時代の河西道邊防軍に関する經濟史料》，《京都大學人文學部研究紀要》第 1 号，1952 年，第 1~130 页。

④ 参见〔日〕池田温：《中國古代籍帳研究》，東京大學東洋文化研究所，1979 年，第 493 页。

⑤ 安家瑶：《唐永泰元年（765）—大历元年（766）河西巡抚使判集（伯二九四二）研究》，北京大学中国古代史研究中心编：《敦煌吐鲁番文献研究论集》，中华书局，1982 年，第 232 页。

⑥ 史苇湘：《河西节度使覆灭的前夕——敦煌遗书伯 2942 号残卷的研究》，《敦煌研究》1983 年创刊号，第 119 页。

⑦ 马德：《关于 P. 2492 写卷的几个问题》，《西北师院学报（增刊）·敦煌学研究》1984 年 10 月，第 63~66 页。

⑧ 陈守忠：《河陇史地考述》，兰州大学出版社，1993 年，第 61 页。

## 一 关于"副帅"是谁的问题

由于 P. 2942 号卷子所载"副帅"没有明确具体的姓名，传世典籍亦对此"副帅"无确切记载，因此学界对此争论颇大。唐长孺先生的《敦煌吐鲁番史料中有关伊、西、北庭节度使留后问题》一文认为此"副帅"是杨志烈[①]，安家瑶先生在《唐永泰元年（765）—大历元年（766）河西巡抚使判集（伯二九四二）研究》一文也倾向于"副帅"即杨志烈，陈守忠、王小甫先生在相关论著中都持此观点[②]。

但马德和史苇湘先生对此说持有异议。马德据《册府元龟》卷一三九《帝王部·旌表（三）》[③]、《全唐文》卷五〇德宗皇帝《赠杨休明等官诏》[④]、P. 3952 号《乾元元年（758 年）侍御史凉州长史杨休明奏》[⑤] 及《大唐都督杨公记德颂》残碑推断，本件文书中的"副元帅"和《杨公记德颂》碑中的"杨都督"为同一人，即杨休明，而非杨志烈[⑥]。史苇湘依据《资治通鉴》卷二二四"唐代宗大历元年五月"条，及《伊西庭留后周逸构突厥煞使主兼矫诏河已西副元帅》《差郑支使往四镇索救援河西兵马一万人》等相关材料，认为长泉遇害"副

---

① 唐长孺：《敦煌吐鲁番史料中有关伊、西、北庭节度使留后问题》，《中国史研究》1980 年第 3 期，第 3～11 页。

② 陈守忠：《河陇史地考述》，第 61 页；王小甫：《唐吐蕃大食政治关系史》，北京大学出版社，1992 年，第 202～203 页。

③ ［宋］王钦若等编纂，周勋初等校订：《册府元龟（校订本）》卷一三九《帝王部·旌表三》，凤凰出版社，2006 年，第 147～158 页。

④ ［清］董诰等编：《全唐文》卷五〇德宗皇帝《赠杨休明等官诏》略同，中华书局，1983 年，第 555 页。

⑤ 上海古籍出版社、法国国家图书馆合编：《法藏敦煌西域文献》第三〇册，上海古籍出版社，2003 年，第 278 页。

⑥ 马德：《关于 P. 2492 写卷的几个问题》，《西北师院学报（增刊）·敦煌学研究》1984 年 10 月，第 63～64 页。

帅"为杨休明①。

笔者支持长泉遇害"副帅"为杨志烈的主张，并非杨休明。文书中《伊西庭留后周逸构突厥煞使主兼矫诏河已西副元帅》云："副帅巡内征兵，行至长泉遇害，军将亲观事迹，近到沙州具陈……尚书忠义，寮属钦崇"（第191～198行），表明这位"河已西副帅"巡内征兵，行至长泉遇害。又《差郑支使往四镇索救援河西兵马一万人》亦云："元帅一昨亲巡，本期两道征点，岂谓中途遇害。"（第218～219行）行文所指"两道"，即河西与伊西北庭，是这位"副帅""元帅"的"巡内"范围，可见这位"副帅"，兼任河西和伊西北庭两镇的节度使。这位"副帅"究竟是谁，须看以下史料。据吐鲁番阿斯塔那墓509号《唐宝应元年（762年）五月节度使衙榜西州文》云：

> 使衙　　　榜西州
>
> 诸寺观应割附充百姓等。
>
> 右件人等久在寺观驱驰，矜其勤劳日久，遂与僧道商度，并放从良，充此百姓。割隶之日，一房尽来，不能有愧于僧徒。更乃无厌至甚，近日假讬，妄有追呼。若信此流，扰乱颇甚。今日以后，更有此色者，当便决然。仍仰所由，分明晓谕，无使踵前。榜西州及西海县。
>
> 以前件状如前。
>
> 建午月四日
>
> 使御史中丞杨志烈②

唐长孺先生认为榜文所记建午月四日即宝应元年（762年）五月，"使御

①　史苇湘：《河西节度使覆灭的前夕——敦煌遗书伯2942号残卷的研究》，《敦煌研究》1983年创刊号，第121页。

②　参见国家文物局古文献研究室等编：《吐鲁番出土文书》第九册，文物出版社，1990年，第126～127页。

史中丞"即伊西北庭节度使①。从传统史籍记载，广德年间（763～764年），杨志烈曾任河西节度使是毫无问题的②，而杨志烈在762年曾兼任伊西北庭节度使，也完全是有可能的。这一点从《大唐都督杨公纪德颂》残碑中亦可印证③。碑文云："时以山东余孽，尚殄皇情，分命我公，宣慰四道……来苏之咏；河湟怀挟纩之恩，二庭发貔武之师，四镇叙琅玕之贡……诏优公忠武将军、守左威卫将军、河西副总管……有诏诏（召）公入朝，列郡居守，独（中缺）日，除伊西北庭节度等使、摄御史中丞。"为什么在安史之乱后，皇帝要任命这位杨公"宣慰四道"呢？显然是出于杨公在河西、四镇的权位和家世影响的考虑。之所以河湟之地军民感恩杨公的"挟纩之恩"，是因为杨氏家族在四镇有非常深厚的社会背景和影响，即所谓的"琅玕之贡"。这一点，其实唐长孺先生已经做过考证，据杨炎《四镇节度副使右金吾大将军杨公神道碑》云："公名和，字惟恭，河东人也……凡三破石国，再征苏禄、开勃者，三诛达觅者……自武卫将军四镇经略副使加云麾将军兼于阗军大使……又迁金吾大将军四镇节度副使，金紫之贵，樊缨羽旄……十四载五月薨于镇西之官舍……嗣子预……初以右武卫郎将见于行在，天子美其谈说，问以中兴，遂西聚铁关之兵，北税坚昆之马，起曰城开天郎，特拜左卫将军兼瓜州都督关西兵马使，又迁伊西北庭都护，策茂勋也，诛门人以息群盗，设勇爵以酬诸戎，钟鼓再考，驿旄既备，可以答明君，告宗庙扬于祖考。"④唐先生已经考订此都督杨公与杨预不是同一人，而是同祖兄弟，且领官多相同。这

① 唐长孺：《敦煌吐鲁番史料中有关伊、西、北庭节度使留后问题》，《中国史研究》1980年第3期，第6页。

② ［五代］刘昫等撰：《旧唐书》卷一九六《吐蕃传上》，中华书局，1975年，第5239页；参见［宋］欧阳修等撰：《新唐书》卷六《代宗本纪》，中华书局，1975年，第171页。

③ 碑石藏于敦煌市博物馆，参见张维：《陇右金石录》卷二，严耕望编：《石刻史料丛书》，艺文书馆，1966年，第52～53页。参见唐长孺：《敦煌吐鲁番史料中有关伊、西、北庭节度使留后问题》，《中国史研究》1980年第3期，第3～11页。

④ ［宋］李昉等编：《文苑英华》卷九一七《职官二十五》，中华书局，1966年，第4829～4830页。

样我们就可以理解杨公碑中提到其"河湟怀挟犷之恩","四镇叙琅玕之贡"的资本了。这正是肃宗起用这位杨公的原因所在,从此人曾任河西副总管,又担任除伊西北庭节度等使、摄御史中丞,在此期间职官和身份比较接近的人只有杨志烈。

但是,马德先生力主此碑在敦煌,这位杨公就应为沙州都督,即杨休明①。马德先生从四个方面证明此杨公就是杨休明,仔细阅读其分析的依据,就会发现其论点并无充分的证据。马先生认为杨休明是以凉州长史的身份在沙州处理僧尼道纳钱事,其实这里存在着理解的偏差。此事因"以前侍御史判凉州长史杨休明奏,奉乾元元年□月六日敕,委臣勾当前件道僧告牒"②,而具体执行者则由别人处理,显然文书明确强调"奉乾元元年□月六日敕",则此时很可能已经不再是乾元元年。据此推断杨休明曾以区区侍御史的身份"宣慰四道",恐怕难以服众,与事实不符。马先生提到"御史中丞"和"御史大夫"在唐中期可同一而语,恐怕有失妥当。唐代御史大夫的品级唐初为从三品,武宗会昌二年(842年)升为正三品,御史中丞为其副,唐初为正五品,武宗时也升为正四品下;而侍御史为从六品下;殿中侍御史为从七品下③。实际上,特别是御史大夫权力和地位过重,从德宗初以后并不常置,而以"中丞为宪台之长",因此,侍御史与御史大夫和御史中丞差距甚大,不可以相互混淆④。唐先生根据此碑在敦煌发现,就认定此杨公为杨休明,马先生认为两者之间没有必然联系。碑文中说杨公曾为河西副总管,又"除伊西北庭节度等使、摄御史中丞",这正与《榜文》所记杨志烈的职位"使御史中丞"相符。因此,碑文中的杨公当为杨志烈,更加符合逻辑。至于碑石在沙州发现亦在情理之中。首先,杨志烈曾兼任河西节度使,在其兵败西逃甘州之后,其行政班子也随之向西败逃,可视作河西节度使的治所也

① 马德:《关于 P. 2492 写卷的几个问题》,《西北师院学报(增刊)·敦煌学研究》1984年10月,第64页。
② P. 3952 号《乾元元年(758年)侍御史凉州长史杨休明奏》。
③ 《旧唐书》卷四四《职官志三》,第1861~1862页。
④ 参见胡沧泽:《唐代御史制度研究》,文津出版社,1993年,第28~31页。

随之向西乔迁，其继任者杨休明正式徙镇沙州，在很大程度上是遵从了前任治所已经乔迁沙州的既成事实。其次，在《判集》中多次提到"尚书"在沙州处理事务的事，说明河西节度使在沙州处理事务了，虽然目前没有直接史料支持文书中的尚书就是指"杨志烈"，但"尚书"很可能就是指杨志烈的检校官，只不过史籍阙如罢了。最后，杨志烈在长泉被杀之后①，即便是他的继任者将河西观察使的治所迁到沙州②，在沙州为他树碑颂德，也未尝不可。

"副帅"被杀在史籍中亦可查寻。《资治通鉴》卷二二三"唐代宗广德二年（764 年）十月"条载：仆固"怀恩之南寇"，杨志烈发兵援救，士卒死伤殆半，因其出言不当，"士卒不为用，志烈奔甘州，为沙陀所杀。沙陀姓朱耶，世居沙陀碛，因以为名"③。其下注：十二行本"杀"下有"凉州遂陷"四字④。不过，杨志烈被杀的正确时间是在永泰元年（765 年）十月前后。据《旧唐书》卷一九六《吐蕃传》载："广德二年，河西节度使杨志烈被围，守数年，以孤城无援，乃跳身西投甘州，凉州又陷于寇。"⑤ 从此文来看，广德二年杨志烈被围，并未致死，还坚守甘州数年，与《资治通鉴》记载有出入。另据《新唐书》卷六《代宗本纪》云：广德二年十一月乙未，"河西节度使杨志烈及仆固怀恩战于灵州，败绩。"紧接着又云：永泰元年十月，"沙陀杀杨志烈"⑥。综而观之，《旧唐书》所云杨志烈在广德二年被围之后，守城"数年"之事有误，实际上在第二年，即永泰元年，杨志烈就被沙陀所杀。这正与《伊西庭留后周逸构突厥煞使主兼矫诏河巳西副元帅》所云"长泉"被杀

---

① 《新唐书》卷四〇《地理志》云：伊州"别自罗护守捉西北上乏驴岭，百二十里至赤谷；又出谷口，经长泉、龙泉，百八十里有独山守捉"。（第 1046 页）按：长泉是伊州到北庭一个驿站。

② ［宋］司马光编著，［元］胡三省音注：《资治通鉴》卷二二四"唐代宗大历元年五月"条，中华书局，1956 年，第 7191 页。

③ 《资治通鉴》卷二二三"唐代宗广德二年十月"条，第 1498 页。

④ 《资治通鉴》卷二二三"唐代宗广德二年十月"条，第 7169 页。

⑤ 《旧唐书》卷一九六《吐蕃传上》，第 5239 页。

⑥ 《新唐书》卷六《代宗本纪》，第 171 ~ 172 页。

的"副帅"在时间上相一致。《资治通鉴》和《旧唐书》所云沙陀即文书中所说的突厥。《新唐书》卷二一八《沙陀传》云:"沙陀,西突厥别部处月种也……居金婆山之阳,蒲类之东,有大碛,名沙陀,故号沙陀突厥云。咄陆寇伊州,引二部兵围天山,安西都护郭孝恪击走之。"①"至德、宝应间,中国多故,北庭西州闭不通,朝奏使皆道出回纥,而虏多渔擿,尤苦之,虽沙陀之倚北庭者,亦困其暴敛。贞元中,沙陀部七千帐附吐蕃,与共寇北庭,陷之。"② 表明唐中期沙陀在安西北庭活动频繁,并与回纥、吐蕃有密切联系,文书所言"长泉"也正处在伊西北庭所辖范围之内。可见"副帅"之长泉遇害与《资治通鉴》和《旧唐书》所记杨志烈为"沙陀所杀"之事相一致。此外,《周逸与逆贼仆固怀恩书》一文虽残缺,但书信是周逸寄给逆贼仆固怀恩的,正好说明"副帅"之死与周逸、回纥、仆固怀恩之间联系密切有关,他们都有想除掉河西节度使杨志烈的共同目标,以消灭唐朝在河西地区的唯一一支重要的军事力量,解除其对各自的威胁,这样解释也是合情合理的。

将文书中被害"副帅"认定为河西、北庭节度使杨志烈,就必须解决"节度使"能否称为"副帅"的问题。唐长孺先生认为唐代全国性的元帅和地区性元帅只授给亲王,亲王之外授副元帅的情况也很少,文书的"副帅"很可能就是指节度使或副大使的称谓。的确,唐代元帅设立得很少,安史之乱前只有狄仁杰为河北道行军副元帅,但是安史之乱时以哥舒翰为持节统领处置太子先锋兵马副元帅③,肃宗、代宗先后就以仆固怀恩为河北副元帅、郭子仪为河东副元帅、马璘为河南道副元帅、路嗣恭为关内副元帅,杜鸿渐为山南西道、剑南东川等道副元帅,王缙为河南副元帅,裴冕为东都留守、河

---

① 《新唐书》卷二一八《沙陀传》,第 6153 页。
② 《新唐书》卷二一八《沙陀传》,第 6154 页。
③ 《新唐书》卷四《则天皇后本纪》,第 99 页;《新唐书》卷五《玄宗本纪》,第 136、151 页。

南淮南淮西山南东道副元帅，李抱玉为河西陇右副元帅，浑瑊为关内副元帅①，而杨志烈出任河西节度使的时间也正好处在这一阶段。唐先生认为杨志烈仅为尚书官阶不可能被授副元帅的，但是刑部侍郎路嗣恭就以检校工部尚书、兼御史大夫、灵州大都督府长史，充关内副元帅，其身份跟杨志烈差不多。还有在同一时期，有河北副元帅、河东副元帅、河南副元帅，就缺河西副元帅的相关记载，文书中出现的"副帅""元帅""河已西副元帅"，应该是真实授官，我们完全有理由相信永泰前后的确设置过河已西副元帅。笔者也检索了两《唐书》、《全唐文》等相关史籍，也未见一例节度使或副使称为"副帅"的记载，无法验证唐先生的推测。

## 二　关于写卷成文时间的问题

由于此卷文书无明确纪年，因此对成文年限问题分歧很大。王重民的《伯希和劫经录》将此卷年代定为大中二年（848 年）以后②，池田温的《中国古代籍帐研究》推测约在永泰元年（765 年）③。唐长孺认为"定在永泰元年左右也是有理由的"④。安家瑶在此基础上推定此卷文书的成文年代为永泰元年（765 年）十月到大历元年（766 年）五月⑤。马德将此书成文上限定为大历元年五月以后，下限定在大历二年（767 年）⑥。

① 《旧唐书》卷一一《代宗本纪》，第 271、275、279、281、282、290、294、311、312 页。
② 参见王重民：《敦煌遗书总目索引》，第 276 页。
③ 参见〔日〕池田温：《中國古代籍帳研究》，第 493 页。
④ 唐长孺：《敦煌吐鲁番史料中有关伊、西、北庭节度使留后问题》，《中国史研究》1980 年第 3 期，第 8 页。
⑤ 安家瑶：《唐永泰元年（765）—大历元年（766）河西巡抚使判集（伯二九四二）研究》，北京大学中国古代史研究中心编：《敦煌吐鲁番文献论集》，中华书局，1982 年，第 251~252 页。
⑥ 马德：《关于 P. 2492 写卷的几个问题》，《西北师范学院学报（增刊）·敦煌学研究》1984 年 10 月，第 65 页。

笔者认为文书成文年限须依内容而定。如果将文书成文的年代定在永泰元年前后，就不能解释文书中所记的许多内容。如《周逸与逆贼仆固怀恩书》提到"逆贼仆固怀恩"，可见文书一定写于仆固怀恩反叛朝廷之后。但《旧唐书》卷一一《代宗本纪》云："（广德元年）九月，壬戌朔，仆固怀恩拒命于汾州，遣宰臣裴遵庆往宣抚之。"① 说明此时中央对仆固怀恩是采取怀柔的态度，还没有放弃最后的安抚努力，因此不会称其为"逆贼"，所以《周逸与逆贼仆固怀恩书》应该在此后。又据《资治通鉴》卷二二三唐代宗广德二年（764 年）八月条记载："郭子仪自河中入朝，会泾原奏仆固怀恩引回纥、吐蕃十万众将入寇，京师震骇。"② 永泰元年（765）九月，"怀恩中途遇暴疾而归；丁酉，死于鸣沙"③。《旧唐书》卷一一《代宗本纪》云：永泰元年九月，"仆固怀恩死于灵州鸣沙县，时怀恩诱吐蕃数十万寇邠州"④。《册府元龟》卷九七三《外臣部·助国讨伐》载："永泰元年九月，叛臣仆固怀恩诱吐蕃数十万入寇，大掠京畿而去。十月……会怀恩暴死于灵州。"⑤ 同样记载还见于《新唐书》。仆固怀恩从广德元年九月拒命中央，到广德二年八月反叛，至死仅有三年，即广德元年九月到永泰元年十月。考虑到《周逸与逆贼仆固怀恩书判》中已经称其为逆贼，则该书的时间应该是在广德二年八月至永泰元年十月间，而对其判文的写作时间也应该在此之后。

再从文书所涉及的地区、内容来看，文书中涉及沙州的有 10 篇、甘州 11 篇、肃州 8 篇、瓜州 5 篇，唯独没有涉及凉州，就连凉州周边的赤水、大斗军镇也都没有出现，说明当时凉州已陷。据《元和郡县图志》卷四〇《陇右道》"凉州"条载："广德二年陷于西蕃。"⑥《资治通鉴》卷二二三广德二年

---

① 《旧唐书》卷一一《代宗本纪》，第 273 页。

② 《资治通鉴》卷二二三"唐代宗广德二年八月"条，第 7166 页。

③ 《资治通鉴》卷二二三"唐代宗永泰元年九月"条，第 7177 页。

④ 《旧唐书》卷一一《代宗本纪》，第 279 页。

⑤ 《册府元龟（校订本）》卷九七三《外臣部·助国讨伐》，第 11267 页。

⑥ ［唐］李吉甫撰，贺次君点校：《元和郡县图志》卷四〇《陇右道》，中华书局，1983 年，第 1018 页。

十月条载："吐蕃围凉州，士卒不为用；志烈奔甘州。"① 由凉州广德二年
（764 年）十月陷蕃，可以进一步把文书上限从广德二年八月限定在广德二年
十月之后。据《元和郡县图志》卷四〇"甘州"条载"永泰二年陷于西蕃"，
"肃州"条载"大历元年陷于西蕃"②。永泰二年（766 年）十一月改元大历
元年（766 年），所以肃州陷蕃应该在大历元年十二月之前。从文书记载情况
来看，甘、肃州尚未陷蕃，因此文书中多数判文应该早于永泰二年十一月。
文书记载了大量甘州、肃州处在战争前线的情况，如《张元璟诈称节度判》
云："甘州且（俱）寮，尤须择地，傥被尘点，不得怨人，如到覆亡，卒难回
避，各求生路，无事守株。"（第 186～188 行）又《肃州请闭籴不许甘州交易
判》云："邻德不孤，大义斯在；边城克守，小利须通。岂唯甘肃比州，抑亦
人烟接武；见危自可奔救，闭籴岂曰能贤。"（第 6～8 行）这些判文均反映了
甘州在凉州失陷后，战事吃紧，而肃州有点隔岸观火的意思，企图自保不予
接济甘州，河西战事极为困难。

依据文书多次提及沙州，其中"某乙自到沙州，偏户尽无率税"（第 54
行）、"军将亲观事迹，近到沙州具陈"（第 193 行）等，说明文书的写作地
点在沙州，而不是凉州，而且沙州已经成了当时河西的军政中心。前面已经
说明遇害副师是杨志烈，那么其继任者是谁？是不是文书的作者？这直接关
系到文书的定年。安先生认为文书的作者很可能是马璘，马德先生认为是河
西观察使周鼎和行军司马宋衡。关于安先生的说法，似乎很难成立。我们可
以从马璘任官时间来看，马璘没有出任河西巡抚使的可能性。《资治通鉴》记
载广德元年（763）十月吐蕃攻入长安后，郭子仪率军奋力抗击，"镇西节度
使马璘闻车驾幸陕，将精骑千余自河西入赴难"；十一月，"转斗至凤翔，值
吐蕃围城"，于是马璘率军击破吐蕃③。不过，《旧唐书》云此次行动，是马

---

① 《资治通鉴》卷二二三"唐代宗广德二年十月"条，第 7169 页。

② 《元和郡县图志》卷四〇《陇右道》"甘州"条，第 1020 页；"肃州"条，第 1023
页。

③ 《资治通鉴》卷二二三"唐代宗广德元年十一月"条，第 7157 页。

璘解救河西节度使杨志烈回来的路上遇见吐蕃进攻凤翔城，才直击贼众的，并击退了吐蕃进攻①。马璘"由是雄名益振，代宗还宫，召见慰劳之，授兼御史中丞"②，似乎此后马璘又一度短暂返回四镇。广德二年正月，仆固怀恩反，虽然二月就被击败，但是到七月仆固怀恩又引回纥、吐蕃十万众将入寇，十月吐蕃被郭子仪击退，遂西走以重兵围凉州，杨志烈于是西跳甘州。在这一局势下，永泰元年正月，马璘被任命为副和吐蕃使③，考虑到政局变化的需要，马璘似乎随即赶赴泾原。八月"俄迁四镇、北庭行营节度及邠宁节度使、兼御史大夫，旋加检校工部尚书。以犬戎浸骄，岁犯郊境，泾州最邻戎虏"，代宗又"诏璘移镇泾州，兼权知凤翔陇右节度副使、泾原节度、泾州刺史，四镇、北庭行营节度使如故"④。正是因为马璘在中原滞留太久，"其士众尝自四镇、北庭赴难中原，侨居骡移，颇积劳怨"，马璘奉诏徙镇泾州并不是很顺利，甚至导致了士兵哗变，在镇压祸首后，才得以迁徙泾州的⑤。从上述记载来看，此后马璘受政局变化的影响，一直驰骋中原战场。显然，实际上马

① 《旧唐书》卷一九六《吐蕃传上》记载略有出入，云："吐蕃退至凤翔，节度孙志直闭门拒之，吐蕃围守数日。会镇西节度、兼御史中丞马璘领精骑千余自河西救杨志烈回，引兵入城。迟明，单骑持满，直冲贼众，左右愿从者百余骑，璘奋击大呼，贼徒披靡，无敢当者。"（第5239页）

② 《旧唐书》卷一五二《马璘传》云："由是雄名益振。代宗还宫，召见慰劳之，授兼御史中丞。永泰初，拜四镇行营节度，兼南道和蕃使，委之禁旅，俾清残寇。俄迁四镇、北庭行营节度及邠宁节度使、兼御史大夫，旋加检校工部尚书。以犬戎浸骄，岁犯郊境，泾州最邻戎虏，乃诏璘移镇泾州，兼权知凤翔陇右节度副使、泾原节度、泾州刺史，四镇、北庭行营节度使如故，复以郑、滑二州隶。璘词气慷慨，以破虏为己任。既至泾州，分建营堡，缮完战守之具，频破吐蕃，以其生口俘馘来献，前后破吐蕃约三万余众。在泾州令宽而肃，人皆乐为之用。"（第4066页）

③ 《旧唐书》卷一一《代宗本纪》云："（广德二年九月）辛亥，河东副元帅、中书令、汾阳郡王郭子仪加太尉，充北道邠宁、泾原、河西已东通和吐蕃及朔方招抚使；陈郑、泽潞节度使李抱玉进位司徒，充南道通和吐蕃使、凤翔秦陇临洮已东观察使。"（第276页）马璘为副和吐蕃使，应当是郭子仪的副使。

④ 《旧唐书》卷一一《代宗本纪》，第305页。大历九年五月泾原节度使马璘来朝，不久死去。

⑤ 《旧唐书》卷一二八《段秀实传》，第3585页。

璘在广德元年十一月到达泾州之后，是否回四镇史书没有明确记载，但可以肯定永泰元年八月以后马璘再也未能返回四镇，即便马璘仍遥领河西节度使恐怕也无法分身沙州，因此安先生似乎忽视了这一点，才推出了马璘继任杨志烈的结论。这样就与其主张本件文书的写作时间在永泰元年至大历元年（765~766 年）相矛盾。

但是从文书内容来看，其作者的地位很高，管辖诸州、军镇的要务。如"某乙自到沙州，偏户尽无率税"（第 54 行）；"某乙谬司观察，忝迹行军"（第 213 行）等语，证明该长官是以"谬司观察"的身份坐镇沙州，判诸州刺史、镇使的牒状，在此期间非河西节度使、观察使头衔者莫属。《肃州先差李庭玉核定又申蔡家令覆核判》云："李庭玉对核已定，蔡家令妄启奸门。未能冰碧用心，颇招瓜李之谤。十羊九牧，吾谁之从。今是昨非，人将安仰。屯作既有专当，使司何要亲巡。蔡家令勒停。牒所由，准状。"（第 158~161 行）这位长官俨然是以"使司"身份勒停肃州蔡家令复核之事，能胜任此职的恐怕只有节度使、观察使之类的长官。在《甘州请肃州使司贮粮判》中的"差摄支度副使、判官，专往勾当"（第 95~96 行）、《差郑支使往四镇索救援河西兵马一万人牒》中的"郑支使"（第 215 行）等记载，说明该长官下设置摄支度副使、判官、支使。判官和支使①，为节度使或观察使的僚佐，但只有节度使和观察使兼支度使才可以有支度副使，因而此人还兼支度使。

马德先生将此人比定为周鼎②，也还存在一定问题。从目前所见材料看，与此大致时间相符、担任过河西观察使的人有两个。一是杨休明，《册府元龟》卷一三九《帝王部·旌表（三）》载德宗建中三年四月诏曰："故河西兼伊西北庭节度观察使、检校工部尚书、兼御史大夫、赠太子太保杨休明。"③二是周鼎，《李府君修功德碑（大历十年）》云："时节度观察处置使，开府

① 《新唐书》卷四九《百官志四下·外官》，第 1309 页。
② 马德：《关于 P. 2492 写卷的几个问题》，《西北师院学报（增刊）·敦煌学研究》1984 年 10 月，第 64~65 页。
③ 《册府元龟（校订本）》卷一三九《帝王部·旌表（三）》，第 1553 页。

仪同三司、御史大夫、蔡国公周公。"① 显然，仅仅依据此来判定本件文书中所指"某乙谬司观察"是谁，很难论断。然此人应该在杨志烈死后，代其主持河西诸州事务，安定民心，讨伐叛逆；能在这一非常时期总揽全局，主持工作的人，当以杨志烈生前的副手或任重要职务者为宜。杨休明早在乾元元年（758 年）曾任"侍御史判凉州长史"，而唐代刺史之下有别驾、长史②，应该说杨休明就是杨志烈的最重要僚佐之一，因此杨休明以此资历在非常情况下主持河西事务亦在情理之中。实际上，在广德二年十月凉州失陷之后，杨志烈亲自"巡内征兵"之际，将自己辖区的守备大任委托于休明，也是常理之事。据《差郑支使往四镇索救援河西兵马一万人牒》所云："元帅一昨亲巡，本期两道征点，岂谓中途遇害，遂令孤馆自裁。"（第 216～219 行）便指此事。据《伊西庭留后周逸构突厥煞使主兼矫诏河已西副元帅牒》云："副帅巡内征兵，行至长泉遇害，军将亲观事迹，近到沙州具陈。建谟出自中权，纵逼方凭外寇……听两道之词，了分曲直，馆中毁玉。"（第 189～194 行）显然，副帅被害之事向沙州具陈，说明此时沙州已经为河西节度使治所了，文书作者承担了"孤馆自裁"的重任，来处理副帅遇害的大务。又据《甘州兵健冬装肃州及瓜州并诉无物支给判》云："瓜州既许相资，计亦即令付了。休明。肃州少物，今请回回易皮裘。"（第 43～48 行）"休明"二字，当为杨休明的署名，说明杨休明就是此判书的作者。有学者据此，将"休明"比作肃州刺史，不甚妥当③，显然休明是在凌驾于甘州、肃州、瓜州之上，对牒状判

---

① 张维：《陇右金石录》卷二，严耕望编：《石刻史料丛书》，第 36 页。

② 《旧唐书》卷四〇《地理志三》云：凉州中都督府，"乾元元年，复为凉州。旧领县三，户八千二百三十一，口三万三千三十。天宝领县五，户二万二千四百六十二，口十二万二百八十一。"（第 1640 页）《旧唐书》卷四四《职官志三》云：上州："国家制，户满四万以上为上州"；中州："户满二万户已上，为中州"。则凉州应该是中州，按照中州的职官设置，凉州别驾一人，正五品下；长史一人，正六品上。（第 1917～1918 页）

③ 安家瑶：《唐永泰元年（765）—大历元年（766）河西巡抚使判集（伯二九四二）研究》，北京大学中国古代史研究中心编：《敦煌吐鲁番文献研究论集》，中华书局，1982 年，第 232～264 页。

定后，进而署名，因此，休明应该带有河西节度使、观察使之类的职务时才可以判定的。杨休明出任河西节度使之职应该是在杨志烈被杀的消息传至朝廷后才被正式任命的。《资治通鉴》卷二二四唐代宗永泰元年闰十月条载："乙巳，郭子仪入朝。子仪以灵武初复，百姓凋敝，戎落未安，请以朔方军粮使三原路嗣恭镇之；河西节度使杨志烈既死，请遣使巡抚河西及置凉、甘、肃、瓜、沙等州长史。上皆从之。"① 这也与杨志烈在永泰元年（765 年）十月被杀在时间上紧密衔接②。这次中央遣使是河西节度使巡抚，而不是设"巡抚使"，据《资治通鉴》卷二二四唐代宗大历元年（766 年）五月条云："河西节度使杨休明徙镇沙州。"③ 说明杨休明在此之前就已经担任河西节度使了，《资治通鉴》的记载恐怕仅仅是为这一事实正名而已。这样看来杨休明为文书的作者最为合理。

明确了判集作者的身份和人名，判集的成书时间范围就缩小了。从杨志烈被杀和凉、甘、肃陷蕃时间来看，文书上限可以进一步从广德二年（764 年）十月（凉州陷落），确定到永泰元年（765 年）十月（杨志烈被杀）以后，下限应该在大历元年（766 年）十二月，以肃州陷落为限。杨休明在大历元年五月即永泰二年（766 年）五月徙镇沙州后，便通过《甘州镇守毕温杨珍魏邈等权知军州判》、《刺史张元璟请替判》、《张元璟诈称节度判》（第169 ~ 188 行）等判文，对甘州的军镇长官进行了调整，就是《资治通鉴》所说的"置凉、甘、肃、瓜、沙等州长史。上皆从之"。则本件文书成文时间应该在大历元年五月至十二月间，后经人抄写成集，或以备档案。将文书的成文时间定在五至十二月间，与文章中的几条有关季节的记载也是相符的。如《豆卢军健儿卌七人春赐请加判》云："军司既称无物，使局何计能为。比日曾不有言，今年忽然妄诉。有物任给，无物告停。一任当军圆融处置。"（第

---

① 《资治通鉴》卷二二四"唐代宗永泰元年闰十月"条，第 7185 页。

② 参见〔法〕戴密微著，耿昇译：《吐蕃僧诤记》，甘肃人民出版社，1984 年，第 421 页。

③ 《资治通鉴》卷二二四"唐代宗大历元年五月"条，第 7191 页。

31~33 行）就说明此件判文在春赐之后，有健儿不满，再次申诉，考虑到时间间隔，则其判文的书写时间在五月以后应该比较合理。又《豆卢军兵健共卅九人无赐判》云："沙州兵健，军合支持。既欲优怜，复称无物。空申文牒，徒事往来。不可因循，终须与夺。使司有布，准状支充。如至冬装，任自回易。"（第 39~42 行）此件判文正好说明冬天将要来临，需要补充兵健冬装，也应该是在十月前。而《甘州兵健冬装肃州及瓜州并诉无物支给牒》云："甘州兵健冬装，酒泉先申借助。及令支遣，即诉实无。只缘前政荒唐，遂令今日失望。即欲此支物往，又虑道路未清。时属霜寒，切须衣服。事宜应速，不可后时。瓜州既许相资，计亦既令付了。休明。"（第 43~47 行）文中提到"时属霜寒，切须衣服"，显然天气已经变冷，霜寒来临，因此强调"事宜应速，不可后时"，这正好说的河西十月前后天气情况，寒气逼人，但尚能忍受。这些有关气候的描述也可以佐证本文的推断，文书的书写时间在五至十二月间，即孟夏至仲冬这一时期。

## 三　关于文书定名问题

此卷文书王重民定名"归义军时代瓜沙等州公文集"①，池田温定名"唐年次未详（765 年）河西节度使判集"②，安家瑶定名"唐永泰元年（765）—大历元年（766）河西巡抚使判集"③，史苇湘定名"河西节度观察处置使判集"④，马德定名"河西节度使公文集"⑤。

①　参见王重民：《敦煌遗书总目索引》，第 276 页。

②　参见〔日〕池田温：《中國古代籍帳研究》，第 493 页。

③　安家瑶：《唐永泰元年（765）—大历元年（766）河西巡抚使判集（伯二九四二）研究》，北京大学中国古代史研究中心编：《敦煌吐鲁番文献研究论集》，中华书局，1982 年，第 232~264 页。

④　史苇湘：《河西节度使覆灭的前夕——敦煌遗书伯 2942 号残卷的研究》，《敦煌研究》1983 年创刊号，第 124~125 页。

⑤　马德：《关于 P. 2492 写卷的几个问题》，《西北师范学院学报（增刊）·敦煌学研究》1984 年 10 月，第 66 页。

　　笔者认为 P. 2942 号文书的作者应该是杨休明，严格地讲，这些判文应该是主要由杨休明的掌书记、判官替其所作。文书是杨休明主持河西事务和担任河西节度使时的判文，即大历元年期间的判文和牒文的合集。文集内容似乎不是按时间顺序，而是按内容排的。仔细阅读文集可以发现前 40 件判文基本上是税收、闭籴、请借、催征、追征、节流、罚粮、没官等围绕解决军粮和物资的举措处理的判文。其后 4 件判文是有关稳定民心、整肃军纪、任免军镇将领、剪除叛将等整肃军队战斗力和加强军队控制一类问题的判文。最后的 3 件牒，其中 2 件是有关披露周逸弑杀副帅和通贼仆固怀恩罪证的牒文，1 件是有关派人往四镇索救援河西援兵的牒文。因此，在整理当中出现了时间次序上的颠倒问题，如《甘州地税勾征固无诉称纳不济判》中先提到甘州刺史张〔元〕璀已经卸任，"既李牧抚临，亦冀苍生苏息"（第 59 ~ 65 行），但在后面的《刺史张元璀请替判》（第 172 ~ 179 行）、《张元璀诈称节度判》（第 180 ~ 188 行）中才提到甘州刺史张元璀请替和诈称节度使的事，因此使人觉得在时间上有些前后矛盾。此外，文书前后字迹整齐，出自一人之手，显然是判文写完后，经他人整理抄写成集的，并对其进行了分类整理，于是出现了个别判文在时间上的错乱。此人很可能是杨休明的僚佐，最有可能的就是马德误认为本件的作者是周鼎①。因此，此卷的抄写时间甚至更晚。由于此卷文书本身就可分为判文和牒文两部分，卷子残存 228 行，计有完整判文44 篇，完整的牒 2 篇，残牒 1 篇，因此，此卷文书称为"判牒集"更为妥当。由于文书作者杨休明兼有河西节度使、观察使的职位，基于以上推断，P. 2492 号文书似应定为《唐大历元年（766 年）河西节度观察使判牒集》，更符合文书的内容和实际情况。

——《南京师大学报（社会科学版)》2011 年第 5 期

---

① 马德：《关于 P. 2492 写卷的几个问题》，《西北师范学院学报（增刊)·敦煌学研究》1984 年 10 月，第 64 ~ 65 页。

# 第二章
## 敦煌本侯昌业《直谏表》研究

　　敦煌文书 P. 2811 号 V《金紫光禄大夫守刑部尚书兼御史中丞侯昌业直谏表》（以下简称《直谏表》）的正面和卷首为《占星书》①；该篇的另一个抄件为 Дх. 1698 号 + Дх. 1698 号 V 号②，起自"陛下暂停戏赏"，止"臣某谨奏"，尾题"侯侍郎直谏表"③。侯昌业《直谏表》涉及内容丰富，对研究唐末僖宗统治、谏议制度、宦官专政、农民起义以及唐代星象等问题都有重要的意义。

　　目前学术界对 P. 2811 号 V《直谏表》的关注不是很多，唐耕耦等编《敦煌社会经济文献真迹释录》第四辑曾对其进行过录文④。郭峰《敦煌本〈侯昌叶直谏表〉与晚唐懿、僖时期之政局》一文，已解决了《直谏表》中涉及的唐末农民起义及其撰写的时间问题⑤，本文不再做重点研究。薛登福《从敦煌写卷

---

① 上海古籍出版社、法国国家图书馆编：《法藏敦煌西域文献》第 18 册，上海古籍出版社，2001 年，第 348～349 页。

② 关于本篇文书的研究，详见〔日〕山本孝子：《〈侯侍郎直谏表〉と书仪——Дх. 01698について》，《敦煌写本研究年报》第 2 号，2008 年，第 135～152 页。

③ 俄罗斯科学院东方研究所圣彼得堡分院等编：《俄藏敦煌文献》第 8 册（上海古籍出版社，1997 年，第 303～304 页）误作"书仪"。

④ 唐耕耦、陆宏基编：《敦煌社会经济文献真迹释录》第四辑，全国图书馆文献缩微复制中心，1990 年，第 331～336 页。

⑤ 郭峰：《敦煌本〈侯昌叶直谏表〉与晚唐懿、僖时期之政局》，《兰州大学学报》1992 年第 3 期，第 101～107 页。

中看道教星斗崇拜对佛经之影响》①、菅原信海《占筮书》②、中村裕一《官文书》③、萧登福《道教星斗符印与佛教密宗》④、中村裕一《唐代公文书研究》⑤、张涌泉《陈祚龙校录敦煌卷子失误例释》⑥、黄正建《敦煌占卜文书与唐五代占卜研究》⑦、邓文宽和刘乐贤《敦煌天文气象占写本概述》等论著⑧，则对同卷的《星占书》内容进行了简单介绍和初步研究，也为本文研究的展开提供了很多重要的信息。本文重点从《直谏表》中涉及的晚唐谏官制度问题、宦官专政，以及星象学方面对晚唐政治的影响进行讨论。

## 一 《直谏表》与晚唐谏官制度的危机

唐代自甘露之变以后，宦官专政，"事皆决于北司"，宰相惟行文书而已，自此唐代皇帝的废立完全取决于宦官⑨。咸通十五年（874 年）七月，懿宗驾崩之后，左军中尉刘行深、右军中尉韩文约拥戴年少无知的普王李俨为帝，即僖宗。年仅十二岁的僖宗，正处在青少年最爱玩乐的年龄，历史却把挽救一个岌岌可危王朝的重担放在这样一个孩童身上。皇帝年少，缺乏辨别是非的能力，"政在臣下"就成了必然，加之"南牙、北司互相矛楯"⑩，更加促成了僖宗统治危机的出

① 薛登福：《从敦煌写卷中看道教星斗崇拜对佛经之影响》，《第二届敦煌学国际研讨会论文集》，台北汉学研究中心，1991 年，第 349 页。

② 〔日〕池田温等主编：《講座敦煌 5·敦煌漢文文獻》，東京大東出版社，1992 年，第 453 页。

③ 〔日〕池田温等主编：《講座敦煌 5·敦煌漢文文獻》，第 562 页。

④ 萧登福：《道教星斗符印与佛教密宗》，新文丰出版公司，1993 年，第 67 页。

⑤ 〔日〕中村裕一：《唐代公文书研究》，东京汲古书院，1996 年，第 56、98 页。

⑥ 张涌泉：《旧学新知》，浙江大学出版社，1999 年，第 273 页。

⑦ 黄正建：《敦煌占卜文书与唐五代占卜研究》，学苑出版社，2001 年，第 52 页。

⑧ 邓文宽、刘乐贤：《敦煌天文气象占写本概述》，《敦煌吐鲁番研究》第九卷，中华书局，2006 年，第 411~415 页。

⑨ 陈寅恪：《唐代政治史述论稿》，上海古籍出版社，1997 年，第 114 页。

⑩ ［宋］司马光编著，［元］胡三省音注：《资治通鉴》卷二五二"唐僖宗乾符元年十二月"条，中华书局，1956 年，第 8174 页。

现。在晚唐宦官专政的背景下，外戚和朝官都很难亲近皇帝，唯有皇帝身边的宦官不仅成了皇帝的衣食父母，而且充当了小皇帝在政治上的依靠和监护者。昔日小皇帝宠爱的玩伴小马坊使田令孜很快就成了神策中尉，掌握了核心权力，专事僖宗游嬉。两人极其亲密，田令孜"常自备果食两盘，与上相对饮啖，从容良久而退"，以至于僖宗将"政事一委令孜，呼为'阿父'"。于是田令孜的权力得到极度膨胀，"招权纳贿，除官及赐绯紫皆不关白于上"。这位年少的皇帝只管"与内园小儿狎昵"甚欢，"赏赐乐工、伎儿，所费动以万计"，不管"府藏空竭"。田令孜便唆使不谙人事的小皇帝下令，"籍两市商旅宝货悉输内库，有陈诉者，付京兆杖杀之"，而"宰相以下，钳口莫敢言"①。这就是侯昌业谏奏僖宗"停欢罢戏，寝殿之中，拓手心头，诚为思忖（忖）"的原因所在。

乾符中，僖宗年少，沉浸在宦官为其精心设计的娱乐活动之中，然而面对晚唐宦官专政、灾情不断、农民起义迭起、藩镇割据等众多问题，宰相不是急于自保，便是受制于宦官②。于是，皇帝身边的谏官便成了挽救政局危机、敢于直谏僖宗的最后力量。其中，以尚能接近皇帝的拾遗、补阙等谏官的讽谏尤为突出。唐代的谏官系统包括门下省、中书省的左右散骑常侍、谏议大夫、补阙、拾遗，以及门下省的给事中、起居郎等，虽然隶属不同，但通常集中在"谏院"一起议事。谏官通常担负监督皇帝处置国事的得失，匡谏皇帝的言语、为政之疏漏，预防或补救皇帝的失误③。这些谏官的责任就是"侍从赞相，规谏讽谕"④，随从皇帝与宰相商议国政，"得闻政事"⑤，特别是左右补阙、拾遗"供奉讽谏，扈从乘舆"，"凡发令奉事有不便于时，不合

① 《资治通鉴》卷二五二"唐僖宗乾符二年正月"条，第8176页。

② 咸通十五年七月至乾符元年十二月，懿宗朝宰相韦保衡被贬，刘邺罢相。参见［宋］欧阳修等撰：《新唐书》卷九《僖宗本纪》，中华书局，1975年，第264~265页。

③ 详见傅绍良：《唐代谏议制度与文人》，中国社会科学出版社，2003年，第53~71页。

④ ［唐］李林甫等撰，陈仲夫点校：《唐六典》卷八《门下省》，中华书局，1992年，第247页。

⑤ ［宋］王溥撰：《唐会要》卷五五《省号下》，中华书局，1955年，第48页。

于道，大则廷议，小则上封"①。尽管左右补阙（各二人，从七品上）、左右拾遗（各二人，从八品上），品位不高，但因其为近侍之官，为时人所重。就连白居易新获迁拾遗时，也激动地赋诗云："奉诏登左掖，束带参朝议……惊近白日光，惭非青云器。天子方从谏，朝廷无忌讳。"②

唐代自太宗皇帝起就开创了良好的谏官积极进谏、皇帝虚心纳谏的政治风气，影响了几乎整个唐代。不过，随着中晚唐宦官专政的不断加深，谏官进谏与皇帝纳谏的模式逐渐被打破，宦官任意摆布皇帝，谏官系统自然受到重创，谏官与皇帝隔阂日渐加深，皇帝很难采纳谏官的劝谏。正如侯昌业《直谏表》所云："陛下自登九五，彰祸频为。朱紫则乱赐于宣徽，升沉悉皆于大内。宫人侍女，每奏谏而宜依；极品重臣，献尽忠而不纳。"在讽谏、顺谏、规谏、致谏无效的情况下，晚唐谏官极言直谏便成了必然。"直谏"的特点，在于"谓直言君之过失，必不得已然后为之者"③，正如侯昌业所言自己是冒着"辄将肝胆，轻副天威"的危险而谏奏。《直谏表》中言辞之激烈，对僖宗的批评直言不讳，与其说是"轻副天威"，不如说是在"轻副宦官"。

唐代目前仅存两篇"直谏"的表、书，另外一篇是懿宗朝的刘允章所作，该篇还有一个敦煌伪冒本，被冠在贾耽名下，字句略有不同④。刘允章《直

---

① 《唐六典》卷八《门下省》，第 247 页。

② ［唐］白居易撰，顾学颉校点：《白居易集》卷一《初授拾遗》，中华书局，1979 年，第 7 页。

③ 《唐六典》卷八《门下省》云："谏议大夫四人，正五品上。谏议大夫掌侍从赞相，规谏讽谕。风谏有五：一曰讽谏，（风之以言，谓之讽谏。孔子曰："谏有五，吾从风。"《白虎通》曰："人怀五常之性，故有五谏也。"）二曰顺谏，（谓其所不可，不敢逆而谏之，则顺其君之所欲，以微动之，若优游之比。）三曰规谏，（谓陈其规而正其事。）四曰致谏，（谓致物以明其意。）五曰直谏，（谓直言君之过失，必不得已然后为之者）。"（第 247 页）

④ 冯培红、张军胜《传世本刘允章〈直谏书〉与敦煌本贾耽〈直谏表〉关系考辨》（《兰州学刊》2009 年第 4 期，第 1 ~ 11 页），认为敦煌人在抄袭改编刘允章《直谏书》时，特意选择贾耽为作者，除了有戏谑的成分之外，可能还有其他原因，那就是 880 年黄巢军队进攻洛阳时，作为东都留守的刘允章率领百官迎投降叛军，成了一个反面人物。

谏书》中对"直谏"的后果有更为深刻的认识："刘允章谨冒死上谏皇帝陛下。臣闻太直者必孤，太清者必死。昔晁错劝削诸侯之地，以蒙不幸之诛。商鞅除不轨之臣，而受无辜之戮。今并臣三人矣……杀身则易，谏主则难。以易死之臣，劝难谏之主。"显然，刘允章自比晁错、商鞅，想做第三人，抱必死之心劝谏懿宗醒悟。面对懿宗"废股肱，蔽耳目，塞谏诤，罪忠良，欲令四海不言，万方钳口"，宦官专政的险恶政治环境，"大臣爱位而不敢言，小臣畏死而不敢谏"，刘允章抱着"天下不敢言，臣独言之；万死一生，臣死一介之命，救万人之命"；"虽死，犹胜于生"的信念进谏①，其精神和勇气，不得不令人赞叹。万幸的是，懿宗朝宦官专政程度尚不及僖宗朝，懿宗还有皇帝的威严，或许是宦官畏于懿宗和朝官的压力，刘允章才得以平安无事。这次直谏虽然没有达到期望的结果，刘允章却保住了性命。刘允章竟然在黄巢的威武之下没有保持晚节，其《直谏书》也因此未受到后人重视，甚至移花接木，安在贾耽的名下。

或许左拾遗侯昌业正是受刘允章"万死一生"的直谏精神影响，再上《直谏表》劝谏僖宗玩乐、抨击宦官专政，掀起了晚唐谏官与宦官的一场激烈斗争。此事，《资治通鉴》记载非常简略："（广明元年）二月，左拾遗侯昌业以盗贼满关东，而上不亲政事，专务游戏，赏赐无度，田令孜专权无上，天文变异，社稷将危，上疏极谏。上大怒，召昌业至内侍省，赐死。"②《资治通鉴》记述此事原委过于简单，以致后人无法了解此段历史的真相。因此，《考异》引韦昭度、杨涉撰《续皇王宝运录》曰：

> 司天少监侯昌业上疏，其略曰："陛下不纳李蔚、杜希敩之谏。"又曰："臣乃明祈五道，暗祝冥官，悚息于班列之中，愿早过于阎浮之世。"又曰："受爵不逢于有德之君，立戟每佐于无道之主。"又曰："不望尧舜之年，得同先帝之日。"又曰："明取尹希复指挥，暗策王士成进状，强

---

① ［清］董诰等编：《全唐文》卷八〇四刘允章《直谏书》，中华书局，1982年，第8449～8450页。

② 《资治通鉴》卷二五二"唐僖宗广明元年二月"条，第8220～8221页。

夺波斯之宝贝，抑取茶店之珠珍。浑取柜坊，全城般运。"又曰："莫是唐家合尽之岁，为复是陛下寿足之年。"又曰："伏惟陛下，暂停戏赏，救接苍生，于殿内立揭谛道场，以无私财帛供养诸佛，同资世禄，共力攘灾。"表奏，圣上龙威震怒，侍臣惊悸。宣徽使宣云："侯昌业付内侍省，侯进止。"翌日午时，又内养刘季远宣口敕云："侯昌业出自寒门，擢居清近，不能修慎，妄奏闲词，讪谤万乘君主，毁斥百辟卿士，在我彝典，是不能容！其侯昌业宜赐自尽。"①

显然，侯昌业之赐死，没有经过以宰相为代表的朝官商议，当然也就连一个正式的敕文都没有。在僖宗阅读《直谏表》之后，龙威震怒，侯昌业便被直接召进内侍省，由宦官控制，次日午时便被宦官称口敕赐死，其赐死之速度和方式在唐代很少见。虽然侯昌业极言直谏："陛下自龙车升殿，可处万邦，不习先皇之指踪，唯留后患之根本。""散割龙威，唯求戏乐。玩嫔妃于前殿，弄莺雀于复（后）宫。御步东军，骤游西内。轻邦弃国，不质正化之声。每恣凶襟，唯留败天之响。"但十八岁的僖宗血气方刚，正处在青春期的逆反阶段，难听人劝，肯定无法接受如此激切之忠言。况且整个赐死事件中宦官宣徽使和内养刘季远显然起到了主导作用，侯昌业劝谏的命运是可想而知的。据《北梦琐言》卷六《侯昌业表》云："唐自广明后，阉人擅权，置南北废置使。军容田令孜有回天之力，中外侧目。而王仙芝、黄巢剽掠江淮，朝廷忧之。左拾遗侯昌业上疏，极言时病，留中不出，命于仗内戮之。"② 显然，孙光宪也认为侯昌业是针对田令孜专政和黄巢之乱已经威胁到朝政的存亡才上书的，这是田令孜绝对不能容忍的，所以侯昌业被赐死是田令孜所为也是显而易见的。

由于《直谏表》指斥宦官激烈，加之侯昌业很快被赐死，因此其内容也就很难被外界所知。查《文苑英华》《唐大诏令集》《全唐文》等传世典籍都

① 《资治通鉴》卷二五二"唐僖宗广明元年二月"条，第8220~8221页。
② ［五代］孙光宪撰，贾二强点校：《北梦琐言》，中华书局，2002年，第127页。

无此文，以至于孙光宪都未见此文，只是风闻"有传侯昌业疏词不合事体"，听说其末云："请开揭谛道场，以消兵厉。"因此，就连孙光宪都猜测其为"庸僧伪作也"，甚至不敢相信《直谏表》激切之言辞是侯昌业本人所为，认为"必若侯昌业以此识见犯上，宜其死也"①。那么为何韦昭度等撰《续皇王宝运录》对此事记载比较详细呢？大概是韦氏跟宦官比较密切，又为僖宗宰臣，可能亲历其事，很可能见到《直谏表》原文，故记载稍详。《资治通鉴》还记载光启元年（885 年），右补阙常浚被赐死之事，主要是"田令孜之党"所为，胡三省注云："《考异》载萧遘等请诛令孜表云：'韦昭度无致君许国之心，多丑正比顽之迹。'令孜党，盖谓昭度也。"② 可见韦昭度与田令孜关系密切。

　　侯昌业抱着这种必死的信念，置生死于度外，近乎严厉地指斥了僖宗荒淫、宦官专政、朝政败坏等诸多时弊，其言辞之激烈以至于时人及今人都不能理解、不敢相信。侯昌业死谏的精神对后世影响深远，以至于唐末五代邈真赞、墓志等对忠良之士盖棺评论时，拿此事作为评判的标准。如 P. 4638《曹良才邈真赞》中称赞曹良才"荣登上将，陈王珪十在之能；历任崇资，亚昌业忠言之谏"③，"昌业忠言之谏"不仅是衡量臣子忠贞的标尺，而且是激励谏官前仆后继直谏的榜样。侯昌业之死，一定程度上激发了谏官的良知和使命，谏官与宦官的较量在僖宗朝尤为突出。光启元年（886 年）七月乙巳，右补阙常浚上疏，以为："陛下姑息藩镇太甚，是非功过，骈首并足，致天下纷纷若此，犹未之寤，岂可不念骆谷之艰危，复怀西顾之计乎！宜稍振典刑以威四方。"④ 显然，常浚所言极是，黄巢之乱后，藩镇势力极大膨胀，特别是淮南节度大使高骈，"始以兵权，欲临藩镇，吞并江南"，"阴谋自阻"⑤。

①　[五代] 孙光宪撰，贾二强点校：《北梦琐言》卷六《侯昌业表》，第 127 页。

②　《资治通鉴》卷二五六"唐僖宗光启元年七月"条，第 8323 页。

③　曹良才为河西节度使曹议金之兄。参见饶宗颐、荣新江：《敦煌邈真赞校录并研究》，新文丰出版公司，1994 年，第 12、289 页。

④　《资治通鉴》卷二五六"唐僖宗光启六年七月"条，第 8323 页。

⑤　《旧唐书》卷一八二《高骈传》，第 4710 页。

于是常浚进言僖宗曰："此疏传于藩镇，岂不致其猜忿!"随后，常浚被贬万州司户，而后赐死①。

黄巢入关后，田令孜挟僖宗仓皇逃往四川，不告南司，南衙宰臣被弃，多被黄巢之师屠杀。中和二年（882 年）七月，僖宗在四川又遭遇黄头军郭琪哗变，田令孜又弃宰臣，奉天子奔广都。此后，僖宗"日夕专与宦官同处，议天下事，待外臣殊疏薄"②，宦官完全控制了僖宗的活动，激起了朝官的不满。于是，左拾遗孟昭图上疏云：

> 治安之代，遐迩犹应同心；多难之时，中外尤当一体。去冬车驾西幸，不告南司，遂使宰相、仆射以下悉为贼所屠，独北司平善……伏见前夕黄头军作乱，陛下独与令孜、敬瑄及诸内臣闭城登楼，并不召王铎已下及收朝臣入城。翌日，又不对宰相，又不宣慰朝臣。臣备位谏官，至今未知圣躬安否，况疏冗乎……夫天下者……非北司之天下；天子者，四海九州之天子，非北司之天子。北司未必尽可信，南司未必尽无用。岂天子与宰相了无关涉，朝臣皆若路人!③

虽然疏入，田令孜却屏而不奏，便矫诏贬昭图嘉州司户，"遣人沉于蟆颐津，闻者气塞而莫敢言"④。其实，孟昭图明知侯昌业前车之鉴，深知忠言直谏必见害，便谓家隶云："大盗未殄，宦竖离间君臣，吾以谏为官，不可坐观覆亡，疏入必死，而能收吾骸乎?"⑤ 事情正如孟昭图所言"臣躬被宠荣，职在裨益，虽遂事不谏，而来者可追"⑥。谏官这种明知无所裨益，僖宗不会采纳，但仍不惜死谏，以明其志，激励"来者可追"，这种进谏精神，充分说明了唐代创设谏官制度在皇权出现危机时的作用。因此，孟昭图之死，朝官无

---

① 《资治通鉴》卷二五六"唐僖宗光启元年七月"条，第 8323 页。
② 《资治通鉴》卷二五四"唐僖宗中和二年七月"条，第 8255 页。
③ 《资治通鉴》卷二五四"唐僖宗中和二年七月"条，第 8255 页。
④ 《资治通鉴》卷二五四"唐僖宗中和二年七月"条，第 8255 ~ 8256 页。
⑤ 《新唐书》卷二〇八《宦者传下·田令孜传》，第 5886 页。
⑥ 《资治通鉴》卷二五四"唐僖宗中和二年七月"条，第 8255 页。

不伤痛，补阙郑谷赋诗《蜀江有吊》云："孟子有良策，惜哉今已而。徒将心体国，不识道消时。折槛未为切，沈湘何足悲。苍苍无问处，烟雨遍江蓠。"①此诗深切表达了郑谷等一大批朝官对宦官专政的无奈和对忠贞之士生不逢时的感慨，郑谷将孟昭图的行为与沉湘江之屈原相比美，足以见他死得其所。

虽然田令孜后来被藩帅王重荣、李克用逼下台，杨复恭取而代之，为枢密使、右军中尉，但唐朝的命运并未因此而改变。杨复恭又以定策立昭宗，"目天子为门生"，又以"堂状后帖黄，指挥公事"，侵夺了宰相的制敕权，任意擅改制敕，完全凌驾在宰相之上，随意独断专行②。于是乾宁四年（897年）十二月，右拾遗张道古上疏，称："国家有五危、二乱……今陛下登极已十年，而曾不知为君驭臣之道……今先朝封域，日蹙几尽。臣虽微贱，窃伤陛下朝廷社稷始为奸臣所弄，终为贼臣所有也。"③张道古抱着必死的心态④，向即位以来尚不知为君之道的昭宗直言极谏，危言当时先朝疆域几近丧失殆尽，疾呼昭宗选拔贤能，远离奸臣、贼臣。岂知昭宗只知张道古言语激烈、触逆龙威，不知国家安危，怒贬张道古施州司户，随后又将其杀害。同时下诏罪状道古，宣示谏官，杀鸡儆猴⑤。如果说僖宗年少，未谙国事，错杀谏官，情有可原，那么已是成人的昭宗皇帝仍然未能听从谏官忠言，反而贬谪道古，则罪不可恕。难怪后人感慨"犹罪言者，其亡宜矣"⑥。大概是此时南衙已经完全臣服于北司的缘故，未见有以宰相为代表的朝官为张道古说情，反而有宰相出来积极为自己开脱，砥石中流的作用荡然无存。如钱珝《代宰相谢降朱书御札表》云：

---

① ［清］彭定求编：《全唐诗》卷六七六郑谷《蜀江有吊》，中华书局，1960年，第7756页。
② 参考王守栋：《唐代宦官政治》，中国社会科学出版社，2009年，第212～213页。
③ 《资治通鉴》卷二六一"唐昭宗乾宁四年十二月"条，第8512～8513页。
④ ［五代］孙光宪撰：《北梦琐言》卷五《张道古题墓》云："唐天复中，张道古……拜左补阙……因上《五危二乱表》，左授施掾，尔后入蜀。先是，所陈《二乱疏》……尝自筮，遇凶卦，预造一穴，题表云：'唐左补阙张道古墓。'后果遇害而瘗之。"（中华书局，2002年，第114页）
⑤ 《资治通鉴》卷二六一"唐昭宗乾宁四年十二月"条，第8513页。
⑥ 《资治通鉴》卷二六一"唐昭宗乾宁四年十二月"条胡三省注，第8512页。

　　　　臣某言。今月某日，中使某至，奉宣圣旨，颁示御札，以贬黜张道
　　古事，更令申诰中外者。圣旨昭垂，群情胥悦。臣某中谢……今张道古
　　狂瞽所献，斥犯非常。凡日在庭，皆知难恕。深宏睿哲，且欲含容。虽
　　匡瑕之道则然，于犯上之名斯重。臣等请行谴逐，陛下尚顾物情。宸翰
　　所临，皇言曲被。尽贺为君之盛，咸知六德之能。捧戴圣慈，如亲丹宸。
　　臣某等无任铭篆，抃越荣感之至①。

　　当朝宰相只知奉承皇帝英明，不辨黑白，如此君臣，唐朝不亡不行。唯有
一些落第举子为张道古鸣不平，同时也对这样的王朝彻底绝望。如郑遨《哭张
道古》云：“曾陈章疏忤昭皇，扑落西南事可伤。岂使谏臣终屈辱，直疑天道恶
忠良。生前卖卜居三蜀，死后驰名遍大唐。谁是后来修史者，言君力死正颓
纲。”② 又如贯休《悼张道古》云：“清河逝水大匆匆，东观无人失至公。天
上君恩三载隔，鉴中鸾影一时空。坟生苦雾苍茫外，门掩寒云寂寞中。惆怅
斯人又如此，一声蛮笛满江风。”③ 僖昭两朝，如此接二连三诛杀侯昌业、孟
昭图、常浚、张道古等忠贞谏官的结果，便是“自是以后，无敢言者”④。正
如范祖禹所论：“明王导天下而使之言，其贤者乐告以善道，故国家可得而治
也。苟上下否隔不可告语，使人之言者出于愤激之气，则其国岂不殆哉！”⑤

## 二　《直谏表》中的星象灾异与晚唐政局

　　尽管侯昌业深知言路难开，还是在《直谏表》的写作方法和内容上
花费了很多心思，他试图利用天文星象灾异观念，借天意来警示僖宗，希

---

① 《全唐文》卷八三五钱珝《代宰相谢降朱书御札表》，第 8790 页。
② 《全唐诗》卷八五五郑遨《哭张道古》，第 9671 页。
③ 《全唐诗》卷八三七贯休《悼张道古》，第 9437 页。
④ ［宋］范祖禹撰，吕祖谦注：《唐鉴》卷一一《僖宗》，上海古籍出版社，1984 年，第
　321 页。
⑤ ［宋］范祖禹撰，吕祖谦注：《唐鉴》卷一一《僖宗》，第 317～318 页。

望僖宗能意识到灾星频现、国家有忧、大患在即，必须选举贤能、实行清明政策、禳灾消难，国运才会长久。侯昌业深知僖宗喜好算术，了解一些天象灾异知识①，便在《直谏表》中大谈星象失序，灾异频现、危机迫在眉睫，借以警示僖宗。这既是《直谏表》的一个最大特点，也是研究的难点。

《直谏表》中之所以大量使用星象灾异现象进行劝谏，其中一个原因是侯昌业曾担任过观测星象方面的工作，他声称自己"去咸通年中，曾授司天御史，忝知乾象，谬辩星辰"。但唐代的天文机构的名称先后经历了太史监、太史局、秘阁局、浑天监、浑仪监的变化，最终于乾元元年（758 年）改为司天台，司天台下有司天监一员（正三品）、少监二人（正四品）、丞三人（正六品）等，并无司天御史一职②。杨涉撰《续皇王宝运录》载侯昌业为司天少监，郭锋先生也据此疑为侯昌业时任司天少监③，而《资治通鉴》《新唐书》均言其为左拾遗④，为从八品上，其品位差距甚大，故侯昌业为司天少监的可能性比较小。然而《直谏表》中所说"司天御史"一职，虽未见其他史籍记载，但御史台察院之监察御史之职，涉及监察司天台察天象的职能，分管相关事务，故怀疑此"司天御史"是指分管司天台的监察御史，正八品上，其品位跟左拾遗基本相符。据《唐六典》卷一三《御史台》云："监察御史掌分察百僚，巡按郡县，纠视刑狱，肃整朝仪……凡冬至祀圜丘，夏至祭方丘，孟春祈谷，季秋祀明堂，孟冬祭神州，五郊迎气及享太庙，则二人共监之。若朝日、夕月及祭社稷、孔宣父、齐太公，蜡百神，则一人率其官

---

① 《资治通鉴》卷二一三"唐僖宗广明元年二月"条，第 8221 页。

② 参考赵贞：《唐代的天文管理》，《南都学坛》2007 年第 6 期，第 29～34 页。

③ 郭峰：《敦煌本〈侯昌叶直谏表〉与晚唐懿、僖时期之政局》，《兰州大学学报》1991 年第 3 期，第 106 页。

④ 《新唐书》卷二〇八《田令孜传》云："是时贤人无在者，惟佞鄙沓贪相与备员，偷安噤默而已。左拾遗侯昌蒙不胜愤，指言竖尹用权乱天下，疏入，赐死内侍省。"（第 5885 页）按：蒙，为"业"之讹。

属，阅其牲牢，省其器服，辨其轻重，有不修不敬则劾之。"① 虽然《唐六典》没有直接记载监察御史负责监察司天台，但从其分察祭祀等来看，司天台观星象、占灾异性质与祭祀颇为相似，理应有专门的监察御史负责分察司天台。据《旧唐书》卷三六《天文志下》云："开成五年十二月，敕：'司天台占候灾祥，理宜秘密。如闻近日监司官吏及所由等，多与朝官并杂色人交游，既乖慎守，须明制约。自今已后，监司官吏不得更与朝官及诸色人等交通往来，委御史台察访。'"② 但也不排除另一种可能性，即《直谏表》中自称"曾授司天御史"为后人篡改的结果。如本件《直谏表》被后人冠名"金紫光禄大夫守刑部尚书兼御史中丞侯昌业直谏表"、Дх. 1698 号 + Дх. 1698 号 V 又称作"侯侍郎直谏表"③，其阶序品位都在正五品以上，与《资治通鉴》《新唐书》记载其为左拾遗从八品上差异甚大，考相关史籍并未见侯昌业担任过上述任何职务，大概是唐末五代后人为了敬重侯昌业，对其职官和散阶进行假托和放大，这种情况在敦煌文献中的相关文书中也很常见。如敦煌本贾耽《直谏表》记载贾耽的职官和散阶也有夸大成分④。因此，侯昌业的真实身份应该是曾担任过监察御史，其上表的身份应该为左拾遗。

侯昌业在《直谏表》中先从三皇理化、五帝临朝、伏羲画八卦、尧舜寻生等前代先贤和圣明君主与天象之间的感应，再到南朝宋的"观音现于灵应"⑤，

---

① 《唐六典》卷一三《御史台》，第 381～382 页。

② 《旧唐书》卷三六《天文志下》，第 1336 页。

③ 俄罗斯科学院东方研究所圣彼得堡分院等编：《俄藏敦煌文献》第 8 册，上海古籍出版社，1997 年，第 303～304 页。

④ 冯培红、张军胜：《传世本刘允章〈直谏书〉与敦煌本贾耽〈直谏表〉关系考辨》，《兰州学刊》2009 年第 4 期，第 9 页。

⑤ ［梁］沈约撰：《宋书》卷七六《王玄谟传》云："及大举北征，以玄谟为宁朔将军，前锋入河，受辅国将军萧斌节度……及拓跋焘军至，乃奔退，麾下散亡略尽。萧斌将斩之，沈庆之固谏曰：'佛狸威震天下，控弦百万，岂玄谟所能当。且杀战将以自弱，非良计也。'斌乃止。初，玄谟始将见杀，梦人告曰：'诵《观音经》千遍，则免。'既觉，诵之得千遍，明日将刑，诵之不辍，忽传呼停刑。"（中华书局，1977 年，第 1973～1974 页）

"志公出自梁朝"①，来证明"况休祥感应，人之自为；暴起风烟，国之自致"，进而想告诫僖宗。他声称虽然当时人间农民起义蜂起，天象的灾星异动也都是国君、宦官和宰臣的恶行所招致，但是可以通过君王自省和供奉佛法禳灾避祸，化凶为吉。随后，他便声称自己曾担任司天御史，"忝知乾象，谬辩星辰"，进而郑重警告僖宗"近日已来，灾祥变动"，说明问题的严重性。他又进一步解释说："昨去二月一日夜，见扶匡不朝于帝主，积卒已背于轩辕。六甲、勾陈往来交错，腾蛇、附路、大理，却抗于天厨，三台向积水之河，八座游摄提之境。乾象既能差异，世界岂得安宁？感动幽玄，是天子之过也。"这一段话涵盖的天文和星占知识太多，以往的学者很少有人对其进行解释和探讨，郭锋在《敦煌本〈侯昌叶直谏表〉与晚唐懿、僖时期之政局》一文也未做深入研究②。下文将主要从星象的天文主管和政治警示的意图等角度，逐句来分析侯昌业的真实用意，有不当之处请方家指正。

文中的"昨去二月一日夜"，指的就是广明元年（880 年）二月一日夜。"见扶匡不朝于帝主"一句的含义。扶匡③，据《唐开元占经》卷一○九《星图四·甘氏中官古今同异》云："扶匡旧在须女，度东北西南行列，又在子规外审。视天在南斗，度东南北行列。"④ 又《说郛》卷一○八《风后握奇经·扶匡》云：

---

① ［唐］魏徵等撰：《隋书》卷二二《五行志上》云："梁天监三年六月八日，武帝讲于重云殿，沙门志公忽然起舞歌乐，须臾悲泣，因赋五言诗曰：'乐哉三十余，悲哉五十里。但看八十三，子地妖灾起。佞臣作欺妄，贼臣灭君子。若不信吾语，龙时候贼起。且至马中间，衔悲不见喜。'"（中华书局，1973 年，第 636 页）

② 郭锋：《敦煌本〈侯昌叶直谏表〉与晚唐懿、僖时期之政局》，《兰州大学学报》1992 年第 3 期，第 101～107 页。

③ 关于勾陈等诸星的具体天文星象位置在 S.3326 号李淳风《二十八宿分野图一卷》中有明确标示。对此文书的研究见马世长《敦煌县博物馆藏星图、占星云气书残卷：敦博第五八号卷子研究之三》（《敦煌吐鲁番文献研究论集》，中华书局，1982 年，第 177～488 页）；邓文宽《敦煌天文历法文献辑校》（江苏古籍出版社，1996 年，第 58～93 页）、《敦煌吐鲁番天文历法研究》（甘肃教育出版社，2002 年，第 31～37 页）等。

④ ［唐］瞿昙悉达撰：《唐开元占经》，《文津阁四库全书》第 267 册，商务印书馆，2005 年，第 541 页。

"扶匡七星在天柱东，主桑蚕之事。"① 虽然帝主星官所主不详，但从扶匡主桑蚕之事来看，"不朝于帝主"一句显然是暗示阴阳失衡，天下百姓将有衣食之忧。

"积卒已背于轩辕"一句的含义。积卒，据《隋书》卷二〇《天文志中》云："积卒十二星，在房心南，主为卫也。他星守之，近臣诛。"② 又《唐开元占经》卷六八《石氏外官·积卒星占五》云："石氏曰：积卒十二星，在房心南。又曰：积卒，一名卫士，芒角动，聚兵事。一曰积卒，兵官，金官也。郗萌曰：积卒者，土也，积土也者，所以卫卒暴。巫咸曰：积卒兵官，金官也。《皇帝占》曰：积卒主守卫明堂，其星欲微小而明，则天子吉，其国安昌。若明大动摇，则君臣不宁，朝廷有兵。一曰积卒，主守卫。《春秋合诚图》曰：积卒，主卫尉。石氏曰：积卒一星亡，兵少半出；二星亡，兵大半出；三星亡，兵尽出。《海中占》曰：积卒不如其故，兵其微细；若不见兵车尽出，士卒满野。石氏赞曰：积卒十二星，扫明堂。"③ 若是其他星、云气等，犯、守、入积卒，或国家多有兵祸，或主将有忧，灾情堪忧④。轩辕，

---

① ［明］陶宗仪：《说郛三种》，上海古籍出版社，1988 年，第 4977 页。

② 《隋书》卷二〇《天文志中》，第 549 页。

③ ［唐］瞿昙悉达：《唐开元占经》卷六八《石氏外官·积卒星占五》，第 445 页。

④ ［宋］曾公亮等撰：《武经总要后集》卷一七《占候二》云："积卒十二星，在房宿西南，五营军士之众。五星入守，天下大起；月犯天江，有兵强，河津不通。"（收入中国兵书集成编委会编：《中国兵书集成》第 5 册，解放军出版社，1988 年，第 1932 页）［唐］瞿昙悉达撰：《唐开元占经》卷二九《岁星占七·岁星犯积卒五》云："石氏曰：岁星入积卒，若守之，兵大起，士卒大行；若多死，期二年。"（第 353 页）［唐］瞿昙悉达撰：《唐开元占经》卷三七《荧惑占八·荧惑犯积卒五》云："《玄冥占》曰：荧惑犯守积卒，主失位，天下乱，兵大起，期百二十日。石氏曰：荧惑犯守积卒，主失位，天下凶。"（第 378 页） ［唐］瞿昙悉达撰：《唐开元占经》卷四四《填星占七·填星犯积卒五》云："石氏曰：填星入积卒，若守之，兵大起，士卒大行；若多死，期二年。"（第 392 页）［唐］瞿昙悉达撰：《唐开元占经》卷五二《太白占八·太白犯积卒五》云："石氏曰：太白入积卒，若守之，兵大起，士卒大行；若多死，期二年。冥曰：太白犯守积卒，主失位，天下乱，兵大起，期百二十日。"（第 409 页）［唐］瞿昙悉达撰：《唐开元占经》卷五九《辰星占七·辰星犯积卒五》云："石氏曰：辰星入积卒，若守之，兵大起，士卒大行；若多死，期二年。冥占曰：（转下页注）

《新唐书》卷三一《天文志一》云："七星系轩辕，得土行正位，中岳象也，河南之分。"①《唐开元占经》卷六六《石氏中官·轩辕星占四十四》云："石氏曰：轩辕十七星，在七星北……甘氏曰：轩辕，一名天昏宫，在七星东北，凡十七星……郗萌曰：轩辕，女主之廷也，一名天柱……巫咸曰：轩辕天子后妃之庭也，主土官也。《黄帝占》曰：轩辕十七星，主后妃，黄龙之体，以应主南……《孝经援神契》曰：轩辕列明，后女争……石氏曰：轩辕移外，民流亡从胡人；移其内，民人大饥，胡人来。焦延寿曰：轩辕星动，有摇若相就，皆为后夫人之宗有死丧；若卑，伐尊者……郗萌曰：轩辕角振，后族败；振动也。《荆州占》曰：轩辕欲小小黄明也，消小不见，皇贵妃不安；黑色，大凶。石氏曰：轩辕星合，为百二十妃大小相次，后宫多子孙；不明，有暴忧。石氏赞曰：轩辕龙体，主后妃。"② 显然，轩辕星象征后宫，主后妃，关乎后庭、后妃、后族的安危兴衰，并主后宫的生养，以及国家土地物产。若它星来犯、相守轩辕，轻则女主失势、列大夫放逐，重则女主、近臣族诛，天下饥馑③。显

---

（接上页注④）犯积卒，主失位，天下乱，兵大起，期百八十日。"（第 421 页）［唐］瞿昙悉达撰：《唐开元占经》卷七五《流星占五·流星犯积卒五》云："圣洽符曰：流星入积卒，兵士大行。"（第 464 页）［唐］瞿昙悉达撰：《唐开元占经》卷八四《客星占八·客星犯积卒五》云："石氏曰：他星守积卒，主兵臣诛。石氏曰：客星出守积卒，兵士为乱，近臣有诛，士卒多死。"（第 483 页）［唐］瞿昙悉达撰：《唐开元占经》卷九〇《彗星占下·彗孛犯积卒五》云："甄曜度曰：彗星出积卒，为谋臣去疾，谋不成，若守之，主将有忧。《春秋纬》曰：彗星出积卒，卫士并为乱，祸不成。"（第 505 页）

① 《新唐书》卷三一《天文志一》，第 823 页。

② ［唐］瞿昙悉达撰：《唐开元占经》六六《石氏中官·轩辕星占四十四》，第 440 页。

③ ［唐］瞿昙悉达撰：《唐开元占经》卷三六《荧惑占七·荧惑犯轩辕四十四》云："《荆州占》曰：荧惑犯轩辕，女御天子仆死。荧惑犯轩辕所中，以官名名之，皆成刑。文曜钩曰：荧惑入轩辕，主以后妃党之过亡……郗萌曰：荧惑守轩辕，女主恶之……《荆州占》曰：荧惑犯乘守轩辕，主命恶之……荧惑中犯乘守轩辕、太民星，大饥大流，皇太后族有诛者若有罪。中犯乘守少民星，小饥小流，皇后之族有诛者若有罪。"（第 375 页）［唐］瞿昙悉达撰：《唐开元占经》卷四三《填星占六·填星犯轩辕四十二》云："《黄帝占》曰：填星行轩辕中，犯女主，女主失势，（转下页注）

然"积卒"为卫士，意在映射中央禁军或神策军；"轩辕"为后宫。这样一来，"积卒已背于轩辕"一句就是在说明积卒和轩辕二星位置失序，灾异甚重，预示着君臣不宁，后宫不稳，兵祸将起自宫掖。

"六甲、勾陈往来交错"的含义。"六甲"分阴阳，建节候，是时间秩序的象征。"勾陈"亦为后宫，此句意指四时失度，阴阳失调。勾陈星和六甲星均在紫宫中，均由六星组成，位置相对恒定①。《隋书》卷一九《天文志上》云："北极五星，钩陈六星，皆在紫宫中……钩陈，后宫也，太帝之正妃也，太帝之坐也。北四星曰女御宫，八十一御妻之象也。钩陈口中一星，曰天皇太帝。其神曰耀魄宝，主御群灵，秉万神图……华盖杠旁六星曰六甲，可以分阴阳而纪节候，故在帝旁，所以布政教而授人时也。"② 又据《灵台秘苑》卷一《步天歌星图·紫微垣》云："紫微垣中，元北极紫微宫……勾陈尾指北极巅，勾陈六星、六甲前，天皇独在勾陈里，五帝内座后门是，华盖并杠十

---

(接上页注③)列大夫有放逐者……巫咸曰：填星行犯守轩辕，女主失政。"（第390～391页）〔唐〕瞿昙悉达撰：《唐开元占经》卷五一《太白占七·太白犯轩辕四十四》云："《荆州占》曰：太白犯轩辕，女御天子仆死……《荆州占》曰：太白守轩辕，女御有诛者。巫咸曰：太白行犯守轩辕，女主失政。若失势，一日大臣当之；若有黜者，期二年。"（第407页）〔唐〕瞿昙悉达撰《唐开元占经》卷五八《辰星占六·辰星犯轩辕四十二》云："黄帝占曰：辰星行轩辕，中犯女子，女主失势，忧丧也……石氏曰：入轩辕中，犯乘守之，有逆贼，若火灾。"（第420页）《唐开元占经》卷七三《流星犯·轩辕四十五》云："甄曜度曰：流星入轩辕，后妃有乱，女主有逆谋，天子宜防之，期三年。"（第462页）〔唐〕瞿昙悉达撰：《唐开元占经》卷八三《客星占七·犯轩辕四十三》云："石氏曰：客星干犯轩辕，近者诛灭宗族王者，以赦除咎。"（第480页）〔唐〕瞿昙悉达撰《唐开元占经》卷九〇《彗星占下·彗孛犯轩辕四十四》云："石氏曰：彗孛干犯轩辕，近臣诛灭宗族王者，以赦除。"（第503页）

① 〔北周〕庾季才撰，〔宋〕王安礼等重修：《灵台秘苑》卷一〇《紫微垣·六甲》云："六甲距南星去极一十五度，入奎四度，明则阴阳和顺，暗则寒暑失节，亡则水旱。客星干犯，农事废，寒暑相反，或大旱守之。赤旱、白殁、黑水、彗孛干犯，女后擅权政或君惑图史。"（《景印文渊阁四库全书》第267册，台湾商务印书馆，1986年，第252页）

② 《隋书》卷一九《天文志上》，第529～530页。

六星。"① 又据《唐开元占经》卷六七《石氏中官·北极钩陈星占六十》云："石氏曰：北极五星，钩陈六星，皆在紫微宫中……《春秋纬》曰：上精为钩陈，钩陈者，陈也，害土立万物度数以陈。《乐什图》曰：钩陈，后宫也。《合诚图》曰：钩陈，大帝之正妃也，大帝之常居也。巫咸曰：钩陈，天子护陈将军，水宫也……《荆州占》曰：主不用谏，佞人在位，则钩陈星不明。"② 若它星犯、守钩陈者，不是后宫乱，就是幸臣乱，人主有忧。③ 六甲、勾陈天象位置相对恒定，其动静都会影响人主和后宫、幸臣的安危，现在却"往来交错"，显然在预示国君有忧，近臣为患。

"腾蛇、附路、大理，却抗于天厨"一句，更是寓意深长。"腾蛇"，距中大星，去极四十四度，少入危九度半④，主"风雨"⑤。《隋书》卷一九《天文志上》云："腾蛇二十二星，在营室北，天蛇星主水虫。星明则不安，客星守之，水雨为灾，水物不收。"⑥ 若它星、云气或犯、守、入腾蛇，要么风雨失和、雨水成灾，要么天下马多死、道路不通⑦。附路一星，入奎三度，

---

① ［北周］庚季才撰，［宋］王安礼等重修：《灵台秘苑》卷一《步天歌星图》，第 227 页。

② ［唐］瞿昙悉达撰：《唐开元占经》，第 444～445 页。

③ ［唐］瞿昙悉达撰：《唐开元占经》卷二八《岁星占六·岁星犯北极钩陈五十九》云："《黄帝占》曰：岁星犯守钩陈，后宫乱，兵起宫中，幸臣谋主者忧。"（第 352 页）［唐］瞿昙悉达：《唐开元占经》卷三六《荧惑占七·荧惑犯北极钩陈六十》云："《荆州占》曰：火守钩陈，人主忧。黄帝曰：火犯钩陈，后宫乱，兵起宫中。幸臣谋主，王者有忧。"（第 375 页）。［唐］瞿昙悉达撰：《唐开元占经》卷九〇《彗星占下·彗孛犯北极钩陈五十八》："石氏曰：彗星出，钩陈臣弑其主。若入守钩陈，幸臣乱宫。若有诛者，期不出一年，远三年。"（第 504 页）

④ ［北周］庚季才撰，［宋］王安礼等重修：《灵台秘苑》卷一二《北方七宿·腾蛇》，第 264 页。

⑤ ［北周］庚季才撰，［宋］王安礼等重修：《灵台秘苑》卷二《星总》，第 229 页。

⑥ 《隋书》卷一九《天文志上》，第 538 页。

⑦ ［唐］瞿昙悉达撰：《唐开元占经》卷七三《流星占三·流星犯腾蛇二十九》云："玄冥曰：流星入腾蛇，雨水为害，鱼盐贵，水物不成，期不出年。"（第 461 页）［唐］瞿昙悉达撰：《唐开元占经》卷二八《岁星占六·岁星犯附路三十一》云："石氏曰：岁星守附路、大仆，乃罪若有诛，一曰马多死道，无乘马者。"（第 350 页）

去北极星四十三度，在黄道内五十七度，主"备败伤"①。《唐开元占经》卷六六《石氏中官占二·附路星占三十二》云："石氏曰：附路一星，在阁道南傍……《论谶》曰：附路，主扫除。郗萌曰：附路，主御风雨。石氏曰：附路以通道，若阁道，道坏当从；附路道备豫不虞，以候灾害，故曰备路。《礼纬》曰：附路明，天子寿，昌万民，无疫病之殃。《论谶》曰：附路亡，道涂塞。"② 若它星、云气或犯、守、入附路，要么太仆寺的官员获罪，要么天下马多死，道路阻隔，要么风雨成灾，天下大饥，兵起③。又大理星，距东星，去北极星二十三度半，入心五度④。《唐开元占经》卷七十《甘氏外官·大理占三》云："巫咸曰：大理二星在紫宫门左星内，大理者平狱之官也。巫咸赞曰：大理奏事，南门左陬。"⑤ 若云气入大理，要么"刑法官有迁"，要么"决狱不平，刑官受诛"⑥。

---

① ［唐］瞿昙悉达撰：《唐开元占经》卷六六《石氏中官·附路星占三十二》，第438页。

② ［唐］瞿昙悉达撰：《唐开元占经》卷六六《石氏中官占二·附路星占三十二》，第438页。

③ ［唐］瞿昙悉达撰：《唐开元占经》卷三五《荧惑占六·荧惑犯附路三十二》云："石氏曰：荧惑，守附路，太仆有罪若有诛。一曰马多死道，无乘马者。"（第373页）［唐］瞿昙悉达撰：《唐开元占经》卷四三《填星占六·填星犯附路三十》云："石氏曰：填星，守附路，大仆有罪若诛。一曰马多死道，无乘马者。"（第390页）［唐］瞿昙悉达撰：《唐开元占经》卷八二《客星占六·客星犯附路三十一》："陈卓曰：客星干犯附路，道不通，天下半隔，期一年。焦延寿曰：有星入附路，兵大起。郗萌曰：有星入附路，马贱。"（第479页）［唐］瞿昙悉达撰：《唐开元占经》卷九〇《彗星占下·彗孛犯附路三十二》云："陈卓曰：彗孛干犯附路，道不通天下半隔，期一年。《海中占》曰：彗孛出附路，天下大饥，车骑满野道中纵横，人主临兵，期三年。"（第502页）［唐］瞿昙悉达撰：《唐开元占经》卷九六《云气犯列宿占·附路》云："苍白气入附路，太仆忧之出附路，祸除。赤气入，太仆有鈇钺之诛；赤气出，兵起；黄白气入，太仆拜赐出之有德令；黑气入，太仆死。"（第517页）

④ ［北周］庾季才撰，［宋］王安礼等重修：《灵台秘苑》卷一〇《紫微垣·北极》，第253页。

⑤ ［唐］瞿昙悉达撰：《唐开元占经》卷七十《甘氏外官·大理占三》，第453页。

⑥ ［唐］瞿昙悉达撰：《唐开元占经》卷九六《云气犯列宿占·大理》，第519页。

天厨六星，在紫微宫东北维外，主"咸馔百宰若疏"①。《隋书》卷一九《天文志上》云："紫宫垣十五星，其西蕃七，东蕃八，在北斗北……东北维外六星曰天厨，主盛馔。"② 若它星犯、守天厨，小则大官被诛，大则天下大饥，人相食，君子破产，小人卖妻③。综上所述，"腾蛇、附路、大理，却抗于天厨"，应该在暗示朝廷政事积弊已多，天下将风雨成灾、刑狱不平、大臣被诛，百姓流离失所就在所难免。

"三台向积水之河"一句，所谓"三台"，"上台旧在井，今测在柳；中台旧在七星，今在张"④。《隋书》卷一九《天文志上》云："三台六星，两两而居，起文昌，列招摇、太微。一曰天柱，三公之位也。在天曰三台，主开德宣符也。西近文昌二星曰上台，为司命，主寿。次二星曰中台，为司中，主宗。东二星曰下台，为司禄，主兵，所以昭德塞违也。又曰三台为天阶，太一蹑以上下。一曰泰阶，上星为天子，下星为女主；中阶，上星为诸侯三公，下星为卿大夫；下阶，上星为士，下星为庶人。所以和阴阳而理万物也。其星有变，各以所主占人。君臣和集，如其常度。"⑤《唐开元占经》卷六七《石氏中官三台·占五十三》云："石氏曰：三台六星，两两而居，起文昌列抵太微。《黄帝占》曰：三能（台）者，三公之位也……又占曰：知三能者使人不病疠，夫妻俱视三能，使人离三能……西近文昌二星曰上台，为司命主寿；次二星中台，为司中主宗室；东二星曰下台，为司禄主兵。《论谶》曰：上台上星主兖豫，下星主荆。"⑥ 若它星、云气等犯、守、入三台者，小

---

① ［唐］瞿昙悉达撰：《唐开元占经》卷六九《甘氏中官占五·天厨星占十五》，第449页。

② 《隋书》卷一九《天文志上》，第530~531页。

③ ［唐］瞿昙悉达撰：《唐开元占经》卷八四《客星占八·客星犯天厨四》云："《荆州占》曰：客星守天厨，天下大饥，人相食。若流亡去其。国君子卖衣，小人卖妻。又曰：食官有食变。"（第485页）［唐］瞿昙悉达撰：《唐开元占经》卷五二《太白占八·太白犯天厨二》云："《荆州占》曰：太白犯天厨，大官事诛。石氏曰：太白守天厨，大官吏死。"（第410页）

④ 《旧唐书》卷三五《天文上》，第1301页。

⑤ 《隋书》卷一九《天文志上》，第534页。

⑥ ［唐］瞿昙悉达撰：《唐开元占经》卷六七《石氏中官三台·占五十三》，第441页。

则三公有戮死者，大则天下大乱，宫中兵起，大臣戮死①。积水星，入井十三度，去北极星五十五度，在黄道内十二度太②。《隋书》卷一九《天文志上》云："天将军十二星，在娄北，主武兵……中一星曰积水，候水灾。"③又《唐开元占经》卷六六《石氏中官·积水星占》云："石氏曰：积水一星，在北河西星北。又曰：积水一星，一名聚水，积聚美水，以给酒官之旗。巫咸曰：积水之官。《黄帝占》曰：积水一星，给酒旗积水者，甘泉也。拟于醪酿，以待宾客。其星欲明，天下安，飨燕之礼行。其星不明，人主不安，五谷不登，飨燕礼废，徭役殷烦，人民忧……石氏曰：积薪星明，大禘尝察。星不明，君臣不和，百祀不享。"④ 若它星、云气等犯、守、入积水，小者将相死，天下水灾，人民饥馑；大者兵起，人主不安⑤。综上所述，"三台向积水之河"一句意在暗示宰臣有难，灾异将行，兵祸在即，人主不安。

---

① ［唐］瞿昙悉达：《唐开元占经》卷二八《岁星占六·岁星犯三台五十二》云："玉历曰：岁星入，犯上台司命，近臣有罪，若有，诛……郗萌曰：岁星犯守上台，改年阳纪，太尉死；不则，天子恶之。中台，司徒病。下台，司空期百日。若七十日丙子日。文曜钩曰：岁星犯守中台，司中奸臣有谋，若诛者，中公当之。巫咸曰：岁星犯守下台，司禄近臣有罪，若出走黑死者。"（第352页）［唐］瞿昙悉达撰：《唐开元占经》卷三六《荧惑犯三台五十三》云："《黄帝占》曰：荧惑守三台三十日，天下大乱，兵起宫中，大臣戮死……郗萌曰：荧惑守三台三日以上，三公有戮死者。"（第377页）［唐］瞿昙悉达撰：《唐开元占经》卷九七《云气犯列宿占·三台》云："黄气入，将相喜。赤气入，多败伤。黑气入，三公忧，将相死。"（第519页）

② ［唐］瞿昙悉达撰：《唐开元占经》卷六六《石氏中官·积水星占四十一》，第439页。

③ 《隋书》卷一九《天文志》，第539页。

④ ［唐］瞿昙悉达撰：《唐开元占经》卷六六《石氏中官·积水星占》，第439页。

⑤ ［唐］瞿昙悉达撰：《唐开元占经》卷二八《岁星占六·岁星犯积水四十》云："巫咸曰：岁星犯守积水，其国有水灾，物不成，鱼盐贵。一曰以水为败，籴大贵，人民饥，期二年。"（第351页）［唐］瞿昙悉达撰：《唐开元占经》卷三六《荧惑占七·荧惑犯积水四十一》云："巫咸曰：荧惑入积水，大臣诛。荧惑守积水，有大名水出，出入定有水兵。甘氏曰：荧惑守积水，兵起，国有水灾。《荆州占》曰：荧惑入积水。若守之，大水，兵起。巫咸曰：荧惑犯守积水，水物不成，鱼盐贵。一曰，以水为败，籴大贵，民饥，期二年。"（第375页）［唐］瞿昙悉达撰：《唐开元占经》卷九七《云气犯列宿占·三台》云："黄气入，将相喜。赤气入，多败伤。黑气入，三公忧，将相死。"（第519页）

"八座游摄提之境"的含义。八座星，诸星占书记载不详。仅见于《灵台秘苑》卷十《紫微垣·尚书》云："尚书距西南星去极十一九度，入尾十四度。占与四辅同，客星干犯，仆射灾，余皆占在八座，守之有下狱及诛。"① 这里"尚书""八座"即与人间唐朝尚书省的"尚书八座"相对应。《唐开元占经》卷八二《客星占六·客星犯大角二》云："郗萌曰：客星八座，谋臣在侧，圣人受制。"② 显然，侯昌业是借客星犯八座星，"谋臣在侧，圣人受制"的天象异常的理论，暗示僖宗朝的田令孜专政。又摄提六星，入角八度少，去北极五十九度半，在黄道内三十二度③，"主建时节，伺機祥"④，为九卿之象。《唐开元占经》卷六五《石氏中官占上一·摄提占一》云："石氏曰：摄提六星……东西三三而居，形似鼎足，常东向天子，吉曷若北向，即大人失位，圣人更制天下有事，期三十日兵出，复三十日兵罢……《合诚图》曰：摄提主九卿。《洛书》曰：摄提移，政更权也。帝览嬉曰：仁道不行，摄提失衡。"⑤ 若它星、云气等犯、守、入摄提者，小者大臣有诛；大者"臣谋其君"，"正更权"，人主出走，兵起满野，危害极大⑥。因此，侯昌

---

① ［北周］庾季才撰，［宋］王安礼等重修：《灵台秘苑》卷十《紫微垣·尚书》，第 252 页。

② ［唐］瞿昙悉达撰：《唐开元占经》卷八二《客星占六·客星犯大角二》，第 477 页。

③ ［唐］瞿昙悉达撰：《唐开元占经》卷六五《石氏中官占上一·摄提占一》，第 433 页。

④ 《隋书》卷一九《天文志》，第 534 页。

⑤ ［唐］瞿昙悉达撰：《唐开元占经》卷六五《石氏中官占上一·摄提占一》，第 433 页。

⑥ ［唐］瞿昙悉达撰：《唐开元占经》卷二八《岁星占六·岁星犯摄提一》云："《海中占》曰：岁星犯摄提，臣谋其君，若主出走，有兵起，期一年。"（第 349 页）［唐］瞿昙悉达撰：《唐开元占经》卷五一《太白占七·太白犯摄提一》云："《圣洽符》曰：太白入犯摄提，兵起满野，强臣谋。主若守卫，臣有谋，期二年。"（第 405 页）［唐］瞿昙悉达撰：《唐开元占经》卷三五《荧惑占六·荧惑犯摄提一》云："《百二十占》曰：荧惑入摄提，兵聚一国。若大臣有诛，人主忧，期百八十日。巫咸曰：荧惑入，若犯摄提，坐大臣成刑……郗萌曰：荧惑守左摄提，左校兵作，右摄提，右校兵作。"（第 371 页）［唐］瞿昙悉达撰：《唐开元占经》卷八二《客星占六·客星犯摄提一》云："郗萌曰：客星入摄提，座谋臣在侧，圣人受制。郗萌曰：客星当摄提口，将受主俸，不为主用。"（第 477 页）［唐］瞿昙悉达撰：《唐开元占经》卷九七《云气犯列宿占·摄提》云："青云气入摄提，九卿有忧；黄气入，九卿有赏；赤气入，戈盾用事；黑气入，大臣诛。"（第 519 页）

业所说的"八座游摄提之境",是八座离开原来的星象位置,跑到了"摄提"的星象位置,暗喻晚唐朝政紊乱,败象倍出。联系晚唐政局,由于宦官专政,以"尚书八座"为代表的朝官失职,特别是以尚书省为主体三省的朝官体制失序,政府的行政职能紊乱。虽然这里没有直指宦官侵扰以"尚书八座"为代表的朝官晚唐政局,但从八座游走摄提的结果,暗示了当时宦官专政,僖宗受制于人,"废股肱,蔽耳目,塞谏诤","天子与宰相了无关涉",宰相与天子形同路人,唯有侵摄九卿的权限,致使百官公卿不尽职守,懈怠政事,最终的结果必然是强臣谋叛,帝有出走之虞。

综合上述星象属性和特点,侯昌业在《直谏表》中记录此段星象的用意大致是要说明以下几点:

第一,通过轩辕、钩陈主后宫、后主的属性,来暗示后宫将乱、幸臣将乱,国君有忧,实际上直指宦官专政。结合晚唐宫廷政治的特点,皇后和外戚势力已经淡出,反而是原来服务于后宫的宦官势力得到了急剧膨胀①。《直谏表》中所云"陛下自登九五,彰祸频为,朱紫则乱赐于宣徽,升沉悉皆于大内。宫人侍女,每奏谏而宜依;极品重臣,献尽忠而不纳"等,就是将矛头直指宦官专政。表中又通过"八座游摄提之境"的异常星象,暗示谋臣在侧,国君受制于人,"政更权",有出走之虞。结合晚唐政局,南衙依附于北司,宰相、谏官已被边缘化,已经没有了权势,谋臣唯有宦官而已,具体来讲就是田令孜专权,僖宗受其摆布。

第二,通过积卒主兵,三台、摄提等间接影响兵祸的星象异常变化,来警示天下将兵祸不断、朝廷出兵不利,帝有出行之虞。这里也在暗示文中提到的王郢、王仙芝、尚君长、柴存、黄巢等大小农民起义迭起,"游历翻覆,讨荡乡间,烧劫郡城,煞伤黎庶"的现状,从天文星象角度给予解释,并警示僖宗若不及时思过,采取措施禳灾,必有更大的危机。

第二,通过腾蛇主风雨、附路主道路、天厨主盛馔、积水主酒等星象的相互失序,来警示朝廷政事积弊已深,天下将风雨成灾、大饥在即、道路阻

---

① 详见王守栋:《唐代宦官政治》,中国社会科学出版社,2009年,第128~223页。

塞、兵乱横行、百姓流离失所。也是文中所云的"损害编甿，十室九空，悲声不绝""频年歉旱，累岁蝗虫，凡蔌寂然，波澜沸溢"等现实，从天文星象的高度给予解释，从而警示僖宗当前灾情的严重性。

第四，通过三台、八座、大理等天上星官，象征主管人间的三公、尚书省、大理寺、御史台等百官，并以星象失序，警示朝政失序，人主受制于人，强臣谋叛在即，帝有出走之虞。具体地讲就是文中所指的僖宗专事戏赏，独宠宦官，不纳宰臣之忠言，以至于农民起义迭起，兵乱不断。

上述侯昌业自称在"昨去二月一日夜"观察到的星象诡异情况，查相关史籍均无记载，但其所提及的星象在史籍中都有记载，通过对这些星官被赋予属性和所主范围来看，他是力图通过警示各种星象异常，表明当前朝政失序、幸臣擅权、强臣谋叛、后宫有忧、大臣有难、饥馑将行、人主出走、兵乱在即，试图以星象灾异来警示僖宗，希望其专心朝政，远佞幸，重贤良，"感动幽玄"，祈求上天宽恕天子之过，"使乾象移动归圆，社稷从此安泰"。

为了进一步证实观测到的星象的真实性，侯昌业进一步列举了王仙芝、黄巢等农民起义风云迭起的情况①。他在苦口婆心地劝谏僖宗"拓手心头，诚为思忖"，"修天子之礼，定天子之威，将忠孝者为股肱，用心信者，充为耳目"的同时，仍放心不下这位喜欢燕乐的少年皇帝，再次用新的星象学和佛道灾异论的内容来警示僖宗应当醒悟，认识到问题的严重性。于是，侯昌业再次声称："今乃岁当庚子，次入丑年；国君不修，交见亏露。且女星本管太行之山，牛宿根由之岭，行度差别，换及纪纲，赖司录游，却成安泰。自后江淮海岱晋益燕已来，人民瘴疫思甚，灵灯昼续，鬼火夜行，万户悲声，千里不绝。"此庚子年即广明元年（880年），丑年乃辛丑年即中和元年（881年）②。女星指二十八宿中北方七宿中之须女，即女宿。《新唐书》卷三一

---

① 关于这些问题，郭锋《敦煌本〈侯昌叶直谏表〉与晚唐懿、僖时期之政局》已经基本解决，本文不再阐述。

② 郭锋《敦煌本〈侯昌叶直谏表〉与晚唐懿、僖时期之政局》一文认为庚子年即乾符六年（《兰州大学学报》1992年第3期，第101～107页），丑年乃辛丑年，即广明元年，有误。

《天文志》云："须女、虚、危，玄枵也。初，须女五度，余二千三百七十四，秒四少。中，虚九度。终，危十二度。其分野，自济北东逾济水，涉平阴，至于山庄，循岱岳众山之阴，东南及高密，又东尽莱夷之地，得汉北海、千乘、淄川、济南、济郡及平原、渤海、九河故道之南，滨于碣石……凡司人之星与群臣之录，皆主虚、危，故岱宗为十二诸侯受命府。"① 须女对应的地理分野，似与文中"太行之山""江淮海岱晋益燕"相合。至于"须女"的象征意义，从《隋书》卷二〇《天文志》云须女"主布帛裁制嫁娶。星明，天下丰，女功昌，国充富。小暗则国藏虚"来看②，显然具有绢帛丰歉的预测功能，这与织女星其实有契合之处。牛六星，八度，度距中央大星，先至去北极星古九度③，"主关梁工役，主大路中，主牛"④。《唐开元占经》卷六一《北方七宿占二·牵牛二》云："《月食占》曰：牵牛为冬狱二十八宿。《山经》曰：牛山与女山相连，各法其星形，牵牛须女星神常居其上。《黄帝占》曰：牵牛大星亡，大牛死；小星亡，小牛死疫；中央大星不明，而黄者天下刍大贵十倍。牵牛星直，籴平曲籴贵牛。"⑤ 若它星、星云犯、守、入牵牛星，要么女主为奸、为贼、大臣谋乱，要么天下水灾、人民流离失所⑥。侯

---

① 《新唐书》卷三一《天文志》，第820~821页。

② 《隋书》卷二〇《天文志》，第545页。

③ ［唐］瞿昙悉达撰：《唐开元占经》卷六一《北方七宿占二·牵牛占二》，第424~425页。

④ ［明］陶宗仪撰：《说郛三种》卷一〇八《风后握奇经·牵牛》，上海古籍出版社，1988年，第4977页。

⑤ ［唐］瞿昙悉达撰：《唐开元占经》卷六一《北方七宿占二·牵牛二》，第425页。

⑥ ［唐］瞿昙悉达撰：《唐开元占经》卷三二《荧惑占三·荧惑犯牵牛二》云："郗萌曰：荧惑犯牵牛，其国之君必有外其大臣。陈卓曰：荧惑犯牵牛，臣谋主……郗萌曰：荧惑乘牵牛，为天下有大水起，谷贵人相弃于道。《挺辅占》曰：牵牛为令天下者，荧惑居阳则喜，居阴则忧。"（第363页）［唐］瞿昙悉达撰：《唐开元占经》卷四〇《填星占三·填星犯牵牛二》云："郗萌曰：填星入牵牛，为天下牛车有行。一曰有盗贼。陈卓曰：填星逆行牵牛，女主为奸、为贼。"（第385页）［唐］瞿昙悉达撰：《唐开元占经》卷四八《太白占四·太白犯牵牛二》云："《海中占》曰：太白入牵牛，为天下牛车有急行。郗萌曰：太白入牵牛留守之，大臣为乱。陈卓曰：太白入牵牛留守之，大人死，将军失其众，关梁不通，民饥有自卖者。"（第401页）

昌业所言"且女星本管太行之山，牛宿根由之岭，行度差别，换及纪纲"，查相关史籍，无广明元年以来须女、牵牛二星异常的记载①，综合上文所论须女和牵牛星星象所主的情况，实际上此句意在警示僖宗，当下朝政败坏，民不聊生，农民起义将会更加严重，加之水旱灾害，人民流离失所，朝政危在旦夕。各种迹象表明，自广明元年以来，"江淮海岱晋益燕"地区，的确"人民瘴疫思甚，灵灯昼续，鬼火夜行，万户悲声，千里不绝"②，上天已经通过星象、灾异、鬼神在警示僖宗，并要求僖宗"暂停戏赏，救接苍生"③。

可悲的是，即便危情如此，各地盗贼蜂起，"上下相掩匿，帝不及知"，田令孜仍然专权，僖宗已无贤臣在侧，"唯佞鄙沓贪相与备员"④，侯昌业进《直谏表》等同行将就戮。可以想象年仅十八岁的僖宗，玩兴正酣，专务游戏，根本不谙政事，看了《直谏表》，还以为侯昌业有意干扰自己的"戏赏"，竟然听信宦官，赐死侯昌业。其实，真正的唐亡之兆，是皇帝昏庸，宦官专政，宰相失职，君臣言路阻断，加之接连诛杀谏官，更加造成"自是以后，无敢言者"的结果⑤，以至于皇帝不知朝政危机，国家危机和矛盾得不

① 仅有一条关于日晕的记载。《新唐书》卷三二《天文志二·日变》云："广明元年，日晕如虹，黄气蔽日无光。日不可以二；虹，百殃之本也。"（第835页）

② ［唐］瞿昙悉达撰：《唐开元占经》卷三一《荧惑占二·荧惑犯房四》云："《海中占》曰：荧惑守房三日，鬼火夜行，人民大恐，多死丧。"（第360页）

③ 关于僖宗好游戏、赏赐无度，史书记载颇多。《资治通鉴》卷二五三"唐僖宗广明元年二月"条云："上好骑射、剑槊、法算，至于音律、蒲博，无不精妙；好蹴鞠、斗鸡，与诸王赌鹅，鹅一头至五十缗。尤善击毬，尝谓优人石野猪曰：'朕若应击毬进士举，须为状元。'对曰：'若遇尧、舜作礼部侍郎，恐陛下不免较放。'上笑而已。"（第8221页）又《新唐书》卷二〇八《田令孜传》云："帝冲駬，喜斗鹅走马……与内园小儿尤昵狎，倚宠暴横……而荒酗无检，发左藏、齐天诸库金币，赐伎子歌儿者日巨万，国用耗尽。令孜语内园小儿尹希复、王士成等，劝帝籍京师两市蕃旅、华商宝货举送内库，使者监阃柜坊茶阁，有来诉者皆杖死京兆府。令孜知帝不足惮，则贩鬻官爵，除拜不待旨，假赐绯紫不以闻。百度崩弛，内外垢玩。"（第5884～5885页）

④ 《新唐书》卷二〇八《田令孜传》，第5885页。

⑤ ［宋］范祖禹撰，吕祖谦注：《唐鉴》卷一一《僖宗》，上海古籍出版社，1984年，第321页。

到及时缓解，最终加速了唐朝的灭亡。因此，范祖禹感慨侯昌业《直谏表》中大量用星象灾异内容劝谏之良苦用心，说："唐亡之兆，亦以着矣！何必天变彗孛之为妖？"①

## 三　侯昌业以星象灾异作为直谏依据的意义所在

侯昌业为何会以星象异常作为进谏的主要内容？除了前文论及晚唐朝政日趋腐败，特别是僖宗朝宦官专权，谏议制度形同虚设，朝中重臣、谏官几乎无人敢言等因素之外，在中国古代有着深厚的"天人合一"观念下，通过星象变化预测灾异对古代帝王政治生活有很大的限制和约束作用。因为中国古代很早就有"观乎'天文'，以察时变"的观念②，根据观察"天象"来了解天意，即所谓的"天垂象，见吉凶"③。通过"察时变"、观天象，知吉凶之征兆，就成了我国古代"天文学"的一个基本特点④。上古时期中国的天文星占学的功能在于沟通天人，它最初是王权的重要来源，后来则长期成为王权的象征，并为王权的统治提供了天意支持。随着秦汉中央集权的大帝国的建立，天文星象学又逐渐转化成了帝王处理政务的依据。正如《汉书》卷三〇《艺文志》所说的，观天象作用在于"以纪吉凶之象，圣王所以参政也"⑤。到了隋唐时期，天文星象学似乎有了新的含义。据《隋书》卷三四《经籍志》云："天文者，所以察星辰之变，而参于政者也。"⑥ 又《隋书》卷一九《天文志》亦云灵台等天文机构"主观云物，察符

---

① ［宋］范祖禹撰，吕祖谦注：《唐鉴》卷一一《僖宗》，第 321 页。

② ［魏］王弼等注，［唐］孔颖达疏：《周易正义》卷三《上经随传》，北京大学出版社，1999 年，第 105 页。

③ 《周易正义》卷七《系辞上》，第 290 页。

④ 参考江晓原：《天文·巫咸·灵台——天文星占与古代中国的政治观念》，《自然辩证法通讯》1991 年第 3 期，第 53～58 页。

⑤ ［汉］班固撰，［唐］颜师古注：《汉书》卷三〇《艺文志》，中华书局，1962 年，第 1765 页。

⑥ 《隋书》卷三四《经籍志》，1021 页。

瑞，候灾变"①。隋唐时期天文机构进一步明确了天文的职责和功能，观测星象变化的目的就是为帝王提供处理政务的依据，服务于朝政的需要，同时也肩负了通过观察符瑞、灾变来防范灾害的功能，更好地体现了"天人合一"的感应思想。天文星象学往往与天人感应思想上的星占学相伴，虽然两者有很多伪科学的虚假成分，但在一定程度上也是制衡皇权的一种有效力量②。于是，星占学便成了通过天象来警示皇帝的过度骄纵、荒废政务等的重要方式，从而起到了借助天意限制皇权的作用，有助于鼓励百官积极参政议政。因此，《直谏表》正是在以正常方式奏荐难以奏效的情况下，借当时的种种星象"灾变"异常，用"天意"来警示僖宗，希望其能敬畏天意，接受劝谏。

既然中国古代星象学是建立在"天人合一"的思想基础之上，而人对各种天象变化的观测和解释是通过专门的天文机构官员的观察和解释，来了解、意会天意，然后提供给君王以便作为君王处理朝政事务的参考和依据。那么，天象的星辰、云气的变化就通过相关天文官员，即"人"的因素，影响帝王政务的处理，从而实现了象征性"参政"作用。历史上通过星象灾异变化，来劝谏皇帝进行某些改革，来缓解社会矛盾，顺应民心的实例很多③，唐代也不例外，且星象学更为发达，以李淳风《乙巳占》、瞿昙悉达《唐开元占经》为代表的大量星象著作，便参照人间现实社会，通过"星（官）"与"人（官）"的对应关系，将星象与帝王政治生活中的事物和职官相对应，并赋予其特殊的象征意义，从而完整地勾勒了一个天庭星官世界。唐五代的星官占卜基本上在此理论下，根据"星"（官）与"人（官）"的对应关系，观测星象变化，窥测对应的人间福祸吉凶，从而实现对帝王政治的影响④。相关星占

---

① 《隋书》卷一九《天文志》，533 页。

② 详见黄一农：《星占、事应与伪造天象——以"荧惑守心"为例》，《自然科学史研究》1991 年第 2 期，第 120～132 页。

③ 详见金霞：《天文星占与魏晋南北朝政治》，《青岛大学师范学院学报》2010 年第 1 期，第 46～50 页。

④ 参阅赵贞：《唐五代官方星占中的星官占卜》，《洛阳师范学院学报》2006 年第 3 期，第 114～117 页。

和云气占的编纂目的之一，就是为君王统治服务。如 S. 3326《云气占》，就是李淳风为唐太宗收集的占验参考数据，其篇末云："古（故）已上合气象有卅八条。臣习考有验，故录之也，未习占考不敢辄备入此卷。臣不揆庸寡恩，敢胥愚情掇而录之，具如前件滥陈阶庭，弥加战越。"① 在这种理论的指导下，唐代星象出现灾异时，相关的天文官员和宰臣便"密奏"或谏奏皇帝，希望皇帝采取相应措施进行禳灾、避祸。如白居易为宰相代作《贺云生不见日蚀表》云："伏见司天台奏，今月一日太阳亏者。陛下举旧章，下明诏，避正殿，降常服，礼行于己，心祷于天，天且不违，物宁无应？"② 又张铸《请灾异依故事奏》云："敬授人时，乃自殷周之代。能消灾异而致福祥，自兵兴以来，多失本朝故事。不拘典法，有误修禳。承前日月薄蚀，百官皆合守司。星象有差，九重亦当避殿。以明减损，式示恭虔。信守国经，何亏圣德。自此或乾象谪见，凡关灾异，请依故实，令百官守司，陛下御便殿，减常膳，准令式遵行。"③ 皇帝也往往会依照朝臣奏请，通过避正殿、降常服、减御膳等举措积极应对。又会昌中，"星家言荧惑犯上相"，时相李德裕便上奏，请求退相，以禳灾④。会昌五年（845 年）十二月初，李德裕《为星变陈乞状》云：

> 臣某言：伏以谪见天文，以警在位，稽于前史，皆有明征……近伏见荧惑顺行，稍逼上相，实惧天谴，以致身灾。武德七年，荧惑犯左执法，右仆射萧瑀逊位……国史之内，此例至多。臣人微才轻，位忝上相……虽竭诚报国……所虑物忌其满，天与之灾，局蹐兢惶，不知所据。伏望圣慈察臣单绪……特免上公，退归私第⑤。

---

① 中国社会科学院历史研究所等合编：《英藏敦煌文献》第 5 卷，四川人民出版社，1992 年，第 39 页；邓文宽、刘乐贤：《敦煌天文气象占写本概述》，《敦煌吐鲁番研究》第九卷，中华书局，2006 年，第 414 页。

② 《白居易集》卷六一《贺云生不见日蚀表》，第 1280 页。

③ 《全唐文》卷八六一张铸《请灾异依故事奏》，第 9034 页。

④ 《新唐书》卷一八〇《李德裕传》，第 5341 页。

⑤ ［唐］李德裕撰，傅璇琮、吕建国校笺：《李德裕文集校笺》卷一八《为星变陈乞状》，河北教育出版社，2000 年，第 363 页。

李德裕提出请辞的原因就是"见荧惑顺行，稍逼上相，实惧天谴，以致身灾"。显然，当时的星象预测在唐代政治生活中发挥着重要的作用，像萧瑀等德高望重的宰相都因星象灾变预测而逊位，李德裕也深信此论，因此前后数次上疏乞请逊位，或许是李德裕时望甚高缘故，武宗才没有允许①。

敦煌本《直谏表》之上有《星占书》②，在末尾抄录有汉代荀悦撰《申鉴》卷一《政体第一》中的"惟察九风以定国常"一段论述，此前学者将其并入《星占书》，本文将其单独定作《申鉴·政体第一》。其内容为根据国家和社会风气，把国家分为治、衰、弱、乖、乱、荒、叛、危、亡九等，实际上讲的是君臣治国、从政之道和境界③。此段论述更加明确了天文星象的"参政"功能，以及抄录此件《星占书》的人抄录的目的所在。唐人赵蕤撰《长短经》卷一《理乱》也收入此段内容④。本件文书中，《星占书》抄在最前面，次件为《申鉴·政体第一》，最后为《直谏表》，虽然我们无法知道侯昌业是否看到此《星占书》，但抄录者将这三篇文章合抄在一起，就已经说明三者都是利用天文星象知识为帝王提供"参政"的论著，用以警示帝王当应天命而治国，天命不可违。因此，按照《申鉴》的划分标准，僖宗朝"上下相疏，内外相煞，小臣争宠，大臣争权"，已是"危国之风"了⑤。侯昌业正是将天文星象学之星象灾异预示的社会危机与现实中的宦官专政、盗贼蜂起、水旱灾害不断等具体情况巧妙地结合起来，来警示危机的严重性，试图唤醒"专事戏赏"的僖宗。在当时"上不访，下不谏诤"⑥，帝王与朝臣隔绝，专

---

① 赵贞：《唐代星变的占卜意义对宰臣政治生涯的影响》，《史学月刊》2004 年第 2 期，第 30～36 页。

② 上海古籍出版社、法国国家图书馆编：《法藏敦煌西域文献》第 18 册，上海古籍出版社，2001 年，第 348 页。

③ ［汉］荀悦撰，黄省曾注：《申鉴》卷一《政体第一》，上海古籍出版社，1990 年，第 6～7 页。

④ ［唐］赵蕤撰：《长短经》，《丛书集成初编》第 1 册，中华书局，1985 年，第 61 页。

⑤ P. 2811 号《申鉴·政体第一》，见《法藏敦煌西域文献》第 18 册，上海古籍出版社，2001 年，第 348 页。

⑥ P. 2811 号《申鉴·政体第一》，见《法藏敦煌西域文献》第 18 册，第 348 页。

宠宦官，通过星占、借助天意来劝谏帝王举贤能，实行清明政治，便成了谏官无奈的选择。

侯昌业在陈述了诸多星象灾变后，自诩"明祈五道，暗祝冥官"①，还提出了禳灾的变通办法，大致可以分为两个层次：一是要求僖宗"暂停戏赏，救接苍生"，二是请求僖宗"于内殿开揭谛道场"禳灾，同时要求地方长官"祭祀乡灵"助禳。

通过"暂停戏赏，救接苍生"的方式禳灾，实际上是我国古代德政可以变灾异为祥瑞思想的体现。晚唐白居易在制举对策的习作中就认为祥瑞和灾异可以通过人事转化："道之休明，德动乾坤，而感者谓之瑞，政之昏乱，腥闻上下，而应者谓之妖。瑞为福先，妖为祸始；将兴将废，实先启焉。"② 在国家兴衰与国君德行紧密相关的理论下，祥瑞和灾异的出现，完全由国君"休明"与"昏乱"决定，而且是可以相互转化的。白居易在《议祥瑞辨妖灾策》中云："然有人君，德未及乎休明，政不至于昏乱，而天文有异，地物不常，则为瑞为妖，未可知也。"在白居易看来，灾变是"天示敬戒之意，以寤君心"，如果君王有"修改悔之诚，以答天鉴，如此则转乱为治，变灾为祥"。因此，白居易认为如果君王"德之不修，诚之不着"，虽然祥瑞频现，也不足称道；如果"政之能立，道之能行，虽有琐琐之妖，不足惧也"③。白居易尽管在某种程度上否定了星象灾异理论必然性，强调祥瑞与灾异是否出现并不重要，关键在于君王是否为政休明，但他提出的政事休明可以转化灾异，对约束、制衡国君的行为具有积极意义。因此，侯昌业恳请僖宗"修天子之礼，定天子之威。将忠孝者为股肱，用心信者，充为耳目"，即重用宰辅治理国政，虚席听取谏官谏议，"德动乾坤"，实现政事休明，从而化凶为吉。这在某种程度上与白居易所论是一致的。

---

① "五道"即五道大神。详见郑阿财：《从敦煌吐鲁番文书论唐代五道将军信仰》，《2006民俗暨民间文学学术研讨会论文集》，文津出版社，2006 年，第 77~110 页。
② 《白居易集》卷六二《策林二·议祥瑞辨妖灾》，第 1303 页。
③ 《白居易集》卷六二《策林二·议祥瑞辨妖灾》，第 1303 页。

《直谏表》中值得回味的另外一个问题，就是侯昌业要求僖宗在"暂停戏赏，救接苍生"的同时，"于内殿开揭谛道场，舍私财宝，供养僧佛，同兹世福，共力禳灾"，不仅如此，还让僖宗"降明恩，抑诸道节度、观察、防御、刺史，虔心礼祷，祭祀乡灵；舍造清斋，同于福庆"。侯昌业提出这样的建议，似乎与时代风气相左。稍早懿宗崇佛①，曾经招致谏官左散骑常侍萧仿等大臣的反对②。僖宗即位后，因为年少，崇佛的兴趣不浓。以至于晚唐孙光宪曾怀疑侯昌业被赐死与其"请开揭谛道场以消兵厉"有关的传言，是庸僧伪作，甚至觉得若是果真如此，可见侯昌业被赐死也是情有可原。

其实，皇帝亲自开设道场祭祀佛法禳灾法，地方官助祭的情况，唐代也偶尔有之。如开元十三年（725 年）十一月，玄宗封禅泰山返回途中，太史预测"于历当蚀太半"，于是玄宗彻御膳，"不举乐、不盖、素服"，"时群臣与八荒君长之来助祭者，降物以需，不可胜数"，结果日不蚀③。代宗也崇重佛法，在"禁中祀佛，讽呗斋熏，号'内道场'"，"或夷狄入寇，必合众沙门诵《护国仁王经》为禳厌，幸其去，则横加锡与，不知纪极"④。有时也有帝王开设道教道场禳灾的情况。唐末，天祐二年（905 年）五月哀帝敕曰："天文变见，合事祈禳，宜于太清宫置黄箓道场，三司支给斋料。"⑤后唐同光元年（923 年）十月，"彗星见舆鬼，长丈余"，前蜀司天监预测国有大灾，蜀主王衍诏于玉局化设道场禳灾，却遭到右补阙张云上疏反对，以为："百姓怨气上彻于天，故彗星见。此乃亡国之征，非祈禳可弭。"⑥

开设道场俸佛、祭祀乡灵禳灾的方式，与唐代出现的星象灾异可以通过

① 《资治通鉴》卷二五二"唐懿宗咸通十四年三月"条，第 8165 页。

② 《旧唐书》卷一七二《萧俛传附仿传》，第 4480～4481 页。

③ 《新唐书》卷二七《历志三下》，第 626 页。

④ 《新唐书》卷一四五《王缙传》，第 4713 页。

⑤ 《旧唐书》卷二〇《哀帝本纪》，第 793 页。

⑥ 《资治通鉴》卷二七二"后唐同光元年十月"条，第 8903 页。

变通措施禳灾、补救观念有很大关系①。如 P. 2632 号《手决一卷》记载西秦日食占云：“丑日食酒泉，晋昌粟不煞（熟），秋仲月有外国兵来至城，慎之……戌日食晋昌，秋七月有外国兵来，不须出兵野战。注：煞将亡士，因贤良言，大吉。亥日食酒泉，秋八月外国兵来，先忧后喜，二千石举贤用能，大吉。”又据 P. 2632 号《手决一卷》记载出现岁星使用禳灾的方法是“布恩恤下，怜孤敏穷，思下士渴”，并称“用此李（礼）攘（禳）之，事所有灾乱，便自消灭，更不为灾”。敦煌本《手决一卷》中在出现星象灾异时，往往在其后注明只要当政者用“慎之”“用贤良言”“举贤用能”“布恩恤下、怜孤敏穷”等方式，就可以进行禳灾、避难，化凶为吉，意在暗示统治者通过积极的选举贤能、采取清明的政治等措施，缓和社会矛盾，实现社会稳定。其禳灾的方式很多，有时甚至使用巫术、道教的符箓。如 P. 3288 号《西秦五州占》云：“太白星一名长庚，白虎之精。注：金卯日守水，武威聚众兵死。注：秋九月下旬城下有贼，煞士卒，大将慎之，依符镶之，大吉。”②

至于攘灾所用的符箓、仪式，以及咒语，P. 2632《手决一卷》中有比较详细的记载：

> 　　武威荧惑🉐，此符所有日月食晕耳开斗及暝云气，临城恶灾，占之者即须用五星符，朱书，桃木七寸，书此符安之，吉。张掖太白🉐，置四门厌攘（禳）。大将须清斋沐浴，着新净衣，手自执符丁（钉）在四门上，入土二三寸。咒：我是所由，专守此城，大吉。酒泉镇星🉐，城中苍生，我视之如赤子，我今占见日月晕食及恶气色，注我城中流亡，辰夕忧惶，寝食不安，伏晋昌辰星🉐，愿具之五星，我知了，各摄恶气，我自修善，转福（祸）为福。咒讫，大将须三七日用良贤，召臣取义。敦煌岁星🉐，布恩恤下，怜孤敏穷，思下士渴。用此李（礼）攘

---

① 参考赵贞：《敦煌遗书中的唐代星占著作：〈西秦五州占〉》，《文献》2004 年第 1 期，第 55~61 页。

② 上海古籍出版社等编：《法藏敦煌西域文献》第 23 册，上海古籍出版社，2002 年，第 66 页。

（禳）之，事所有灾乱，便自消灭，更不为灾①。

显然，从此件文书的记载来看，当时根据不同的星象灾异，已经有专门的符箓禳灾。"五星符"，便是在出现重大灾情时禳灾的符箓。五星符具有道教色彩②，功用异常，"所有日月蚀晕耳开斗及螟云气""临城恶灾"，都可以用五星符来攘除③。值得注意的是，在举行禳灾仪式后，大将"须三七日用良贤召臣取义"。其实，不仅敦煌文书如此，正史中也记载了不少天文星象变化对唐代政治诸多影响的具体情况，比如每当日食、彗星发生时，皇帝往往要素服避正殿、撤乐、减膳，从日常行为中规范和约束自己，甚至颁布大赦诏书、释放囚徒、减免赋役、抚恤百姓，有时还诏令百官举行攘星救灾活动等，借以达到禳灾、消灾的目的④。有时候，甚至采取一些具体的、积极的补救措施应对灾异。又咸通十年（869 年）八月出现彗星，司天台"占为外夷兵及水灾"⑤，上奏懿宗，于是懿宗担心"恐有外夷兵水之患"，"敕荆南节度使杜悰……缘边藩镇，最要提防，宜训习师徒，增筑城堡"⑥。显然，上述唐代星占观念，对曾在司天台任职的侯昌业来讲，深信其中的吉凶互化的道理，在要求僖宗"暂停戏赏，救接苍生"的同时，供佛禳灾，便成了顺理成章的事。

总之，侯昌业上谏时的身份应当就是左拾遗，敦煌本《直谏表》中称其金紫光禄大夫、守刑部尚书、兼御史中丞、侍郎，应为后人敬重其人，虚美

---

① 上海古籍出版社等编：《法藏敦煌西域文献》第 17 册，上海古籍出版社，2001 年，第 9 页。

② 参考刘永明：《S.2729 背〈悬象占〉与吐蕃时期的敦煌道教》，《敦煌学辑刊》1997 年第 1 期，第 103～109 页。

③ 详见赵贞：《敦煌遗书中的唐代星占著作：〈西秦五州占〉》，《文献》2004 年第 1 期，第 60 页。

④ 参考赵贞：《唐代星变的占卜意义对宰臣政治生涯的影响》，《史学月刊》2004 年第 2 期，第 30 页。

⑤ 《新唐书》卷三二《天文志二》，第 840 页。

⑥ 《旧唐书》卷一九《懿宗纪》，第 674 页。

其官所致。侯昌业《直谏表》是在晚唐僖宗专事燕乐、田令孜等宦官专政、君臣言路阻隔的情况下，面对当朝农民起义迭起、兵乱不断、民不聊生，以及宦官专政、藩镇割据等关系到国家生死存亡的重大问题时，进行的一次冒死直谏。尽管侯昌业深知言路难开，还是在《直谏表》的写作方法和内容上花费了很多心思，试图利用天文星象灾异观念，借天意来警示僖宗，希望僖宗能意识到灾星频现、国家有忧，停止燕乐，关心国政，实行清明的政策。侯昌业等谏官屡次直谏，均惨遭田令孜等宦官杀害，君臣之间的言路由此彻底断绝，宦官完全控制了朝政，唐朝灭亡也就在所难免了。

本文援引大量相关史籍，用唐代星象学方面观念的变化，阐释了侯昌业利用大量的天文星象知识，借助诸多星象灾异频现等"天意"来劝谏僖宗防范宦官、重用宰臣、关注民生、解决农民起义问题的动机和初衷。笔者认为唐代星象与灾异的相关理论，对君王政治和日常生活有着明显的参政和劝诫作用，因此侯昌业在直言人世危机四伏的情况下，加之以星象灾异，来劝诫僖宗一方面停止燕乐、关心国政、重用贤良，另一方面设立道场，带领百官、人民禳灾祈福。虽然，其书将政论直谏与星象禳灾夹杂，以至于时人不能理解，疑为其"庸僧伪作也"，但其真正的意图是借助星象等预示的天威来警示僖宗，假借敬请佛道开设道场禳灾来渲染问题的严重性。这大概就是侯昌业在《直谏表》中大量利用天文星象灾异、佛道禳灾等进行劝谏的缘由。

后记：本文曾请邓文宽、赵贞先生指正，并给予修改意见和资料支持，在此表示感谢！

——黄正建主编：《中国社会科学院敦煌学研究回顾与前瞻学术研讨会论文集》，上海古籍出版社，2012 年

教 育 篇

# 第一章
## 唐五代敦煌寺学与童蒙教育

　　唐五代寺学与童蒙教育是一个值得关注的话题。对于这一问题的研究，最早是日本学者那波利贞，他在《唐钞本杂钞考——唐代敦煌庶民教育史研究资料》中注意到了寺学和学士郎问题①，小川贯弌《敦煌仏寺の学士郎》又对寺学和学士郎做了进一步的补充②。随后，严耕望先生《唐人习业山林寺院之风尚》中也提及敦煌诸寺院之寺学及学士郎，但未明确阐述学士郎与士子的关系③。在这一领域贡献最大者首推李正宇先生，其《敦煌学郎题记辑注》一文从敦煌遗书、壁画和莫高窟题记中共辑得了144条有关唐五代敦煌地区学郎（学生）题记，其中大部分为寺学学士郎题记④，奠定了唐五代寺学研究的基础；其《唐宋时代的敦煌学校》一文又对敦煌寺学的性质和招收对象进行了简要说明⑤，对后来的学者影响很大。此后，张弓《汉唐佛寺文化史》中专设"寺学"一章⑥、高明士《唐代敦煌的教育》也谈到寺学中学

①　〔日〕那波利贞：《唐钞本雜抄攷——唐代庶民教育史研究の一資料—》，《支那學》第10卷"特別記念号：小島本田二博士還曆記念"，1942年，第1~91页。

②　〔日〕小川貫弌：《敦煌仏寺の學士郎》，《龍谷大學論集》第400·401合并號，1973年，第488~506页。

③　严耕望：《唐人习业山林寺院之风尚》，《历史语言研究所集刊》第三十本，1968年，后经1989年增补，收入严耕望：《严耕望史学论文集》，上海古籍出版社，2009年，第918页。

④　李正宇：《敦煌学郎题记辑注》，《敦煌学辑刊》1987年第1期，第26~40页。

⑤　李正宇：《唐宋时代的敦煌学校》，《敦煌研究》1986年第1期，第39~47页。

⑥　张弓：《汉唐佛寺文化史》，中国社会科学出版社，1997年，第967~984页。

士郎和教师的身份①。此外，杨发鹏《敦煌寺学与敦煌佛教入门读物之关系探析》②、贾发义《唐代寺学析论》等论文也发表了各自对寺学的看法③，仍将私学的教育对象和内容与青少年教育、佛学教育混同在一起，笔者在梳理寺学教育史料的基础上，重点分析寺学的教育对象、师资力量，以及教授的内容等问题。

## 一　敦煌地区的寺学

唐五代敦煌地区常见寺院有 18 所④，其中 10 所寺院设有寺学，敦煌文书中儿郎题记为此提供了可靠证据。敦煌寺院出现最早的学士郎是在莲台寺。P. 3569 号《太公家教》末题："景福二年（893 年）十二月十二日，莲台寺学士索威建记。"⑤ 以下将李正宇先生的《敦煌学郎题记辑注》，并补充本人辑录的敦煌寺学学士郎，进行讨论。

唐五代敦煌地区常见寺院有 18 所⑥，其中龙兴寺、永安寺、大云寺、灵图寺、开元寺、乾元寺、报恩寺、显德寺、金光明寺、乾明寺、莲台寺、净土寺、三界寺等 13 所为僧寺⑦，大乘寺、普光寺、灵修寺、圣光寺、安国寺

① 高明士：《唐代敦煌的教育》，《汉学研究》第 4 卷，1986 年第 2 期，第 231～270 页。
② 杨发鹏：《敦煌寺学与敦煌佛教入门读物之关系探析》，《宗教学研究》2010 年第 1 期，第 175～180 页。
③ 贾发义：《唐代寺学析论》，《教育学报》2015 年第 4 期，第 110～120 页。
④ 见 S. 6313，亦有十七寺、十六寺说，见 P. 2879、P. 3218、S. 1947、P. 3100，不一一俱说。
⑤ 本篇所涉及的敦煌文献，均直接依据上海古籍出版社等编《法藏敦煌西域文献》第 1～34 册（上海古籍出版社，1995～2005 年）、中国社会科学院历史研究所等编《英藏敦煌文献》第 1～14 卷（四川人民出版社，1990～1995 年）、俄罗斯科学院东方研究所圣彼得堡分所等编《俄藏敦煌文献》第 1～17 册（上海古籍出版社，1992～2001 年）、甘肃藏敦煌文献编委会《甘肃藏敦煌文献》（甘肃人民出版社，1999 年）释录，不再一一俱注页码。
⑥ 见 S. 6313，亦有十七寺、十六寺说，见 P. 2879 号、P. 3218 号、S. 1947 号、P. 3100 号，不一一俱说。
⑦ 见 P. 2704 号、P. 3556 号。敦煌十一寺，无乾明寺、显德寺，十二寺无乾明寺，兹结合诸说，定为十三僧寺，正合敦煌十八寺说。

等 5 寺为尼寺。值得注意的是，敦煌十三僧寺中只有开元寺、乾元寺、报恩寺三寺未发现有寺学的记载，其余 10 个寺院均存在寺学，所占比例高达72％，而五尼寺均未设置寺学，大概是唐五代主要是男童入学，女童入学读书的情况甚少，尼寺设寺学存在诸多不便，故未见设寺学。从笔者统计情况来看，净土寺学保留的学士郎最多，有赵令全、王海润、邓保住、薛安俊、氾员昌、阴义进、曹郎、阎郎、张郎、阴郎子、郎君曹、郎清河（张）、员义、张延保、贺安住、辛延晟、曹愿长、安教信、安长子、氾永千、氾安德、曹延纬 22 人。灵图寺有学士郎张寿进、索庭珍、氾贤信、张盈信、张盈润、沙弥德荣、梁子松、曹善昌、李再昌、张富荣、曹延叶（业）、张富千、张富进、宋润宁、张成子、阳某、翟员盛 17 人。金光明寺有学士郎僧马永隆、张龟、安友盛、王子通、索富通、王会长、李延某、张巡受、索支成、索受成、张再□、就载红、氾员宗、显须、索憨 15 人。龙兴寺有学士郎鉴惠、张安人、石庆通、周家儿、朱再子、□□子、王变□ 7 人。三界寺有学士郎张英俊、梁流庆、曹元深、张富盈、董某、张彦宗 6 人。永安寺有学士郎张宗宗、杜友遂、高清子、顺进、僧丑延等 5 人。显德寺有学士郎杨愿受、张成子等 2 人。大云寺有学士郎邓清子、邓庆长等 2 人。莲台寺有学士郎索威建、王和通等 2 人。乾明寺有学士郎杨定千 1 人。敦煌 10 所寺学中可以明确考定分属于不同寺学的学士郎共得 79 人，其中净土寺、灵图寺和金光明寺较多，均超过 15 人，3 所寺院所见学士郎达 44 人，占总数的 56％。不过，这仅是我们能够掌握的资料所反映出敦煌寺学的大致情况，但不能就此断定当时的实际情况就是如此，毕竟敦煌文献中保存的学士郎题记有很大的不确定性。

　　从目前掌握可以确定的学士郎身份来看，敦煌诸寺学只有鉴惠、僧丑延、沙弥德荣、僧马永隆、显须 5 名学士郎为僧人，仅占可以确定的 79 名寺学学士郎姓名（包括仅存名或姓氏者）的 6％，与一些学者认为寺学主要教授的对象是僧人的情况差距较大①，寺学主要面向世俗子弟，多为官宦和士族子

---

① 贾发义：《唐代寺学析论》，《教育学报》2015 年第 4 期，第 115 页。

弟，也不乏贫寒子弟①。

晚唐五代沙州归义军政权的高官子弟多在寺学读书。首任沙州归义军节度使张议潮年幼时曾在寺院读书，其继任者张淮深的外孙索富通就读于金光明寺，而曹氏归义军节度使曹议金的次子曹元深就读于三界寺学，前文例举曹延叶（业）、曹延纬等②，从排行来看，也应该是曹氏归义军子弟。又据 S.5803 号《僧统谢太保文范》云：

> 厶乙虽为僧首文义难明。
>
> 伏蒙太保不怪愚才，特赐郎君访学，非但厶乙一品，直亦二部释流，有赖感恩，无任惶惧。

此件文书虽为文范，但以晚唐五代归义军时代为背景，其所例举的内容，正好是归义军政权某节度使的子弟即所谓"郎君"在某僧统所辖的寺学中读书，该僧统颇感荣幸，致谢节度使，说明归义军政权与敦煌寺学有良好的关系，年幼子弟多在寺学中接受启蒙教育。文中"郎君"显然指的是归义军子弟，敦煌文献中寺学学郎题记中有不少曹郎、张郎、阎郎、阴郎、郎君等，恐怕有不少人为归义军官员子弟。

不过，就此认为归义军权贵子弟多就读于寺学是因为寺学比当时的州县官学教育水平高③，可能未必正确。其实，寺学教育主要集中在童蒙教育阶段，属于州县学的学前教育，归义军高官将年幼的子弟先送到寺学进行童蒙教育，然后再接受州县学较高等的教育，就在情理之中了。当然，归义军高官子弟选择净土寺、金光明寺、三界寺，应该与这些寺学的规模和地位有很大关系。

---

① S.692 号《秦妇吟》尾题：贞明五年（919 年）金光明寺学仕郎安友盛所书诗歌一首："今日写书了，合有五升来，高代（贷）不可得，坏（还）是自身灾。"

② 曹元深，为沙州归义军节度使曹议金的儿子，后晋天福四年继任归义军节度使。曹议金孙子辈为"延"字，有曹延禄、曹延恭、曹延晟、曹延瑞等。（荣新江：《归义军史研究》，上海古籍出版社，2015 年，第 110～127 页）

③ 李正宇：《唐宋时代的敦煌学校》，《敦煌研究》1986 年第 1 期，第 45 页。后来的学者，大多遵从了这一观点，显然有失明察。

寺学的教书先生理论上多由寺院的僧人担任。如 P. 3386 号《杨满山咏孝经壹拾捌章五言》尾题："戊辰年（968 年）十月卅日三界寺学士"等，及学郎诗一首："计写两卷文书，心里岁岁不疑。自要身心退切，更要师父阇黎。"尽管只有一例，但足以说明问题。阇黎为阿阇梨之略，梵语 a^ca^rya，为僧徒之师，能纠正弟子品行，意译为轨范师、正行、悦众、应可行、应供养、教授、智贤、传授。不过，总体而言，寺学以识字、百科知识和伦理等日常生活教育为主，但还是需要世俗之人担任教书先生，补充寺学的不足。如张球晚年在金山国统治时期辞去了官职，为了避乱，曾寓居沙州城西北一里的某一寺学，教授生徒①。张球文才非常出色，著有《敦煌录》等，曾担任归义军政权的掌书记、判官。晚唐五代地方方镇辟掌书记、判官，要求文化素养非常高，多非进士出身莫属。节度使掌书记，"三军之号令升黜；凡文辞之事，皆出书记。非闳辨通敏兼人之才，莫宜居之"②，判官则"分判仓、兵、骑、胄四曹事，副使及行军司马通署"③，权力很大。因此，藩镇府主对判官的文才和政务能力的要求也非常重要，"如藩侯郡守不能书札，请委本判官代押"④。足以说明寺学的师资力量不可小视。

不过，寺学面向的人群主要是世俗的儿童，并不是士子。学界普遍认为唐代士人读书山林，多例举姚崇、杜黄裳、李逢吉、李绅、王播等 20 多位宰相曾读书寺院，随后参加科举考试中第，并以此作为支持唐代寺学教育质量高的重要依据。从而变相地承认寺学中的学士郎主要是成童以后的青少年和已经弱冠的年轻人，殊不知寺学的学士郎多为童子，主要是童蒙教育，与科举考试关系不大。严耕望先生还在《唐人习业山林寺院之风尚》中列举了终

---

① S. 5448 号《敦煌录》。
② ［唐］韩愈撰，马其昶校注，马茂元整理：《韩昌黎文集校注》卷二《徐泗豪三州节度使掌书记厅石记》，上海古籍出版社，1986 年，第 85 页。
③ ［唐］杜佑撰，王文锦等点校：《通典》卷三二《职官典十四》，中华书局，1988 年，第 895 页。
④ ［清］董诰等编：《全唐文》卷八四八曹允升《请禁府郡以仆使代书判奏》，中华书局，1983 年，第 8910 页。

南山、华山及长安南郊区，嵩山及其近区诸山，中条山、太行山区，泰山及其近区诸山，敦煌诸寺院等 14 个唐人读书的著名山林寺院，概括了唐人读书山林寺院的大致缘由。虽然严先生重点关注的是青年学子习业山林，但由于其文中列举了敦煌学士郎的资料①。后来的学者往往因此把寺学作为士人读书山林的场所②。

其实，唐代士人读书山林，主要是拜师和访谒寺院中的高僧和寄居在寺院或附近的名儒、名士，或入学三学院、义学院听闻佛法，讨论儒宗。唐代名僧、名儒、名士聚徒教授儒学，吸引了不少年轻学子读书山林。如宣州当涂"有僧甚高洁"，姓刘"虽为沙门，早究儒学，邑人呼为刘九经"，当时名士"颜鲁公、韩晋公、刘忠州、穆监宁、独孤常州皆与之善，各执经受业者数十人"，"学徒有携壶至者，欣然而受之"，"所居有小圃，自植茶，为鹿所损，人劝以垣隔之，诸名士悉乐为运石共成"③。像刘九经儒学功底很好的僧人在唐代寺院中很多④，如仅《宋高僧传》所载精通儒学的高僧有法海、慧琳、神会、贯休等⑤，多可胜任读书山林的士子参加举业的需要。中国古代寺院往往建在风景秀丽、环境优雅之地，寺院往往吸引了很多名士、名儒寄居其中，或临寺而居，拜高僧大德为师也就在情理之中。像颜真卿这样的士人虽然不怎么信奉佛教，但对寺院宁静的氛围也很喜欢，不仅年轻的时候常在福山寺院读书，与高僧交流佛法，而且入仕之后又遍及很多有名的寺院，甚至在寺院聚徒授课⑥，这种情况在唐代很有代表性。

唐代义学发达。如裴休佛学修养很高，在其出任凤翔节度使、河东节度

① 严耕望：《唐人习业山林寺院之风尚》，收入《严耕望史学论文集》，第 892～893 页。
② 贾发义：《唐代寺学析论》，《教育学报》2015 年第 4 期，第 115 页。
③ ［唐］赵璘撰：《因话录》卷四《角部》，上海古籍出版社，1979 年，第 95 页。
④ 参阅介永强：《隋唐高僧与儒学》，《陕西师范大学学报（哲学社会科学版）》2010 年第 6 期，第 103 页。
⑤ 贾发义：《唐代寺学析论》，《教育学报》2015 年第 4 期，第 113～114 页。
⑥ 《全唐文》卷三三七颜真卿《泛爱寺重修记》，第 3419 页。

使期间，游历凤翔、太原附近的名山寺院，"游践山林，与义学僧讲求佛理"①。凤翔、太原诸山佛寺中义学僧造诣极高，他们吸引了一些封疆大吏一起讨论佛教义学，这足以说明中晚唐义学有相当高的师资力量。有些寺院还设义学院，与士人探讨佛教义学和儒学。《大方广圆觉经大钞序》云："宗密家贯果州，因遂州有义学院，大阐儒宗。遂投诣进业，经二年后，（道圆）和尚从西川游化至此州，遂得相遇。"②目前，虽然仅有这一条"义学院"的史料，但遂州义学院吸引了宗密、道圆等高僧汇聚于此，说明此义学院应该是佛教"义学"之义学院，而非世俗的义学。

唐五代大寺院面向僧人教授佛教经书和教义是三学院，而不是寺学。三学院主要讲授佛教经、律、论。据 S. 397 号《五台山行记》云：五台山道枢寺后，"有三学院，内长有诸方听众经、律、论进业者八十人，院主讲《唯识论》《因明论》《维摩经》。六时礼忏，长者、布衣，不见夫人、娘子。有寺主大德赐紫讲《维摩经》及怀真文章"。

敦煌三学院大概出现在吐蕃占领时期，僧离缠在此期间出任沙州释门三学都法律大德③。P. 4660 号《李教授写真赞》云：吐蕃"敦煌都教授兼摄三学法主、陇西李教授阇梨写真赞"。此写真赞由释门都法律兼副教授洪辩书，说明"三学院"在吐蕃统治敦煌时期就已经设置，一般由沙州地区最高僧官都教授（或都僧统）来担任，或由沙州都法律来担任。归义军时期三学院得到了进一步发展，担任三学院教职地位有所提高，一般由河西都僧统来担任，由于河西都僧统是沙州、瓜州等河西地区佛教领袖，实际上沙州三学院就成了河西地区最高的佛学中心。洪辩自己也担任此职。敦煌文件中保存的 P. 3720 号大中五年"洪辩告身（抄）"云："敕释门河西都僧统、摄沙州僧政、法律、三学教主洪辩入朝使、沙州释门义学都法师悟真等……京城内外

---

① ［后晋］刘昫等撰：《旧唐书》卷一七七《裴休传》，中华书局，1975 年，第 4594 页。
② 收入〔日〕前田慧云等编：《卍新纂续藏经》第九册，日本藏经院印行，1912 年，第245 页。
③ P. 4638 号《大蕃故敦煌郡莫高窟阴处士公修功德记》。

临坛供奉大德兼释门河西都僧统、摄沙州僧政、法律、三学教主、赐紫洪辩奉。"由于吐蕃统治时期在河西地区设置瓜州节度使的治所就设在沙州，沙州都法律、沙州都教授也就是吐蕃河西地区的最高僧官，因此，吐蕃时期、归义军时期的三学院均在沙州只设立一所，并不是在多个寺院都有设置。

　　唐五代府州设置三学院的情况比较普遍，主要是由都僧统（都教授）、都法律等大德高僧担任三学教主、法主等，讲授佛理，主要面向的是本地区的僧尼。不过，三学院并不拒绝四方人士，很多士子曾就学于寺院三学院。据《宋高僧传》卷二三《晋太原永和三学院息尘传》云："释息尘……后唐长兴二年，众请于大安国寺后，建三学院一所，供待四方听众。时又讲《华严新经》，传授于崇福寺继晖法师。由是三年不出院门……时晋高祖潜跃晋阳，最多钦重，洎乎龙飞，尘每入洛京朝觐，必延内殿从容。"① 从后唐、后晋安太原永和三学院的情况来看，永和三学院建立之初的主要目的是面向四方僧、俗听众，当包括年轻学子在内，其讲授的内容应以佛教经典为主，属于义理等比较深邃的佛学内容。永和三学院影响很大，五代名僧光屿，就"遂诣太原三学院，涉乎寒燠，研核孜孜，屡改槐檀，乃讲维摩，上生二座"，后来竟然"迟栖学院，今讲二经，穷理见性，知果验因"，并得到后晋高祖赐紫衣②。从此，光屿不出学院，接纳"四海客游"，"十八年中供百万余僧"③。其实，所谓的唐五代士人读书山林，很大一部分是投奔寺院的三学院。如唐末五代曹唐"游信州，馆于开元寺三学院"④，三学院的分布很广，十国的前蜀也曾设置有三学院，蜀主王建，曾将西域胡僧"舍于大慈三学院"，"复谒坐于厅，倾国士女就院，不令止之，妇女列次拜"⑤。由此可见，在府州一些

① ［宋］赞宁撰，范祥雍点校：《宋高僧传》卷二三《晋太原永和三学院息尘传》，中华书局，1987 年，第 592～593 页。

② ［宋］赞宁撰，范祥雍点校：《宋高僧传》卷二八《周五台山真容院光屿传》，第 703 页。

③ ［宋］赞宁撰，范祥雍点校：《宋高僧传》卷二八《周五台山真容院光屿传》，第 704 页。

④ ［宋］薛居正等撰：《旧五代史》卷二四《罗隐传》，中华书局，1976 年，第 327 页。

⑤ ［五代］孙光宪撰，贾二强点校：《北梦琐言》卷二《蜀王先主礼僧》，中华书局，2002 年，第 405 页。

名山名寺设置三学院、义学院等寺院学校，不仅有高僧大德，而且聚集了不少名儒、文化名流和官员，可以提供高水平的师资力量，吸引了不少士子前来听闻佛法，兼习儒家经典和诗赋，这样士子一旦学业有成，就可以直接参加科举考试，其中不少业山林的士子进士及第就不奇怪了。

士人读书山林的情况比较复杂，有不少人只是寄居在寺院周边静心读书，同时与寺院高僧大德进行一些必要的交流。如进士杨祯家住渭桥边上的繁华地段，"颇妨肄业"，往来人员十分嘈杂，于是跑到昭应县，"长借石瓮寺文殊院"①。大历初，和州刺史穆宁以政事严明，教子更是严厉，为了让即将成人的4个儿子，"学《诗》学《礼》，则亦既戒，远子之节"，便在和州东四十里的寺院之外找个地方读书。穆宁不仅仅是为了选择寺院周边环境的宁静优雅，逃避城市的喧闹，让子弟静心读书，而且可以与同来此地的士子一起郊游，谈论学问。

总之，唐五代士人读书山林的情况很多，寺院的高僧大德聚徒讲学、三学院、义学院，以及隐居山林的名儒高士等是吸引士子读书山林的主要原因，而不是寺学。

## 二　学士郎与童蒙教育

关于寺学是否就是童蒙教育的重要场所，只要我们研究一下寺学学士郎的学习内容即可得出答案。

首先，为了讨论方便，笔者先将目前可以明确考定由敦煌寺学学士郎抄写的书籍，或使用学士郎读物，进行判定其是否为童蒙读物的内容，从而判定寺学的性质。以下主要利用李正宇先生的《敦煌学郎题记辑注》收集有关敦煌10所寺学中的学郎题记的文献，并加以补充，为了说明问题，仅对明确为学郎抄写，或使用的经典和童蒙读物进行制表统计分析。

---

① ［宋］李昉等编：《太平广记》卷三七三《精怪六·杨祯》，中华书局，1961年，第2963页。

敦煌寺学学士郎抄写使用读物表

| 类型 | | 书目 | 书名 | 抄写时代 | 寺学 | 卷号 | 数量 |
|---|---|---|---|---|---|---|---|
| 儒家经典类 | 小学类 | 孝经 | 孝经 | 同光三年（925 年） | 三界寺学 | S. 707 号 | 4 |
| | | | 孝经 | 丙申年（936 年）、庚子年（940 年） | 灵图寺学 | S. 728 号 | |
| | | | 孝经 | 天福七年（942 年） | 永安寺学 | S. 1368 号 | |
| | | | 孝经白文 | | 灵图寺学 | P. 3698 号 | |
| | | 论语 | 论语卷第六 | 戊寅（858 年） | 金光明寺学 | S. 3011 号 | 3 |
| | | | 论语集解卷第一 | 乾符三年（876 年） | 灵图寺学 / 莲台寺学 | P. 2618 号 | |
| | | | 论语集解 | | 金光明寺学 | S. 1586 号 | |
| | 九经类 | 毛诗 | 毛诗卷第九 | 寅年（858 年?） | 净土寺学 | P. 2570 号 | 1 |
| 蒙书类 | 德行类 | 百行章 | 百行章 | 庚辰年（920 年） | 净土寺学 | BD. 8668 号 | 2 |
| | | | 百行章跋尾 | 大梁贞明九年（923 年） | 净土寺学 | P. 2808 号 | |
| | | 太公家教 | 大公家教 | 景福二年（893 年） | 莲台寺学 | P. 3569 号 | 4 |
| | | | 大公家教 | 壬申年（912 年） | 灵图寺学 | P. 4588 号 | |
| | | | 大公家教 | 庚戌年（950 年） | 永安寺学 | S. 1163 号 | |
| | | | 大公家教 | 开宝九年（976 年） | 金光明寺学 | P. 3797 号 V | |
| | | 崔氏夫人训女文 | 崔氏夫人训女文 | 壬午年（922 年） | 净土寺学 | P. 2633 号 | 1 |
| | | 王梵志诗 | 王梵志诗卷第三 | 丙申年（936 年） | 莲台寺学 | P. 3833 号 | 5 |

续表

| 类型 | | 书目 | 书名 | 抄写时代 | 寺学 | 卷号 | 数量 |
|---|---|---|---|---|---|---|---|
| 蒙书类 | 德行类 | 王梵志诗 | 王梵志诗 | 己酉年（949年） | 三界寺学 | S.3393号 | 5 |
| | | | 王梵志诗集 | 壬戌年（962年） | 大云寺学 | S.778号 | |
| | | | 王梵志一卷 | 辛巳年 | 金光明寺学 | 羽30R—5 | |
| | | | 王梵志诗 | | 灵图寺学 | P.3211号 | |
| | | | | | 显德寺学 | P3170号 | |
| | 识字类 | 千字文 | 千字文 | 大唐乾宁二年（895年） | 灵图寺学 | P.3211号V | 2 |
| | | | 千字文一卷 | | 大云寺学 | S.5463号 | |
| | | 开蒙要训 | 开蒙要训 | | 三界寺学 | P3189号 | 3 |
| | | | 开蒙要训 | 显德五年（958年） | 三界寺学 | 羽663V | |
| | | | 开蒙要训 | | 净土寺学 | | |
| | 知识类 | 杂抄 | 杂抄一卷（珠玉抄） | 辛巳年（921年?） | 三界寺学 | P.3393号 | 2 |
| | | | 杂抄一卷 | 丁巳年（957年） | 净土寺学 | P.3649号 | |
| | | 事森 | 事森 | 戊子年（928年） | 净土寺学 | P.2621号 | 1 |
| 诗文类 | 变文 | 燕子赋 | 燕子赋 | 癸未年（923年）、 | 永安寺学 | S.214号 | 3 |
| | | | 燕子赋 | 甲申年（924年） | 龙兴寺学 | 瓜.796号V | |
| | | | 燕子赋一首 | | 金光明寺学 | P.3757号 | |
| | | 孔子项讬相问 | 孔子项讬相（问）诗一首 | 丙申年（936年） | 莲台寺 | P.3833号 | 3 |
| | | | 孔子项讬一卷 | 天福八年（943年） | 净土寺学 | S.395号 | |
| | | | 孔子项讬相问一卷 | 天福八年（943年） | 灵图寺学 | 羽617R—2 | |

续表

| 类型 | | 书目 | 书名 | 抄写时代 | 寺学 | 卷号 | 数量 |
|---|---|---|---|---|---|---|---|
| 诗文类 | 变文 | 季布变文 | 大汉三年季布骂阵词文 | 天福七年（942 年） | 三界寺学 | P. 3386 号 | 1 |
| | | 目连变文 | 大目乾连冥间救母变文并图一卷并序 | 贞明七年（921 年） | 净土寺学 | S. 2614 号 | 2 |
| | | | 目连变文 | 太平兴国二年（977 年） | 显德寺学 | BD. 876 号 V | 1 |
| | | 齖䶗新文 | 齖䶗新文 | 壬午年（922 年） | 净土寺学 | P. 2633 号 | 1 |
| | | 秦妇吟 | 秦妇吟 | 天复五年（905 年） | 金光明寺学 | P. 3381 号 | 3 |
| | | | 秦妇吟 | 贞明五年（919 年） | 金光明寺学 | S. 629 号 | |
| | | | 秦妇吟 | | 金光明寺学 | 羽 57RV | |
| | 诗赋 | 杨满山咏孝经 | 杨满山咏孝经壹拾捌章 | 天福七年（942 年） | 三界寺学 | P. 3386 号 | 2 |
| | | | 杨满山咏孝经壹拾捌章 | 壬午年（922 年） | 净土寺学 | P. 2633 号 | |
| | | 贰师泉赋 | 贰师泉赋 | 贞明六年（920 年） | 龙兴寺学 | P. 2712 号 V | 1 |
| | | 酒赋 | 酒赋一本 | 壬午年（922 年） | 净土寺学 | P. 2633 号 | 1 |
| | | 渔父歌沧浪赋 | 渔父歌沧浪赋 | 贞明六年（920 年） | 龙兴寺学 | P. 2712 号 V | 1 |
| 书信类 | 书仪 | 书仪 | 《吉凶书仪》 | 壬午年（922 年） | 净土寺学 | P. 2633 号 | 3 |
| | | | 书仪 | 显德七年（960 年） | 大云寺学 | P. 3386 号 | |
| | | | | | | S. 3691 号 | |
| | 书信 | 李陵苏武书 | 李陵苏武书 | 乙亥年（915 年） | 三界寺学 | S. 173 号 | 2 |
| | | | 李陵苏武往还书 | 壬午年（922 年） | 金光明寺学 | P. 3692 号 | |
| | 表文 | 归义军曹氏表文稿三通 | 归义军曹氏表文稿三通 | 乙亥年（975 年） | 乾明寺学 | P. 4065 号 | 1 |

续表

| 类型 | | 书目 | 书名 | 抄写时代 | 寺学 | 卷号 | 数量 |
|---|---|---|---|---|---|---|---|
| 佛教类 | 斋文 | 佛说地藏菩萨经一卷 | 佛说地藏菩萨经一卷 | 己卯年 (919年) | 龙兴寺学 | Дх. 277 号 V | 1 |
| | | 道场文 | 道场文 | | 灵图寺 | BD. 9095 号 | 1 |
| | | 和戒文 | 和戒文① | 庚子年 (940年) 六月九日 | 灵图寺学 | S. 5977 号 | 1 |
| | | 佛家赞文 | 佛家赞文 | 己卯年 (979年) 四月廿七日 | 永安寺学 | P. 2483 | 1 |
| | | 光明最胜王经 | 光明最胜王经 | 同光三年 (925年) | 金光明寺 | 甘图 17 | 1 |
| 其他 | | 社司转帖 | 社司转帖 | 癸未年 (803年) | 永安寺 | ZSD. 60V | 1 |

① 于淑健：《敦煌本〈和菩萨戒文〉考论》，《敦煌研究》2008年第1期，第93～97页。

从此表来看，敦煌 10 所寺学中学士郎所使用的读物可分为蒙书、儒家经典、诗文、书信、佛教等几大类，共计 58 件，29 种，其中蒙书 21 件、儒家经典 8 件、诗文类 17 件、书信类 6 件、佛教类 5 件、其他 1 件，基本上都属于童蒙的课本和读物，仅从这一点就可判断，寺学教育以童蒙教育为主。

其次，可以从已经考订清楚的敦煌学士郎抄写的童蒙读物情况来看，有不少学士郎在抄写和书写童蒙读物之后，顺便在空白之处画了一些童子形象，并在其前后明确注明为学士郎，这些图文并茂的文书，为我们判断寺学学士郎的年龄提供了最为直观的资料。如图童子 NO.1："S.3393 号三界寺学郎董"。

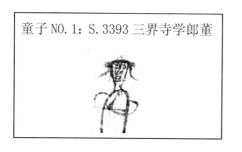

童子 NO.1：S.3393 三界寺学郎董

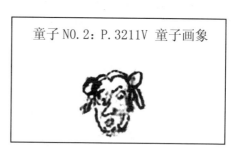

童子 NO.2：P.3211V 童子画象

考虑到此人物形象画在童蒙读物《王梵志诗》一卷的背面，且其左侧竖写"三界寺学郎"，并有杂写"乾祐二年（949 年）"等纪年。画中人物发型为束发两角，即所谓的丱发，为中古时代典型的童子形象，此画笔法幼稚，人物形象仅能成人形，无疑是出自孩童之手。此画的作者应该是三界寺学士郎，画中的童子应该理解为三界寺的某学士郎形象，足以说明寺学主要培养对象为童子。又如图童子 NO.2。该人物形象画在 P.3211 号 V《千字文一卷》末的空白处，其前接"乾宁三年（896 年）岁次丙辰二月十九日学士郎氾贤信书记之也"等，均系灵图寺学士郎杂写，字迹稚嫩。此人物形象应为灵图寺学士郎，亦留丱发，亦为童子形象无疑。

最后，通过分析敦煌文献中保存的寺学学士郎所作"学郎诗"，亦可说明寺学基本上以童蒙教育为主。如 S.728 号《孝经》的背面有学士郎李再昌书写"学郎诗"云："学郎大歌（哥）张富千，一下趁到孝经边。太公家教多不残，娄啰实□乡偏。"此诗非常生动、活泼，充满了童趣，描写了儿童之间争相诵读《孝经》《太公家教》的场面。显然作者是个淘气贪玩的童子，读书不太用功，难免有些许失落，赋得一首小诗，以表达对同学的羡慕和嘲弄之情。又 P. 2621 号《事森》尾题，亦有学士郎员义写书的诗一首："写书不饮酒，恒日笔头干。且作随疑过，即与后人看。"此诗的题材在唐五代比较多见，作者应该是个童子，赞誉自己心无旁骛，不敢饮酒，整天专心书写，并对书写的内容进行了悉心核对，字里行间流露了一个童子对自己专心书写功课的成就感。又如 BD. 8668 号《百行章》尾题学郎诗云："学郎身姓□，长大要人求。"就明确告诉大家作者还是个小孩子。又如天成三年（928 年）学士郎李幸思在抄写完《李陵苏武往还书》，尾题："幸思比是老生儿，投师习业弃无知。父母偏怜昔（惜）爱子，日讽万幸（行）不滞迟。"作者学士郎李幸思明确说自己因为是父母的老来得子，深得父母的怜爱，被送到寺学中"习业弃无知"，自诩"日讽万行"，是典型的童蒙教育中背诵的特点。此类学郎诗还不少，不一一说明。

## 三　寺学与童蒙教育的内容

以下将根据前文"敦煌寺学学士郎抄写题名读物表"所反映出来的信息，讨论敦煌寺学童蒙教育的内容。依此表来看，敦煌 10 所寺学中学士郎使用的读物可分为蒙书、儒家经典、诗文、书信、佛教等几大类，共计 58 件，其中蒙书类 21 件、儒家经典类 8 件、诗文类 17 件、书信类 6 件、佛教类 5 件、其他类 1 件，基本上都属于童蒙读物，与童蒙教育密切相关。兹按出现的次数，依次分析各类文书与童蒙教育的关系。

敦煌寺学童蒙读物中蒙书类最多，共有 9 种 21 件；又可细分为德行、识字、知识三小类。大概是"蒙以养正"的缘故，寺学教育同样重视对儿童的德育教育。蒙书中以德行类蒙书的种类和数量最多，共有《百行章》《太公家教》《崔氏夫人训女文》《王梵志诗》4 种，共 12 个抄件。其中，《百行章》2 件，《太公家教》4 件，《崔氏夫人训女文》1 件，《王梵志诗》5 件。《百行章》由唐初名士杜正伦撰，分 84 章，以"孝行章""敬行章""忠行章"等章题，主要从《论语》《孝经》中摘引忠孝节义"要真之言"，以"忠孝"等德行等标准指导儿童和士人的学习、生活和仕宦等"百行"①。《百行章·序》云："至如世之所重，唯学为先，立身之道，莫过忠孝。欲凭《论语》拾卷，足可成人；《孝经》始终，用之无尽。但以学而为存念，得获忠孝之名……则须尽节立孝，追远慎终。至于广学不仕明朝，侍省全乖色养，遇沾高位，便造十恶之愆……故录要真之言，合为《百行章》一卷。"这大概是唐五代历朝童蒙教育都比较重视《百行章》的缘故。《太公家教》和《崔氏夫人训女文》为家训式蒙书，《太公家教》在敦煌文献中，有40多件，流行程度仅次于《千字文》，是德行类蒙书中最具影响力的蒙书，也是现存最早的格言谚语类家训蒙书②。此书虽然自诩"太公家教"，但学界多认为其作者应该为乡村老者，借姜太公之名义，从诗书、坟典、经史中简择嘉言警句，编纂成书，教导儿童进德修业，治家立身③。正如作者自称因为自己"才轻德薄，不堪人师"，"辄以讨论坟典，简择诗书，依经傍史，约礼时宜，为书一卷，助诱童儿，流传万代，幸愿思之"。《崔氏夫人训女文》在敦煌文献中总共发现了P. 2633号、S. 4129号、S. 5643号等3件，有寺学学士郎题记的只有P. 2633号，其末尾注明："上都李家印崔氏夫人壹本。"正好说明此书在当时已经有

① 关于《百行章》的研究，详见〔日〕福井康顺：《百行章についての諸問題》，《東方宗教》1958年第13·14合并號，第1～23页；林聪明：《杜正伦及其百行章》，东吴大学中文研究所硕士学位论文，1979年；邓文宽：《敦煌写本〈百行章〉述略》，《文物》1984年第9期，第65～66页；邓文宽：《敦煌写本〈百行章〉校释》，《敦煌研究》1985年第2期，第71～98页；郑阿财、朱凤玉：《敦煌蒙书研究》，甘肃教育出版社，2002年，第320～348页；等。

② 王国维：《唐写本太公家教跋》，收入《观堂集林》，中华书局，1959年，第1012～1014页；王重民：《太公家教考》，收入陈寅恪等著《周叔弢先生六十生日纪念论文集》，龙门书店，1951年，第69～76页；〔日〕太田昌二郎：《太公家教》，《日本學士院紀要》第7卷1號，1949年；〔日〕入矢義高：《〈太公家教〉校釋》，《東洋思想論集：福井博士頌寿記念》，福井博士頌寿記念論文集刊行會，1960年，第31～60页；〔日〕游佐昇：《敦煌文献にあらわれた童蒙庶民教育倫理——王梵志詩·太公家教等ら中心として——》，《大正大學院研究論集》，第4號，1981年；周凤五：《敦煌写本太公家教研究》，明文书局，1986年；郑阿财、朱凤玉：《敦煌蒙书研究》，第348～376页。

③ 参阅郑阿财、朱凤玉：《敦煌蒙书研究》，第357页。

印本，从长安传播到敦煌，流行很广。此书以唐代五姓望族崔氏为名，编撰的"女训"类通俗读物，主要供女子教育使用①，这也是唯一的一件寺学学士郎抄写的《崔氏夫人训女文》。

知识类蒙书有《杂抄》《事森》2 种 3 件。《杂抄》又名《珠玉抄》《益智文》《随身宝》，表明了其为童蒙类读物的性质，综合了天文、地理、历史、掌故、名物等各种知识，属于综合知识类蒙书。《杂抄》序言中讲："天地开辟已来，日月星辰，人民种类，阴阳寒暑……余因暇日，披览经书，略述数言，已（以）穿后代云耳。"显然，作者借《千字文》语句，说明了自己"披览经书，略述数言"的目的就是传示后代，作为童蒙读物，教育子弟②。《事森》，在敦煌文献中仅有 P. 2621 号、S. 5776 号 2 件，其中 P. 2621 号由净土寺学士郎员义亲手抄写，用于学习之用。《事森》分廉俭、孝友等篇，例举许由、鲍焦、范宁等廉官，王祥、王循、王褒、吴猛、伯夷等孝子故事，③ 既是给童子树立的道德楷模，也可以增长历史知识。

识字类蒙书有《千字文》2 件，《开蒙要训》3 件，共 2 种 5 件。最有代表性的识字类蒙书非《千字文》莫属，采用了四字一句，通篇押韵，包括了天文地理、文学艺术、历史典故、伦理道德、修身治国、礼仪规范等各个方面，是唐五代最为流行的识字类童蒙读物④。据张涌泉、张新朋统计，敦煌文

① 关于此件文书的研究，详见陈祚龙：《关于敦煌古钞"崔氏夫人训女文"》，《东方杂志》复刊第 9 卷第 2 期，1975 年，第 251～258 页；郑阿财：《敦煌写本〈崔氏夫人训女文〉研究》，《中兴大学法商学报》第 19 号，1984 年，第 319～335 页。

② 郑阿财、朱凤玉：《敦煌蒙书研究》，第 180～182 页。

③ 刘惠萍：《敦煌类书〈事森〉与汉魏六朝时期的〈孝子传〉》，王三庆、郑阿财合编：《2013 敦煌、吐鲁番国际学术研讨会论文集》，（台南）成功大学中国文学系印行，2013 年，第 603 页。

④ 相关研究有〔法〕伯希和：《千字文考》，"ToungPao（通报）"，vol. XXIV，1926；〔日〕小川環樹：《千字文について》，收入其《中國語學研究》，（東京）創文社，1977 年，第 226～241 页；黄家全：《敦煌写本千字文试论》，《一九八三年全国敦煌学术讨论会文集·文史遗书编下》，甘肃人民出版社，1987 年，第 234～362 页；周丕显：《敦煌本〈千字文〉考》，《敦煌文献研究》，甘肃文化出版社，1995 年，第 181～199 页；郑阿财、朱凤玉：《敦煌蒙书研究》，第 11～51 页；等。

献中包括习字、杂抄在内的《千字文》写卷，至少有 136 件①。《千字文》成为当时最为重要的、最普及的童蒙读物，以致出现了《篆书千字文》《真草千字文》《汉藏对音千字文》《千字文注》《新合六字千文》《新和千字文皇帝感》等等各种各样的《千字文》②，用于学士郎识字、书法和学习其中典故、历史，甚至改为异族文字，远播他乡。于是，模仿、续编、改易《千字文》成为一种时尚，通过增加新字、调整顺序来达到吸引世人眼球的目的。如《新合六字千文》便是通过增加二字方式变成六字，即"天地二仪玄黄，宇宙六合洪荒"，分别增加了"二仪""六合"二字。又如"进士周遂，改次千字文，更撰《天宝应道千字文》"③。不仅如此，《千字文》在唐宋以后的中国古代童蒙的影响也是非常大④，流传十分广泛。如宛陵人顾蒙，因唐末黄巢之乱和"淮浙荒乱"，"避地至广州，人不能知，困于旅食，以至书《千字文》授于聋俗，以换斗筲之资"⑤，说明唐末五代《千字文》远不止在敦煌如此，在岭南之地也十分流行⑥。

敦煌文献中发现的《开蒙要训》的抄本有 67 件，杂写 12 件，共计 79 件⑦，其中 S. 5463 号有大云寺学士郎题记、P. 3189 号有三界寺学士题记、羽663 号 V 有净土寺学士郎题记，说明此书在当时的影响很大。此书为六朝马仁寿撰，与《千字文》流行的时代相当，包括了天象、地理、动植物、物产

① 张涌泉主编：《敦煌经部文献合集》第八册，中华书局，2008 年，第 3890 页。

② 参考台静农：《蒋善进真草千字文残卷跋》，《敦煌学》1974 年第 1 辑，第 113 页。

③ ［唐］封演撰，赵贞信校注：《封氏闻见记校注》卷十《惭悚》，中华书局，2005 年，第 99 页。

④ 徐梓：《〈千字文〉的流传及其影响》，《中国典籍与文化》1998 年第 2 期，第 78 ~ 83 页。

⑤ ［五代］王定保撰：《唐摭言》卷十《韦庄奏请追赠不及第人近代者》，上海古籍出版社，1978 年，第 118 页。

⑥ 参阅郑阿财、朱凤玉：《敦煌蒙书研究》，第 11 ~ 49 页；伯希和著，冯承钧译：《千字文考》，《图书馆学季刊》第 6 卷第 1 期，1932 年，第 73 ~ 92 页；周丕显：《敦煌本〈千字文〉考》，《敦煌文献研究》，甘肃文化出版社，1995 年，第 181 ~ 199 页。

⑦ 张新朋：《敦煌写本〈开蒙要训〉研究》，中国社会科学出版社，2013 年，第 44 页。

等自然知识的名词，农业、牧业和手工业工具、技术词汇，以及衣食住行、伦理、法律等民生方面的词汇①。

其次，为诗文类，9 种，共计 17 件，又可细分为变文和诗赋。其中，变文有《孔子项讬相问书》《燕子赋》《目连变文》《龤斶新妇文》等 4 种 7 件。变文亦称故事赋，故事性强，通俗易懂，符合儿童阅读的需要，在敦煌都比较流行。敦煌文献中《孔子项讬相问》往往与童蒙读物抄写在一起，如 P.3833 号文书有"《王梵志诗》卷三""《孔子项讬相（问）诗》一首"，两篇文章字迹相同，应该同为莲台寺学士郎王和通抄写。目前发现敦煌文献中的《孔子项讬相问书》，共有 12 件②，其中 3 件有学士郎题记，说明《孔子项讬相问书》为蒙书无疑。其实，《孔子项讬相问书》是借项讬之口宣扬古代好孩子的标准③，其内容也符合童蒙教育的需要。《孔子项讬相问书》在中国古代流传经久不衰，明代的《小儿论》的内容就与《孔子项讬相问书》基本相同④，直到民国还有《新编小儿难孔子》。不仅如此，越南也发现《孔子项讬问答书》⑤，说明该书传播甚广。

《燕子赋》在敦煌文献中共有 9 件⑥，其中 3 件有学士郎题记，S.5540 号

---

① 参考郑阿财、朱凤玉：《敦煌蒙书研究》，第 67 页；宋新民：《敦煌写本〈开蒙要训〉叙录》，《敦煌学》第 15 辑，1989 年，第 165～177 页；汪泛舟：《敦煌的童蒙读物》，《文史知识》1988 年第 8 期，第 104～107 页；朱凤玉：《敦煌写本〈开蒙要训〉与台湾〈四言杂字〉》，《中国俗文化研究》2003 年第 1 辑，第 120～128 页。

② P.3883 号、P.3833 号、P.3255 号、P.3754 号、P3882 号、S.5529 号、S.5674 号、S.5530 号、S.1392 号、S.395 号、S.2941 号、羽 617 号 R—2。详见刘长东：《孔子项讬相问事考论——以敦煌汉文本〈孔子项讬相问书〉为中心》，《四川大学学报（哲学社会科学版）》2003 年第 2 期，第 61～71 页。

③ 余欣：《重绘孩提时代：追寻儿童在中古敦煌历史上的踪迹（婴戏篇）》，《敦煌写本研究年报》2009 年第 3 号，第 103～113 页。

④ 《历朝故事统宗》卷九，万历二十三年周日校刻本。

⑤ 王小盾、何仟年：《越南本〈孔子项橐问答书〉谫论》，见王小盾：《从敦煌学到域外汉文献研究》，商务印书馆，2013 年，第 574～597 页。

⑥ P.2653 号、P.2491 号、P.3666 号、P.3757 号、P.4019 号、S.6267 号、S.214 号、S.5540 号、ДХ.796 号 V。

《燕子赋》前接《百行章》一卷，说明该件《燕子赋》也是被作为童蒙读物，也为当时颇为流行的故事赋，通俗易懂，有四六句和五句两种。

《目连变文》，敦煌文献中共有 11 件①，其中 BD. 876 号 V、S. 2614 号学士郎题记，说明《目连变文》与学士郎关系密切。《目连变文》源自《佛说盂兰盆经》，故事情节讲的是目连入地狱救母的故事，在当时家喻户晓，大概是目连闻名于世的缘故②，该书在寺学中的使用，既与寺学的佛教氛围有很大关系，又与其宣扬的孝道故事跟童蒙教育非常契合。

敦煌文献中《㘘䴫新妇文》有 P. 2564 号、P. 2633 号、S. 4129 号等 3 件，其中 P. 2633 号《㘘䴫新妇文》，同卷《酒赋一本》《崔氏夫人训女文》《杨满山咏孝经》等童蒙读物，均为净土寺学士郎抄写。此文不仅通俗易懂，而且刻画了一个泼辣好斗的新妇形象，供学士郎娱乐，亦可作劝诫儿童的反面教材。

诗赋有《季布骂阵词文》《秦妇吟》《杨满山咏孝经壹拾捌章》《贰师泉赋》《酒赋一本》《渔父歌沧浪赋》6 篇诗赋，9 件。其中，《季布骂阵词文》长达 640 行 4474 字，是我国叙事诗发展的新开端、新纪元③，此诗故事性强，又以大家熟知的"季布骂阵"的故事为题材，文词通俗，自然是很好的童蒙诗赋类读物。《秦妇吟》是唐末人韦庄所作，因此诗流传甚广，而进士及第。此诗当时在民间广为流传，风靡一时，并被制成幛子到处悬挂，韦庄也因此被呼为"秦妇吟秀才"。④ 敦煌学士郎读《秦妇吟》也就不奇怪了。《贰师泉赋》《渔父歌沧浪赋》两首赋与科举考试比较密切，其作者一为进士，一为进士及第。《贰师泉赋》为唐末五代乡贡进士张侠作，以贰师泉歌颂贰师将军李

---

① 这里主要谈目连变文。现存的目连变文有：P. 2193 号、S. 2614 号、S. 3704 号、P. 2319 号、P. 3485 号、P. 3107 号、P. 4988 号、BD. 876 号（北图盈字 76）、BD. 4085 号（北图丽字 85）、BD. 3789 号（北图霜字 89）、BD. 2496（北图成字 96）等。

② 参考李重申、陆淑绮：《敦煌目连变文与戏曲研究》，《敦煌研究》2000 年第 3 期，第 52～56 页；李小荣：《论〈目连变文〉的生成与目连戏的流播》，《贵州社会科学》2001 年第 3 期，第 65～71 页。

③ 李骞：《谈谈敦煌本〈季布骂阵词文〉》，《辽宁大学学报（哲学社会科学版）》1986 年第 3 期，第 45～49 页。

④ ［五代］孙光宪撰，贾二强点校：《北梦琐言》卷六《以歌词自娱》，第 134 页。

广利的咏物赋。特别需要说明的是《杨满山咏孝经壹拾捌章》更突出童蒙教育的特点，作者以最重要的童蒙经典《孝经》为歌咏对象，逐章用诗歌的形式进行改编和歌咏，使《孝经》的内容变得更加活泼、显现，富于韵律，更加容易被儿童喜爱。用诗歌等韵文的体例是继《百行章》《太公家教》之后，开创的一种诗歌体道德类蒙训类读物。宋初邵雍作《孝悌歌十章》，应该就是继承其风格，宋儒朱熹《训蒙诗百首》应该是将其发扬光大①。此外，《酒赋》在敦煌文献中有 7 个抄本，其中 P. 2633 号《酒赋一本》与《崔氏夫人训女文》《杨满山咏孝经》等蒙书抄在一起，其背面有"壬午年（922）正月九日净土寺南院学仕郎"等题记，说明《酒赋》也是寺学学士郎的童蒙读物，其主要原因是《酒赋》在敦煌地区流行较广，是七言歌行体叙事赋，极言饮酒之乐，为下层文人所作，很受士人喜爱，以备学士郎学习诗赋写作技巧之用。唐五代童蒙读物中诗赋类的增加，其实是顺应科举考试"以文取士"的需要，为童子将来修习举业，参加进士科考试早早打基础。

其次，敦煌寺学中学士郎使用最多的是儒家经典，其中《孝经》出现过 4 次、《论语》3 次、《毛诗》1 次。有趣的是敦煌文献中发现的蒙书《杂抄》中提到："论经史何人修撰制注？"有一句："《毛诗》《孝经》《论语》，孔子作，郑玄注。"之后，便是例举《急就章》《文选》《汉书》《兔园策府》《开蒙要训》《千字文》等蒙书，一定程度上说明作者视《孝经》《论语》和《诗经》三经书为儿童读物，也与敦煌文献中记载学士郎使用的情况大致相当。唐五代童蒙教育以儒家经典为主，尤以《孝经》《论语》为重，也是童子科考试最主要的内容。童子在五六岁就开始接受识字、名物等知识教育，同时也培养孝道和仪礼等行为、举止规范，为进行诵读《孝经》《论语》打好基础，再诵"五经"，甚至涉猎"九经"，大致遵循因人而异、由浅入深、由少而多的"循序渐进"的原则。李恕《戒子拾遗》云："男子六岁教之方名，七岁读《论语》《孝经》，八岁诵《尔雅》《离骚》，十岁出就师傅，居宿于

---

① 赵楠：《论〈咏孝经十八章〉》，《西南民族大学学报（人文社科版）》2004 第 5 期，第 226～228 页。

外，十一专习两经。"① 李恕培养子弟的方案中，童子七岁就开始读《论语》《孝经》等，然后接受《尔雅》《离骚》等更高层次的教育。中唐李华《与外孙崔氏二孩书》云："汝等当学读《诗》《礼》《论语》《孝经》，此最为要也。"②

唐五代启蒙教育最为重要的经典，非《孝经》莫属。这应该是由"蒙以养正"即童蒙教育的根本来决定的③，童年教育重在"义方"，"以明尊卑之义，正长幼之序"④，因此，宣传"百行孝为先"，以"孝为本"的《孝经》，对培养和端正儿童的品性和行为举止无疑尤为重要。杜佑说："《论语》诠百行，《孝经》德之本，学者所宜先习。"⑤ 虽然，他把《论语》摆在童蒙教育的第一位，但丝毫不影响《孝经》在唐五代童蒙教育中的地位。中国古代士大夫有"半部《论语》治天下"说法⑥，俨然把《论语》视作治国利器。最高统治者更离不开臣子的忠孝。开皇十年（590 年），隋文帝就亲自主持国子学释典仪式，并命国子祭酒元善讲《孝经》，宣扬忠孝，足见官学对《孝经》教育的重视。大业三年（607 年）四月，炀帝诏："夫孝悌有闻，人伦之本，

---

① ［宋］刘清之撰：《戒子通录》卷三，收入《景印文渊阁四库全书》第七〇三册，台湾商务印书馆，第 37 页。

② 《全唐文》卷三一五李华《与外孙崔氏二孩书》，第 3195～3196 页。

③ ［魏］王弼、［晋］韩康伯注，［唐］孔颖达疏：《周易正义》卷一《蒙》，收入［清］阮元校刻：《十三经注疏（清嘉庆刊本）》，中华书局，2009 年，第 36 页。

④ 《全唐文》卷三九元宗《加应道尊号大赦文》，第 429 页。

⑤ ［唐］杜佑撰，王文锦等点校：《通典》卷一七《选举典五》，第 421 页。

⑥ 其典故出自［宋］罗大经撰，王瑞来点校：《鹤林玉露·乙编》卷一《论语》云："赵普再相，人言普山东人，所读者止《论语》……太宗尝以此语问普，普略不隐，对曰：'臣平生所知，诚不出此，昔以其半辅太祖定天下，今欲以其半辅陛下致太平。'"（中华书局，1983 年，第 128 页）［宋］方岳撰：《秋崖集》卷一九《启·谢吴总侍》云："以《论语》治天下，岂惟滋后生口耳之传，用能得士于履屐之间？"（《景印文渊阁四库全书》第一一八二册，第 369 页）［明］周琦撰：《东溪日谈录》卷一一《经传谈下·论语》："汉儒专以《论语》名门，或曰《鲁论》，或曰《齐论》。""北宋之时，赵普犹以半部《论语》治天下。"（《景印文渊阁四库全书》第七一四册，第 207 页）

德行敦厚，立身之基。"① 亦在宣扬孝道。唐高祖十分重视《孝经》启蒙教育，在武德七年（624 年），天下初步统一，就下诏奖拔史孝谦为两个幼子"讲习《孝经》，咸畅厥旨。义方之训，实堪励俗，故从优秩，赏以不次"②，旨在从童蒙教育阶段，加强《孝经》教育。唐太宗也说："百行之本，要道惟孝……齐礼道德，耻格之义斯在。"③ 唐玄宗竟然亲自御注《孝经》，于天宝三载（744 年）下制，令"天下家藏《孝经》一本，精勤诵习。乡学之中，倍增教授，郡县官长，明申劝课"，并奖励孝勤过人、闻名乡里的人④。

　　唐代童蒙教育重视《孝经》和《论语》，还与自汉魏以来我国童蒙教育就重视《论语》《孝经》有关⑤，唐五代童蒙教育也继承了这一传统，通常先《孝经》，后《论语》，有时两者同时进行。如薛鲁鲁"儒家之令子"，"五岁能诵《孝经》十八章，七岁通《论语》廿二篇"⑥。又权顺孙，幼有敏智，"读《孝经》《论语》《尚书》"⑦。元衮，"六岁入小学，读《孝经》"，"七岁学《论语》"⑧。萧颖士自己说："幼年方小学时，受《论语》《尚书》，虽未能究解精微，而依说与今不异。由是心开意适，日诵千有余言。夏楚之威，不曾及体。"⑨ 又如元和二年（807 年）卒的九岁小孩萧元明"已诵得《孝经》《论语》《尔雅》《尚书》，李陵、李斯等书"⑩。童子先读《孝经》，后读

①　[唐] 魏徵等撰：《隋书》卷三《帝纪第三 炀帝上》，中华书局，1997 年，第 68 页。

②　《全唐文》卷三 高祖《擢史孝谦诏》，第 37 页。

③　《全唐文》卷五太宗《赐孝义高年粟帛诏》，第 58 ~ 59 页。

④　《全唐文》卷三一〇孙逖《天宝三载亲祭九宫坛大赦天下制》，第 3150 页。

⑤　参阅王子今：《两汉童蒙教育》，《史学集刊》2007 年第 3 期，第 15 ~ 25 页。

⑥　[唐] 李峒撰：《河东薛氏殇子（鲁鲁）墓志铭并序》，收入吴钢主编：《全唐文补遗·千唐志斋新藏专辑》，三秦出版社，2006 年，第 334 页。

⑦　[唐] 权德舆著，郭广伟校点：《权德舆诗文集》卷二六《殇孙进马墓志》，上海古籍出版社，2008 年，第 391 页。

⑧　周绍良、赵超主编：《唐代墓志汇编续集》元和二三号《唐故鄂岳观察推官监察御史里行上柱国元公墓铭并序》，上海古籍出版社，2001 年，第 816 页。

⑨　《全唐文》卷三二三萧颖士《赠韦司业书》，第 3277 页。

⑩　周绍良、赵超主编：《唐代墓志汇编续集》元和一一号《□□仁勇校尉守左卫率府翊卫萧元明墓志》，第 809 页。

《论语》，除了统治者推行孝行的原因之外，应该与《孝经》较为简单，内容比较少，比较容易被幼童掌握有很大关系。

隋唐五代童蒙重视《孝经》《论语》教育，最重要的因素应该是科举考试重视《孝经》《论语》的缘故。首先，唐五代童子举、童子科考试的最主要内容是《孝经》和《论语》，客观上起到了鼓励童子及早修习这两部经书的积极性①。其次，唐五代明经、进士、秀才等常科省试帖经考试，在举人考所选专修之经书外，还要试兼修的《孝经》《论语》，因此，这两部经典是各科考试的重点②。在唐五代科举指挥棒的指导下，科举考什么，士子就学什么，因此，士人想参加举业，就必须从小重视《孝经》和《论语》的启蒙教育。

童子在接受《孝经》《论语》启蒙之后，便会诵读《尚书》《左传》《毛诗》《礼记》《周易》等"五经"，次及《仪礼》《周礼》《公羊传》《穀梁传》，从而完成所谓通"九经"，很难一一而就，只能因人而异，不可俱一，极少数童子还会选读《老子》《尔雅》。多数童子只通两三经，少数童子通"五经"，通"九经"者罕见。

童子读完《论语》之后，便读《诗经》《礼记》等"五经"，不能一概而论。《诗经》对净化童子心灵，培养童子"温柔敦厚"的品性自然是最好的经典。因此，有"训在《诗》《书》，乐惟名教"之说③，《诗经》和《尚书》是童子训蒙教育的重要内容，很受世人重视。孔子说"不学诗，无以言"，在唐五代科举考试重诗赋的情况，学习《诗经》无疑对童子生活知识启蒙和文词修养至关重要。《毛诗序》说："诗者，志之所之也，在心为志，发言为诗……故正得失，动天地，感鬼神，莫近于诗。"由于《诗经》的文体、文词较为抽象，需要一定的基础，唐五代童子一般在修完《孝经》《论语》之后，才学

---

① 参阅金滢坤：《中国科举制度通史·隋唐五代卷》，上海人民出版社，2015 年，第 157 ~ 159 页。

② 参阅金滢坤：《中国科举制度通史·隋唐五代卷》，第 90 ~ 91、136 ~ 157 页。

③ ［唐］李商隐撰，刘学锴、余恕诚校注：《李商隐文编年校注》第三册《为裴懿无私祭薛郎中衮文》，中华书局，2002 年，第 998 页。

《诗经》。如贞观中，11 岁的童子李慈诵《孝经》《论语》《周易》之后，才习《毛诗》，"时号神童"。又杨行立，"七岁通《孝经》《论语》，十岁明《诗》《礼》"，开成元年卒，春秋廿一①。但也有非常聪明的童子先学《诗经》，再学《论语》的情况。如垂拱四年（668 年），八岁的裴耀卿，以神童举，试《毛诗》《尚书》《论语》及第。

再次，为书信类，为《书仪》《归义军曹氏表文稿三通》《李陵苏武书》3 种 6 件。需要说明的是《书仪》是敦煌常见的有关书信格式、文体的大全，非实用文书，是敦煌地区学士郎习见的读物。其中，P. 3886 号张傲《吉凶书仪》是显德七年（960 年）大云寺学士郎邓清子抄写，作为写信的范文使用。其实，敦煌学生、学士郎抄写《书仪》的例子还不少，P. 2622 号就是由学生抄写的张傲《吉凶书仪》，其尾题："大中十三年四月四日午时写了。"其下有打油诗五首，兹录第一首："今照（朝）书字笔头干，谁知明振实个奸。向前早许则其信，交他者人不许欢。"从诗的意境来看，这个学生年龄很小，充满童趣，跟学士郎明振约定偷懒，结果被明振给"骗"了，甚是不满。最后一首的"今照（朝）是我日，且放学生郎归"一句，更是体现了儿童希望早早放学回家玩耍的心态，说明这两件书仪是由敦煌地区的学士郎抄写的。《李陵苏武书》既是大家耳熟能详的历史故事②，又是书信往来的典范，本身就是很好的童蒙读物。《归义军曹氏表文稿三通》该为乾明寺学士郎杨定千抄写，由于杨家与归义军节度衙门有着一段姻缘，所以杨定千有机会得到归义军节度使表文的传本，并拿它作为习字的范本③。

最后，为佛教类文书。关于寺学教育内容问题，有学者认为寺学教育的

---

① 周绍良、赵超主编：《唐代墓志汇编续集》开成一五《大唐故兴元府参军弘农杨府君墓志铭并序》，第 934 页。
② 参考邵文实：《敦煌李陵、苏武故事流变发微》，《敦煌吐鲁番研究》第 2 卷，北京大学出版社，1997 年，第 71 ~ 86 页。
③ 李正宇：《归义军曹氏"表文三件"考释》，《文献》1988 年第 3 期，第 3 ~ 14 页。

首要任务是内典，其次才是外典。其实不然①，如上所述从目前可以考订明确属于寺学学士郎题记的读物，儒家经典类 12 件、蒙书类 23 件和诗文类 15 件，多达 50 件，占总数 61 件的 82%，加上书信 6 件、佛教类 4 件和社邑 1 件，占总数的 18%，而与佛教相关的仅有《佛说地藏菩萨经一卷》《道场文》《和戒文》《佛家赞文》等 4 件佛教斋仪类文书②，仅占总数的 6%，说明佛教教育在寺学中所占地位不重，寺学教育基本上属于世俗教育。需要说明的是同光三年（925 年）金光明寺学士郎王子通抄写《金光明最胜王经》一卷，不过其抄写的目的是为当时的沙州归义军节度使太保曹议金祈福③，为亡父母发愿往生安乐之国，为患病慈母消灾，为健在阖家大小祈福④，并不是作为学习读物，故不将其视为童蒙读物。其实，敦煌地区佛教信仰气氛浓厚，寺学、州县学学士郎为了信佛和家人祈福，抄写佛经的情况也不少。如 P. 3398 号依次抄写《金刚般若婆罗蜜经》《大身真言》，其尾题："大晋天福捌年（943 年）癸卯岁十一月十一日，学士郎阴彦清发心自手写此尊经流传士信。"显然，学士郎阴彦清抄写《金刚般若婆罗蜜经》《大身真言》的目的是为了信奉和宣传此二经，与童蒙读物的性质有较大差异，故不能将其作为童蒙读物。

此外，中国书店 ZSD60 号 V《社司转帖稿》之前有"癸未年（923 年）十日永安寺学士郎张宗宗书记之耳"⑤。从字形和格式来看，题记和《社司转

---

① 宋大川认为敦煌地区有 70% 的寺院在从事儒学教育，参见宋大川：《唐代教育体制研究》，山西教育出版社，1998 年，第 198~199 页。

② 于淑健：《敦煌本〈和菩萨戒文〉考论》，《敦煌研究》2008 年第 1 期，第 93~97 页。

③ 赵青山：《甘图藏 017 号敦煌文书〈金光明最胜王经〉题记解析》，《兰州大学学报（社会科学版）》2015 年第 5 期，第 119~124 页。

④ 甘图 17《光明最胜王经卷第九》尾题："同光叁年乙酉岁八月十四金光明寺学士郎王子通手写《金光明经》一部。一与太保帝主作福，愿我军（君）王永作西垂之主。二为先亡父不溺三途，往生安乐之国。次为见存慈母亲（久）穷患疾，遂得迁除，愿罪消灭，愿罪消灭，又愿合家大小无除灾障病患不寝，功德圆满。"（《甘肃藏敦煌文献》卷 3，甘肃人民出版社，1999 年，第 129 页）

⑤《中国书店藏敦煌文献》编辑委员会：《中国书店藏敦煌文献》，中国书店，2007 年，第 168 页。

帖稿》由学士郎张宗宗书记，与正面《无量寿宗要经》字迹不同，因为利用佛经背面抄写。《社司转帖》之下有同一人抄写的《阙题诗三首》，第一首云："可连（怜）学士郎，每日书十张①。看书［□］度痒（庠）②，泪落数千行。"这首诗为学士郎诗无疑，在唐末五代敦煌地区比较流行。又《社司转帖》中"张骨子"又见 P.3331 号《后周显德三年（956 年）兵马使张骨子买舍契》，故本件癸未年应为同光二年（924 年）③。此件《社司转帖》应该是敦煌地区习见的社司转帖，当为学士郎随手传抄和习作，可视为学士郎平日习字之用的实用文书，与蒙书略有差别。

综上所述，寺学是唐五代寺院利用空闲场所专门面向儿童的世俗教育，教书先生理论上主要由寺院的僧人担任，也有地方士人充任，主要教授儒家经典、诗赋、启蒙读物，以及佛教斋仪等内容，包括识字、生活常识、道德礼仪、文学、经典等方方面面。寺学教育主要集中在童蒙教育阶段，属于州县学的学前教育，敦煌归义军高官子弟选择净土寺、金光明寺、三界寺，应该与这些寺学的规模和地位有很大关系，并不是其质量高于州县学。以往学者认为士人读书山林，主要是对寺学的看法存在偏差，一些府州大寺院设置的三学院、义学院主要讲授佛法，讨论儒宗，与童蒙教育关系不大，但跟士人读书山林有很大关系。

——《童蒙文化研究》第一卷，人民出版社，2016 年

---

① 书十张，徐俊纂辑：《敦煌诗集残卷辑考·敦煌遗书诗歌散录卷下》录作"画一张"，参见徐俊纂辑：《敦煌诗集残卷辑考》，中华书局，2000 年，第 928 页。

② 看书（□）度痒（庠），徐俊纂辑：《敦煌诗集残卷辑考》录作"看书痒（佯）度（日）"，参见徐俊纂辑：《敦煌诗集残卷辑考》，第 928 页。

③ 参考柴剑虹：《读敦煌学士郎张宗之诗钞札记》，《聂石樵教授七十寿辰学术纪念文集》，巴蜀书社，1997 年，第 389～393 页。文中张清清见 S.705V《戌年（818）六月十八日诸寺丁庄车牛役部簿》，《中国书店藏敦煌文献·图记》据此（第 15 页），将本件癸未年定作吐蕃时期的 803 年，盖误。

# 第二章
# 敦煌本"策府"与唐初社会
## ——国图藏敦煌本"策府"研究

中国国家图书馆藏的两件敦煌文书 BD14491 号和 BD14650 号①，可以完全缀合为一件，其性质与进士科试策的时务策相类，用于童蒙学习策的文集，弥足珍贵。此件文书内容丰富、时代较早，对研究唐初进士科试策具有重要意义。不过，学界长期以来，对此研究和认识不足，特别是研究科举的学者从未关注此件文书。郑阿财先生《敦煌本〈明诗论〉与〈问对〉残卷初探》一文最先对 BD14491 号的收藏情况进行了概述，并对写卷进行了录文和研究②。此后，郑阿财、朱凤玉先生的《开蒙养正：敦煌的学校教育》又对该卷进行了介绍③。最近，刘波和林世田先生的《敦煌唐写本〈问对〉笺证》一文，将两件文书缀合在一起，对文书的收藏情况进行了详细的说明，并进行了录文和校笺，对策文中的典故进行了初步解读④。本文将在前贤的研究基础上对文书的定年、性质及定名作进一步探讨，剖析其所反映的社会问题和

---

① 中国国家图书馆编：《国家图书馆藏敦煌遗书》（以下简称"《国藏》"）第一二八册，国家图书馆出版社，2010 年，第 173~175 页；《国家图书馆藏敦煌遗书》第一三一册，国家图书馆出版社，2010 年，第 197~209 页。

② 成功大学中国文学系：《第四届唐代文化学术研讨会论文集》，成功大学教务处出版组，1999 年，第 303~325 页。

③ 郑阿财、朱凤玉：《开蒙养正：敦煌的学校教育》，甘肃教育出版社，2007 年，第 123~126 页。

④ 刘波、林世田：《敦煌唐写本〈问对〉笺证》，《文津学志》第 3 辑，国家图书馆出版社，2010 年，第 115~142 页。

政局变化。

此件底卷由 BD14491 号和 BD14650 号缀合而成，断裂之处的文字可以完全弥合。BD14491 号长 150 厘米，BD14650 号长 480.8 厘米，缀合后的写卷，首尾俱缺，长 614 厘米，高 28.3 厘米，共得 16 纸 306 行①。其中，BD14491 号为刘廷琛旧藏，《敦煌劫余录续编》拟定为"问对二十六条"②，《中国国家图书馆藏敦煌遗书精品选》拟作"残策"③，《国藏》拟作"对策"；BD14650 号卷首钤有"赵钫珍藏"朱印一方，卷尾钤有"元方审定"朱印一方，系赵钫旧藏，《国藏》拟作"对策"。原件在刘廷琛收藏时尚未撕裂，大概刘廷琛旧藏在转入张子厚手中时，刘氏家人为了增加数量，将写卷撕裂为二；或者是写卷流出刘家之后被撕裂。撕裂下来的前半段（BD14491）被吴瓯收买，1954 年吴氏收购的敦煌写卷，后由北京图书馆收藏；后半段（BD14650）转归赵元方，20 世纪 50 年代初，赵氏又将其捐赠给北京图书馆④。

## 一 写卷的定年与定名辨析

原件缀合后，仍无纪年，刘波和林世田先生《敦煌唐写本〈问对〉笺证》据"自大唐膺箓，四海归仁"一句，推定本篇撰写时间应为唐朝统一全国之后；并根据"括放客户还乡"一句亦可佐证这一景象与唐初的时局恰相符合。该文又根据写卷中出现的 26 次"民"字，均缺末笔，避唐太宗讳；而"治"字出现 8 次，均径书正字，不避高宗讳；据此推定本件文书的书写时间大致在贞观年间。此说大致可以成立。另外，本件"括放客户还乡"篇对策中云："往以火运告终，犲狼荐食；荆扬人物之所，翻为麋鹿之邦；㶟（㶟）洛喧哗之都，俄成战场之地。百姓因兹离散，苍生为此不安。今蒙舜日照临，

---

① 刘波、林世田：《敦煌唐写本〈问对〉笺证》，《文津学志》第 3 辑，第 115 页。

② 北京图书馆善本组编：《敦煌劫余录续编》，北京图书馆出版社，1981 年，第 124 页。

③ 中国国家图书馆善本特藏部等编：《中国国家图书馆藏敦煌遗书精品选》，国家图书馆出版社，2000 年，第 19 页。

④ 刘波、林世田：《敦煌唐写本〈问对〉笺证》，《文津学志》第 3 辑，第 115~116 页。

尧风远扇。"文中"火运",即指隋朝。《隋书》卷一《高祖本纪上》云:"况木行已谢,火运既兴,河、洛出革命之符,星辰表代终之象。"① 又《唐语林》卷五《补遗》明确记载:"唐承隋代火运,故为土德。"② 对策中"荆扬",指代以荆州和扬州为中心的长江中上游和下游地区。"荆扬人物之所,翻为麋鹿之邦"一句,显然在描述隋末唐初,长江中下游地区以萧铣、杜伏威、李子通、沈法兴、辅公祏和宇文化及、陈稜等农民起义和隋末叛乱纷纭迭起、竞相争雄的情况,也应当包含了隋炀帝死在江都之事③。"荥(嵤)洛喧哗之都,俄成战场之地"一句,则描述了洛阳地区先有瓦岗军翟让、李密起义,后有王世充独霸洛阳,窦建德也因解救洛阳的王世充被歼灭等历史事实④。此件也大致可以确定本件文书的写作时间应该在唐代完成统一大业不久。关于本写卷的年代问题,在以下相关的论述中可以得到不断印证,此处不再一一深入探讨。

　　要研究本件写卷,解决写卷的性质、定名等问题,就必须弄清楚写卷中的模拟策文是为进士科和明经科试策准备的,还是为制举试策准备的。要解决这个问题,就必须先对进士科、明经科和制科试策的不同情况进行探讨,借此来判定本件写卷的性质和定名。

　　首先,探讨一下进士试策的特点⑤。宝应二年(763年),杨绾《条奏贡举疏》:"近炀帝始置进士之科,当时犹试策而已。"⑥ 唐初进士、明经科考试

① ［唐］魏徵等撰:《隋书》卷一《高祖本纪上》,中华书局,1973年,第11页。

② ［宋］王谠撰,周勋初校证:《唐语林校证》卷五《补遗》,中华书局,1987年,第461页。

③ 参考牛致功:《唐高祖传》,人民出版社,1998年,第131~150页。

④ 参考牛致功:《唐高祖传》,第33~43、115~130页。

⑤ 陈飞先生先后发表《唐代进士科"止试策"考论——兼及"三场试"之成立》(《历史研究》2002年第3期,第36~45页)、《唐代试策的表达体式——策问部分考察》(《文学遗产》2008年第1期,第49~57页)、《唐代进士试策形式体制》(《清华大学学报(哲学社会科学版)》2010年第5期,第82~88页)等文对唐代进士试策时间、试策形式体制、试策的表达体式进行了研究。

⑥ ［后晋］刘昫等撰:《旧唐书》卷一一九《杨绾传》,中华书局,1975年,第3430页。

亦只试策，《通典》卷一五《选举典三》云：明经、进士二科，"其初，止试策，贞观八年，诏加进士试读经史一部。至调露二年，考功员外郎刘思立始奏二科并加帖经。其后，又加《老子》、《孝经》，使兼通之。永隆二年（681年），诏明经帖十得六，进士试文两篇，识文律者，然后试策"①。又《唐摭言》卷一《试杂文》云："进士科与俊、秀同源异派，所试皆答策而已……有唐自高祖至高宗，靡不率由旧章。"② 显然，贞观年间进士科考试只注重试策，于是社会上出现了很多专门针对进士试策的模拟文集，以便进士效仿和习作。目前能见到的《兔园策府》就是为试策而作的模拟文集，并且流传非常广泛③。魏徵也作《时务策》五卷，虽然该书已经失传，不敢肯定是魏徵为进士科考试所做的对策范文④，但其文体与进士科考试的时务策应当一致。此件文书也正是在这种社会需求下，为了迎合进士科举子的实际需要而编撰的。对策旧文的流行，虽然便于举子修习对策，容易速成，却导致举子忽视了对经史等基础知识的学习和掌握，反而影响了举子对策的创造性和新意。因此，永隆二年，高宗颁布《条流明经进士诏》云："进士不寻史传，惟读旧策，共相模拟，本无实才。"⑤ 此诏说明当时模拟进士省试试策的"策文集"很流行，进士专门诵读旧策，甚至连参加省试的对策，也多是模拟前人旧策之作，缺乏原创和新意，很难选拔真才实学，影响了省试考试的公平性。进

---

① ［唐］杜佑撰，王文锦等点校：《通典》卷一五《选举典三》，中华书局，1988 年，第354 页。

② ［五代］王定保撰：《唐摭言》卷一《试杂文》，上海古籍出版社，1978 年，第 9 页。

③ 《兔园策府》的成书时间大概在 7 世纪中叶，比本文所揭"策府"的时间晚。参考周丕显：《敦煌古钞〈兔园策府〉考析》，《敦煌学辑刊》1994 年第 2 期，第 17 ~ 29 页；刘进宝：《敦煌本〈兔园策府·征东夷〉产生的历史背景》，《敦煌研究》1998 年第 1期，第 111 ~ 116 页；屈直敏：《敦煌本〈兔园策府〉考辨》，《敦煌研究》2001 年第 3期，第 126 ~ 129 页。

④ ［北宋］欧阳修等撰：《新唐书》卷六〇《艺文志四》，中华书局，1975 年，第 1617页。

⑤ ［北宋］宋敏求编：《唐大诏令集》卷一〇六《条流明经进士诏》，商务印书馆，1959年，第 549 页。

士对策多因循旧策，势必雷同，考官自然很难评判优劣，导致考官评判对策不辨旧策时文，"曾不拣练，因循旧例，以分数为限"，从而出现"不辨章句，未涉文词者，以人数未充，皆听及第"的荒唐之事。因此，史载唐初进士科考试只注重"文理华赡者"，"铨综艺能，遂无优劣"。不仅如此，"试官又加颜面，或容假手，更相嘱请，莫惮纠绳"，以至于出现考试作弊，他人假代等现象。为了改变进士试策难以选拔真才实学的局面，高宗规定"进士试杂文两首，识文律者；然后并令试策日仍严加捉搦。必材艺灼然，合升高第者，并即依令"①。然而，此举后来导致了进士科考试逐渐偏重诗文，"从此积弊，浸转成俗"②，降低了试策在进士科考试中的分量。

　　唐初进士试时务策五道，天宝十一载（752 年），又发展成为"三道为时务策，一道为方略，一道为征事"③。唐初进士时务策继承魏晋以来秀才策试五道的传统，也保留了秀才试策尚虚华的风气④，注重文采，轻视文理。天授中，时选举颇滥，左补阙薛谦光上疏曰："炀帝嗣兴，又变前法，置进士等科。于是后生之徒，复相放效，因陋就寡，赴速邀时，缉缀小文，名之策学，不以指实为本，而以浮虚为贵。"⑤ 虽然，天授中距离贞观年间已有一定时日，但魏晋以来"连篇累牍，不出月露之形"的文风在天授中仍然不减。尽管唐初试图"树本崇化，惟在旌贤"，以改励风俗，但是所选举人，仍然"有乖事实，乡议决小人之笔，行修无长者之论"⑥。本件写卷中的二十六篇对策，虽然都有联系时务的特点，但仍在文辞方面存在崇尚虚浮、辞藻华丽、堆砌典故，"不以指实为本，而以虚浮为贵"的情况，亦可佐证本件文书为唐

---

① ［北宋］宋敏求编：《唐大诏令集》卷一〇六《条流明经进士诏》，第 549 页；《新唐书》卷四四《选举志上》略同，第 1163 页。

② 《旧唐书》卷一一九《杨绾传》，第 3430 页。

③ ［宋］王谠撰，周勋初校证：《唐语林校证》卷八《补遗》，中华书局，1987 年，第 714 页。

④ 阎步克：《南齐秀才策题中之法家论调考析》，收入其《乐师与史官》，生活·读书·新知三联书店，2001 年，第 268～291 页。

⑤ 《旧唐书》卷一〇一《薛登传》，第 3138 页。

⑥ 《旧唐书》卷一〇一《薛登传》，第 3138 页。

初之作。

其次，分析一下唐初明经科试策的特点①。唐初明经与进士一样，起初也只试策而已，试策以"通经"为主。至调露二年（680年），明经与进士一同加帖经，此后又增加兼通《老子》《孝经》二经。永隆二年（681年），又"诏明经帖十得六"，"然后试策"。是年，高宗颁布《条流明经进士诏》云："如闻明经射策，不读正经，抄撮义条，才有数卷……自今已后，考功试人，明经每经帖试，录十帖得六已上者。"② 此诏规定，明经科考试在试策之外，增加"帖经"，试图加强明经考生对经学修养的重视。《唐语林》卷八《补遗》云："唐朝初，明经取通两经，先帖文，乃案章疏试墨策十道。"③ 大概记载的是永隆二年以后明经科考试的情况。开元二十五年（737年），《条制考试明经进士诏》云："今之明经、进士，则古之孝廉、秀才。近日以来，殊乖本意……其明经自今以后，每经宜帖十，取通五已上；免旧试一帖，仍按问大义十条，取通六已上；免试经策十条，令答时务策三首，取粗有文性者，与及第。其进士宜停小经，准明经例，帖大经十帖，取通四已上，然后准例试杂文及策者通，与及第。"④ 说明唐初明经试策，注重"经策"，一般考十策，至此改为试"时务策"三道；并在贴经和试策之外，新增"按问大义"。此后，明经科考试基本定型，主要考帖经、问义和时务策。综合明经科考试的基本情况，本件写卷中的"策"基本上都是时务策，而明经科考"时务策"是在开元二十五年之后，故本篇不可能为明经科试策的模拟策文集。

最后，再看看本件写卷与制举对策有无关系。唐代制举考试亦试策，但关于制举产生的时间问题，学术界争论较多。清人徐松认为武德五年（622

---

① 陈飞：《唐代明经试策形式体制考论》，《人文杂志》2006年第6期，第116~124页。

② ［北宋］宋敏求编：《唐大诏令集》卷一〇六《条流明经进士诏》，第549页。

③ ［宋］王谠撰，周勋初校证：《唐语林校证》卷八《补遗》，第713页。

④ ［宋］王溥撰：《唐会要》卷七五《选部下》，中华书局，1955年，第1377页。按：策，《唐会要》作"第"，当为"策"之讹。参考［清］董诰等编：《全唐文》卷三一元宗《条制考试明经进士诏》，中华书局，1983年，第344~345页。

年）为制举之始；贞观三年（629 年）四月诏，即为唐代制举科目之始①。日本学者松元明认为制举是从唐朝建立时开始的②。法国人 Robert Des Rotours 认为制科从显庆三年（658 年）开始③。傅璇琮先生认为唐高祖时就有制举④，主张制举科目，是从贞观十一年开始的⑤。何汉心先生认为制举考试是从贞观初开始，正式的制科是在显庆三年⑥。吴宗国先生认为武德、贞观年间有应制举中第的记载，但未见举行制举考试的记载，唐代制举科目最早产生于显庆三年⑦。本文认为制举产生是在武德五年，制举分科在显庆三年。

唐初的制举可以说是法汉沿隋。唐武德五年（622 年）三月诏：

> 朕应图驭宇，宁济兆民，思得贤能，用清治本……宜令京官五品以上，及诸州总管、刺史，各举一人。其有志行可录，才用未申，亦听自举，具陈艺能，当加显擢，授以不次⑧。

诏书虽未言考试，但武德五年可能就是唐代设置制举的起始年。《旧唐书》卷七四《崔仁师传》记载："崔仁师，定州安喜人。武德初，应制举，授管州录事参军。"⑨ 唐代制举分科考试的最早记载是显庆三年（658 年）二

---

①　［清］徐松撰，赵守俨点校：《登科记考》卷一"武德五年"条、"贞观三年"条，中华书局，1984 年，第 3 ~ 4、13 页。

②　〔日〕松元明：《唐の選舉制に関する諸問題——特に吏部科目選について》，收入〔日〕鈴木俊先生古稀記念東洋史論叢編集委員會編《東洋史論叢：鈴木俊先生古稀記念》，山川出版社，1975 年，第 391 ~ 414 页。

③　Robert Des Rotours, *Le Traité Des Examens Traduit De La Nouvelle Histoire Des T'ang*, San Francisco, 1974, p41.

④　傅璇琮：《唐代科举与文学》，陕西人民出版社，2003 年，第 135 页。

⑤　傅璇琮：《唐代科举与文学》，第 135 页。

⑥　何汉心：《唐朝制举和制科》，收入《第二届国际唐代学术会议文集》（史学）下册，文津出版社，1993 年，第 1214 ~ 1222 页。

⑦　吴宗国：《唐代科举制度研究》，辽宁出版社，1997 年，第 67 页。

⑧　［北宋］宋敏求编：《唐大诏令集》卷一〇二《京官及总管刺史举人诏》，第 518 页。

⑨　《旧唐书》卷七四《崔仁师传》，第 2620 页。

月的志烈秋霜科，是年韩思彦及第①。可以看作唐代制举科目的最早记载。

显然，唐代制科的产生时间学界尚有争论，但都认同贞观年间制举考试已经实行，要排除本件文书为制举试策模拟文集的可能性，就必须先了解一下制举试策的内容。一篇完整的制策文，由策问和对策组成②，两者是一个统一体，策问不仅决定对策的内容，而且会影响举子对策是否直抒心意、恳切务实等③。目前学界了解的制举试策，基本上是制举分科考试后的策问和对策。制科试策的策问，一般依据制举开设的具体科目，围绕科目的性质，依据经典、史籍内容，结合时局和社会问题提问，考策官往往以皇帝的口吻对相关主题发表一些见解，并对某些问题提出疑问，鼓励举子进行答疑、对策，意在突出皇帝亲试，以待"非常之才"。举子则是针对考策官策问的内容，依据经典和时政对策问提出的内容进行对策。

唐代制举试策文体有个发展和完善的过程，大概在开元九年（721年）以后逐步规范，文体的格式渐趋复杂，策问大致包括起问（起问辞、称制辞）、承问、设问、促对四部分，但每篇不要求完全一致；到中晚唐，策问的起问、承问、设问、促对等结构逐渐分明，但是有的策问中同时设问多个问题，起问之后便依次按承问、设问、束问的结构，分别表述④。唐初制举分科考试没有形成，制举试策的策文也未保留下来，现存较早唐代制举试策文已经是光宅元年（684年）房晋、皇甫伯琼的《对词标文苑科策》⑤，也大致具备以上所述制举策文的一些要素。

结合制举策问中往往以"朕"等皇帝的口吻发问，并以"朕将亲览"的

---

① 《唐会要》卷七六《贡举中·制科举》，第1386页。

② 陈飞：《唐代试策的形式体制——以制举文为例》一文认为"试策文"，由策题、策问文、对策文构成。（《文学遗产》2006年第6期，第37～44页）本文认为，策题应该是后加的，一般的策文集往往有策题。

③ 详见金滢坤：《试论唐代制举试策文体的演变》，《首都师范大学学报（社会科学版）》2011年第4期，第17～26页。

④ 详见金滢坤：《试论唐代制举试策文体的演变》，《首都师范大学学报（社会科学版）》2011年第4期，第17～26页。

⑤ ［清］徐松撰，赵守俨点校：《登科记考》卷三"光宅元年"条，第75～77页。

口气促对，而且在末尾促对语中往往用"子大夫"指代应试举子特点。本件文书中的策问部分没有出现以皇帝口吻发问的形式，亦未出现用"子大夫"指代应试者的情况，而是用"子"指代举子，这与唐代进士科策问中用"子"指代应试举子的情况相一致。在对策部分，制举对策的应试者往往是已取得做官资格者或已经是中低级官员参加，所以通常以"臣闻""臣""伏惟"等臣子的语气相应对，而本件写卷对策中没有一篇出现类似称谓和语气。因此，本件写卷的模拟试策，不可能是制举的试策。

综上所述，唐初明经科试策考试重"通经"，即注重经学内容，制科试策尚未形成定制，且情况不明，只有进士科试策注重时务策，结合本件写卷中策文多以时务策为主，比较符合唐初进士科试策的特点。因此，本件文书应为模拟进士科试策，编撰策文集，用于对童蒙进行习策启蒙教育。清楚了本件文书的性质，定名就相对容易了。关于本件文书的定名，此前学界都定作"问对"。如前所论本件文书包括了进士科考试试策的模拟策问和对策，并附篇名，唐代从没有用"问对"来指代策问和对策的记载，从现存的唐人类似的策文集来看，有《兔园策府》《策林》等，其编撰体例都有篇名、策问和对策，与本件文书的编撰体例一致，故比照其题名，可拟为"策府"或"策林"，考虑到"策林"是中晚唐白居易为参加制举考试的模拟策文集，时代较晚，其性质也不同，用"策林"拟名稍欠妥当。而《兔园策府》记载策文的语言、内容、格式特点，与本篇极为相似，虽然不是同一部书，但编撰者的思路和目的以及二者的性质都很相似，故借《兔园策府》之名，将本件文书定作"策府"，较为确切反映文书的内容。虽然本件文书的原题无法知晓，但其原题的含义与编纂体例应与《兔园策府》无大区别。

## 二 "策府"反映的唐初社会

本件底卷共存二十六篇策，每篇分策题、策问、对策三部分。策题就是简明的标题，有断贪浊、[问暴政]、世间贪利不惮刑书、唯欲贪求亦有义让、问豪富、问富贵人唯觅财利亦有清洁、修礼让息逃亡、安抚贫弱、问帝王感瑞不同、问武勇猛人、进士无大才、括放客户还乡、问音乐所戏、三代官名多少、审官授爵、隐居不仕、问俊乂聪辩、僧尼犯法、书籍帐、菌菀、山石、[山]、[海]、地、江河、请雨，共26题，其中有三篇失题，兹据文义拟补"问暴政""山""海"三题。上述诸篇大致分为选贤用能、整顿吏治、治国安民、书籍安民、释山川等几类。本文重点以"括放客户还乡""审官授爵""进士无大才"等篇策文为中心，结合本件文书中的其他策文，探讨唐初进士试策与唐初治国安民、选贤用能和整顿吏治等社会问题的关系。

## （一）"策府"反映的唐初安民、静民政策

首先，从"括放客户还乡"篇看贞观年间的赎还落著人口、安揗浮游的政策。前文已经将本件写卷的时间定在贞观年间，唐初面临的最紧迫问题莫过于安定社会秩序，发展社会经济，于是安置和遣返游民，令其进行农业生产便成了国家工作的重心。"括放客户还乡"篇就是紧扣时代问题和特点，模拟发问和对策的。该篇策问云："往者民遭寇乱，流散外邦。年月既淹，各成忘本。今圣上慈育，重造生民。使无弃愤（坟）陵，旋其本邑。即欲括还桑梓，于启理云何？冀尔明言，以陈民愿。"这篇策问与唐初流民问题紧密相关。武德年间，唐朝的户数才二百余万，不足隋朝最高峰时期的四分之一。唐太宗即位后，面临国家社会经济复兴、农业生产发展问题，而人口稀少便成了制约农业发展的突出问题，于是"括放客户还乡"，就成了唐初恢复社会经济的关键所在。隋末农民战争致使大量百姓"流散外邦"，如何使这部分人"欲括还桑梓"，就成了一个迫切需要解决的社会问题。

隋末唐初，突厥乘机内扰，掳掠边民入蕃；加之边民为逃避战乱，而入突厥者甚多。正如贞观三年（629 年），张公瑾在献计攻打突厥时所说："华人在北者甚众，比闻屯聚，保据山险，王师之出，当有应者。"① 其数目相当

---

① 《新唐书》卷八九《张公瑾传》，第 3756 页。

可观。贞观五年（631 年），突厥降，"上遣使以金帛赎之"①。针对"中国人多没于突厥"难以还乡的社会问题②，武德九年（626 年）九月，唐太宗即位后，便着手解决这一问题，将如何赎回落蕃人口，作为解决国土广阔而人口稀少又缺乏劳动力的一个重要问题来抓。适逢突厥颉利可汗献马三千匹、羊万口，太宗虽急需马匹，还是归还了马匹、羊只，"令颉利归所掠中国户口"③，足以见得当时人口紧缺的状况。大概是受太宗召还和吸引落蕃汉民还乡政策的影响，大批落蕃汉民还乡。据贞观三年户部上奏："中国人自塞外来归及突厥前后内附、开四夷为州县者，男女一百二十余万口。"④ 贞观五年四月，太宗又"以金帛购中国人因隋乱没突厥者，男女八万人，尽还其家属"⑤。贞观二十一年（647 年）六月，太宗又下诏曰："隋末丧乱，边民多为戎、狄所掠，今铁勒归化，宜遣使诣燕然等州，与都督相知，访求没落之人，赎以货财，给粮递还本贯；其室韦、乌罗护、靺鞨三部人为薛延陀所掠者，亦令赎还。"⑥ 仅从可靠文献记载的情况来看，太宗就先后赎回近二百万人⑦，还有零散还乡者不在其数，可想而知太宗通过赎民还乡、鼓励落蕃汉人还乡的政策来解决中原人口匮乏问题，对发展社会经济具有重要的作用。显然，本件对策所云"许放还乡，九族有再亲之义；马无北思，鸟绝南枝"等语，是对太宗赎还落蕃百姓政策的赞誉，亦反映了贞观年间的时代特点。

唐太宗不仅重视落蕃汉民的还乡，还重视安揖浮游百姓。"修礼让息逃亡"篇策问云："修何异术，得民知礼让，以息逃亡。"正如对策所言："云师之皇，道六书之典。使人知礼让，家给千箱……诛豪恤弱，锸负知归。"在

---

① ［宋］司马光编著，［元］胡三省音注：《资治通鉴》卷一九三"唐太宗贞观五年四月"条，中华书局，1956 年，第 6087 页。

② 《资治通鉴》卷一九三"唐太宗贞观五年四月"条，第 6087 页。

③ 《旧唐书》卷二《太宗本纪上》，第 30 页。

④ 《旧唐书》卷二《太宗本纪上》，第 37 页。

⑤ 《旧唐书》卷二《太宗本纪上》，第 41 页。

⑥ 《资治通鉴》卷一八九"唐太宗贞观二十一年六月"条，第 6248 页。

⑦ 赵克尧、许道勋：《唐太宗传》，人民出版社，2005 年，第 114 页。

"息逃亡"思想的指导下，唐太宗着手推行均田制，鼓励垦荒，抑制豪强的具体措施。要推行均田制，就必须抑制豪强、士族对土地的垄断，使百姓富足，以知礼让。如贞观初，长孙顺德出任泽州刺史，追夺前刺史张长贵、赵士达强"占境内膏腴之田数十顷"，"分给贫户"①。贞观初，太宗十分重视息逃亡问题，地方官也十分重视安揖游民。如贞观元年（627年），陈君宾出任邓州刺史，适逢州邑丧乱，百姓流离，"君宾至才期月，皆来复业"②。因此得到太宗的赏识。太宗除了令流民还乡外，还采取就地附籍的措施。如窦轨于贞观二年出为洛州都督，"洛阳因隋末丧乱，人多浮伪。轨并遣务农，各令属县有游手怠惰者，皆按之。由是人吏慑惮，风化整肃"③。这里的"遣务农"和"按之"应该就是将"浮游"之人就地附籍，令其务农。考虑到"逃户初还，家无粮贮"，太宗还诏令"州县长官，量加赈恤"④。唐太宗对灾害产生的流民和饥民的安置也十分重视。贞观元年，关中饥荒，便组织饥民到关外，有秩序地"分房就食"。邓州刺史陈君宾在此次救灾中表现突出，响应太宗号召，"逐粮户到，递相赡养，回还之日，各有赢粮"。贞观二年，太宗为此专门下诏表扬，并免除相关"养户"的当年调物⑤。此外，唐太宗在大力地推行均田制的同时，面对"狭乡"地少人多的情况，也采取了免除赋税的政策，鼓励浮游之民、无地之人"乐迁宽乡"⑥，实际上也起到了安揖浮游的作用。

经过太宗皇帝上述努力，出现了所谓的"流散者咸归乡里"的局面⑦，正如对策中所云："棐（罄）洛喧哗之都，俄成战场之地。百姓因兹离散，苍生为此不安。今蒙舜日照临，尧风远扇。使民敦旧业，坟陵有重扫之期。"不

---

① 《旧唐书》卷五八《长孙顺德传》，第2309页。
② 《旧唐书》卷一八五《陈君宾传》，第4783页。
③ 《旧唐书》卷六一《窦威传附窦轨传》，第2366页。
④ 《全唐文》卷五太宗《赐孝义高年粟帛诏》，第58~59页。
⑤ 《旧唐书》卷一八五《陈君宾传》，第4784页。
⑥ 参考何汝泉：《唐代的"宽乡"与"狭乡"》，《西南师范大学学报（哲学社会科学版）》1994年第1期，第104~105页。
⑦ 《资治通鉴》卷一九三"唐太宗贞观四年十二月"条，第6085页。

过，贞观末，情况又发生了变化，太宗渐兴土木和征役，百姓为了逃避徭役，又纷纷逃亡。贞观十六年（642 年）正月，太宗"敕天下括浮游无籍者，限来年末附毕"①。

其次，从"修礼让息逃亡""安抚贫弱"等篇看唐初"民本"与"静民"思想和恢复农业生产措施。"修礼让息逃亡"篇对策云："某闻国以民为本，民以食为先；国以民为基，民以食为命。"唐高祖很早就提出"安人静俗"的思想②，此后又下诏，再次强调"禁差科"，使民"安静"，认为"欲其休息，更无烦扰，使获安静，自修产业"，最担心地方州县"率意征求"，"悉宜禁断"，"不得差科"③。正如"安抚贫弱"篇对策所云："遏强禁暴，在国之恒规。抚弱恤贫，先王之令典。"非常符合唐初的实际情况，这里的"先王"无疑指的就是唐高祖。唐太宗即位后，继承高祖的"安人静俗"的思想，确定了"为国者要在安静"的方针④。与对策中提到"安上治民，以礼为本"的思想不同的是，唐太宗认为国家的长治久安取决于百姓，百姓的存亡取决于是否与民"安静"⑤。在他看来"国家未安，百姓未富，且当静以抚之"⑥，"安静"的关键在于避免战争，减轻百姓的负担，与民休息。唐太宗深知"为君之道，必须先存百姓"⑦，在避免战争的同时，还十分重视抚民以静，国家的营善、征役等活动"以不失时为本"⑧，并且取得了很大成效。于是，太宗在贞观八年（635 年）自诩："自朕有天下已来，存心抚养，无有所科差，人人皆得营生，守其资财，即朕所赐。"唐太宗还推行了租庸调制，限制豪强侵民，避免前代赋役"横役一人"的局面，希望百姓"遐迩休息，得相存养，

① 《资治通鉴》卷一九六"唐太宗贞观十六年正月"条，第 6175 页。

② 《全唐文》卷一高祖《阅武诏》，第 22 页。

③ 《全唐文》卷二高祖《申禁差科诏》，第 33 页。

④ 《新唐书》卷二一五《突厥传》，第 6033 页。

⑤ 参考赵克尧、许道勋：《唐太宗传》，第 105 页。

⑥ 《资治通鉴》卷一九一"唐高祖武德九年八月"条，第 6020 页。

⑦ ［唐］吴兢撰，谢保成集校：《贞观政要集校》卷一《君道第一》，中华书局，2003 年，第 11 页。

⑧ ［唐］吴兢撰，谢保成集校：《贞观政要集校》卷八《务农第三十》，第 423 页。

长幼有序，敬让兴行"，对"鳏寡惸独，不能自存"者，亦令"州县长官，量加赈恤"①。即本篇对策中所云："至如怯夫懦劣之辈，茕独饥寒之徒；得豪贵之侵陵（凌），被富强之抑夺；无由自雪，何以面存？"显然是对唐太宗与民"安静"、赈恤"鳏寡惸独"政策的褒扬。

虽然，太宗不免有自我表扬的成分，但在其"惟以赡养为虑"，与民休息，不违民时的思想指导下，唐初的经济的确得到很快恢复和发展。对策中所云："若不优矜，交悬峻刻；必须勤加慰抚，亲省风谣；使无犯豪（毫）厘，安其本业。"正是对太宗抚民以静、"赡养"百姓政令的发挥，也反映了太宗"静民"思想已经深入社会，为广大士大夫所认同。太宗还深刻认识到与民休养生息好比与人养病，需要精心呵护的道理是一致的。贞观五年（631年），太宗谓侍臣曰："治国与养病无异也。病人觉愈，弥须将护，若有触犯，必至殒命。治国亦然，天下稍安，尤须兢慎，若便骄逸，必至丧败。"② 太宗认为唐初经历了隋末丧乱，百姓疲敝，唯有悉心呵护，才能如对策所说那样使"遗黎（鳏）茕之类，重得来苏"，国家才有可能依靠百姓复兴。总之，太宗在抚民以静的思想指导下，不仅还农以时，还通过实行均田制、兴修水利、抑制豪强、抚恤贫弱等一系列政策，"励壮夫于耕稼"，"劝老弱于蚕绵"。最终达到了对策中所言"必使家给民丰，调租俱足。自然豪贵自扰，寠弱无虞。邑号邕邕，州称济济"的景象，从而出现了"贞观之治"，这一历史上少有的圣明时代。因此，太宗"以民为本"，抚民以静的思想，已经被以举子为代表的士大夫所熟知，故有人才以此来模拟进士试策试题。

## （二）"策府"反映的唐初选举政策

本件"策府"中涉及"选贤任能"对策，有进士无大才、问武勇猛人、三代官名多少、审官授爵、隐居不仕、问俊义聪辩等，多达六篇。这正反映了贞观年间唐太宗对选贤用能的重视。这些策文，都是作者揣摩当时的社会

---

① 《全唐文》卷五太宗《赐孝义高年粟帛诏》，第58~59页。
② ［唐］吴兢撰，谢保成集校：《贞观政要集校》卷一《政体第二》，第33页。

热点问题而作的。本文以"审官授爵""进士无大才"篇为中心，对本件"策府"中所反映出的贞观年间进士试策、选举观念以及时代风气进行探讨。

### 1. "审官授爵"篇对策与唐太宗的选贤观念关系

该篇选举观念与唐太宗选贤观念最为一致，许多核心价值有很大的相似之处。如对策所云："圣皇御寓（宇），理籍贤明。夫色恶而锦昏，臣愚而主暗。必须授受无滥，爵赏以人。便能匡赞皇规，彝伦帝道。"此篇立意，基本上是源自贞观朝有关选贤观念。兹从以下几点进行剖析。

"圣皇御寓（宇），理籍贤明"一语，与唐太宗任贤政治的关系。所谓"贞观之治"，学界基本上认为是任贤致治①。唐太宗认为"致安之本，唯在得人"②；而得人的目的在于"益于百姓"③，把人才储备视作国之根本，"任官唯贤才"④。面对唐初乱象，他深知"得人"是"治乱"的关键和快捷方式。他还认为地方治理的好坏，关键在地方长官的选任，贞观二年（628年），他谓侍臣曰："朕居深宫之中，视听不能及远，所委者惟都督、刺史，此辈实理乱所系，尤须得人。"⑤ 贞观十一年，他进一步指出"嗣守鸿基，实资多士"⑥。随后，下诏："庶欲博访邱园，搜采英俊，弼我王道，臻于大化焉。"⑦ 更加明确了"得人"与"王道"的关系。贞观十三年，他又重申："能安天下者，唯在用得贤才。"⑧ 纵观贞观年间，太宗把"得人"与"安天下"紧密结合起来，开启了唐代举贤能的高潮和良好风气，太宗在总结自己的执政经验时，还特意强调"进善人，共成政道"⑨。"夫色恶而锦昏，臣愚而主暗"一语，隐含的太宗君臣进谏与纳谏的关系。太宗皇帝深知"兼听则

① 赵克尧、许道勋：《唐太宗传》，第 128 页。

② ［唐］吴兢撰，谢保成集校：《贞观政要集校》卷三《论择官第七》，第 157 页。

③ 《旧唐书》卷七〇《杜正伦传》，第 2542 页。

④ ［唐］吴兢撰，谢保成集校：《贞观政要集校》卷三《论择官第七》，第 155 页。

⑤ ［唐］吴兢撰，谢保成集校：《贞观政要集校》卷三《论择官第七》，第 157 页。

⑥ 《全唐文》卷六太宗《令河北淮南诸州举人诏》，第 71 页。

⑦ 《全唐文》卷八太宗《令天下诸州举人手诏》，第 95 页。

⑧ ［唐］吴兢撰，谢保成集校：《贞观政要集校》卷三《论择官第七》，第 165 页。

⑨ 《新唐书》卷一〇五《褚遂良传》，第 4025 页。

明，偏信则暗"的道理。贞观初，尝谓公卿曰："人欲自照，必须明镜；主欲知过，必藉忠臣。主若自贤，臣不匡正，欲不危败，岂可得乎？故君失其国，臣亦不能独全其家……公等每看事有不利于人，必须极言规谏。"①唐太宗把忠臣是否勇于进谏提升到关系到国家存亡与宰臣保全其身的高度，足见他对百官进谏的重视和对治理国家关键认识之深刻。贞观元年（627年），太宗谓侍臣曰："正主任邪臣，不能致理；正臣事邪主，亦不能致理。惟君臣相遇，有同鱼水，则海内可安。朕虽不明，幸诸公数相匡救，冀凭直言鲠议，致天下于太平。"谏议大夫王珪对曰："臣闻木从绳则正，后从谏则圣。"太宗称善，诏令自此宰相入内讨论国家大事，谏官随从左右旁听，预闻政事，可向皇帝直接进谏，太宗也多能虚己纳之②。

"必须授受无滥，爵赏以人"一句，与太宗君臣选官择人言论有密切关系。此句对策应该是吸收和总结了太宗君臣言论的精华，是对相关言论的高度概括和升华。鉴于上文所论太宗认为"贤能"安天下的重要性，选才不当定然会带来深远的危害和影响。那么选才的关键，就在于人才难知，贤才难得，德才兼备更是难得。因此，唐太宗经常与近臣探讨选人的原则和标准。贞观六年（632年），太宗谓魏徵曰："古人云，王者须为官择人，不可造次即用。朕今行一事，则为天下所观；出一言，则为天下所听。用得好人，为善者皆劝；误用恶人，不善者竞进。赏当其劳，无功者自退；罚当其罪，为恶者戒惧。故知赏罚不可轻行，用人弥须慎择。"徵对曰："知人之事，自古为难，故考绩黜陟，察其善恶。今欲求人，必须审访其行。若知其善，然后用之。设令此人不能济事，只是才力不及，不为大害。误用恶人，假令强干，为害极多。但乱世唯求其才，不顾其行。太平之时，必须才行俱兼，始可任用。"③在唐太宗看来，王者选官必须慎重，只有选拔德才兼备的"好人"，才能达到选拔贤才、扬善惩恶的作用。魏徵也认为选人必须"审访其行"，必

---

① ［唐］吴兢撰，谢保成集校：《贞观政要集校》卷二《求谏第四》，第83页。
② ［唐］吴兢撰，谢保成集校：《贞观政要集校》卷二《求谏第四》，第83～84页。
③ ［唐］吴兢撰，谢保成集校：《贞观政要集校》卷三《论择官第七》，第161页。

须选善，否则为害极多，太平盛世更加应该选拔"才行俱兼"者。太宗认识到天子的一言一行都关乎天下士大夫善恶标准的判断，一旦赏罚失序，则善人退，恶人进，将会损害选贤用能、表率天下的作用，影响引导世人积极向善的功能。唐太宗"善于用人"，深知知人要明辨善恶、用人要舍短取长，将认识和实践结合、理想与现实结合，找出了一条最佳的方案。他在晚年曾经总结了自己的用人经验："且用人之道，尤为未易。己之所谓贤，未必尽善；众之所谓毁，未必全恶。知能不举，则为失材；知恶不黜，则为祸始。又人才有长短，不必兼通……舍短取长，然后为美。"① 对策中"断贪浊"篇对策在这个问题上也有类似看法："用非其才，则妨贤蠹政。臣（巨）川可满，厄漏难盈。渴马无让水之心，饿彪焉守肉之志。"对策还指出解决"断贪浊"的办法，在于"理在铨衡"，即吏部选举得"正人""善人"，就会"涤浇风，而布有道"；若能"荡贪秽，而举贤才"，则贪浊者自绝。

　　总之，唐太宗明于知人，善于用人，为历代史学家、政治家所称道。太宗量才用人、取其长处的用人政策，与对策所云"必须详审，量得其人"的观点，应该是一致的。应该说，此篇对策是对贞观年间有关选官观念的一个反映。"必须授受无滥，爵赏以人"一语，实际上就是对太宗所说"王者须为官择人，不可造次即用"的发挥和理解，也反映了这一时代的特点。

　　"便能匡赞皇规，彝伦帝道"一句，说明了"审官授爵"的最终目的。唐太宗热衷选贤的目的就在于听取贤才忠言、嘉谋，匡正君王的得失，谈论至治之道。欧阳修在称赞唐太宗用人时云："王者用人非难，尽其才之为难。观太宗之责任也，谋斯从，言斯听，才斯奋，洞然不疑，故人臣未始遗力，天子高拱操成功，致太平矣。"② 君王能够正确地听取宰臣的良谋、嘉策，善于纳谏才是"尽其才"和"才斯奋"的关键。因此，在实际中，忠良之臣在匡谏君王方面发挥了很好的作用。唐太宗在用人和纳谏方面可谓圣明之君。早在贞观二年（628 年），他就求教魏徵，如何做个圣明之君，魏徵对以"兼

---

① 《全唐文》卷一〇太宗《金镜》，第 128 页。
② 《新唐书》卷九八《韦挺传·赞》，第 3906 页。

听则明，偏信则暗"，"人君兼听广纳，则贵臣不得拥蔽，而下情得以上通也"①。唐太宗深以为然，真正做到了"兼听广纳"。贞观初，特别是魏徵"雅有经国之才，性又抗直，无所屈挠。太宗每与之言，未尝不悦。徵亦喜逢知己之主，竭其力用"。魏徵虽然出自敌对阵营，唐太宗还是器重他的才能，给予重用。魏徵以敢于进谏而闻名，对唐太宗的进谏近乎苛刻，以致太宗都有些受不了。唐太宗也不得不承认："徵每犯颜切谏，不许我为非，我所以重之也。"当然，魏徵也说自己之所敢于进谏的原因是："陛下导臣使言，臣所以敢言。"② 因此，唐太宗给魏徵很高评价："随事谏正，多中朕失，如明镜鉴形，美恶毕见。"③ 足以说明谏臣的重要作用，正如对策所言"匡赞皇规，彝伦帝道"。太宗选贤用能的方略、具体实践和取得的成就，大概就是对策中所言"爵不惭人，人无愧爵"的最高境界吧！

"必须人才称职"等语与唐初选拔人才观念的联系。尽管选举是否得人关系着国家的安危、世风的好恶和世人的进退，但善恶难知、人才难得是选举中普遍存在的一个问题。因此，人才选拔必然存在一个审查和辨识的问题。本篇对策所云："必须人才称职，前审后行；不可虚望高门，隆官旧荫。""必须详审，量得其人。爵不惭人，人无愧爵。"此篇对策的论点一定程度上反映了唐太宗的选举贤能的观念，带有明显的时代特征。唐太宗认为人才难得，但他反对当代天下无才的说法，强调"前代明王使人如器，皆取士于当时，不借才于异代"，问题的关键就在于如何选贤、选贤工作是否已经做得很深入。贞观元年（627 年），太宗谓房玄龄等曰："致理之本，唯在于审。量才授职，务省官员。"在他看来"官不必备，唯其人"，在于审查官员才能与品性，即所谓的"审官"，若官员的品行和才能不足，没有合适的人选，"虽少亦足矣"④。

---

① 《资治通鉴》卷一九二"唐太宗贞观二年正月"条，第 6047 页。
② ［唐］吴兢撰，谢保成集校：《贞观政要集校》卷二《任贤第三》，第 62 页。
③ ［唐］吴兢撰，谢保成集校：《贞观政要集校》卷二《求谏第四》，第 89 页。
④ ［唐］吴兢撰，谢保成集校：《贞观政要集校》卷三《论择官第七》，第 155 页。

为了选拔"才行俱兼"的贤能，奖惩善恶与优劣，太宗在整个官员的转迁中贯彻"才行俱兼"的用人理念。太宗还不失时机地下令："诸州官人，或正直廉平，刑清讼简；或贪婪货贿，害政损人，宜令都督刺史，以名封进。"① 对官员的善恶、业绩进行考评，这大概就是对策中所说的人才"前审后行"的问题，需要对其不断地进行考评和约束才可以做到真正辨贤愚。显然，贞观年间，太宗选贤举能的风气很盛，《策府》的作者当然要在这方面把握各类"策题"进行编撰，为童蒙提供典型的对策蒙书。

## 2. "进士无大才"篇与太宗的选贤观念的关系

该篇应当是作者根据唐太宗有关选举言论而拟作的，其中有些内容应该反映了贞观后期的有关科举考试的内容。唐太宗非常重视任用贤能，即位不久就着手选举贤能，下求贤举人诏②，招纳天下英彦。唐太宗在任用贤能方面在整个唐代比较突出，魏徵曾赞许"贞观之初，求贤如渴，善人所举，信而任之"③。唐太宗在选贤方面可以说是不遗余力，如贞观元年（627 年）正月，太宗责备封德彝举贤不利，云："君子用人如器，各取所长，古之致治者，岂借才于异代乎？正患己不能知，安可诬一世之人！"④ 这正好与此篇策问中所问的选贤观相一致。该策问云："诸州进士无复往昔之人。昔则博综群经，该罗史籍。为是人无厚德，为是举不得人。"对策云："春阳一照，绿竹抱虚节而抽萌。夏雨才临，红莲捧心而出沼……况于人也……窃见近代举人，职不逾于九品。岂独量才有薄，亦乃班爵无优。"这与唐太宗认为代有人才辈出，"古之致治者"，无法"借才于异代"的思想有很大的共鸣之处，也可以说是作者为迎合当朝皇帝的圣意而作。唐太宗非常重视选举贤才，唯恐遗漏，甚至想打破成规，通过自举，来选拔人才。贞观十三年（639 年），太宗谓侍臣

① 《全唐文》卷五太宗《赐孝义高年粟帛诏》，第 59 页。
② 《全唐文》卷五太宗《荐举贤能诏》、卷六太宗《令河南淮南诸州举人诏》、卷六太宗《求访贤良限来年二月集泰山诏》、卷七太宗《令州县举孝廉茂才诏》、卷八太宗《令天下诸州举人手诏》，第 68、71、78、84、95 页。
③ ［唐］吴兢撰，谢保成集校：《贞观政要集校》卷一〇《慎终第四十》，第 538 页。
④ 《资治通鉴》卷一九二"唐太宗贞观元年正月"条，第 6032 页。

曰："能安天下者，唯在用得贤才……今欲令人自举，于事何如？"魏徵对曰："知人者智，自知者明。知人既以为难，自知诚亦不易。且愚暗之人，皆矜能伐善，恐长浇竞之风，不可令其自举。"此事遂作罢①。虽然太宗的想法被魏徵所劝阻，但太宗主张的"自举"却是唐代科举考试的重要特征。显然，魏徵的言论代表了在选贤问题上朝中不少重臣更注重政事和德行的倾向，故对突出"自举"的科举考试态度较为冷淡，认为只是"恐长浇竞之风"，与本篇"进士无大用"的认识颇为相似。

此篇对策，或许还与贞观十八年（644 年）太宗不满诸州荐举有关。是年，诸州荐送孝廉十一人，太宗亲自召见，当面询问政术，结果众孝廉"莫能对扬，相顾结舌"，太宗又令笔试，结果仍是"构思弥日，终不达问旨"，太宗遂将其"并放还，各从本色"，对失职举主"以举非其人罪论，仍加一等"。不过，太宗并未因此就认为是当世无才，而是"牧宰循常，未尽搜扬之道"，令其仍加荐送②。虽然此次"孝廉举"属于制举的范畴，但与进士科一样，也需要通过参加考试，才能获取入仕资格，在某种程度上反映了太宗对科举的态度，也包括了对进士科的态度。

"进士无大用"观念应该与贞观二十二年（648 年）九月进士科考试之争有一定联系。是年考功员外郎王师旦知举，当时进士张昌龄、王公瑾"并有俊才，声振京邑"，王师旦考其文策全下，双双落第。就连太宗也出乎预料，觉得非常奇怪，特意召师旦询问，师旦对以"此辈诚有文章，然其体性轻薄，文章浮艳，必不成令器。臣若擢之，恐后生相效，有变陛下风雅"。太宗听了以后，认为王师旦说得很正确③。此件事之所以得到太宗的认可，是因为唐初进士试策重视通经史、知时务，就是本篇策问所言"昔则博综群经，该罗史籍"。王师旦指斥当时进士对策"体性轻薄，文章浮艳"，有悖太宗"才行俱兼"的用人标准，故有意落张、王二人下第，从而引起了社会对"才行"之

---

① ［唐］吴兢撰，谢保成集校：《贞观政要集校》卷三《论择官第七》，第 165 页。
② 《全唐文》卷五太宗《荐举贤能诏》，第 68 页。
③ 《唐会要》卷七六《贡举中·进士》，第 1379 页。

变的争论。其实，贞观末年进士科考试对策已重"文章浮艳"，偏离时务的初衷，在王师旦看来"必不成令器"，不能有效选拔治国理民的贤能之才。因此，尽管太宗皇帝觉得张、王二进士文采出众，理当及第，但听了王师旦的对答，权衡"经义""史籍"和"文章"的利弊之后，还是认同"经义""群经"对治国更为重要。此事在当时反响很大，这应该就是本篇名为"进士无大用"的立意之处。本篇"进士无大用"应该就是在贞观末进士科试策从重"经史"向重"文章"转变的过程中，出现"才行"之辩，即文才与德行之争，故而以此立意，并模拟作策。这也可以佐证本件文书的写作时间应该在贞观末。

本文通过对唐初进士科、明经科和制科试策考试的特点以及相关考试制度的考察，认为本件写卷中大多数"策"反映的是贞观前期的内容，有些也反映了贞观末的情形，故本件写卷中部分对策的写作年代为贞观初的可能性较大，但"进士无大用"等篇应该在贞观末完成。原件失题名，依据唐初科举考试的特点，可以考定本件文书应该是为进士试策准备的模拟试策范文，比照《兔园策府》的书名，将其拟作"策府"。本文重点以"括放客户还乡""审官授爵""进士无大用"等篇策为中心，对本件"策府"所反映出的进士试策与贞观年间的安民静民思想、选举等观念，以及时代风气进行了深入探讨。笔者认为这些策文是作者揣摩当时的社会热点问题，模拟进士试策问答形式，所做的时务策，集中反映了贞观年间唐太宗在安抚流民、与民休养和选举贤能等方面的策略和观念。本件文书是唐初进士科试策的重要证据，也是研究唐初进士试策内容的珍贵史料，此件文书的发现有助于学界了解唐初进士科试策的世界。本件写卷中还有二十多篇对策，本文没有进行深入探讨，尚有待方家赐教。

——《文献》2013 年第 1 期

# 第三章
# 唐五代敦煌蒙书编撰与孝道启蒙教育

## ——以《孝经》为中心

孔子说："吾志在《春秋》，行在《孝经》。"① 把"孝"作为"百行之本""人伦之本""至德要道"②。孝是中国古代国民道德教育的根本和基础，一切社会教化始自孝，是培养和确立儿童道德品质、价值观念最基础、根本的内容。唐代在对儿童进行德育教育时，将《孝经》中有关理论，潜移默化地融入儿童的日常行为举止中。玄宗一再强调："孝者德之本，教之所由生也，故亲自训注，垂范将来。"③"道为理本，孝实天经，将阐教以化人，必深究于微旨。"④ 唐五代继承了汉魏以来童蒙教育重视《论语》《孝经》的传统，《孝经》作为儿童道德和启蒙教育最基础内容，使用非常广泛。唐五代对《孝经》的内容用诗赋、颂、杂曲、变文以及蒙书等形式多样的文体，进行了改编、概括、摘录和缩写，作为儿童读物，对儿童进行孝道教育。

自汉魏以来，《孝经》就是童蒙教育的重要内容，故蒙书编撰也通常摘引

---

① ［汉］公羊寿传，何休解诂，［唐］徐彦疏：《春秋公羊传注疏·序》，收入李学勤主编：《十三经注疏》，北京大学出版社，1999 年，第 3 页。

② ［后晋］刘昫等撰：《旧唐书》卷一五五《薛戎传附放传》，中华书局，1975 年，第547～548 页。

③ 周绍良主编：《全唐文新编》卷三七玄宗《答李齐古石台孝经表批》，吉林文史出版社，2000 年，第 476 页。

④ ［宋］王钦若等编纂：《册府元龟（校订本）》卷四○《帝王部·文学》，凤凰出版社，2006 年，第 431 页。

和改写《孝经》内容，以便更加通俗、浅显地向儿童传授孝道思想。早在南朝梁周兴嗣编撰的《千字文》中，就吸收了不少《孝经》的内容。《千字文》云："盖此身发，四大五常。恭惟鞠养，岂敢毁伤。"① 这两句是针对《孝经》卷一《开宗名义章》所云："子曰：'夫孝，德之本也，教之所由生也。复坐，吾语汝。身体发肤，受之父母，不敢毁伤，孝之始也。'"② 《孝经》卷六《纪孝行章》所云："子曰：'孝子之事亲也，居则致其敬，养则致其乐，病则致其忧，丧则致其哀，祭则致其严。五者备矣，然后能事亲。'"③ 就是对《孝经》两章相关内容的高度浓缩和概括，用通俗易懂的韵文表述，便于儿童学习和记忆。唐代新编撰的蒙书，也继承和发扬了这一特点，对《孝经》进行大量摘引、摘编、改写，很多蒙书中有关《孝经》的内容，远远超过了《千字文》的字数。笔者已经撰文《唐代儿童的孝道教育——以〈孝经〉为中心》，以《孝经》为中心，对唐代儿童孝道启蒙教育的情况进行了探讨，并分析了其原因所在④。本文着重以敦煌蒙书为例，对相关问题再做深入探讨。

## 一　敦煌蒙书编撰对《孝经》摘编与改写

敦煌蒙书编撰对《孝经》进行摘编、摘引和改写的情况很常见，只是编撰形式和摘编、摘引、改写多少的区别。

《文词教林》是对《孝经》按章进行摘编、改写，或者合并两章的内容，加以概述，用以训诫儿童。《文词教林》卷上云："士有百行，古难备陈，略而言之，大数举十：孝义者立身之本……谦恭者立身之操，谨信者立身之德……慎口者立身之务。"⑤ 其列举士大夫立身出身的十大要点，将《孝经》的核心

① ［梁］周兴嗣编纂，李逸安点校：《千字文》，中华书局，2012年，第13页。
② ［唐］李隆基注，［宋］邢昺疏：《孝经注疏》卷一，上海古籍出版社，2009年，第3~4页。
③ ［唐］李隆基注，［宋］邢昺疏：《孝经注疏》卷六，第57页。
④ 金滢坤：《唐代儿童的孝道教育——以〈孝经〉为中心》，《山西大学学报（哲学社会科学版）》2018年第3期，第84~91页。
⑤ 上海古籍出版社等编：《法藏敦煌西域文献》第16册，上海古籍出版社，2001年，第242页。

内容"孝义"，视作"立身之本"。而谦恭①、谨信、慎口三点也是《孝经》宣扬的重要内容②，可见《文词教林》对孝道教育十分重视。《文词教林》直接引用《孝经》的内容有一条：

　　进思尽忠，退思补过③。（见《孝经·事君章第十七》）

这条是对《孝经·事君章第十七》直接引用。《文词教林》摘编、改写《孝经》有一条：

　　因严以教敬，因亲以教爱，因情以教仁，而人乐乎。畏其刑罚，爱其得义，是以爱而畏之④。（见《孝经·圣治章第九》）

这是依据《孝经·圣治章第九》进行摘编和改写。还对《孝经》不同篇章进行改写和合并：

　　君惠臣忠，父慈子孝，祸乱无缘得⑤。（见《孝经·士章第五》《孝经·孝治章第八》）

这是将《孝经》"士章第五""孝治章第八"两篇相关内容改写和合并而成。此外，还摘引了《真言决》《论语》《礼记》《左传》《礼记》中有关"孝义"的内容亦有7处，至于摘录和改编的情况就不再详说。可见《文词教林》对"孝义"的重视。

《新集文词九经抄》与《文词教林》编撰体例十分相似，在其基础上，又补充、增加了很多新的内容。《新集文词九经抄》与《文词教林》相比，

---

① ［唐］李隆基注，［宋］邢昺疏：《孝经注疏》卷三《三才章》云："子曰：'陈之以德义而民兴行；先之以敬让而民不争，导之以礼乐而民和睦。'"（第30页）

② ［唐］李隆基注，［宋］邢昺疏：《孝经注疏》卷二《卿大夫章》云："是故非法不言，非道不行。口无择言，身无择行；言满天下无口过，行满天下无怨恶。"（第11页）

③ 《法藏敦煌西域文献》第16册，第248页。

④ 《法藏敦煌西域文献》第16册，第245页。

⑤ 《法藏敦煌西域文献》第16册，第246页。

摘编、改写《孝经》内容更多，同时增加了很多其他经典中有关孝道的内容。兹将《新集文词九经抄》摘编、改写和合并《孝经》的内容，择录如下：

1. 孝感天地，通于神明者，[孝]至于天，则风雨顺时；孝至于地，则有百谷熟成；孝至于人，重译来贡。（见《感应章第十六》，节略改编）

2. 孝于亲者，可移于君；悌于兄者，可移于长；居家理治，可移于官。三者备矣，则扬名于后世，以显父母。（见《广扬名章第十四》《孝经·开宗明义章第一》，节略、合并）

3. 言满天下无口过，行满天下无怨恶。（见《卿大夫章第四》）

4. 安上理人，莫善于孝（礼）；移风易俗，莫善于乐。（见《广要道章第十二》，节略改编）

5. 因严以教敬，因亲以教爱，因情以教仁，而乐乎！畏其刑罚，爱其德义，是曰爱而畏之。（见《圣治章第九》，节略改编）

6. 己慢人之亲，人亦慢己之亲。人能红（弘）道，非道弘人。（见《广至德章第十三》，改写）

7. 敬其父，则子悦；敬其兄，则弟悦；敬一人，则千万人悦。所敬者寡，而悦者众。（见《广要道章第十二》）

8. 夙夜匪懈，以事一人。战战兢兢，如临深渊，如履薄冰。（见《诸侯章第三》，改写）

9. 养则致其敬，病则致其忧，丧则致其哀，祭则致其严。生事知（之）以礼，死葬之以礼，祭之以礼。祭神如神在，故鬼享之。（见《纪孝行章第十》《丧亲章第十八》，改编合并）

10. 天子无父，事三老；无兄，事五更，犹不常懈怠，而况于凡也①。

---

① 以上录文，见郑阿财：《〈敦煌写卷新集文词九经抄〉研究》录文，文史哲出版社，1989年，第181~186页，并核对 IDP 项目彩图。[唐]李隆基注，[宋]邢昺疏《孝经注疏》卷七《广至德章第十三》云："注'举孝'至'父兄也'。正义曰：云'举孝悌以为教'者，此依王注也。案《礼记·祭义》曰：'祀乎明堂，所以教诸侯之孝也。食三老五更于太学，所以教诸侯之弟也。'此即谓发诸朝廷，至乎州里是也。"（第67页）

（见《广至德章第十三》，改写）

从上列举《新集文词九经抄》有关《孝经》的内容来看，直接引用《孝经》2 条，对《孝经》篇章进行节略改编者 3 条，对《孝经》篇章加以节略，并加以改写者 3 条，对《孝经》两个篇章进行节略、改编在一起者有 2 条，总共涉及《孝经》的 12 章，占到《孝经》18 章的三分之二，除去《天子章第二》《诸侯章第三》与儿童关系不大，基本上节录、改编、改写了《孝经》的绝大多数章。足以见得《新集文词九经抄》的作者对《孝经》的重视。此外，《新集文词九经抄》还摘引、节录、改编、改写了《论语》《礼记》《尚书》《孝子传》《孟子》等典籍中有关孝义内容的 30 余条，说明作者在编撰童蒙教材时不偏信《孝经》一家，还博采众家，目的是为儿童提供全面的有关孝道的经典、名言、警句，强调孝道的重要性，以示训教。

如果说《新集文词九经抄》《文词教林》篇幅较长，主要是对《孝经》加以摘编、改写，那么篇幅较短的《百行章》《太公家教》《武王家教》则是对《孝经》大义的改写。唐初名士杜正伦编撰《百行章》时，大量吸收《孝经》内容，大段地用韵文改写《孝经》文体，对唐五代蒙书编撰有很大影响。《百行章》现存 84 章，其中"孝行章""敬行章""忠行章"等章，主要从《论语》《孝经》等经典中摘引忠孝节义"要真之言"，加以改写，以"忠孝"等德行标准指导儿童和士人的学习、生活和仕宦等"百行"①。《百行章·序》云："至如世之所重，唯学为先，立身之道，莫过忠孝……《孝经》始终，用之无尽。"②《百行章》首章《孝行章》专门谈孝道，云："孝者，百行之本，

---

① 关于《百行章》的研究，详见〔日〕福井康顺：《百行章についての諸問題》，《東方宗教》第 13·14 合并號，1958 年，第 1~23 页；林聪明：《杜正伦及其百行章》，东吴大学中文研究所硕士学位论文，1979 年；邓文宽：《敦煌写本〈百行章〉述略》，《文物》，1984 年第 9 期，第 65~66 页；邓文宽：《敦煌写本〈百行章〉校释》，《敦煌研究》，1985 年第 2 期，第 71~98 页；郑阿财、朱凤玉著：《敦煌蒙书研究》，甘肃教育出版社，2002 年，第 320~348 页，等。

② S.1920，中国社会科学院历史研究所等合编：《英藏敦煌文献》卷三，四川人民出版社，1990 年，第 177 页。

德义之基。以孝化人，人德归于厚矣。在家能孝，于君则忠；在家不仁，于君则盗。必须躬耕力作，以养二亲；旦夕咨承，知其安否；冬温夏青，委其冷热；言和色悦，复勿犯颜；必有非理，雍容缓谏。昼则不居房室，夜则侍省寻常。纵父母身亡，犹须追远，以时祭祀，每思念之。但以孝行殊弘，亦非此章能悉。"① 这是将孝行看作"百行之本"，放在首位，用通俗易懂的韵文，把《孝经》大义具体到个人生活、行为中，对孝事父母的事项逐一解说，清晰、明了，而且很具体，便于儿童理解和践行。第二章《敬行章》实际上也是谈孝道内容："敬者，修身之本。但是尊于己者，则须敬之。老宿之徒，倍加钦敬。是以《孝经》陈其敬爱，〔望〕欲不慢其亲。仲尼先立此章，凭以敬之为本。"② 将敬行章，作为士人"修身之本"，要敬事尊者、老者。第三章《忠行章》核心内容也是对《孝经》中"忠孝"大义的概述和发挥："身沾高位，倍须持志忧君，临危不改其心，处厄不怀其恨，当阵不顾其躯，聘使不论私计。君言乖理，犯颜谏之，共修政教，以遵风化。善宜称君，恶宜称己。进思尽忠，退思补过。能而（如）此，长守富贵。"③ 此章劝诫子弟，从小就要树立入仕为官，就必须为国君担忧，为国捐躯的忠君观念，要明白修政化民，时刻尽忠思过，国富民安，自己才能长守富贵的道理。此外，《谋行章》《专行章》《常行章》《勤行章》等章都有涉及孝道内容，足以见得作者将孝道作为"百行"中的重中之重，反复论述。

《太公家教》《武王家教》对《孝经》中有关孝道内容，加以高度概括和改写，用通俗易懂的韵文，重新加以编撰和补充：

> 事君尽忠，事父尽孝……孝子事父，晨省暮参。知饥知渴，知暖知寒。忧则共戚，乐则同欢。父母有疾，甘美不餐。食无求饱，饥无求安。闻乐不乐，闻喜不看，不修身体，不整衣冠，父母疾喻，整亦不难……其父出行，子则从后……子从外来，先须就堂……孝子不隐情于父，忠

---

① 《英藏敦煌文献》卷三，第 177 页。
② 《英藏敦煌文献》卷三，第 177 页。
③ 《英藏敦煌文献》卷三，第 177 页。

臣不隐情于君……明君不爱邪佞之臣，慈父不爱不孝之子……立身行道，始于事亲；孝无终始，不离其身。修身慎行，恐辱先人……孝是百行之本①。

由于《太公家教》多为四言、六言韵文，篇幅有限，基本上是对《孝经》等经典中有关孝道的大义进行改写，写成通俗、对仗的韵文，方便儿童阅读、理解。如"事君尽忠"就是《孝经·事君章》的高度概括，"事父尽孝"则是《孝经·孝行章》的浓缩，或者是对《孝经·孝行章》等篇章的发挥，将《孝经》深奥的说教，转换为具体的行为准则，告诉小孩子具体行为准则和注意事项。其实，《太公家教》也融合诸家对孝的理解，将孝分为三个层次：一是养亲，要晨省暮参，知饥渴、冷暖、疾安，而后知自己安乐。二是敬亲，在赡养父母的基础上，再"敬"亲，就从"孝"升华到"敬"，就是从赡养父母，到知父母忧乐，礼敬父母，具体而言就是"其父出行，子则从后""子从外来，先须就堂"。当然，孝敬不是无原则的，"孝子不隐情于父"，还可以对父母等尊亲及时劝谏，以免尊亲陷于"不义"。三是由孝而忠。"孝"是家庭道德、伦理的核心，"忠"则是国家道德、伦理的核心，"孝"出了家庭，到了国家层面，就是"忠"。"孝子不隐情于父，忠臣不隐情于君"，就是说士人入仕为宦，就应该用对待尊亲的"孝"来敬事国君，对国君尽忠、尽责，劝谏国君，免于不义。这些具体的要求，其实更加符合小孩子的心理特点，便于幼儿学习和践行，避免停留在理论和口头上。而"孝是百行之本"则是对《开宗明义章》的高度概括。与《太公家教》编撰特点较为相似的《武王家教》，也摘编了不少有关孝道的内容，就不一一列举了。

与《孝经》《新集词林九经抄》相比，《太公家教》有关孝道的内容讲得更为具体、生动，但还是以讲道理、说教为主。而《蒙求》《古贤集》则是用孝道、孝行事迹编写蒙书，通过用韵文，以讲故事的形式，列举历代著名孝子事迹，树立典型，给儿童学习、仿效孝子事迹，从而灌输孝道思想。

---

① 　P. 2564，《法藏敦煌西域文献》第 16 册，第 15～16 页。

　　唐代李瀚《蒙求》是一部以历史掌故、历史人物事迹为主要内容的蒙书，在唐五代流行甚广，对后世及东亚世界影响很大①。该书以四字韵文的形式，大量吸收当时人熟知的"二十四孝"典故、名人孝行等，与古代其他贤良典故、事迹放在一起，用来向儿童宣扬孝道故事和历史知识。其中，有 14 则故事收入了"二十四孝"。春秋战国有子路负米、闵损衣单、老莱斑衣 3 例，东汉有江革忠孝、董永自卖、丁兰刻木、黄香扇枕、蔡顺分椹、姜诗跃鲤 6 例，三国有陆绩怀橘 1 例，两晋有郭巨将坑、王裒柏惨、王祥守奈 3 例。此外，还选择汉魏南北朝时期的孝友典故，其中，东汉以孝著称者有祭遵布被②、君章拒猎③、姜肱共被④、毛义捧檄⑤、阴方祀灶⑥、孙钟种瓜⑦、伯瑜泣杖等 7 例⑧，三国两晋以孝著称者有王修辍社⑨、王濛市帽⑩、隐之

---

① 郑阿财、朱凤玉：《敦煌蒙书研究》，第 227~253 页。

② ［南朝·宋］范晔著：《后汉书》卷二〇《祭遵传》云："祭遵字弟孙，颍川颍阳人也。少好经书。家富给，而遵恭俭，恶衣服。丧母，负土起坟。"（中华书局，1965 年，第 738 页）

③ 《后汉书》卷二九《郅恽传》云："郅恽……年十二失母，居丧过礼。"（第 1023 页）

④ 《后汉书》卷五三《姜肱传》云："姜肱……家世名族。肱与二弟仲海、季江，俱以孝行著闻。"（第 1749 页）

⑤ ［汉］刘珍等撰，吴树平校注：《东观汉记校注》卷一五云："庐江毛义，少时家贫，以孝行称。"（中州古籍出版社，1987 年，第 637 页）

⑥ ［晋］干宝撰：《搜神记》卷四云："汉宣帝时，南阳阴子方者，性至孝，积恩好施，喜祀灶。"（《景印文渊阁四库全书》第 1042 册，台湾商务印书馆，1986 年，第 388 页）

⑦ ［唐］欧阳询撰，汪绍楹校：《艺文类聚》卷八七《瓜》云："孙钟，富春人，与母居，至孝笃信。"（上海古籍出版社，1965 年，第 1503 页）

⑧ ［汉］刘向撰，向宗鲁校证：《说苑校证》卷三《建本》云："伯俞有过，其母笞之，泣。其母曰：'他日笞子，未尝见泣，今何泣也？'对曰：'他日得罪，笞尝痛；今母之力衰，不能使痛，是以泣也。'"（中华书局，1987 年，第 62 页）

⑨ ［晋］陈寿撰：《三国志》卷一一《魏书·王修传》云："王修……年七岁丧母。母以社日亡，来岁邻里社，修感念母，哀甚。邻里闻之，为之罢社。"（中华书局，1971 年，第 345 页）

⑩ ［唐］房玄龄等撰：《晋书》卷九三《外戚传·王濛传》云："王濛……事诸母甚谨，奉禄资产常推厚居薄，喜愠不形于色，不修小洁，而以清约见称。"（中华书局，1974 年，第 2418 页）

感邻①、盛彦感蟮②、陈遗饭感等 5 例③，共计 12 例。足以说明李瀚对孝道教育的重视，通过讲述大量的孝行事迹来凸显孝子的社会地位，鼓励儿童学习孝道典型。

《古贤集》与《蒙求》相类，记述古代贤良有关孝道事迹："孟宗冬笋供不阙，郭巨夫妻生葬儿。董永卖身迁（葬）父母，感得天女助机丝。高柴泣血伤皮骨，蔡顺哀号火散离。思之可念复思之，孝顺无过尹伯奇。"④ 孟宗、郭巨、董永、蔡顺，是"二十四孝"中的代表人物，以孝著称。高柴是孔子学生，"七十二贤"之一，以尊老孝亲著称。尹伯奇，古代孝子，相传为周宣王时重臣尹吉甫长子，以孝顺继母著称。

敦煌文献中与《蒙求》相似、援引孝行故事的是敦煌小类书《事森》。《事森·孝友篇》以小传的形式，从《史记》《汉书》《后汉书》《孝子传》《晋阳春秋记》等史籍中辑录了舜子、姜诗、蔡顺、老莱子、王循、吴猛、孟宗、闵子骞、董永、董黯、薛苞、郭巨、江革、鲍出、鲍永、王祥、王裒、赵孝等孝道事迹和著名人物，编撰成册。该书早已散佚，敦煌文献中发现其P. 2621 号尾题："戊子年（928 年）四月十日学郎员义写书故记。"⑤ 显然，《事森》应该就是供儿童孝道教育的读物。此外，还有一件 P. 4052 号《事森》残卷。

---

① 《晋书》卷九〇《良吏传·吴隐之传》云："吴隐之……事母孝谨，及其执丧，哀毁过礼。"（第 2341 页）
② 《晋书》卷八八《孝友传·盛彦传》云："盛彦……母王氏因疾失明，彦每言及，未尝不流涕。于是不应辟召，躬自侍养，母食必自哺之。"（第 2276～2277 页）
③ ［唐］李延寿撰：《南史》卷七三《孝义传·潘综传附陈遗传》云："宋初，吴郡人陈遗，少为郡吏，母好食铛底饭。遗在役，恒带一囊，每煮食辄录其焦以贻母。"（中华书局，1975 年，第 1804 页）
④ P. 2748，见《法藏敦煌西域文献》第 18 册，第 65 页。
⑤ P. 2621，见《法藏敦煌西域文献》第 16 册，第 311 页。

## 二　敦煌童蒙文献所见歌咏体《孝经》

伴随着唐代诗歌兴盛，唐人还作了很多歌咏《孝经》诗、诗歌、十二时文等，用通俗易懂、朗朗上口的韵文，对儿童宣教、讲解《孝经》①。其中，最典型的就是杨满山《咏孝经一十八章》，该书共十八章，即十八首，以诗歌体，四言七句，语言流畅，音韵讲究②。兹摘录前两章如下：

开宗明义章第一

欲得成人子，先须读孝经。义章恩最重，莫著发肤轻。和睦为宗祖，温柔是弟兄。立身于此道，于后乃扬名。

天子章第二

圣主忧黎庶，偏念本二亲。一心思爱敬，不许谩于人。百姓蒙恩教，刑于四海宾。天子乃感应，赖及万方均③。

杨满山《咏孝经一十八章》与《孝经》十八章一一对应，紧扣各章经义，按章对玄宗注《孝经》的功德进行歌咏，在具体写作中对《孝经》宣扬的内容进行整体把握，将阐释和说教融合在一起，对重要人物和事迹进行重点歌咏。虽然写作方式与《孝经》有很大不同，但其重要目的就是用诗歌形式为普及和宣教《孝经》服务，其重点宣教对象自然是儿童。

杨满山《咏孝经一十八章》这种用诗歌咏《孝经》的形式，其实在唐代以前就有之。唐欧阳询《艺文类聚》卷五五《杂文部一·经典》记载晋傅咸

---

① 参见李晓明：《敦煌歌辞孝道观析论》，《社会科学战线》2010 年第 11 期，第 90 ~ 94 页。

② 徐俊纂辑：《敦煌诗集残卷辑考》，中华书局，2000 年，第 253 ~ 263 页；张锡厚：《敦煌本〈咏孝经十八章〉补校》，《敦煌研究》2005 年第 2 期，第 88 ~ 91 页；赵楠：《论〈咏孝经十八章〉》，《西南民族大学学报（人文社科版）》2004 年第 5 期，第 225 ~ 228 页。

③ P. 3386，见《法藏敦煌西域文献》第 24 册，第 49 ~ 50 页。

《孝经诗》曰：

> 立身行道，始于事亲。上下无怨，不敢恶人。孝无终始，不离其身。三者备矣，以临其民。［其一］
>
> 以孝事君，不离令名。进思尽忠，不议则争。匡救其恶，灾害不生。孝悌之至，通于神明。［其二］①

这两首诗只不过对《孝经》中有关忠孝、孝悌的大义进行一并歌咏，没能像杨满山那样，逐章歌咏，更为详备，但可视作歌咏《孝经》的典范。而杨满山《咏孝经一十八章》，也不是他的独创，之前还有《皇帝感·新集孝经十八章（首）》。

敦煌文献中发现的 P. 2721 号《皇帝感·新集孝经十八章（首）》文书，同卷在之前抄有《杂抄一卷》又名《珠玉抄》，是敦煌常见童蒙读物，《开元皇帝赞〈金刚经〉一卷》，其背面抄有《舜子至孝变文一卷》，从此卷抄写的诸书内容来看，内容较为通俗易懂，抄写的质量一般，为同一人抄写，字迹较为稚嫩，应该是儿童抄写，因此，《新集孝经十八章》也是儿童常见的童蒙读物。

敦煌文献 P. 2721 号《皇帝感·新集孝经十八章（首）》，其实就是歌咏玄宗御注《孝经》的十八首歌词：

> 新歌旧曲遍州乡，未闻典籍入歌场。
>
> 新合孝经皇帝感，聊谈圣德奉贤良。
>
> 开元天宝亲自注，词中句句有龙光。
>
> 白鹤青鸾相间错，连珠贯玉合成章。
>
> 历代以来无此帝，三教内外总宣扬。
>
> 先注孝经教天下，又注老子及金刚。
>
> （中略）

---

① 《艺文类聚》卷五五《杂文部》，第 984 页。

立身行道德扬名，君臣父子礼非轻。

事君尽忠事父孝，感得万国总欢情。

（中略）

上说明王行孝道，下论庶俗事先亲。

儒教之中是第一，孝感天地动鬼神。

（中略）

孝经宗祖仲尼居，孔子讲说及诸徒。

子弟总有三千数，达者唯有七十余。

（后略）①

唐玄宗亲注《金刚经》《道德经》是在开元二十三年（735 年），开元十六年和天宝二载（743 年）两次亲注《孝经》，天宝三载玄宗颁布御注《孝经》②。因此，《新集孝经十八章》的创作时间上限应该是天宝三载，考虑到《新集孝经十八章》中一个重要主题是歌咏玄宗注三经的事迹和伟业，应该是在玄宗颁布家藏《孝经》之后不久，其下限不晚于天宝末③，其年代应该早于杨满山《咏孝经一十八章》。

如果说《新集孝经十八章》是对《孝经》内容的歌咏，阐明其重要性，劝诱儿童、士子学习《孝经》，以《孝经》立身、处世、事亲、忠君，进而获得功名、利禄功用。那么杨满山《咏孝经一十八章》则是对《孝经》的改写，用诗歌的形式，按《孝经》的每一章，归纳其大意，赋诗一首，用通俗易懂的语言、韵文的形式来表述，对儿童理解和学习《孝经》有很大帮助。敦煌文献 P. 3386 号 + P. 3582 号《杨满山咏孝经一十八章》末题"维大晋天福七年壬寅岁七月廿二日三界寺学士郎张富盈记""戊辰年十月卅日三界寺学

---

① 任半塘编著：《敦煌歌辞总编》，上海古籍出版社，1987 年，第 734～735 页。

② 参阅郭芹纳主编：《唐玄宗御注三经·前言》，三秦出版社，2017 年，第 1～10 页。

③ 天宝十载，唐和大食发生怛罗斯之战，唐军大败，接着是南诏大乱，盛唐乱象丛生，最终导致了安史之乱，唐朝由盛转衰，玄宗的形象大大损伤，再作以玄宗皇帝感的文章，似乎不合时宜。

士"。P. 2633 号《杨满山咏孝经壹拾捌章》末题："辛巳年（921 年）正月五日氾员昌就书上。"同卷有"齖䶳新妇文一本"，其末题"书手判官氾员昌"，其背面有"壬午年（922 年）正月九日净土寺南院学士郎写"等杂写。底卷背面有"崔氏夫人训女闻（文）""齖䶳新妇文壹卷并""孝经一卷并序，孝经孝大太太太大大大""太公家教壹卷"等杂写，字迹幼稚，系儿童习字，随意书写内容。结合正面抄写的"齖䶳新妇文一本""正月孟春犹寒一本""酒赋一本""崔氏夫人要（训）女文一本""杨满山咏孝经壹拾捌章"等，可以推定在"齖䶳新妇文一本"之前的残缺处，原来有抄写"太公家教"，说明本件文书是为敦煌儿童常见的童蒙读物抄本合集，无疑"杨满山咏孝经壹拾捌章"是常见的童蒙读物，为儿童学习《孝经》的辅助性童蒙读物。

　　特别需要说明的是，杨满山《咏孝经一十八章》更突出童蒙教育的特点，作者以最重要的童蒙经典《孝经》为歌咏对象，逐章用当时流行的诗歌文体进行改编和歌咏，使《孝经》的内容变得更加活泼、浅显，用以韵律，更加容易被儿童喜爱，是继《百行章》《太公家教》之后，开创的一种诗歌体道德类蒙训类读物。宋初邵雍作《孝悌歌十章》，应该就是继承其风格，宋儒朱熹《训蒙诗百首》应该是将其发扬光大①。

　　一卷本《王梵志诗》是唐代民间诗集类的童蒙读物，也是待人处事的启蒙教科书②，其中有 8 首诗③，涉及孝道内容。兹择取 4 首如下：

---

① 赵楠：《论〈咏孝经十八章〉》，《西南民族大学学报（人文社科版）》2004 年第 5 期，第 226～228 页。

② P. 3211 号《王梵志诗》卷中，其背面有杂写"维大唐乾［宁］二年乙卯岁三月十六日灵图寺学士郎书记之也"，及"学郎大歌张富进"等杂写。P. 3833 号《王梵志诗卷第三》末题："丙申年（936 年）二月拾九日莲台寺学郎王和通写记。"S. 778 号 V《王梵志诗卷上》末尾有"壬戌年（962 年?）十一月五日""大云寺学士郎邓庆长"等杂写残片。P. 2842 号《王梵志诗一卷本》末题："己酉（949 年）二月十三日学郎高□全文。"

③ 9 首诗分别为：《王梵志诗》第 4 卷第 8 首"尊人相逐出"、第 9 首"尊人共客语"、第 11 首"立身行孝道"、第 12 首"耶娘行不正"、第 13 首"尊人嗔约束"、第 15 首"耶娘年七十"、第 16 首"耶娘绝年迈"、第 17 首"四大乖和起"，等。（［唐］王梵志著，项楚校注：《王梵志诗校注》，上海古籍出版社，2010 年，第 389～399 页）

立身行孝道，省事莫为衍。但使长无过，耶娘高枕眠。（第十一首）

耶娘年七十，不得远东西。出后倾危起，元知儿故违。（第十五首）

耶娘绝年迈，不得离旁边。晓夜专看待，仍须省睡眠。（第十六首）

四大乖和起，诸方请疗医。长病煎汤药，求神觅好师。（第十七首）①

这四首诗分别是针对《孝经》之"开宗明义章第一"、《论语》之"里仁第四"、《孝经》之"纪孝行章第十"而作劝世诗，劝勉子弟要以"孝道"立身、行事，孝敬父母，顺从父母意志，照顾其起居、病患。每首诗虽然简短，但都很具体，说理透彻，直指人心，比较容易被儿童和世人接受。

## 三　敦煌文献歌辞、诗歌题材中的"孝道"

唐代有很多题材的歌辞宣扬《孝经》和"孝道"。敦煌歌辞中流行的杂曲《十二时》，就有几首宣扬《孝经》"孝道"的内容。其中《天下传孝》云：

平旦寅。叉手堂前谘二亲。耶娘约束须领受，检校好恶莫生嗔。

日出卯。情知耶娘渐觉老。子父恩深没多时，递户相劝须行孝。

……

鸡鸣丑。败坏之身应不久。纵然子孙满山河，但是恩爱非前后②。

以十二时辰，分十二个方面劝诫士人，孝敬父母态度要恭敬、手脚要勤快、言语要温和、行为要节制，不能让父母担忧，这些具体、细微的孝道要求，对培养儿童学习《孝经》，孝敬父母、敬事兄长，更加具体可行。《十二时》杂曲中，还有托名白居易作的《行孝文》云：

平旦寅，早起堂前参二亲。处分家中送输水，莫教父母唤频声。

---

① ［唐］王梵志著，项楚校注：《王梵志诗校注》卷四，第 392～399 页。

② 任半塘编著：《敦煌歌辞总编》，第 1297～1298 页。

　　日出卯，立身之本须行孝。甘脆盘中莫使空，时时奉上知饥饱。

　　……

　　夜半子，孝养父母存终始。百年恩爱暂时间，莫学愚人不欢喜。

　　鸡鸣丑，高楼大宅得安久。常劝父母发慈心，孝得题名终不朽①。

　　分十二个时辰，从十二个方面，劝诫生活起居方面如何孝敬父母，在父母不同的年龄阶段，应该注意哪些问题，鼓励"孝养父母存终始"，最后强调，士人要想"高楼大宅得安久"，长享富贵，就须常发慈心，孝敬父母，"孝得题名终不朽"。

　　敦煌杂曲《因果·孝义》也从因果轮回的角度，劝人多行孝义：

　　劝君学好事，孝义存终始。立身礼义最为先，每事学周旋……

　　侍奉尊亲及父母，不得辞辛苦……

　　见其衰老病来侵，争得没愁心②。

　　通篇由若干首歌辞组成，均以孝义开头，然后是劝孝歌辞，末尾有念白文字"孝顺乐，孝顺乐，孝顺阿耶娘"，反复强调"孝顺"父母，从因果轮回的儒释融合角度劝人行孝义。

　　敦煌流行的杂曲《五更转·识字》，也将劝学《孝经》作为重要内容：

　　二更深。《孝经》一卷不曾寻。之乎者也都不识，如今嗟叹始悲吟。

　　……

　　四更长。昼夜常如面向墙。男儿到此屈折地，悔不《孝经》读一行③。

　　《五更转·识字》共五首，有两首就是劝人学习《孝经》，强调男儿不学《孝经》，就等同文盲，不明立身之道理，如同盲人出行，到处碰壁，必定后

<hr />

① 任半塘编著：《敦煌歌辞总编》，第 1297~1298 页。

② 任半塘编著：《敦煌歌辞总编》，第 777~779 页。

③ 任半塘编著：《敦煌歌辞总编》，第 1284 页。

悔，终将悲吟。虽然，不能确定此为童蒙读物，但从其语言浅显、通俗易懂来看，非常适合童蒙教育。

敦煌变文中也有不少劝学《孝经》的内容。如《敦煌变文集·舜子变》云："瞽叟打舜子，感得百鸟自鸣，慈乌洒血不止。舜子是孝顺之男，上界帝释知委，化一老人，便往下界，来至方便与舜，犹如不打相似。舜即归来书堂里，先念《论语》《孝经》，后读《毛诗》《礼记》。"① 舜子以孝行感天下是"二十四孝"之首，《舜子变》的主旨就是以舜子的孝行事迹，宣扬孝道。至于说舜子在学堂读《孝经》，恐怕是附会而已。目前，虽然还没有找到《舜子变》是童蒙读物的直接证据，但从其与《杂抄》等蒙书、《新集孝经十八章》抄写在一起，其主旨为劝孝、宣扬《孝经》来看，且舜子为"二十四孝"之首，其作为童蒙读物的功能非常明显。

此外，敦煌文献中与孝道有关的 S. 2614 号《大目乾连冥间救母变文并图一卷》②，此卷末题"贞明七年（921 年）辛巳岁四月十六日净土寺学郎乾连冥间救母变文薛安俊写，张保达又书"，显然此书与童蒙教育有很大关系。该变文依据《佛说盂兰盆经》，叙述佛陀弟子目连拯救亡母出地狱的故事，在中国流传甚广，是非常好的行"孝道"事例。

中国现存最早的"二十四孝"文学作品，敦煌文献《故圆鉴大师二十四孝押座文》③，是在佛教仪式上的讲唱文，圆鉴大师糅合了三教中有关孝道的思想，援引儒家《孝经》经典、二十四孝故事、佛家目连救母故事，重点将儒家孝道思想与佛家因果报应思想相结合，宣称"佛身尊贵因何得？根本曾行孝顺来""若向二亲能孝顺，便招千佛护行藏""孝心号曰真菩萨，孝行名为大道场，孝行昏衢为日月，孝心苦海作梯航""见生称意免轮回，孝养能消一切灾"等等。"二十四孝"主要是面向儿童的读物，即便是佛教仪式所用变

① 黄征、张涌泉校注：《敦煌变文校注》，中华书局，1997 年，第 201 页。

② 项楚：《敦煌变文选注（增订本）》，中华书局，2006 年，第 842～844 页。

③ 共有三个卷号 S. 7、P. 3361、S. 3728。录文见项楚：《敦煌变文选注（增订本）》，第 993～996 页。

文，也对童蒙教育有一定的影响。

敦煌文献中有关"孝道"的文书还很多，此处不再枚举。

## 四　传世蒙书与《孝经》的关系

唐代编撰蒙书往往摘编、改写《孝经》中的孝道内容和思想作为重要主题。特别是一些类书，将"孝""孝悌"作为重要的条目，或门类。如唐玄宗为了让皇子学习写文章，令张说与徐坚、韦述等编撰一部便于检索、参考和学习前人文体的启蒙性质的小类书，后来诏以《初学记》。《初学记》卷十七《人部上》就专门列了"孝"和"友悌"两个条目，加以叙事，并专门列举前人有关孝悌的各种体例的文章。其中"孝第四"之"叙事"云：

> 《尔雅》曰：善事父母曰孝。《孝经》曰：夫孝，天之经也，地之义也，民之行也。《礼记》：曾子曰：孝有三，大孝尊亲，其次弗辱，其下能养。公明仪问曾子曰："夫子可以为孝乎？"曾子曰："孝者，先意承志，谕父母于道，参直养者也，安能为孝。"①

其"事对"，分陟岵、循陔，怡声、愉色，吮痈、尝毒等二十一组。其中"陟岵、循陔"条云：

> 《毛诗》曰：陟岵，孝子行役，思念父母也。陟彼岵兮，瞻望母兮。母曰嗟，予季行役，夙夜无寐。上慎旃哉，犹来无弃。束广微《补亡诗》曰：南陔，孝子相戒以养也。循彼南陔，言采其兰，眷恋庭闱，心不遑安②。

其列举"赋"有魏陈思王曹植《怀亲赋》、晋陆士衡《思亲赋》、晋刘柔

---

① ［唐］徐坚等撰：《初学记》卷一七《人部上·孝四》，中华书局，1962 年，第 418 ~ 419 页。
② 《初学记》卷一七《人部上·孝四》，第 419 页。

妻王氏《怀思赋》、梁武帝《孝思赋》等四首，兹引魏陈思王曹植《怀亲赋》
如下：

> 猎平原而南骛，观先帝之旧营；步壁垒之常制，识旌麾之所停。存
> 官曹之典烈，心仿佛于平生。回骥首而永逝，赴修途以寻远；情眷恋而
> 顾怀，魂须臾而九反①。

其列举"诗"，晋束皙《二章》和魏王曹灿《思亲四言诗》三首。兹择
录晋束皙《补亡诗》如下：

> 循彼南陔，言采其兰；眷恋庭闱，心不遑安。彼其之子，罔或游盘。
> 循彼南陔，厥草油油；彼其之子，色思其柔。眷恋庭闱，心不遑留；馨
> 尔夕膳，洁尔晨羞。有獭有獭，在河之涘；凌波赴汨，噬鲂捕鲤。嗷嗷
> 林鸟，受哺于子；养优敬薄，惟禽之似。勖增尔虔，以介寿祉②。

其列举"赞"，仅举梁元帝《孝德传·天性赞》，其云：

> 生之育之，长之畜之；顾我复我，答施何时。欲报之德，不可方思；
> 涓尘之孝，河海之慈。废书叹息，泣下涟洏③。

以上列举有关孝的叙事、属对、诗、赋、赞等各类文体的名篇和典故，
自然对皇子以及古代儿童学习孝道很有帮助，便于练习有关孝道题材的不同
文体的文章写作。此外，《初学记》"友悌第五"中也是列举了有关"孝悌"
的各种文体，限于篇幅关系，就不一一介绍了。

徐坚等在编撰《初学记》时，应该参考了欧阳询编撰《艺文类聚》的体
例，其卷二十《人部四·孝》条目下，摘引：

---

① 《初学记》卷一七《人部上·孝四》，第 422 页。
② 《初学记》卷一七《人部上·孝四》，第 423 页。
③ 《初学记》卷一七《人部上·孝四》，第 423 页。

《尔雅》曰：善事父母曰孝。

《孝经》曰：夫孝天之经也，地之义也，民之行也。

又曰：夫孝始于事亲，中于事君，终于立身。

又曰：爱亲者，不敢恶于人，敬亲者，不敢慢于人，爱敬尽于事亲，而德教加于百姓，刑于四海，盖天子之孝也。

《礼记》曰：《曾子》曰：孝有三，大孝尊亲，其次弗辱，其下能养。

又曰：公明仪问于《曾子》曰：夫子可以为孝①。

这部分虽然没有条目名称，但相当于《初学记》的"叙事"部分，《初学记》基本上直接摘引了《艺文类聚》的这部分内容。

《艺文类聚》卷二十《人部四·孝》在"赋"的条目下列举了魏陈思王曹植《怀亲赋》、晋陆机《祖德赋》、陆机《述先赋》、陆机《思亲赋》、晋刘柔妻王氏《怀思赋》、宋谢灵运《孝感赋》、梁武帝《孝思赋》八首，《初学记》从中择取了魏陈思王曹植《怀亲赋》、晋陆士衡《思亲赋》、晋刘柔妻王氏《怀思赋》、梁武帝《孝思赋》四首。

《艺文类聚》在"诗"的条目下列举有魏王粲《思亲诗》、晋孙绰《表哀诗》、晋夏侯湛《离亲咏》三首，删除晋孙绰《表哀诗》、晋夏侯湛《离亲咏》两首，增加晋束皙《补亡诗》等两首。

《初学记》没有吸收《艺文类聚》"赞"的凡例，《艺文类聚》列举"赞"凡例为晋夏侯湛《闵子骞赞》，曰：

> 圣既拟天，贤亦希圣，蒸蒸子骞，立体忠正，干禄辞亲，事亲尽敬，勉心景迹，擢辞流咏②。

《初学记》省去了《艺文类聚》有关"孝"之"颂"和"序"的条目。

---

① 《艺文类聚》卷二〇《人部四·孝》，第368页。
② 《艺文类聚》卷二〇《人部四·孝》，第375页。

《艺文类聚》"颂"下列举后汉蔡邕《祖德颂》曰：

> 昔文王始受命，武王定祸乱，至于成王，太平乃洽，祥瑞必降……
> 贤人君子，修仁履德者，亦其有焉，昔我烈祖，暨于予考，世载孝友，
> 重以明德，率礼莫违，是以灵祇降之休瑞，兔扰驯以昭其仁，木连理以
> 象其义……岂是童蒙孤稚所克任哉，穆穆我祖，世笃其仁，其德克明①。

其"序"下列举梁元帝《孝德传序》曰：

> 夫天经地义，圣人不加，原始要终，莫逾孝道，能使甘泉自涌，邻
> 火不焚，地出黄金，天降神女，感通之至，良有可称②。

从上述《初学记》和《艺文类聚》"孝"的条目来比较，两本类书列举
历代经典名著对"孝"的阐释和经典名句，对其进行了"叙事"，进而列举
相关的诗、赋、赞和序的名篇，前者明显存在参考后者的情况。《初学记》是
皇子的启蒙读物。《艺文类聚》虽然不是为儿童准备，但也会间接地对儿童孝
道教育产生影响。从其内容、体例影响到《初学记》编撰来看，其实就已经
影响到了童蒙教育。《初学记》增加的"事对"，应该是顺应了唐代诗歌发
展，让初学者用相似或相反的人物故事，构成对偶句，用于诗赋对仗、
押韵③。

贞元中，醴泉令冯伉，因"县中百姓多猾，为著《谕蒙》十四篇，大略
指明忠孝仁义，劝学务农，每乡给一卷，俾其传习"④。

此外，唐人还针对女孩子作《女孝经》，作为女子道德伦理最主要的童蒙
教材。郑氏《进〈女孝经〉表》云："戒以为妇之道，申以执经之礼，并述

---

① 《艺文类聚》卷二〇《人部四·孝》，第 374 页。
② 《艺文类聚》卷二〇《人部四·孝》，第 375 页。
③ ［梁］刘勰撰：《增订文心雕龙校注·丽辞》云："事对者，并举人验者也…… 宋玉
《神女赋》云：'毛嫱鄣袂，不足程式；西施掩面，比之无色。'此事对之类也。"（中
华书局，2000 年，第 447 页）
④ 《旧唐书》卷一八九下《儒学传下·冯伉传》，第 4978 页。

经史正义，无复载乎浮词。总一十八章，各为篇目，名曰《女孝经》。"① 显然，《女孝经》从立意上，还是依据《孝经》章节和精神，针对女子的实际情况而作。

总之，《孝经》作为中国古代儒家经典教育的核心经典，是"百行之本""德之本"，深受统治阶层重视，将《孝经》作为皇帝幸国子监、举人谒先师等重大国家崇重儒学典礼和仪式上开讲的儒家经典②。唐代进士、明经等科举考试，将《孝经》作为最基本的考试内容，童子科考试更是以《孝经》《论语》为主，无疑将学习《孝经》与士子举业结合在一起，大大强化了儿童学习《孝经》的积极性。国家在强化《孝经》教育过程中，直接影响了士庶之家对子弟教育的重视。因此，唐五代出现了诸如《咏孝经十八章》等辅助性童蒙读物，在编撰童蒙教材时就会把《孝经》和"孝道"观念作为一个重要内容。《咏孝经十八章》开创了以歌咏的形式改编、赞美《孝经》的新文体，《新集文词九经抄》《文词教林》等则是大量摘编和摘抄《孝经》内容，而《太公家教》《武王家教》则是注重《孝经》大义；《蒙求》等则是注重孝行事迹，各有特点和重点，可以说唐五代有关《孝经》教育内容丰富多彩，方式多种多样，充斥到社会每个角落，对培养儿童正确孝道观念，树立"百行之本"，以立身扬名，具有非常重要的作用。因此，《孝经》成为士大夫案头必备，"百行之本"，正如杜甫所说："群书万卷常暗诵，《孝经》一通看在手。"③

①　周绍良主编：《全唐文新编》卷九四五郑氏《进〈女孝经〉表》，第 12887 页。

②　详见金滢坤：《唐代儿童的孝道教育——以〈孝经〉为中心》，《山西大学学报（哲学社会科学版）》2018 年第 3 期，第 84～91 页。

③　［唐］杜甫著，［清］仇兆鳌整注；《杜诗详注》卷二一《可叹》，中华书局，1979 年，第 1831～1832 页。

# 第四章
## 唐代问答体蒙书编撰考察

——以《武王家教》为中心

　　敦煌蒙书《武王家教》与《太公家教》《辩才家教》《新集严父家教》一起被视作唐代现存的四大"家教"，也是中国古代很有特点的一部家训类蒙书，常与《太公家教》合抄在一起，作为蒙书使用。长期以来，《武王家教》常被误认为是《太公家教》的一部分，王重民、周凤五、郑阿财等诸位先生先后对其与《太公家教》进行分别研究，并对其成书时代和相关内容进行了初步讨论①。《武王家教》是中国古代问答体蒙书的典型代表，其学术价值很高，但长期以来未受到学界重视，故值得深入探讨。《武王家教》的编撰体例很有特点，以"问答体"贯穿始末，兼以"家教体"，夹杂"藉名经典"等多种编撰方式，并用"数字冠名"统领事类，在唐代蒙书编撰中比较少见。以下将对《武王家教》问答文体起源、数字冠名的编撰特点，以及其与相关蒙书的关系进行深度解析。

## 一　《武王家教》问答体和"数字冠名"的文化溯源

　　问答体是战国、秦汉时期常见文体，如《易经》②《管子》《战国策》等

---

① 王重民：《敦煌古籍叙录》，中华书局，1979 年，第 221 页；周凤五：《敦煌写本太公家教研究》，明文书局，1986 年；郑阿财、朱凤玉：《敦煌蒙书研究》，甘肃教育出版社，2002 年，第 376～388 页。

② 于雪棠：《〈周易〉占问与上古文学的问对体》，《东北师大学报（哲学社会科学版）》2001 年第 2 期，第 71～78 页。

诸子经典中都大量应用了问答体编撰方式①,《论语》将问答体发扬光大,而最著名的单篇问答体文章非宋玉的《对楚王问》莫属②。《论语》是师生问答体的代表,《管子》是君臣问对代表,《易经》是卜辞问对代表,《战国策》是策士与国君问对代表③,虽然先秦儒家经典与诸子文集中问答体使用已很广泛,此风在秦汉时期仍然流行,魏晋隋唐时期仍有余风,问答体无疑对蒙书编撰有很大影响。

## (一)"武王问太公"问答体的历史考察

《武王家教》编撰的形式——"武王问太公"问答体,在中古很流行。如西周姜尚《六韬》《太公金匮》《太公兵法》④,西汉刘安《淮南子》等古代经典⑤,西汉刘向编的《说苑》等古代典籍中,收录不少"武王问太公"的内容。其中,《说苑》就收录 11 条"武王问太公"的内容,有 5 条见卷一《君道》、6 条见卷七《政理》⑥。如卷一《君道》云:"武王问太公曰:'举贤而以危亡者,何也?'太公答曰:'举贤而不用,是有举贤之名,而不得真贤之实也。'"⑦ 之后,又连续以武王语气提出七问:举贤而国家仍存危亡的原

---

① 侯文华:《论〈管子〉君臣问对体及其文化渊源》,《管子学刊》2012 年第 1 期,第 5~9 页;郑璐:《试析〈战国策〉中问对形式的特点》,《文学教育》2013 年第 16 期,第 22~24 页。

② 参见李乃龙:《论〈文选〉"对问"体——兼论先秦问对体式的发展历程》,《广西师范大学学报(哲学社会科学版)》2005 年第 4 期,第 84~89 页。

③ 参见李乃龙:《论〈文选〉"对问"体——兼论先秦问对体式的发展历程》,《广西师范大学学报(哲学社会科学版)》2005 年第 4 期,第 84~89 页。

④ [唐]欧阳询撰,汪绍楹校:《艺文类聚》卷八八《木部上·槐》,上海古籍出版社,1982 年,第 1516~1517 页;卷二三《人部七·鉴诫》,第 414 页;[宋]李昉等撰:《太平御览》卷三三六《兵部六十七》,中华书局,1960 年,第 1544~1545 页。

⑤ [汉]刘安等著,[汉]高诱注:《淮南子》卷一二《道应训》,上海古籍出版社,1989 年,第 135 页。

⑥ [汉]刘向撰,向宗鲁校正:《说苑校证》卷一《君道》,卷七《政理》,中华书局,1987 年,第 1~33、143~172 页。

⑦ [汉]刘向撰,向宗鲁校正:《说苑校证》卷一《君道》,1987 年,第 13 页。

因，太公答在选贤不实；武王又问失在哪里，太公答失在国好用小善；又问国君好用小善者何如，太公答为国君善恶不分、贤愚不辨、功过不明、蒙蔽不明；又问若得贤敬士为何国家还不能治者，太公答是国君不能独断、听信人言的缘故；又问如何人言断事，太公答各种定夺，均以真实之言决断。《说苑》卷七《政理》中武王与太公 6 组问对答，也是围绕"政理"，以君臣口吻展开，本文不再赘述。以武王问太公的问答形式，将为君之道层层深入论析，与《武王家教》中武王问"人生天地之间，以何为贵""人命长短不等者何"之语十分相似，问完之后再层层递进说明。如武王问"人生天地之间，以何为贵"之后，依据太公对答，武王又追问"何名为十恶""何名为三耗""何名为三衰"，太公逐一对答，从而解决了人生来贵贱、贫富不等的原因，但太公所作对答无关个人后天教养因素。因此，武王又问"人命长短不等者何"之后，依据太公对答，又接连提了何为一错、二误、三痴、四失、五逆、六不祥、七奴、八贱、九愚、十狂之十问，太公依次对答了这十类问题，解答了造成人后天寿命长短、贵贱等情况的原因，其实就是为了如何避免出现这些问题，养成良好的教养。

　　现存"武王问太公"问答体典籍最有代表性的就是《六韬》，又称《太公六韬》《太公兵法》，是战国时期道家、兵家的典籍，以周文王、武王与太公问对的形式编撰而成。一般认为其作者是周初太公吕望。《汉书》卷三〇《艺文志》载："《太公》二百三七十篇。吕望为周师尚父，本有道者。或有近世又以为太公术者所增加也。"[1] 显然，《汉书》说得很明确，所谓《太公》的部分内容为后世托名太公而增加的，且尚未将其与《六韬》联系在一起。《隋书》卷三四《经籍志》载："《太公六韬》五卷（梁六卷。周文王师姜望撰）。"[2] 首次注记姜望《太公六韬》五卷，在梁朝时有六卷本，说明《太公》应该就是《太公六韬》。颜师古亦在《汉书》卷三〇《艺文志》"《周史

---

① ［东汉］班固撰，［唐］颜师古注：《汉书》卷三〇《艺文志》，中华书局，1962 年，第 1729 页。

② ［唐］魏徵等撰：《隋书》卷三四《经籍志》，中华书局，1973 年，第 1013 页。

六弢》六篇"条下小注："惠、襄之间，或曰显王时，或曰孔子问焉。"颜师古注云："即今之《六韬》也。"① 《旧唐书》卷四七《经籍志下》又将其归入兵书类："《太公阴谋》三卷、《太公金匮》二卷、《太公六韬》六卷。"② 大概是因为中古时期出现的一些兵书，多假借"太公"之名，南宋以后，就不断有人怀疑吕望作《六韬》的真实性，学界也将其看作伪书。直到 1972 年，银雀山竹简中发现了五十多枚《太公》，证实《太公》就是《隋书》所记载的《太公六韬》，在汉代已经很流行。

从现存《六韬》篇目来看，其中有《文韬·兵道》《武韬·三疑》《龙韬·王翼》《龙韬·论将》《虎韬·军用》《虎韬·三陈》《豹韬·林战》《豹韬·突战》《犬韬·分兵》《犬韬·武锋》等，共计 45 篇③，为"武王问太公"体，占现存六韬 61 篇的百分之七十四，其余篇章为"文王问太公"体。可以说"问答体"是《六韬》的最大编撰特点。既然《太公金匮》《太公阴谋》《太公兵法》与《六韬》均出自《太公》，那么《太公金匮》《太公阴谋》《太公兵法》也应该采用了"武王问太公"的问答体进行编撰。《艺文类聚》辑存《太公金匮》两条内容，也是"武王问太公"的问答体。

显然，"武王问太公"问答体的相关内容，不仅常见于《六韬》《太公金匮》《淮南子》《说苑》等先秦秦汉经典中，也常被《初学记》《新集文词九经抄》等类书和蒙书摘录。

## (二)《武王家教》问答体的直接影响

目前，周凤五、郑阿财、朱凤玉先生已经指出《武王家教》的"十恶"与《六韬》之"十盗"内容存在着摘引关系④。笔者再就《武王家教》中"武王问太公"的问答体与《六韬》中的相关内容进行比较。

---

① 《汉书》卷三○《艺文志》，第 1725 页。

② ［后晋］刘昫等撰：《旧唐书》卷四七《经籍志下》，中华书局，1975 年，第 2039 页。

③ 参见陈曦译注：《六韬》，中华书局，2017 年。

④ 参见周凤五：《敦煌写本太公家教研究》，第 75 ~ 76 页；郑阿财、朱凤玉：《敦煌蒙书研究》，第 383 页。

　　值得注意的是，《武王家教》开篇为："武王问太公曰：'人生天地之间，以何为贵？愿闻其要。'太公答曰：'天下万物贵贱不等者何，由家有十恶？'武王曰：'何名为十恶？'"此段，《初学记》引《太公六韬》作："武王问太公曰：'夫贫富岂有命乎？将治生不得其意？'太公曰：'盗在其室。'"①《太平御览》卷四八五引《六韬》作："武王问太公曰：'贫富岂有命乎？'太公曰：'为之不密，密而不富者，盗在其室。'武王曰：'何谓盗也？'"② 比照三者内容，可以发现《初学记》有明显缩略，较《太平御览》而言，删减了太公曰"为之不密，密而不富者"部分，及"武王曰：何谓盗也"等字，以致读者读到《初学记》此处有些费解。对比《太平御览》所引《六韬》"十盗"的句式，《武王家教》首问"十恶"应该是直接摘编了《六韬》中的有关"十盗"的内容，说明《武王家教》主要采用"武王问太公"的问答体，主要是摘编《六韬》之"十盗"的缘故，从"一错"到"十狂"，直到第五、第六问对答，才改为四至六言对偶句韵文的形式。

　　对比《太公家教》"十恶"和《六韬》"十盗"内容③，就会发现，两者在结构和内容方面有很多相似之处。《太公家教》首问"十恶"是直接摘引《六韬》之"十盗"而来，只是稍作改编。

　　通过对比，《武王家教》之"十恶"与《六韬》之"十盗"有明显的传抄关系。首先，"十恶"之六恶至十恶，与"十盗"之六盗至十盗顺序完全一致，文意亦基本相同，其中"井灶不利为八恶"与"八盗"文字完全一致，说明两者存在直接传抄的关系。其内容为："不惜衣食——衣服过度""盖藏不牢——封藏不谨""贷取倍还——举息就利""不作燃灯——无事烧火"，这四项文字表述虽略有差异，但文义基本相同，其差异反映了秦汉和唐代文化的差异、社会经济的变迁。《武王家教》的文字较《六韬》更为通俗、

———————————

① ［唐］徐坚等撰：《初学记》卷一八《人部中·贫第六》，中华书局，2004 年，第 444 页。

② 《太平御览》卷四八五《人事部一百二十六·贫下》，第 2221 页。

③ 敦煌文献中《太公家教》有 P. 2564 号、P. 3764 号、P. 3623 号、P. 2738 号、P. 2825 号、S. 3835 号等四十多个写卷。

口语化，在某种程度上也反映了两本书不同的性质和特点。其次，顺序不同，但文义相同。"十恶"之四"废作吃酒"与"十盗"之五"弃事就酒"，"十恶"之首"耕种不时"与"十盗"之二"收种不时"，虽然顺序略有差异，但意思基本相同。再次，"十恶"之三"早卧晚起"与"十盗"之三"取妇无能"、"十恶"之五"畜养无用之物"与"十盗"之四"养女太多"，虽然表述不同，但寓意基本一致。其背后有着深层原因，就是唐代妇女地位的提高①，"六韬"所言"取妇无能""养女太多"明显存在着对妇女的歧视，反映了战国时期妇女地位不高，在家要承担很多劳作事务。唐代立国之初就形成了"胡汉"交融的多元、开放文化，妇女地位较前代大为提升。伴随着武则天专政、"武周革命"、韦太后乱政、太平公主干政等政治事件的相继发生②，妇女的社会地位更是得到很大提升，即便是安史之乱后，其风犹存。"十盗"中的"取妇无能""养女太多"观念，明显不合时宜，所以将其改为"早卧晚起"和"畜养无用之物"，当然仍是懒惰无能和养人无用之意，只不过将专指女性改为不分男女和蓄养的人和禽畜，以符合唐代社会的价值观念。最后，文字差异甚大，但意思相近。"十恶"之二"用物无道"与"十盗"之首"计之不熟"，从字面来看似乎风马牛不相及，但仔细推敲之后，就会发现二者实为一个意思。"用物无道"意在强调使用家中财物使用不得法，浪费无度；"计之不熟"③，亦指家庭开支出入计算不熟练、不得法，家计用度没有计划性。

---

① 参见李志生：《秦汉隋唐间妇女社会性成人身份的变化》，《北大史学》2004 年第 10 期，第 28 ~ 51 页。

② 参见雷家骥：《武则天传》，人民出版社，2001 年，第 22 ~ 367 页。

③ 按：［南朝·宋］刘义庆撰，［梁］刘孝标注：《世说新语·纰漏第三十四》载："蔡司徒渡江，见彭蜞，大喜曰：'蟹有八足，加以二螯。'令烹之。既食，吐下委顿，方知非蟹。后向谢仁祖说此事，谢曰：'卿读《尔雅》不熟，几为《劝学》死。'"（中华书局，2006 年，第 818 页）

## （三）《武王家教》"数字冠名"分类方式的来源

《武王家教》中前四问引出了十恶、三耗、三衰、一错、二误、三痴、四失、五逆、六不祥、七奴、八贱、九愚、十狂 13 个问题，对答了 71 种不良、不雅行为，使用了"数字冠名"分类的编撰方式。这种"数字冠名"的方式应该是中古比较流行，如佛道戒律中均有"十恶""十善"等名目，但含义大不相同。《武王家教》中"数字冠名"分类方式，应该是直接受《六韬》之"十盗"条目中相关内容的影响。

唐前期蒙书编撰中"数字冠名"分类的方式就比较常见。如《杂抄》发问形式多样，多以数字冠名发问，但缺乏设问的主语，对答分语也无"答""对"等字样，直接回答问题。而《武王家教》采用"武王问周公"的形式，托名周武王设问、太公对答，更具权威性，也更生动、灵活。

《武王家教》第一至四问太公对答中，用数字冠名事类的编撰方式应该是受《杂抄》影响①。《杂抄》的一个重要特征，就是用数字冠名同类项，且分类、冠名形式多样。一是对传统数字冠名的名物、名词进行归类、改编、利用。如三皇五帝、三川八水、五岳四渎、三光等，虽然名称一样，但对答内容略有改变，甚至加以改造。如"何名三老？上知天文、下知地理、中知人情"。二是新造数字冠名的名物、名词，以归纳性质和类型相同的名物、事务等。如"何名三朝？冬、腊、岁"。三是以数字冠名事类为目，将当时的流行谚语、俗语中各种行为举止进行分类编排，以世上略有十种剖室之事、十无去就者、言五不达时宜者、五无所知者、五不自思度者、言六痴者、言有八顽者为事目，凡此事类者，依次罗列同一条目事类。如言六痴者："呼客为宾，一；勘问主人肉价钱贵，二；局散不起，三；语语逞妇，四；向人家久坐，五；强买不卖物，六。"显然，《武王家教》中太公对答中以数字冠名事类的做法，应该与《杂抄》有很大关系。不仅如此，《杂抄》中枚举的一些

---

① 敦煌文献中《杂抄》有 P. 2721 号、P. 2816 号、P. 3393 号、S. 4663 号、S. 5658 号、S. 9491 号等十多个写本。

事项，被《武王家教》所摘引。如《武王家教》中"四失"之"吃他饭、笑他人为三失，借他物、转借人为四失"，很明显是摘引《杂抄》中的"五无所知者"之"吃人饮食，无廉耻，一；借他物，须人索，二"。"八贱"之"坐不端正为三贱，你我他人为四贱，唾涕污地为五贱"，应该是依据《杂抄》中"十无去就者"之"坐他床椅，交尸脚，五""言语多猥谈，二""局席不慎涕唾，六"三条改写而成。其他情况，不再一一枚举。

开元前后成书的《孔子备问书》①，其编撰体例和性质跟《杂抄》有很大相似之处。《孔子备问书》将摘录各种名物、典章等名词，托名孔子问周公的形式进行解释。但由于《孔子备问书》编撰经历若干次层累增补，分类较为凌乱，其中有关数字分类冠名的条目，类似情况在蒙书中多处出现。兹择取相关条目，将同类项重新归类，以说明其"数字冠名"分类的情况。

其一，天文时令类：何谓三正四方、十二时、地有十二辰、七政、日月五星、四天、五行、四时、四孟、四仲、四季、八节、六甲、六十甲子、八卦、三才、五更？其二，道德伦常类：何谓三纲、六支、五典、五道、五礼、六德？其三，典籍制度类：何谓三坟、九曲、五经、六艺、六律？其四，名物之类：何谓四兽、五姓、五色、五藏、五谷、五果、五木、六府、六畜？其五，人物职官类：何名三皇、五帝、三王、三公、三老、三贤、四友，何谓九卿、廿七大夫、三雄、五霸、四辅？其六，山川地理类：何名四夷、六国、五岳、四渎、四方，何谓元正三朝？其七，佛道类：何名四大、六根、八难、三途、五浊、五逆、八关斋，何谓四道、三备、三避讳、三神？上述数字冠名的名词，均为经典史籍常见名词、典章，与《武王家教》中数字冠名事类有明显不同。

值得注意的是，《孔子备问书》中出现数字冠名的事类如："何谓妇人七出？一无子，二淫妷，三不事舅姑，四口舌，五窃，六妒，七恶疾。但犯一条即合弃之。若无七出，弃之徒一等。"以及何名三不去、何谓三伏、何谓三

---

① 敦煌文献中《孔子备问书》仅有 P. 2570 号、P. 2581 号、P. 2594 号、P. 3756 号四个写本。

不能避、三神何主等用数字冠名的问答方式，与《武王家教》中以数字冠名，按事类提问的方式，实则为同一方式。

## 二 《武王家教》编撰体例的特点分析

《武王家教》从编撰性质来讲，属于小类书，虽然整体上为问答体，但前后体例不一致，存在明显的差异。其中，第一至四问的对答内容形式大致相同，可视作类书编撰；第五至六问的对答内容，与前者明显不同，采用了"家教体"的韵文编撰形式，其间还夹杂了"藉名经典"的形式加以补充。

（一）问答体中的数字冠名分类类书编撰有一个非常明显的特点，就是用数字冠以事类，按类罗列摘引、摘抄和改写的相关资料。《武王家教》前四问均用了武王连续问太公的形式，引出了何为"十恶""三耗""三衰""一错、二误、三痴、四失、五逆、六不祥、七奴、八贱、九愚、十狂"等以"数字冠名"的13类问题，然后以"太公曰"口气一一回答。这种逐级发问的形式，可以深化对问题的认识，便于进一步展开问题，也更易于深入、具体回答问题。

《武王家教》之"十恶"就直接从《六韬》之"十盗"中摘编而来，而其他部分则是从《云笈七笺》《颜氏家训》《初学记》《艺文类聚》《义山杂纂》《杂抄》等典籍、蒙书中记载摘引流行谚语、俗语中的各种不良、不当行为举止，以数字冠名即类目，采用武王、周公问答体的形式，分类罗列。主要枚举了影响人生贵贱的家有"十恶"，影响家庭贫富的家有"三耗"，影响家庭不富的"三衰"，影响人寿命长短不等的"一错""二误""三痴""四失""五逆""六不祥""七奴""八贱""九愚""十狂"也是按照数字冠名的条目来分，只不过分类的内容都是不良、不当的行为举止。如武王曰："何名为三耗？"太公答曰："禾熟不收，苦于风雨为一耗；蓄积在场不早持打，苦于雀鼠为二耗；盆瓮碓硙覆盖不勤，扫略（掠）不净为三耗。"这种分类好处在于，借数字归纳各种不良、不当、不雅的行为举止，不仅便于教授，而且易于学习者记忆，有其合理之处。

## （二）问答体中"家教体"的应用

本篇蒙书以"武王家教"为名，就决定了其为家教、家训、格言类蒙书的性质。敦煌文书中《武王家教》多抄写在《太公家教》之后，往往内容相续，没有明显的分界标识，说明两者性质相同，内容相近，具有很大互补性，故被世人抄在一起，冠名"太公家教"。虽然其篇名为"家教"，又通篇采用"武王问太公"的问答体摘引概念相关谚语、俗语，借太公之口告诫子弟诸种不当、不良的行为举止，但缺乏家训、家教中家长训诫的权威性和主动性，且内容比较散乱。因此，有人在《武王家教》简本的基础上不断增加①，也吸纳了家训、家教常有的一些特点和编撰方式。于是，就有了《武王家教》第五、第六问的单级问对，多摘引古代典籍和流行语中的谚语、名言警句，常采用四六言句式，以韵文形式，结合自己的认知加以改编、总结，以提升训教的效果。

《武王家教》最后两问"欲成益己如之何"和"欲教子孙如之何"的太公对答文体，与前四问有明显不同，从数字冠名的分类罗列，变为"家教体"，其四六言句式和韵文形式更像《太公家教》，而"武王问太公"的问答体形式，仅起到提出问题、突出主题的作用。

《武王家教》后两问对答部分的编撰方式，多改用四言、五言、六言对偶、排比句。如武王曰："欲成益己如之何？"太公曰："五谷养人，种之；六畜代人行步……言语不典，正之；引道苦空，化之。"这段太公对答与前四问对答最大区别是句式，本段太公对答，基本上使用四言概述语＋厶之（判定语）的排比句，即如何处理、决断，带有强烈的指向性和命令口气，并对太公对答武王的四大类问题，进行归类总结和提升。兹将本段排比句与《太公家教》相对应的语句列表如下（见表1）：

---

① 按：Дх.98 号＋Дх.17447 号 R，为《武王家教》简本，仅到"十狂"。

表1 《武王家教》与《太公家教》相关句式比较示意表

| 《武王家教》 | 《太公家教》 | 相似度 |
|---|---|---|
| 酒能败身，去之 | 酒能败身，必须戒之 | 相同 |
| 色能丧身，畏之 | 色能致乱，必须弃之 | 基本相同 |
| 恶人欲染，避之 | 非是时流，必须避之 | 义近 |
| 恭勤孝养，习之 | 好言善述，必须学之 | 义近 |
| 口欲出言，审之 | 口能招祸，必须慎之 | 基本相同 |

如表1所示，"酒能败身，去之"，实际上是对"酒能败身，必须戒之"两句式的模仿和简单改写。这种分类概括、总结语，加训诫语——种之、畜之、勤之等，构成排比句，构成强烈说教式、命令式的训诫句式，表明了对诸种行为举止应该采取的态度和应对举措，更具有家训、家教的权威性，与后世家训、蒙书编撰体例更为接近。

《武王家教》第五问"欲成益己如之何"的对答，是对前文"十害"到"十狂"的太公对答内容所作分类的总结，明确对上述诸种行为、举止进行总结、定性，告诫子弟明辨是非、决定取舍，并适当补充。将上述71条内容与19个排比句进行匹配分析，若按反面条目和相似条目来分，则有10个排比句有对应反面条目，6句有相似条目，1句类似条目，1条无相关对应条目。所谓反面条目，就是与作者的概述排比句中所倡导的行为正好相反的条目，堪称反面例证。如首句"五谷养人，种之"，与耕种有时、不可懈怠，对应的就是太公所对"耕种不时为一恶""禾熟不收，苦于风雨为一耗""蓄积在场不早持打，苦于雀鼠为二耗"等3条，即对所谓的一恶、一耗、二耗等不当行为进行明确训诫。此外，酒色等条目在71条目中反复出现，时有分合，而可同时归入两个排比句中。如"酒能败身，去之"和"色能丧身，畏之"两句，分别对"贪酒逐色为一误""耽酒逐色为一愚"的行为给予训示，表示应该去之、畏之。

《武王家教》第六问"欲教子孙如之何？"太公答曰："为子慈孝，为父威严，为兄矜和，为弟孝顺。夫妻相敬，莫与□□；□人莫与交通，淫人莫与相亲；他奴莫与语……贪淫嗜酒，岂不灭身。"本问是后补内容，只有

P. 5546 号 + P. 4899 号存"夫妻相敬"以下内容，P. 2600 号书写止"为兄矜和"，S. 479 号止"为弟孝顺"。本条太公对答是在此前述各种不雅、不当行为举止，以及在"益己"教示基础上的又一次提升。太公对答起始"为子慈孝，为父威严，为兄矜和，为弟孝顺"等 4 句，主要汲取了《孝经》《颜氏家训》等传世典籍中有关治家和教示子孙的总结性语言，其下 16 句主要摘引、仿照《太公家教》中有关教示子孙的内容，采用四言、六言对偶语句，对前四问太公对答内容再加以总结、提升和补充，仍保留了《太公家教》中"莫与""莫嫌""莫欺"等习用词语。

唐代家教类蒙书的特点，就是多用四言、五言、六言句，前后押韵，构成对偶、排比句，用以加强训诫语气，也便于记忆。《辩才家教》还专门以"四字教章"和"五字教章"为目，如"四字教章第十"云：

> 学士问辩才曰："四字言教，有何所得？"辩才答曰："四字教中，非常利益。偈曰：'人栽香树，肯生荆棘……朋友之言，而有信的。人行善愿，必逢知识。人行恶愿，祸必来积。再劝殷勤，自须努力。'"①

"家教体"有效打破了前四问"武王问太公"的对答体局限，不再简单地对前人相关流行谚语、俗语以数字冠名，进行简单分类排序罗列，克服了逻辑性差、说理性不足的缺点，博采诸家所说，重新用自己的观念，采用四言、五言、六言韵文的形式加以改编、改写，清楚、明确地表述了训教主题。

## （三）问答体中的经典摘编与"藉名经典"

经典摘编是唐代蒙书编撰中常用的方式。《武王家教》在第四问中太公对答之后，夹杂了"《礼记》云""《庄子》云"等经典摘编的内容，其中 S. 479 号《武王家教》无"《庄子》云"，说明此条并非定本，P. 5546 号 +

① 上海古籍出版社、法国国家图书馆合编：《法藏敦煌西域文献》，上海古籍出版社，2001 年，第 51 页。

P. 4899 号《武王家教》通行本第六问对答末增加了一条"《庄子》云"的内容。经过比对，所谓《礼记》云"君子不失色于人，不［罔］言于口"，是改写自《礼记·表记》："子曰：君子不失足于人，不失色于人，不失口于人，是故君子貌足畏也，色足惮也，言足信也。"①

第六问对答中《庄子》云："吾比养汝，怜汝极深；汝今养子，应知吾心；汝今不孝，子亦如之；相续相报，是其常理也。"显然，采用了四言韵文，与《庄子》语言风格差距甚大。据《庄子·外篇·天运第十四》云：

> 庄子曰："父子相亲，何为不仁？"曰："请问至仁。"……庄子曰："不然。夫至仁尚矣，孝固不足以言之。此非过孝之言也，不及孝之言也……故曰：以敬孝易，以爱孝难；以爱孝易，以忘亲难；忘亲易，使亲忘我难；使亲忘我易，兼忘天下难。"②

显然，《庄子·外篇》所言"父子相亲"，与《武王家教》所引《庄子》有关论述差距甚大。后者反而与《墨子》卷四《兼爱中第十五》所言更为接近。其曰：

> 父子相爱则慈孝。兄弟相爱则和调。天下之人皆相爱，强不执弱，众不劫寡，富不侮贫，贵不敖贱，诈不欺愚。凡天下祸篡怨恨，可使毋起者，以相爱生也③。

可见《武王家教》中所引内容与《墨子》有关"父慈子孝"的论述更为相似。

从上述"《礼记》云""《庄子》云"的内容来看，与前文武王问"何名为十狂"，以及太公对答不一致，应该不是第六问对答内容，而是有人认为前

---

① ［元］陈澔注：《礼记·表记第三十二》，上海古籍出版社，2016 年，第 599 页。
② ［清］王先谦集解，方勇导读整理：《庄子·外篇·天运》，上海古籍出版社，2009 年，第 140 页。
③ ［清］毕沅校注：《墨子》，上海古籍出版社，2014 年，第 61 页。

四句仅仅枚举了诸种不良、不当行为，但缺乏有关孝道、家教内容，与"家教"名不副实，故增加"经典云"等内容，将《武王家教》的主题转移至"家教"即家训主题上。

《武王家教》"藉名经典云"的编撰方式，其内容却是作者摘编、改写其他相关典籍和流行语中的谚语、俗语之类，与借名典籍关系不大。如第六问太公对答中引《庄子》云："穷巷莫立，他墙莫窥，他弓莫挽，他马莫骑，他儿莫抱，道理长为。他墙莫窥，自慎防之。他弓莫挽，岂自张；他马莫骑，量自伤；他儿莫抱，岂惊忙；他事莫知，无祸殃。"① 此段仅见于 P. 5546 号 + P. 4899 号《武王家教》，是后来增补内容。这段内容并非出自《庄子》，也非庄子所说，而是主要摘引自《太公家教》。据《太公家教》云："他篱莫蓦，他户莫窥；他嫌莫道，他事莫知；他贫莫笑，他病莫欺；他财莫愿，他色莫思；他强莫触，他弱莫欺；他弓莫挽，他马莫骑。弓折马死，偿他无疑。"② 其实所谓的"《庄子》云"，与《庄子》并无实质关联，而是古代蒙书编撰的常见形式，主要是以"经典云"的名义进行说教，以提升权威性。如《辩才家教》中有《老子》云、《孝经》云，均为藉名而已。显然，这种做法会使该书的公信力和权威性大为降低，自然不入流，于是抛弃摘引经典和圣贤之言的外衣，用当下时兴的四言、五言等对偶句、韵文来编撰，便于少年儿童理解和背诵，就成了蒙书编撰发展趋势。

## 三　《武王家教》与唐代蒙书问答体类型对比分析

《武王家教》采用"武王问太公"问答体的编撰方式，不仅是唐代问答体蒙书的典型代表，也汲取了问答体蒙书不同类型的特点，经过世人层累叠加而成。早在隋末，颜之推编撰《颜氏家训》时就采用了不少"太公曰"的

---

① 《法藏敦煌西域文献》第三四册，第 229 页；《法藏敦煌西域文献》第三三册，第 252 页。

② 《法藏敦煌西域文献》第一六册，第 15 页。

形式①，为唐五代"武王问太公"的问答体蒙书编撰的形式提供了先例。从现存的问答体蒙书来看，开元以前有《兔园策府》《策林》《孔子备问书》《杂抄》，大历中有《辩才家教》，晚唐有《孔子相诧相问书》，这些蒙书不仅跟《武王家教》编撰有密切关系，而且为我们了解问答体蒙书编撰和分析其类型提供了宝贵的资料。唐代问答体蒙书编撰中可以说是变化自如，多种多样，丰富了蒙书的种类②，提高了学郎的学习效果。

## （一） 简单问答体与《武王家教》的关系

问答体是唐代蒙书编撰的一种常见方式，早在《武王家教》成书之前，《杂抄》《孔子备问书》等敦煌蒙书便采用了这种方式。如《杂抄》"一名《珠玉抄》，二名《益智文》，三名《随身宝》"，应该就是张九龄"披览经书，略述数言"，所作《珠玉抄》③。其内容相对比较复杂，涉及自然、社会和佛道、儒教等多个层面，相互杂糅，或以类分，或以字词分，或以数分，或以名物分，编辑方式杂糅诸体，多以问答形式为主，或以数字冠名罗列，颇具特点。其中，问答体以及以数字冠名，罗列德行类谚语、俗语的形式，对《武王家教》的编撰有着明显影响。

《杂抄》大量使用了简单一问一答的问答体，对《武王家教》的编撰应具有一定的影响。不过，《杂抄》问答方式和内容颇为复杂，充分体现了问答体在蒙书编撰中的多样性。一是，以"论"字为目，连续以论三皇五帝、论三川八水五岳四渎等为目，然后再以"何名三皇"发问，随后自动对答"伏羲、神农、黄帝"。如此以"论"为目者，有十三论，然后依次问对。二是，以"辨"为目，连续以辨年节日、辨四时八节、辨杂文章起何人、辨经纬田畴阡陌、辨古人留教迹、辨金藏论法为目，然后再以"二月社者何谓"等依

---

① ［北齐］颜之推著，檀作文译注：《颜氏家训·治家第五》载："太公曰：'养女太多，一费也。'"（中华书局，2007 年，第 40 页）

② 高静雅：《中国古代蒙书编撰目的探析——以蒙书推广、传播为中心》，《浙江师范大学学报（社会科学版）》2020 年第 1 期，第 25 页。

③ 参见郑阿财、朱凤玉：《敦煌蒙书研究》，第 179～180 页。

次发问，并答以"社者是地之主"。如此，以"辨"为目者，有六辨，然后依次对问，情况较为杂乱。三是，以"何谓"为目，以"何谓羊羹不均，驷马奔郑、因谁""何谓阴施阳报"发问，然后讲述了典故的由来，并讲述其中的道理，这种问答形式与唐代科举考试中的试策略有类似之处。

## （二）实名问答体与《武王家教》的关系

唐代能觉大师辩才和尚在大历间所作《辩才家教》①，是学士问辩才的对答体家教，辩才者为作者僧人法号。其成书时间理论上应该早于《武王家教》别本，但尚不能确定是否早于《武王家教》的最初本。《辩才家教》对《武王家教》第五、第六问对答的影响是显而易见的。

《辩才家教》对《武王家教》第五、六问对答内容的编撰有明显的影响。《辩才家教》的问对相对简单，由学士问辩才、辩才答曰构成，只有一级问对。对答部分有三种情况：一是辩才答曰；二是辩才答曰＋偈颂；三是辩才答曰＋《孝经》（或《老子》）＋偈颂。第一种如"贞清门第一"："学士问辩才：'何名为贞清？'答曰：'欲嗔即喜，欲恨即休……负心必见怨仇。"第二种如"四字教章第十"：学士问辩才曰："四字言教，有何所得？"辩才答曰："四字教中，非常利益。偈曰：'人栽香树，肯生荆棘？……人行恶愿，祸必来积。再劝殷勤，自须努力。'"相对而言，四字教章辩才对答只有"四字教中，非常利益"八字，实际上只有"非常利益"四字，真正的对答是借助"偈曰"完成的，四字句的"偈"文才是重点。第三种情况为"劝善门章第三""积行章第五"。如"积行章第五"云：学士问辩才曰："何名为积行？"辩才答曰："积行防衰，积谷防饥……终日行善，善犹不足；一日行恶，恶［即］有余。《老子》云：'一朝不洗面尘生，一日念善诸恶超。时人只［解］水洗面，不解用善［净］其心。'以偈［颂］曰：'家教看时真似浅，款曲寻思始知深……贱人贱薄轻文字，贵人贵即重如金。'"这种对答方式是《辩才

① 学界对《辩才家教》作者和成书时间尚有争议，详见郑阿财、朱凤玉：《敦煌蒙书研究》，第 397~398 页。

家教》三种对答的复合式，包含了辩才对答、《老子》云、偈颂三种形式。严格地讲，其实都是辩才的对答内容，但表述方式有所不同。笔者所言"辩才对答"，是指《辩才家教》中采用的四至七言对偶句；偈，佛教术语，意译为颂，简作"偈"，类似于诗的有韵文辞，通常以四句为一偈；所谓"《老子》云"，其实是借"老子"之名而已，其所云"一朝不洗面尘生，一日念善诸恶超。时人只〔解〕水洗面，不解用善〔净〕其心"，明显为佛家劝世之语，与道家没什么关系。

值得注意的是，《武王家教》第六问"欲教子孙如之何"，与《辩才家教》的"积行章第五"有相似之处，但两者有所不同，在太公对答内容中加入"《庄子》云"，与《辩才家教》中辩才对答的"《老子》云"和"《孝经》云"性质基本一致，也为编者借《老子》《孝经》云之名而已。如《武王家教》第六问的对答借《庄子》云："穷巷莫立，他墙莫窥；他弓莫挽，他马莫骑；他儿莫抱，道理长为；他墙莫窥，自慎防之；他弓莫挽，岂自张；他马莫骑，量自伤；他儿莫抱，岂惊忙；他事莫知，无祸殃。"其实这些话是摘编、模仿《太公家教》的相关内容，对《武王家教》前四问进行总结、提升和补充，与《辩才家教》中《老子》明显为佛家劝世之语，与道家没什么关系，两者道理一样，但略有差别。《辩才家教》中《孝经》《老子》所言内容，基本上是辩才用自己的语言和想法来论述的，相对而言逻辑更严密，更有说服力。《武王家教》第六问借《庄子》云的编撰方式明显受《辩才家教》影响，只不过将《老子》改为《庄子》而已，内容则是根据自己需要摘编、改写俗语所致，与《辩才家教》有所区别。

与《武王家教》相比，《辩才家教》每章都是针对学士所问，进行说理论证，逻辑严明，几近单独成章，说理透彻，劝说意味强，近乎谆谆教导，符合家教、家训多由家族中有地位和社会阅历长者编撰的特征①。

---

① 金滢坤：《唐代家训、家法、家风与童蒙教育考察》，《浙江师范大学学报（社会科学版）》2020 年第 1 期，第 14 页。

## （三）借名问答体与《武王家教》的关系

唐人借名孔子、周公、项讬等古代先贤名流之间的问答，构成问答体来编撰蒙书，目前有两种：一是《孔子项讬相问书》，以故事赋的形式，通过孔子与项讬相互问答，形成一个完整的故事，讲述深奥道理，便于儿童学习。二是《孔子备问书》，以孔子问周公的简单问答形式，逐一问答，讲述各种有关天文、地理的知识、道理和制度。

### 1. 《孔子项讬相问书》

张鸿勋认为《孔子项讬相问书》是一种俗赋或故事赋，且其形式同于汉代大赋的典型形式，内容富于知识性、趣味性和思想性①。简涛认识到《孔子项讬相问书》与《燕子赋》具有相似之处，即采取以广博的知识进行问答的形式②。显然，《孔子项讬相问书》中所体现的弱者通过智慧战胜强者，对激发儿童的学习和求知欲具有重要意义。因此，《孔子项讬相问书》采用孔子、项讬相互问答的形式编撰，在现存蒙书的编撰中尚属首创，非常有创新价值。从文体上来讲，《孔子项讬相问书》作为变文、俗赋、故事赋都有各自理由，但从编撰体例上来讲，主要采用了问答体。从使用来讲，主要作为蒙书使用，此书在唐代就被学郎广泛使用③。兹援引其中一则：

> 小儿却问夫子曰："鹅鸭何以能浮？鸿鹤何以能鸣？松柏何以冬夏常青？"夫子对曰："鹅鸭能浮者缘脚足方，鸿鹤能鸣者缘咽项长，松柏冬夏常青［者］缘心中强。"小儿答曰："不然也！虾蟆能鸣，岂由咽项长？龟鳖能浮，岂由脚足方？胡竹冬夏常青，岂由心中强？"④

① 张鸿勋：《敦煌讲唱文学的体制及类型初探——兼谈几部文学史的有关提法》，《文学遗产》1982 年第 2 期，第 62 ~ 73 页。

② 简涛：《敦煌本〈燕子赋〉体制考辨》，《敦煌学辑刊》1986 年第 2 期，第 100 ~ 116 页。

③ S. 395《孔子相（项）讬相问书》尾题："天福八年癸卯岁十一月十日 净土寺学郎张延保记。"P. 3833 号《孔子相（项）讬相问书》尾题："丙申二年二月拾九日莲台寺学仕郎王和通写记。"

④ 黄征、张涌泉校注：《敦煌变文校注》，中华书局，1997 年，第 358 页。

从本则内容来看，项讬通过问孔子有关动植物之间的一些特性问题，难倒孔子的故事，讲述一些相关知识和道理。《孔子项讬相问书》以项讬挑战儒家权威孔子的立意，通过两人相互提问对答的方式，在给读者讲授各种知识、道理的同时，不失鼓励儿童对先贤质疑，敢于挑战权威，学会思考，勇于提出超常问题，超过老师和先贤，充分体现了唐代思想开放的一面，极大丰富了创新思维、超常教育蒙书内容。

2. 《孔子备问书》

《孔子备问书》借名周公注，以孔子问周公的简单问答形式，逐一解答、讲述有关天文、地理、时令、典章、名物、阴阳五行、经籍、人物、伦常、神道等各种知识、道理和制度，包含了自然、社会和儒佛道内容。如："问曰：天何以圆？地何以方？答曰：天不圆，无运动；地不方，何以安靖。""问曰：何谓三纲？[答曰]：君臣一，父子二，夫妻三，此为之三纲是也。"或省去问答就成为："何谓六支？君一，臣二，父三，子四，夫五，妻六，此之是也。"

与《武王家教》相比，《孔子备问书》起首句为"孔子周公曰：何谓天地？答曰：运气未分，幽幽冥冥……吾今为从，以知根本。"① 学界一般将"孔子周公曰"理解为孔子问周公，可以理解为先秦以来遗留的"武王问太公""武王问周公"的遗风，犹如《武王家教》摘引《六韬》之"十盗"中"武王问太公"的问答体。

《孔子备问书》若去掉篇名中的"孔子"、标题下"周公注"以及首句"孔子周公曰"，基本不影响文义，反而跟《杂抄》的编撰体例十分相似，两者相互互补，收录名词、名物各有差异。

## （四）对策问答体与《武王家教》的关系

唐代蒙书编撰常见问对体，与科举考试试策文体很相似，《策府》和《兔园策府》就是其中的典型代表。唐代科举考试诸科考试都离不开试策，特别是唐初秀才、明经、进士等最具影响力的科举考试科目，考试的决定性项目

---

① 郑阿财、朱凤玉：《敦煌蒙书研究》，第 180、196、200、392 页。

就是试策，因此策问和对策，必然就成了学郎学习的重要内容。试策文体，就是典型的问答体，分策问和对策两部分，各自都有明确的结构，虽然不同科目试策在唐代前后期变化较大，基本上朝越来越复杂、越来越严格的方向发展。就对策而言，大致有策头、策项、策尾，有个基本结构①，除去开头"对曰"和末尾"谨对"，就是一篇小的议论、叙事文。在学郎学习的初期，蒙书的形式较为简单，策问基本从一两句开始，对答也相对简单。如敦煌文献中发现的 BD14491 + BD14650《策府》，就是唐初为学郎编撰的学习策文蒙书，即范文②。其"修礼让息逃亡"条云：

问：修何异术，得民知礼让，以息逃亡。

某对：某闻国以民为本，民以食为先；国以民为基，民以食为命。故移风易俗，以乐为先；安上治民，以礼为本。所以火帝之后，教未耜之方；云师之皇，道六书之典。使人知礼让，家给千箱。然后简茂戚以临邦，选懿蕃而莅俗。诛豪恤弱，锄负知归。何亡叛之有乎，岂黔黎之不足。谨对③。

若去掉结尾的"谨对"一词，与《辩才家教》和《武王家教》第五、六问的对答其实没有太大差别。只不过家教类蒙书设问的主题，大多与家训、教化有关。策问主要用来科举考试，所问内容定然是有关治国安邦之策、用人之术、军谋远略，对答内容更需要饱读诗书，解决设问之良策嘉言，引经据典，文采飞扬，多为骈文，以展现其雄才大略。蒙书对答多以摘引谚语、俗语，用通俗易懂四、六言对偶句、排比句，加以简单押韵，凑成短文，往往缺乏逻辑性和高度，相对浅薄，与对策类蒙书还是有较大差距。根据笔者

① 金滢坤：《试论唐代制举试策文体的演变》，《首都师范大学学报（社会科学版）》2011 年第 4 期，第 21 页。

② 金滢坤：《敦煌本"策府"与唐初社会——国图藏敦煌本"策府"研究》，《文献》2013 年第 1 期，第 98 页。

③ 中国国家图书馆编：《国家图书馆藏敦煌遗书》第一二八册，国家图书馆出版社，2010 年，第 173～175 页；《国家图书馆藏敦煌遗书》第一三一册，第 197～209 页。

研究，《策林》仅存策问 30 条，对策多在 250 字以内，比较适合初学者即学郎模仿，而《辩才家教》《杂抄》《孔子备问书》《孔子项讬相问书》等蒙书采用问答体，除了受传统诸子典籍编撰的影响之外，也是有意迎合科举考试策文需求，便于帮助学郎学习策文，或养成应对意识。

敦煌文献中发现的《兔园策府》，就是学郎学习对策范文，属于应试范文。因此，对策相对篇幅比较长，均为骈文，引经据典，逻辑严密①，与蒙书编撰中的问对体无论在内容、语言和格局方面都差距较大，不能相提并论。但科举考试中的策文本质上仍是问对体，唐代蒙书编撰中大量出现问对体，应该与科举试策有很大关系。

## 结语

《武王家教》是中古时期流行家训、类书编撰的产物，其最大特点就是采用了"武王问太公"的问答体编撰而成，兼采经典摘编，融汇"家教体"编撰优点，汇集成了最终的版本。其编撰特点、不足及其影响，可以总结为以下几点：

首先，《武王家教》最大特点就是以"武王问太公"的问答体，并以此冠名"武王家教"，先后问了七大类问题，逐级深入，以问答形式分别问答了 15 类问题，指出人生尊卑、贫富、寿命长短、成就和子孙教养等，取决于 71 条不良、不当行为举止。具体来讲，前五大类"武王问太公"的问答体，基本上是从《六韬》《云笈七签》《杂纂》《杂抄》等典籍、蒙书和俗语中，摘引当时流行的、有关修行的流行俗语、谚语内容，保持原有语言风格，以数字冠名，分类排序，以方便子弟学习和记忆。

其次，针对《武王家教》前四问对答基本上以数字冠名、分类罗列、缺乏深入主观评论、深度不足、主题涣散的情况，第五、第六问太公对答部分借用《太公家教》《辩才家教》等常用"家教体"，即采用四言、五言、六言

---

① 周丕显：《敦煌古抄〈兔园策府〉考析》，《敦煌学辑刊》1994 年第 2 期，第 21～24 页；郑阿财、朱凤玉：《敦煌蒙书研究》，第 265～275 页。

韵文编撰方式，用大量排比句、对偶句，对前四问包含的 71 条对答内容进行总结、提升和补充。

最后，利用经典摘编补充、提升家教功能、明确主旨。第四问太公对答内容末尾有"《礼记》云""《庄子》云"等经典摘编内容，为总结和补充前文问答部分内容，最初本《武王家教》止此，可称为简本，而 S. 479 号本有《礼记》云，而无《庄子》云，亦可佐证经典摘编部分很可能是后加的。基于问答体缺乏逻辑性、深度，以及劝诫、说教功能的问题，P. 5546 号 + P. 4899 号别本增补的第六问，就是为了进一步提高其权威性，模仿《辩才家教》问对体中"借名经典云"的方式，增加了"《庄子》云"部分，实为对《太公家教》等蒙书相关内容和流行谚语、俗语的摘编和改写，与《庄子》没有太大关系。

《武王家教》问答体远受《六韬》之"十盗"相关句式影响，近习《辩才家教》《杂抄》问答体。其以数字冠名事类、分类罗列的编撰方式也是《杂抄》《六韬》之"十盗"等相关蒙书、典籍以及流行俗语影响，该编撰方式蒙书编撰十分特别，值得深入探讨。唐代蒙书中，问答体的流行还与科举考试有很大关系，唐代科举考试无论常举和制举考试，绝大部分科目都要试策，试策主要采用的问对体，相对蒙书问答体而言，多有固定格式和套语，但基本问答模式是一致的。因此，蒙书中出现多种多样的问答体，对儿童练习对策写作都有很大帮助。即便是《杂抄》《孔子备问书》《辩才家教》等问答体蒙书，对学郎练习语句对仗、对偶，以及对策，学习作诗赋等也都有很大裨益。

唐代问答体蒙书编撰具有多样性，丰富了蒙书、家训的编撰形式和内容，数字冠名事类的编撰方式不仅继承、总结了中国古代很多专有名词、分类事项的传统，而且将相关事类、名物加以归类，用数字冠名，条目清晰，便于记忆，大大提高了童蒙教育效率①，也有利于对子弟进行家教和训诫。

——《厦门大学学报（哲学社会科学版）》2020 年第 4 期

---

① 参见郑阿财：《〈开蒙要训〉的语文教育与知识积累》，《浙江师范大学学报（社会科学版）》2020 年第 1 期，第 9 页。

# 参考文献

## 古籍

《白居易集》，〔唐〕白居易撰，顾学颉校点，中华书局，1979年。

《北梦琐言》，〔五代〕孙光宪撰，贾二强点校，中华书局，2002年。

《册府元龟（校订本）》，〔宋〕王钦若等编，周勋初等校订，凤凰出版社，2006年。

《朝野佥载》，〔唐〕张鷟撰，赵守俨点校，中华书局，1979年。

《初学记》，〔唐〕徐坚等著，中华书局，2004年。

《春秋公羊传注疏》，〔汉〕公羊寿传，何休解诂，〔唐〕徐彦疏，收入《十三经注疏（清嘉庆刊本）》，〔清〕阮元校刻，中华书局，2009年。

《春秋左传正义》，〔晋〕杜预注，〔唐〕孔颖达疏，收入《十三经注疏（清嘉庆刊本）》，〔清〕阮元校刻，中华书局，2009年。

《大唐新语》，〔唐〕刘肃撰，许德楠、李鼎霞点校，中华书局，1984年。

《登科记考》，〔清〕徐松撰，赵守俨点校，中华书局，1984年。

《东溪日谈录》，〔明〕周琦撰，《景印文渊阁四库全书》第七一四册，台湾商务印书馆，1986年。

《法苑珠林校注》，〔唐〕释道世撰，周叔迦、苏晋仁校注，中华书局，2003年。

《封氏闻见记》，〔唐〕封演撰，赵贞信校注，中华书局，2005年。

《关学编 附续编》，〔明〕冯从吾撰，陈俊民、徐兴海点校，中华书局，

1987 年。

《韩昌黎文集校注》，〔唐〕韩愈撰，马其昶校注，上海古籍出版社，1986 年。

《汉书》，〔汉〕班固撰，〔唐〕颜师古注，中华书局，1962 年。

《鹤林玉露》，〔宋〕罗大经撰，王瑞来点校，中华书局，1983 年。

《淮南子》，〔汉〕刘安等著，〔汉〕高诱注，上海古籍出版社，1989 年。

《戒子通录》，〔宋〕刘清之撰，收入《景印文渊阁四库全书》第七〇三册，台湾商务印书馆，1986 年。

《金石萃编》，〔清〕王昶撰，中国书店，1985 年。

《金史》，〔元〕脱脱等撰，中华书局，1975 年。

《旧唐书》，〔后晋〕刘昫等撰，中华书局，1975 年。

《旧五代史》，〔宋〕薛居正撰，中华书局，1976 年。

《蓝田吕氏遗著辑校》，〔宋〕吕大临等撰，陈俊民辑校，中华书局，1993 年。

《礼记集说》，〔宋〕卫湜撰，〔元〕陈澔注，上海古籍出版社，1987 年。

《礼记正义》，〔汉〕郑玄注，〔唐〕孔颖达疏，收入《十三经注疏（清嘉庆刊本）》，〔清〕阮元校刻，中华书局，2009 年。

《礼仪集编》，〔清〕盛世佐编，《景印文渊阁四库全书》第一一一册，台湾商务印书馆，1986 年。

《李德裕文集校笺》，〔唐〕李德裕撰，傅璇琮、周建国校笺，中华书局，2018 年。

《李商隐文编年校注》，〔唐〕李商隐撰，刘学锴、余恕诚校注，中华书局，2002 年。

《李太白全集》，〔唐〕李白撰，〔清〕王琦注，中华书局，1977 年。

《历朝故事统宗》，万历二十三年周日校刻本。

《梁书》，〔唐〕姚思廉撰，中华书局，1973 年。

《灵台秘苑》，〔北周〕庾季才撰，〔宋〕王安礼等重修，《景印文渊阁四库全书》第八〇七册，台湾商务印书馆，1986 年。

《柳宗元集》，［唐］柳宗元撰，中华书局，1979 年。

《六韬》，陈曦译注，中华书局，2017 年。

《罗隐集》，［唐］罗隐撰，雍文华校辑，中华书局，1983 年。

《明儒学案》，［清］黄宗羲著，沈芝盈点校，中华书局，2008 年。

《墨子》，［清］毕沅校注，上海古籍出版社，2014 年。

《毘陵集》，［唐］独孤及撰，上海古籍出版社，1993 年。

《秋崖集》，［宋］方岳撰，《景印文渊阁四库全书》第一一八二册，台湾商务印书馆，1986 年。

《权德舆文集》，［唐］权德舆著，霍旭东点校，甘肃人民出版社，1999 年。

《全唐诗》，［清］彭定求等编，中华书局，1960 年。

《全唐文》，［清］董诰等编，中华书局，1983 年。

《全唐文补遗·千唐志斋新藏专辑》，吴刚主编，三秦出版社，2006 年。

《全唐文新编》，栾贵明主编，吉林文史出版社，2000 年。

《山西通志》，［清］觉罗石麟等监修，储大文等编纂，《景印文渊阁四库全书》第五四二至五五〇册，台湾商务印书馆，1986 年。

《尚书正义》，［汉］孔安国传，［唐］孔颖达疏，收入《十三经注疏（清嘉庆刊本）》，［清］阮元校刻，中华书局，2009 年。

《申鉴》，［汉］荀悦撰，［明］黄省曾注，上海古籍出版社，1990 年。

《世说新语校笺》，［南朝·宋］刘义庆撰，［南朝·梁］刘孝标注，杨勇校笺，中华书局，2019 年。

《说郛三种》，［明］陶宗仪撰，上海古籍出版社，1988 年。

《说文解字》，［汉］许慎撰，［宋］徐铉校定，中华书局，2013 年。

《宋本册府元龟》，［宋］王钦若等编，中华书局，1989 年。

《宋高僧传》，［宋］赞宁撰，范祥雍点校，中华书局，1987 年。

《宋史》，［元］脱脱等撰，中华书局，1985 年。

《宋书》，［梁］沈约撰，中华书局，1974 年。

《隋书》，［唐］魏徵等撰，中华书局，1973 年。

《太平广记》，［宋］李昉等编，中华书局，1961 年。

《太平御览》，[宋] 李昉等编，中华书局，1960 年。

《唐大诏令集》，[宋] 宋敏求编，中华书局，2008 年。

《唐会要》，[宋] 王溥撰，中华书局，1960 年。

《唐鉴》，[宋] 范祖禹撰，吕祖谦注，上海古籍出版社，1984 年。

《唐开元占经》，[唐] 瞿昙悉达撰，《景印文渊阁四库全书》第八〇七册，台湾商务印书馆，1986 年。

《唐六典》，[唐] 李林甫等撰，陈仲夫点校，中华书局，1992 年。

《唐律疏议笺解》，刘俊文笺解，中华书局，1996 年。

《唐语林校证》，[宋] 王谠撰，周勋初校证，中华书局，1987 年。

《唐摭言》，[五代] 王定保撰，上海古籍出版社，1978 年。

《通典》，[唐] 杜佑撰，王文锦等点校，中华书局，1988 年。

《卍新纂续藏经》，前田慧云、中野达慧等编，日本藏经院印行，1912 年。

《王安石文集》，[宋] 王安石撰，刘成国点校，中华书局，2021 年。

《王右丞集注》，[唐] 王维撰，[清] 赵殿成笺注，上海古籍出版社，1961 年。

《文苑英华》，[宋] 李昉等编，中华书局，1966 年。

《吴地记》，[唐] 陆广微撰，曹林娣校注，江苏古籍出版社，1986 年。

《武经总要后集》，[宋] 曾公亮等撰，《中国兵书集成》第五册，解放军出版社，1988 年。

《西山文集》，[宋] 真德秀撰，《景印文渊阁四库全书》第一一七四册，台湾商务印书馆，1986 年。

《孝经注疏》，[唐] 李隆基注，[宋] 邢昺疏，收入《十三经注疏（清嘉庆刊本）》，[清] 阮元校刻，中华书局，2009 年。

《新唐书》，[宋] 欧阳修、宋祁撰，中华书局，1975 年。

《续古今考》，[元] 方回撰，《景印文渊阁四库全书》第八五三册，台湾商务印书馆，1986 年。

《颜氏家训》，[北齐] 颜之推著，檀作文译注，中华书局，2007 年。

《仪礼析疑》，[清] 方苞撰，《景印文渊阁四库全书》第一〇九册，台湾商务印书馆，1986 年。

《夷坚志》，〔宋〕洪迈撰，何卓点校，中华书局，1981 年。

《艺文类聚》，〔唐〕欧阳询撰，汪绍楹校，上海古籍出版社，1982 年。

《因话录》，〔唐〕赵璘撰，上海古籍出版社，1979 年。

《元代西夏遗民文献〈述善集〉校注》，焦进文、杨富学校注，甘肃人民出版社，2001 年。

《元和郡县图志》，〔唐〕李吉甫撰，贺次君点校，中华书局，1983 年。

《元史》，〔明〕宋濂等撰，中华书局，1976 年。

《元文类》，〔元〕苏天爵编，张金铣校点，安徽大学出版社，2020 年。

《筠轩集》，〔元〕唐元撰，《景印文渊阁四库全书》第一二一三册，台湾商务印书馆，1986 年。

《张说集校注》，〔唐〕张说著，熊飞校注，中华书局，2013 年。

《张燕公集》，〔唐〕张说撰，上海古籍出版社，1992 年。

《张子全书》，〔宋〕张载著，林乐昌编校，西北大学出版社，2015 年。

《长短经》，〔唐〕赵蕤撰，梁运华整理，中华书局，2017 年。

《贞观政要集校》，〔唐〕吴兢撰，谢保成集校，中华书局，2003 年。

《周易集解》，〔唐〕李鼎祚撰，王丰先点校，中华书局，2016 年。

《周易正义》，〔魏〕王弼、〔晋〕韩康伯注，〔唐〕孔颖达疏，收入《十三经注疏（清嘉庆刊本）》，〔清〕阮元校刻，中华书局，2009 年。

《朱子全书》，〔宋〕朱熹撰，朱杰人、严佐之、刘永翔主编，上海古籍出版社、安徽教育出版社，2010 年。

《庄子》，〔清〕王先谦集解，方勇导读、整理，上海古籍出版社，2009 年。

《资治通鉴》，〔宋〕司马光编著，〔元〕胡三省音注，中华书局，1956 年。

## 出土文献

《敦煌宝藏》，黄永武主编，新文丰出版股份有限公司，1986 年。

《敦煌经部文献合集》，张涌泉编，中华书局，2008 年。

《敦煌社会经济文献真迹释录》，唐耕耦、陆宏基编，书目文献出版社、全国图书馆文献缩微复制中心，1986～1991 年。

《敦煌社邑文书辑校》，宁可等辑校，江苏古籍出版社，1997 年。

《敦煌遗书总目索引》，商务印书馆编，中华书局，1983 年。

《敦煌遗书总目索引》，王重民编，商务印书馆，1962 年。

《敦煌愿文集》，黄征、吴伟编，岳麓书社，1995 年。

《俄藏敦煌文献》，俄罗斯科学院东方研究所圣彼得堡分所等编，上海古籍出版社，1992～2001 年。

《法藏敦煌西域文献》，上海古籍出版社、法国国家图书馆编，上海古籍出版社，1995～2005 年。

《甘肃藏敦煌文献》，甘肃藏敦煌文献编委会编，甘肃人民出版社，1999 年。

《国家图书馆藏敦煌遗书》，中国国家图书馆编，国家图书馆出版社，2010 年。

《唐代墓志汇编》，周绍良主编，上海古籍出版社，1992 年。

《唐代墓志汇编续集》，周绍良、赵超主编，上海古籍出版社，2001 年。

《吐鲁番出土文书》，国家文物局古文献研究室等编，文物出版社，1990 年。

《英藏敦煌文献》，中国社会科学院历史研究所、中国敦煌吐鲁番学会敦煌古文献编辑委员会、英国国家图书馆、伦敦大学亚非学院合编，四川人民出版社，1990～1995 年。

《中国国家图书馆藏敦煌遗书精品选》，中国国家图书馆善本特藏部等编，国家图书馆出版社，2000 年。

《中国书店藏敦煌文献》，《中国书店藏敦煌文献》编辑委员会编，中国书店，2007 年。

## 中文论著

〔法〕戴密微著，耿昇译：《吐蕃僧诤记》，甘肃人民出版社，1984 年。

〔日〕池田温著，龚泽铣译：《中国古代籍帐研究》，中华书局，1984 年。

巴俄·祖拉陈瓦著：《贤者喜宴》，民族出版社，1986 年。

北京大学中国古代史研究中心编：《敦煌吐鲁番文献研究论集》第三辑，北京大学出版社，1982 年。

北京大学中国中古史研究中心编：《敦煌吐鲁番文献研究论集》，中华书局，1982 年。

北京图书馆善本组编：《敦煌劫余录续编》，北京图书馆出版社，1981 年。

陈高佣等编：《中国历代天灾人祸表》，上海书店，1986 年。

陈守忠：《河陇史地考述》，兰州大学出版社，1993 年。

陈寅恪：《金明馆丛稿二编》，上海古籍出版社，1980 年。

陈寅恪：《唐代政治史述论稿》，上海古籍出版社，1997 年。

邓文宽辑校：《敦煌天文历法文献辑校》，江苏古籍出版社，1996 年。

邓文宽：《敦煌吐鲁番天文历法研究》，甘肃教育出版社，2002 年。

敦煌研究院编：《段文杰敦煌研究五十年纪念文集》，世界图书出版公司，1996 年。

傅绍良：《唐代谏议制度与文人》，中国社会科学出版社，2003 年。

傅璇琮：《唐代科举与文学》，陕西人民出版社，2003 年。

胡沧泽：《唐代御史制度研究》，文津出版社，1993 年。

胡戟等主编：《二十世纪唐研究》，中国社会科学出版社，2002 年。

黄正建：《敦煌占卜文书与唐五代占卜研究》，学苑出版社，2001 年。

姜伯勤：《唐五代敦煌寺户制度》，中华书局，1987 年。

金滢坤：《中国科举制度通史·隋唐五代卷》，上海人民出版社，2015 年。

雷家骥：《武则天传》，人民出版社，2001 年。

李华瑞：《王安石变法研究史》，人民出版社，2004 年。

李正宇：《敦煌历史地理导论》，新文丰出版公司，1997 年。

刘进宝、高田时雄主编：《转型期的敦煌学》，上海古籍出版社，2007 年。

罗福苌：《沙州文录补》，上虞罗氏铅印本，1924 年。

牛致功：《唐高祖传》，人民出版社，1998 年。

荣新江：《归义军史研究》，上海古籍出版社，2015 年。

上海古籍出版社编：《唐五代笔记小说大观》，上海古籍出版社，2000 年。

宋大川：《唐代教育体制研究》，山西教育出版社，1998 年。

宋正海等：《中国古代自然灾异相关性年表总汇》，安徽教育出版社，2002 年。

汤用彤：《隋唐佛教史稿》，中华书局，1982 年。

王国维：《观堂集林》，中华书局，1959 年。

王守栋：《唐代宦官政治》，中国社会科学出版社，2009 年。

王小盾：《从敦煌学到域外汉文献研究》，商务印书馆，2013 年。

王小甫：《唐吐蕃大食政治关系史》，北京大学出版社，1992 年。

王尧主编：《国外藏学研究译文集》第二辑，西藏人民出版社，1987 年。

王尧、陈践编著：《吐蕃简牍综录》，文物出版社，1983 年。

王尧、陈践编著：《敦煌吐蕃文书论文集》，四川民族出版社，1988 年。

王尧、陈践译注：《敦煌本吐蕃历史文书》，民族出版社，1980 年。

王尧、陈践译注：《敦煌吐蕃文献选》，四川民族出版社，1983 年。

王永兴：《唐勾检制研究》，上海古籍出版社，1991 年。

王忠：《新唐书吐蕃传笺证》，科学出版社，1958 年。

王重民：《敦煌古籍叙录》，中华书局，1979 年。

吴廷燮：《唐方镇年表》，中华书局，1980 年。

吴宗国：《唐代科举制度研究》，北京大学出版社，2010 年。

向达：《中西交通教学大纲》，北京大学历史系油印本。

萧登福：《谶纬与道教》，文津出版社，2000 年。

萧登福：《道教星斗符印与佛教密宗》，新文丰出版公司，1993 年。

萧登福：《敦煌俗文学论丛》，台湾商务印书馆，1988 年。

新疆维吾尔自治区博物馆出土文物展览工作组：《丝绸之路：汉唐文物》，文物出版社，1972 年。

徐俊纂辑：《敦煌诗集残卷辑考》，中华书局，2000 年。

许国霖：《敦煌石室写经题记与敦煌杂录》，商务印书馆，1937 年。

严耕望编：《石刻史料丛书》，艺文书馆，1943 年。

阎步克：《乐师与史官》，生活·读书·新知三联书店，2001 年。

杨开道：《中国乡约制度》，山东乡村训练服务处，1937 年。

张弓：《汉唐佛寺文化史》，中国社会科学出版社，1997 年。

张文：《宋朝社会救济研究》，西南师范大学出版社，2001 年。

张新朋：《敦煌写本〈开蒙要训〉研究》，中国社会科学出版社，2013 年。

张涌泉：《旧学新知》，浙江大学出版社，1999 年。

赵克尧、许道勋：《唐太宗传》，人民出版社，2005 年。

赵文润、李玉明主编：《武则天研究论文集》，山西古籍出版社，1981 年。

赵文润、王双环：《武则天评传》，三秦出版社，2001 年。

郑阿财、朱凤玉：《开蒙养正：敦煌的学校教育》，甘肃教育出版社，2007 年。

郑阿财、朱凤玉：《敦煌蒙书研究》，甘肃教育出版社，2002 年。

郑炳林：《敦煌碑铭赞辑释》，甘肃教育出版社，1992 年。

郑学檬、冷敏述主编：《唐文化研究论文集》，上海人民出版社，1994 年。

中国科学院地震工作委员会历史组编：《中国地震资料年表》，科学出版社，1956 年。

周凤五：《敦煌写本太公家教研究》，明文书局，1986 年。

## 外文论著

〔日〕鈴木俊先生古稀記念東洋史論叢編集委員會編：《東洋史論叢：鈴

木俊先生古稀記念》，山川出版社，1975 年。

〔日〕山本達郎、土肥義和、石田勇作編纂：《Tun－Huang and Turfan Documents Concerning Social and Economic History》（Ⅳ），東洋文庫，1989 年。

〔日〕矢吹慶輝：《三階教の研究》，日本巌波書店，1927 年。

〔日〕中村裕一：《唐代公文書研究》，東京汲古書院，1996 年。

〔英〕托马斯：《新疆吐蕃文书集》第二卷，卢扎克公司，1951 年。（F. W. Tomas：Tibetan Literary Texts and Documents concerning chinese Turketan，Ⅱ）

《講座敦煌 7・敦煌と中國仏教》，日本大東出版社，1984 年。

《講座敦煌 5・敦煌漢文文獻》，東京大東出版社，1992 年。

Robert Des Rotours，*Le Traité Des Examens Traduit De La Nouvelle Histoire Des T'ang*，San Francisco，1974. p41.

## 中文论文

〔匈〕G. 乌瑞著，吴玉贵译：《公元九世纪前半夜叶吐蕃王朝之"千户"考释》，《国外藏学研究译文集》（二），西藏人民出版社，1987 年。

〔匈〕乌瑞著，荣新江译：《KHROM（军镇）：公元七至九世纪吐蕃帝国的行政单位》，《西北史地》1986 年第 3 期。

〔英〕F. W. 托马斯著，刘忠、杨铭编译，董越校：《有关沙州地区的藏文文书》，《敦煌研究》1997 年第 3 期。

安广禄：《我国最早的乡规民约》，《农村发展论丛》1998 年第 4 期。

安家瑶：《唐永泰元年（765）—大历元年（766）河西巡抚使判集（P. 2942）研究》，北京大学中国古代史研究中心编：《敦煌吐鲁番文献研究论集》，中华书局，1982 年。

巴俄・祖拉陈瓦著，黄颢译注：《〈贤者喜宴〉摘译（二）》，《西藏民族学院学报》1981 年第 1 期。

〔法〕伯希和著，冯承钧译：《千字文考》，《图书馆学季刊》卷六第 1 期。

柴剑虹：《读敦煌学士郎张宗之诗钞札记》，收入《聂石樵教授七十寿辰学术纪念文集》，巴蜀书社，1997 年。

陈飞：《唐代进士科"止试策"考论》，《历史研究》2002 年第 3 期。

陈飞：《唐代进士试策形式体制》，《清华大学学报（哲学社会科学版）》2010 年第 5 期。

陈飞：《唐代明经试策形式体制考论》，《人文杂志》2006 年第 6 期。

陈飞：《唐代试策的表达体式——策问部分考察》，《文学遗产》2008 年第 1 期。

陈国灿：《敦煌所出诸借契年代考》，《敦煌学辑刊》1984 年第 1 期。

陈国灿：《唐朝吐蕃陷落沙州城的时间问题》，《敦煌学辑刊》1985 年第 1 期。

陈楠：《吐蕃职官制度考论》，《中国藏学》1988 年第 2 期。

陈庆英：《从敦煌出土帐簿文书看吐蕃王朝的经济制度》，《藏学研究论丛》三，西藏人民出版社，1991 年。

陈祚龙：《关于敦煌古钞〈崔氏夫人训女文〉》，《东方杂志》复刊第 9 卷第 2 期，1975 年。

诚逊：《五十年来（1938～1990）敦煌写本社邑文书研究述评》，《中国史研究动态》1991 年第 8 期。

邓文宽、刘乐贤：《敦煌天文气象占写本概述》，《敦煌吐鲁番研究》第九卷，中华书局，2006 年。

邓文宽：《敦煌写本〈百行章〉述略》，《文物》1984 年第 9 期。

邓文宽：《敦煌写本〈百行章〉校释》，《敦煌研究》1985 年第 2 期。

冯培红、张军胜：《传世本刘允章〈直谏书〉与敦煌本贾耽〈直谏表〉关系考辨》，《兰州学刊》2009 年第 4 期。

伏俊琏：《酒中有洞天身外即浮云——敦煌遗书中的〈酒赋〉》，"中国文学网"。

高明士：《唐代敦煌的教育》，《汉学研究》第 4 卷，1986 年第 2 期。

龚延明：《唐孝廉科置废及其指称演变》，《历史研究》2012 年第 2 期。

郭峰：《敦煌本〈侯昌叶直谏表〉与晚唐懿、僖时期之政局》，《兰州大学学报》1992 年第 3 期。

郝春文：《〈敦煌社邑文书辑校〉补遗》（二），《首都师范大学学报（社会科学版）》2000 年第 2 期。

郝春文：《〈敦煌社邑文书辑校〉补遗》（三），《首都师范大学学报（社会科学版）》2001 年第 4 期。

郝春文：《〈敦煌社邑文书辑校〉补遗》（一），《首都师范大学学报（社会科学版）》1999 年第 4 期。

郝春文：《〈敦煌写本社邑文书辑校〉补遗》（四），《汉语史学报专辑》总第三辑，上海教育出版社，2003 年。

郝春文：《〈唐末五代宋初敦煌社邑的几个问题〉商榷》，《中国史研究》2003 年第 1 期。

郝春文：《敦煌遗书中的“春秋座局席”考》，《北京师范学院学报（社会科学版）》1989 年第 4 期。

郝春文：《唐后期五代宋初敦煌私社的教育与教化功能》，《敦煌吐鲁番研究》第九卷，2006 年。

郝春文：《唐后期五代宋初沙州僧尼的宗教收入（四）——为他人举行法事活动之所得》，《敦煌学辑刊》1997 年第 1 期。

何汉心：《唐朝制举和制科》，《第二届国际唐代学术会议文集》（史学）下册，文津出版社，1993 年。

何汝泉：《唐代的“宽乡”与“狭乡”》，《西南师范大学学报（哲学社会科学版）》1994 年第 1 期。

侯文华：《论〈管子〉君臣问对体及其文化渊源》，《管子学刊》2012 年第 1 期。

胡庆钧：《从蓝田乡约到呈贡乡约》，《云南社会科学》2001 年第 3 期。

黄家全：《敦煌写本千字文试论》，收入《一九八三年全国敦煌学术讨论会文集·文史遗书编下》，甘肃人民出版社，1987 年。

黄一农：《星占、事应与伪造天象——以“荧惑守心”为例》，《自然科学史研究》1991 年第 2 期。

　　贾发义：《唐代寺学析论》，《教育学报》2015 年第 4 期。

　　简涛：《敦煌本〈燕子赋〉体制考辨》，《敦煌学辑刊》1986 年第 2 期。

　　江晓原：《天文・巫咸・灵台——天文星占与古代中国的政治观念》，《自然辩证法通讯》1991 年第 3 期。

　　姜伯勤：《论敦煌寺院的"常住百姓"》，《敦煌研究》试刊第 1 期。

　　姜伯勤：《沙州道门亲表部落释证》，《敦煌研究》1986 年第 3 期。

　　姜伯勤：《唐敦煌"书仪"写本中所见的沙州玉关驿户起义》，《中华文史论丛》1981 年第 1 期。

　　介永强：《隋唐高僧与儒学》，《陕西师范大学学报》2010 年第 6 期。

　　介永强：《武则天与祥瑞》，赵文润、李玉明主编：《武则天研究论文集》，山西古籍出版社，1981 年。

　　金霞：《天文星占与魏晋南北朝政治》，《青岛大学师范学院学报》2010年第 1 期。

　　金滢坤：《从敦煌文书看晚唐五代敦煌地区布纺织业》，《敦煌研究》1998 年第 2 期。

　　金滢坤：《敦煌本"策府"与唐初社会——国图藏敦煌本"策府"研究》，《文献》2013 年第 1 期。

　　金滢坤、刘永海：《敦煌本〈大云经疏〉新论——以武则天称帝为中心》，《文史》2009 年第 4 期。

　　金滢坤：《敦煌本侯昌业〈直谏表〉研究》，黄正建主编：《中国社会科学院敦煌学研究回顾与前瞻学术研讨会论文集》，上海古籍出版社，2012 年。

　　金滢坤：《敦煌本〈唐大历元年河西节度观察使判牒集〉》，《南京师大学报（社会科学版）》2011 年第 5 期。

　　金滢坤：《敦煌陷蕃年代研究综述》，《丝绸之路》1997 年第 1 期。

　　金滢坤：《论唐五代宋元的社条与乡约（一）——以敦煌社条为中心》，刘进宝、高田时雄主编：《转型期的敦煌学》，上海古籍出版社，2007 年。

　　金滢坤：《论唐五代宋元的社条与乡约（二）——以吕氏乡约、龙祠乡社义约为中心》,《敦煌研究》2008 年第 1 期。

金滢坤:《试论唐代制举试策文体的演变》,《首都师范大学学报(社会科学版)》2011 年第 4 期。

金滢坤:《唐代问答体蒙书编撰考察——以〈武王家教〉为中心》,《厦门大学学报(哲学社会科学版)》2020 年第 4 期。

金滢坤:《唐五代敦煌蒙书编撰与孝道启蒙教育——以〈孝经〉为中心》,《首都师范大学学报(社会科学版)》2019 年第 5 期。

金滢坤:《唐五代敦煌寺学与童蒙教育》,《童蒙文化研究》第一卷,人民出版社,2016 年。

金滢坤:《吐蕃瓜州节度使初探》,《敦煌研究》2002 年第 2 期。

金滢坤:《吐蕃节度使考述》,《厦门大学学报(哲学社会科学版)》2001 年第 1 期。

金滢坤:《吐蕃沙州都督考》,《敦煌研究》1999 年第 3 期。

金滢坤:《吐蕃沙州节儿及其统治新探》,《中国边疆史地研究》2000 年第 3 期。

金滢坤:《吐蕃统治敦煌的财政职官体系——兼论吐蕃对敦煌农业的经营》,《敦煌研究》1999 年第 2 期。

金滢坤:《吐蕃统治敦煌的户籍制度初探》,《中国经济史研究》2003 年第 1 期。

金滢坤:《吐蕃统治敦煌的社会基层组织》,《中国边疆史地研究》1998 年第 4 期。

金滢坤:《吐蕃统治敦煌时期的部落使考》,《民族研究》1999 年第 2 期。

劳幹:《汉代察举制度考》,《史语所集刊》第 17 号。

雷闻:《道教徒马元贞与武周革命》,《中国史研究》2004 年第 1 期。

李俊:《初唐时期的祥瑞与雅颂文学》,《中国青年政治学院学报》2005 年第 5 期。

李乃龙:《论〈文选〉"对问"体——兼论先秦问对体式的发展历程》,《广西师范大学学报(哲学社会科学版)》2005 年第 4 期。

李骞：《谈谈敦煌本〈季布骂阵词文〉》，《辽宁大学学报（哲学社会科学版）》1986 年第 3 期。

李小荣：《论〈目连变文〉的生成与目连戏的流播》，《贵州社会科学》2001 年第 3 期。

李正宇：《〈吐蕃子年（公元 808 年）沙州百姓汜履倩等户籍手实残卷〉研究》，《1983 年全国敦煌学术讨论会文集（文史·遗书编上）》，甘肃人民出版社，1987 年。

李正宇：《敦煌金石文字存佚考略》，《九州学刊》1992 年第 4 期。

李正宇：《敦煌学郎题记辑注》，《敦煌学辑刊》1987 年第 1 期。

李正宇：《归义军曹氏“表文三件”考释》，《文献》1988 年第 3 期。

李正宇：《唐宋时代的敦煌学校》，《敦煌研究》1986 年第 1 期。

李正宇：《吐蕃论董勃藏修伽蓝功德记两残卷的发现、缀合及考证》，《敦煌吐鲁番研究》1997 年第 2 卷。

李志生：《秦汉隋唐间妇女社会性成人身份的变化》，《北大史学》2004 年。

李重申、陆淑绮：《敦煌目连变文与戏曲研究》，《敦煌研究》2000 年第 3 期。

列·伊·丘古耶夫斯基：《俄罗斯科学院东方研究所圣彼得堡分所馆藏敦煌写本中的转帖》，《敦煌学辑刊》1996 年第 1 期。

林世田：《〈大云经疏〉初步研究》，《文献》2002 年第 4 期。

林世田：《〈大云经疏〉结构分析》，郑炳林、花平宁主编：《麦积山石窟艺术论文集》，兰州大学出版社，2004 年。

林世田：《敦煌所出〈普贤菩萨说证明经〉及〈大云经疏〉考略——附〈普贤菩萨说证明经〉校录》，《文津学志》第 1 辑，中国国家图书馆，2003 年。

林世田：《武则天称帝与图谶祥瑞——以 S. 6502〈大云经疏〉为中心》，《敦煌学辑刊》2002 年第 2 期。

刘波、林世田：《敦煌唐写本〈问对〉笺证》，《文津学志》第 3 辑，国家图书馆出版社，2010 年。

刘惠萍：《敦煌类书〈事森〉与汉魏六朝时期的〈孝子传〉》，收入王三庆、郑阿财合编：《2013 敦煌、吐鲁番国际学术研讨会论文集》，成功大学中国文学系印行，2013 年。

刘惠琴：《从敦煌文书中看沙州纺织业》，《敦煌学辑刊》1995 年第 2 期。

刘进宝：《P. 3236 号〈壬申年官布籍〉考》，《西北师大学报（社会科学版）》1996 年第 3 期。

刘进宝：《从敦煌文书谈晚唐五代的"地子"》，《历史研究》1996 年第 3 期。

刘进宝：《敦煌本〈兔园策府·征东夷〉产生的历史背景》，《敦煌研究》1998 年第 1 期。

刘进宝：《关于吐蕃统治经营河西地区的若干问题》，《中国边疆史地研究》1994 年第 1 期。

刘永明：《S. 2729 背〈悬象占〉与吐蕃时期的敦煌道教》，《敦煌学辑刊》1997 年第 1 期。

刘长东：《孔子项讬相问事考论》，《四川大学学报》2003 年第 2 期。

刘真：《宋代的学规和乡约》，《宋史研究集》第 1 辑，台北编译馆，1958 年。

卢向前：《〈为肃州刺史刘臣璧答南蕃书（伯二五五五）〉校释》，北京大学中国中古史研究中心：《敦煌吐鲁番文献研究论集》，北京大学出版社，1982 年。

马德：《KHROM 词义考》，《中国藏学》1992 年第 2 期。

马德：《关于 P. 2492 写卷的几个问题》，《西北师院学报（增刊）·敦煌学研究》1984 年 10 月。

马世长：《敦煌县博物馆藏星图、占星云气书残卷：敦博第五八号卷子研究之三》，《敦煌吐鲁番文献研究论集》，中华书局，1982 年。

孟宪实：《论唐宋时期敦煌民间结社的社条》，《敦煌吐鲁番研究》第九卷，2006 年。

孟宪实：《试论唐宋时期敦煌民间结社的组织形态》，《敦煌研究》2002年第1期。

宁可等：《敦煌社邑的丧葬互助》，《首都师范大学学报（社会科学版）》1995年第6期。

宁可：《述"社邑"》，《北京师院学报（社会科学版）》1985年第1期。

牛来颖：《唐代祥瑞与王朝政治》，郑学檬、冷敏述主编：《唐文化研究论文集》，上海人民出版社，1994年。

秦草：《蓝田"吕氏四贤"》，《西安教育学院学报》2001年第3期。

秦富平：《明清乡约研究述评》，《山西大学学报（哲学社会科学版）》2006年第3期。

屈直敏：《敦煌本〈兔园策府〉考辨》，《敦煌研究》2001年第3期。

荣新江：《通颊考》，《文史》第33辑，1990年。

沙比提：《从考古发掘资料看新疆古代的棉花种植和纺织》，《文物》1973年第10期。

邵文实：《敦煌李陵、苏武故事流变发微》，《敦煌吐鲁番研究》第2卷，北京大学出版社，1997年。

邵文实：《沙州节儿考及其引申出来的几个问题——八至九世纪吐蕃对瓜沙地区汉人的统治》，《西北师大学报（社会科学版）》1992年第5期。

邵文实：《尚乞心儿事迹考》，《敦煌学辑刊》1993年第2期。

施佩璜、尹慧道：《鸡的性别控制》，《安徽大学学报（自然科学版）》1979年第1期。

史苇湘：《河西节度使覆灭的前夕》，《敦煌研究》1983年创刊号。

史苇湘：《吐蕃王朝管辖沙州前后——敦煌遗书S.1438背〈书仪〉残卷的研究》，《敦煌研究》1983年第0期。

宋新民：《敦煌写本〈开蒙要训〉叙录》，《敦煌学》第15辑，1989年。

台静农：《蒋善进真草千字文残卷跋》，《敦煌学》1974年第1辑。

唐耕耦：《房山石经题记中的唐代社邑》，《文献》1989年第1期。

唐长孺：《敦煌吐鲁番史料中有关伊、西、北庭节度使留后问题》，《中国史研究》1980 年第 3 期。

童圣江：《唐代地震灾害时空分布初探》，《中国历史地理论丛》2002 年第 4 期。

汪泛舟：《敦煌的童蒙读物》，《文史知识》1988 年第 8 期。

王继光、郑炳林：《敦煌汉文吐蕃史料综述》，《中国藏学》1994 年第 3 期。

王凯旋：《论明代社学与学校教育》，《广西师范学院学报（哲学社会科学版）》第 26 卷第 4 期，2005 年。

王兰荫：《乡约制度的研究》，《社会学界》1931 年第 5 期。

王双怀：《本世纪以来的武则天研究》，《中国史研究动态》1997 年第 3 期。

王尧、陈践：《敦煌藏文写卷 P. T. 1083、1085 号研究》，《历史研究》1984 年第 5 期。

王尧、陈践：《吐蕃兵制考略——军事部落联盟剖析》，《中国史研究》1986 年第 1 期。

王尧、陈践：《吐蕃职官考信录》，《中国藏学》1989 年第 1 期。

王尧：《敦煌吐蕃官号"节儿"考》，《民族语文》1989 年第 4 期。

王仲荦：《唐代西州的缣布》，《文物》1976 年第 1 期。

王重民：《太公家教考》，收入陈寅恪等著：《周叔弢先生六十生日纪念论文集》，龙门书店，1951 年。

王子今：《两汉童蒙教育》，《史学集刊》2007 年第 3 期。

向学春：《"止戈为武"之我见》，《重庆三峡学院学报》2003 年第 5 期。

谢长法：《乡约及其社会教化》，《史学集刊》1996 年第 3 期。

熊文彬：《吐蕃本部地方行政机构和职官考》，《中国藏学》1994 年第 2 期。

徐梓：《〈千字文〉的流传及其影响》，《中国典籍与文化》1998 年第 2 期。

薛登福：《从敦煌写卷中看道教星斗崇拜对佛经之影响》，《第二届敦煌学国际研讨会论文集》，台北汉学研究中心，1990 年。

严耕望：《唐人习业山林寺院之风尚》，《史语所集刊》第三十本，1968 年；后经 1989 年增补，收入严耕望《严耕望史学论文集》，上海古籍出版社，2009 年。

杨发鹏：《敦煌寺学与敦煌佛教入门读物之关系探析》，《宗教学研究》2010 年第 1 期。

杨际平：《吐蕃子年左二将户状与所谓"擘三部落"》，《敦煌学辑刊》1986 年第 2 期。

杨建宏：《〈吕氏乡约〉与宋代民间社会控制》，《湖南师范大学社会科学学报》2005 年第 5 期。

杨铭：《曹（Tshar）——吐蕃统治敦煌及西域的一级基层兵制》，《西域研究》1995 年第 4 期。

杨铭：《关于敦煌藏文文书〈吐蕃官吏呈请状〉的研究》，王宗维、周伟洲编：《马长寿纪念文集》，西北大学出版社，1993 年。

杨铭：《唐代吐蕃统治鄯善的若干问题》，《新疆历史研究》1986 年第 2 期。

杨铭：《通颊考》，《敦煌学辑刊》1987 年第 1 期。

杨铭：《吐蕃"十将"（Thsan bcu）制补证》，《中国藏学》1996 年第 2 期。

杨铭：《吐蕃时期敦煌部落设置考》，《西北史地》1987 年第 2 期。

杨铭：《吐蕃时期河陇军政机构设置考》，《中亚学刊》1995 年第 4 期。

杨讷：《元代农村社制研究》，《历史研究》1965 年第 4 期。

于淑健：《敦煌本〈和菩萨戒文〉考论》，《敦煌研究》2008 年第 1 期。

于雪棠：《〈周易〉占问与上古文学的问对体》，《东北师大学报（哲学社会科学版）》2001 年第 2 期。

余欣：《唐宋敦煌妇女结社研究——以一件女人社社条文书考释为中心》，东京都立大学《人文学报》第 325 号，2002 年。

余欣：《重绘孩提时代：追寻儿童在中古敦煌历史上的踪迹（婴戏篇）》，

《敦煌写本研究年报》2009 年第 3 号。

张鸿勋：《敦煌讲唱文学的体制及类型初探——兼谈几部文学史的有关提法》，《文学遗产》1982 年第 2 期。

张涛：《〈孝经〉作者与成书年代考》，《中国史研究》1996 年 1 期。

张中秋：《乡约的诸属性及其文化原理认识》，《南京大学学报（哲学社会科学版）》2004 年第 5 期。

赵楠：《论〈咏孝经十八章〉》，《西南民族大学学报（人文社科版）》2004 第 5 期。

赵青山：《甘图藏 017 号敦煌文书〈金光明最胜王经〉题记解析》，《兰州大学学报（社会科学版）》2015 年第 5 期。

赵贞：《敦煌遗书中的唐代星占著作：〈西秦五州占〉》，《文献》2004 年第 1 期。

赵贞：《唐代的天文管理》，《南都学坛》2007 年第 6 期。

赵贞：《唐代星变的占卜意义对宰臣政治生涯的影响》，《史学月刊》2004 年第 2 期。

赵贞：《唐五代官方星占中的星官占卜》，《洛阳师范学院学报》2006 年第 3 期。

郑阿财：《从敦煌吐鲁番文书论唐代五道将军信仰》，《2006 民俗暨民间文学学术研讨会论文集》，文津出版社，2006 年。

郑阿财：《敦煌本〈明诗论〉与〈问对〉残卷初探》，成功大学中国文学系：《第四届唐代文化学术研讨会论文集》，成功大学教务处出版组，1999 年。

郑阿财：《敦煌写本〈崔氏夫人训女文〉研究》，《中兴大学法商学报》19 号，1984 年。

郑炳林、王尚达：《吐蕃统治下的敦煌粟特人》，《中国藏学》1996 年第 4 期。

郑炳林、杨富学：《敦煌西域出土回鹘文文献所载 qunbu 与汉文文献所见官布研究》，《敦煌学辑刊》1997 年第 2 期。

郑炳林：《唐五代敦煌粟特人与归义军政权》，《敦煌研究》1996 年第 4 期。

郑璐：《试析〈战国策〉中问对形式的特点》，《文学教育》2013 年第 16 期。

周丕显：《敦煌本〈千字文〉考》，《敦煌文献研究》，甘肃文化出版社，1995 年。

周丕显：《敦煌古钞〈兔园策府〉考析》，《敦煌学辑刊》1994 年第 2 期。

周扬波：《宋代乡约的推行状况》，《浙江大学学报（人文社会科学版）》2005 年第 5 期。

朱凤玉：《敦煌写本〈开蒙要训〉与台湾〈四言杂字〉》，《中国俗文化研究》2003 年第 1 辑。

## 外文论文

〔法〕拉露：《公元八世纪大蕃官吏呈请状》，《亚洲学报》1955 年 243 卷 2 期。

〔日〕布目潮渢、栗原益男：《中國歷史》4，講談社，1974 年，東京。

〔日〕池田温：《丑年十二月龍藏牒—九世紀初敦煌の家産分割よあじる訴訟文書の紹介—》，《山本博士還暦記念：东洋史論叢》，東京山川出版社，1972 年。

〔日〕福井康順：《百行章についての諸問題》，《東方宗教》13、14 合併號，1958 年。

〔日〕那波利貞：《唐鈔本雜抄攷——唐代庶民教育史研究の一資料—》，《支那學》第 10 卷"特別記念号：小島本田二博士還暦記念"，1942 年。

〔日〕那波利貞：《唐天寶時代の河西道邊防軍に關する經濟史料》，《京都大學人文學部研究紀要》第 1 號，1952 年。

〔日〕入矢義高：《太公家教校釋》，收入《東洋思想論集：福井博士頌寿記念》，福井博士頌寿記念論文集刊行會，1960 年。

〔日〕山本孝子：《〈侯侍郎直諫表〉と書儀—Дх.01698について》，《敦煌寫本研究年報》第2號，2008年。

〔日〕山口瑞鳳：《沙州漢人による吐蕃二軍団の成立とmkhar tsan軍団の位置》，《東京大學文學部文化交流研究施設研究紀要》，第4號，1980年。

〔日〕山口瑞鳳：《漢人及び通頰人による沙州吐蕃軍団編成の時期》，《東京大學文學部文化交流研究施設研究紀要》，第5號，1981年。

〔日〕松元明：《唐の選舉制に関する諸問題——特に吏部科目選について》，收入鈴木俊先生古稀記念東洋史論叢編集委員會編：《東洋史論叢：鈴木俊先生古稀記念》，山川出版社，1975年。

〔日〕太田昌二郎：《太公家教》，《日本學士院記要》第7卷1號，1949年。

〔日〕藤枝晃：《敦煌の僧尼籍》，《東方學報》京都版，第29册，1959年。

〔日〕藤枝晃：《吐蕃支配期の敦煌》，《東方學報》京都版第31册，1961年。

〔日〕小川貫弌：《敦煌仏寺の學士郎》，《龍谷大學論集》第400・4001合并號，1973年。

〔日〕小川環樹：《千字文について》，收入其《中國語學研究》，創文社，1977年。

〔日〕伊藤美重子：《敦煌の學郎題記にみゐ學校と學生》，《唐代史研究》第14号，2011年。

〔日〕游佐昇：《敦煌文獻にあらわれた童蒙庶民教育倫理——王梵志詩・太公家教等ら中心として——》，《大正大學院研究論集》第4號，1981年。

〔日〕竺沙雅章：《敦煌の寺户について》，《史林》第5號，1961年。

〔匈〕G.乌瑞：《关于九世纪前半叶吐蕃王朝的千户制》，《匈牙利东方学报》卷36（1-3），1982年。

〔英〕F. W. Thomas：*Tibetan Documents Concerning Chinese Turkestan. III：The Nob Region*，Journal of the Royal Aiatic Society，1928，No. 3.

F. W. Thomas, *Tibetan Literary texts and documents concerning Chinese Turkestan*, II, 2. *The Sha – cu Region*, London, 1951.

## 学位论文

金滢坤:《吐蕃统治敦煌的军政建制》,西北师范大学硕士学位论文,1998 年。

林聪明:《杜正伦及其百行章》,东吴大学中文研究所硕士学位论文,1979 年。